기초학력 향상을 위한
눈으로 보는 수학

교사용 LEVEL 3

김선아 저

학지사

머리말

최근 보고된 국제 학업 성취 검사(Programme for International Student Achievement: PISA) 결과에 따르면, 우리나라 중학교 3학년의 수학 성취 수준은 OECD 국가들 중 단연 으뜸 그룹에 속합니다. 우리나라 수학교육의 교수 방법과 수학 교육 자료에 국제적인 관심이 지속적으로 증가하는 것은 당연한 일이라 생각됩니다.

국외에 거주하는 저자는 '한국인이기 때문에 수학을 잘할 것'이라는 주변 사람들의 '편견' 때문에 간혹 당황하는 일이 있습니다. 전체 학생의 평균 성취 수준이 높다는 것은 모든 학생이 수학을 잘한다는 것을 의미할까요? 국제 학업 성취 검사 결과에 따르면, 우리나라는 OECD 국가 중 상위권에 속하는 학생들과 하위권에 속하는 학생들 간의 수학 성취 수준 차이가 가장 심한 나라 중 하나입니다. 이것은 상위권에 있는 학생들은 국제 사회의 또래들에 비해 수학을 월등히 잘하는 반면, 하위권 학생들은 다른 나라의 하위권 학생만큼 수학 공부에 어려움을 겪는다는 것으로 해석될 수 있습니다. 결국 하위권 학생들의 수학 학습 증진을 위해서는 일반 수학 교수 외에 별도의 중재가 필요하다는 것을 의미하기도 합니다. 실제로, 수학 수업 시간에 교사가 학생들의 평균 성취 수준에 맞춰 교수를 할 경우, 하위권 학생들의 수준과 교수 수준 간 차이가 크므로 일반 수학 교육 현장에서 하위권 학생들의 수학 학습이 이루어지기는 쉽지 않을 것 같습니다.

한편, 우리나라의 교육 시장에는 상위권인 학생들과 상위권을 목표로 하는 학생들을 위한 '수준 높은' 수학 교수 지침서 및 학습 교재가 정말 많습니다. 반면에 수학 성취 수준이 낮은 학생들의 학습을 도와줄 수 있는 교수 지침서나 학습 교재는 그다지 많지 않은 것 같습니다. 특별히 온라인 비대면 수업이 수업의 한 형태로 자리 잡고 있는 요즘, 수학 학습에 어려움이 있는 학생들을 위해 수학에 전문적인 지식이 없는 사람도 가르칠 수 있는 교수 지침서나 학습 자료가 절실히 필요합니다.

『눈으로 보는 수학』은 일반 수학 교육만으로는 수학 학습이 어려운 학생들을 위해 수학 중재 연구자가 개발한 차별화된 맞춤형 수학 교수 지침서 및 학생용 학습지입니다. 저자가 겪은 현장에서의 경험과 국내외 연구들을 통해 수학 능력 향상에 효과적임이 입증된 증거 기반 교수 방법(evidence-based instructional methods)을 사용하여, 수학 교사나 전문가뿐 아니라 수학에 전문적인 지식이 없는 사람도 쉽게 교수할 수 있도록 핵심 수학 기술과 문제 해결 과정을 단계별로 명확하게 설명하려 했습니다.

이 책에서 집중적으로 다루고 있는 수와 연산, 문자와 식 영역은 중 · 고등학교에서 배우는 수학 기술의 기본 토대라 할 수 있습니다. 초등 6학년부터 중학생 또는 고등학생까지, 중 · 고등 수학 기술의 이해와 학습을 위해 수와 연산, 문자와 식의 기초를 강화할 필요가 있는 학생이라면 누구나 『눈으로 보는 수학』으로 중재 지원할 수 있습니다.

『눈으로 보는 수학』은 대면 수업이나 온라인 비대면 수업 시 가정에서 학교 수업을 보충하고자 할 때, 통합 학급에서 보충 또는 기초 능력 강화 교수를 할 때, 학교 밖의 학습 종합 클리닉 센터와 개별 인지 학습 치료 센터에서 수학 중재를 할 때 사용하실 수 있습니다. 수학 학습 부진 때문에 자신감을 잃은 학생들에게 『눈으로 보는 수학』이 자신감 회복으로의 징검다리 역할을 할 수 있길 소망합니다.

책의 필요성과 내용에 대한 아이디어를 주고, 수정을 위한 예비 연구에 참여해 준 가르침의 현장에서 만난 아이들에게 감사를 표합니다. 수학 개념과 절차를 점검해 주시고 조언해 주신 김성철 님과, 원고의 정확성을 점검해 준 김하은 님, 정지민 님께 특별한 감사를 드립니다. 끝으로, 이 책을 출판할 수 있도록 도와주신 학지사 김진환 사장님, 볼품없던 초고부터 인내와 수고로 섬겨 주신 편집부 김준범 부장님과 편집부 여러분께 진심으로 감사드립니다.

『눈으로 보는 수학』의 구성

1 『눈으로 보는 수학』은 중고등학교 수학의 기초 영역인 수와 연산과 문자와 식 영역의 기본 기술을 3단계로 교수하고 학습할 수 있는 교사 지침서와 학생용 워크북으로 구성되어 있습니다.

- 사전 배치 검사
- 중재 1단계–16차시 교사 지침서와 학생용 워크북
- 중재 2단계–26차시 교사 지침서와 학생용 워크북
- 중재 3단계–25차시 교사 지침서와 학생용 워크북

중재 수준	교사용	학생용 교재	차시
중재 LEVEL 1	중재 교사용 LEVEL 1 (1.1.차시–1.16.차시)	중재 학생용 Level 1.1	1.1.차시–1.9.차시
		중재 학생용 Level 1.2	1.10.차시–1.16.차시
중재 LEVEL 2	중재 교사용 LEVEL 2 (2.1.차시–2.26.차시)	중재 학생용 Level 2.1	2.1.차시–2.4.차시
		중재 학생용 Level 2.2	2.5.차시–2.10.차시
		중재 학생용 Level 2.3	2.11.차시–2.15.차시
		중재 학생용 Level 2.4	2.16.차시–2.26.차시
중재 LEVEL 3	중재 교사용 LEVEL 3 (3.1.차시–3.25.차시)	중재 학생용 Level 3.1	3.1.차시–3.8.차시
		중재 학생용 Level 3.2	3.9.차시–3.17.차시
		중재 학생용 Level 3.3	3.18.차시–3.25.차시

2 『눈으로 보는 수학』에서 다루는 주요 수학 기술은 차시별로 다음과 같습니다.

중재 수준	차시	주요 수학 기술
Level 1.1	1단계 1차시	소수를 분수로 나타내기
	1단계 2차시	분수를 소수로 나타내기
	1단계 3차시	자연수와 분수의 나눗셈–수막대 모델
	1단계 4차시	진분수와 진분수의 나눗셈–수막대 모델
	1단계 5차시	자연수와 분수의 나눗셈–역수 이용
	1단계 6차시	분수와 분수의 나눗셈–역수 이용
	1단계 7차시	소수점의 위치가 같은 소수의 나눗셈–분수 이용
	1단계 8차시	소수점의 위치가 다른 소수의 나눗셈–분수 이용
	1단계 9차시	소수의 나눗셈–세로셈 방법
Level 1.2	1단계 10차시	비의 뜻
	1단계 11차시	비율의 뜻
	1단계 12차시	백분율 구하기
	1단계 13차시	분수와 소수를 백분율로 나타내기
	1단계 14차시	전체–부분 관계를 이용하여 기준량과 비교하는 양 구하기
	1단계 15차시	등식의 의미와 방정식 만들기
	1단계 16차시	등식의 성질을 이용하여 방정식 풀기
Level 2.1	2단계 1차시	거듭제곱의 뜻
	2단계 2차시	소인수분해의 뜻을 이해하고 구하기
	2단계 3차시	소인수분해 이용하여 최대공약수 구하기
	2단계 4차시	소인수분해 이용하여 최소공배수 구하기
Level 2.2	2단계 5차시	양의 정수와 음의 정수
	2단계 6차시	유리수의 뜻과 유리수의 대소 비교

	2단계 7차시	정수와 유리수의 덧셈
	2단계 8차시	덧셈의 교환법칙과 결합법칙
	2단계 9차시	정수와 유리수의 뺄셈
	2단계 10차시	유리수의 덧셈과 뺄셈의 혼합계산
Level 2.3	2단계 11차시	정수와 유리수의 곱셈
	2단계 12차시	정수와 유리수의 나눗셈
	2단계 13차시	곱셈의 교환법칙과 결합법칙을 이용한 곱셈 계산
	2단계 14차시	덧셈에 대한 곱셈의 분배법칙
	2단계 15차시	유리수의 혼합계산
Level 2.4	2단계 16차시	문자를 사용한 식
	2단계 17차시	문자를 사용한 곱셈식 간단히 나타내기
	2단계 18차시	문자를 사용한 나눗셈식 간단히 나타내기
	2단계 19차시	식의 값
	2단계 20차시	일차식과 수의 곱셈
	2단계 21차시	일차식과 수의 나눗셈
	2단계 22차시	계수가 정수인 일차식의 덧셈과 뺄셈
	2단계 23차시	계수가 유리수인 일차식의 덧셈과 뺄셈
	2단계 24차시	일차방정식과 그 해
	2단계 25차시	등식의 성질을 이용하여 일차방정식의 해 구하기
	2단계 26차시	이항을 이용하여 일차방정식의 해 구하기
Level 3.1	3단계 1차시	유한소수로 나타낼 수 있는 분수 찾기
	3단계 2차시	순환소수의 순환마디 나타내기
	3단계 3차시	순환소수를 분수로 나타내기
	3단계 4차시	지수법칙을 이용한 단항식의 곱셈

	3단계 5차시	지수법칙을 이용한 단항식의 나눗셈
	3단계 6차시	단항식의 곱셈
	3단계 7차시	단항식의 나눗셈
	3단계 8차시	단항식의 혼합셈
Level 3.2	3단계 9차시	문자가 2개인 일차식의 덧셈과 뺄셈
	3단계 10차시	이차식의 덧셈과 뺄셈
	3단계 11차시	단항식과 다항식의 곱셈을 포함하는 식의 덧셈과 뺄셈
	3단계 12차시	다항식과 단항식의 나눗셈을 포함하는 식의 덧셈과 뺄셈
	3단계 13차시	다항식과 다항식의 곱셈
	3단계 14차시	다항식의 거듭제곱－곱셈 공식 1
	3단계 15차시	둘째 항의 부호만 반대인 두 다항식의 곱－곱셈 공식 2
	3단계 16차시	두 다항식의 곱셈－곱셈 공식 3
	3단계 17차시	두 다항식의 곱셈－곱셈 공식 4
Level 3.3	3단계 18차시	주어진 식의 문자에 다른 식 대입하기
	3단계 19차시	등식의 변형－등식을 한 문자에 대해 풀기
	3단계 20차시	미지수가 2개인 일차방정식의 해 구하기
	3단계 21차시	연립방정식의 해 구하기 1－대입법
	3단계 22차시	연립방정식의 해 구하기 2－가감법
	3단계 23차시	주어진 수 대입하여 부등식의 해 구하기
	3단계 24차시	일차부등식의 풀이
	3단계 25차시	연립일차부등식의 풀이

3 『눈으로 보는 수학』의 각 차시는 다음과 같이 구성되어 있습니다.

차시의 구성

사전평가	• 차시 기술을 배우기 위한 사전 기술과 차시 기술을 평가합니다.
접속하기	• 차시 목표 개념이나 기술을 배우기 위해 필요한 용어를 학습하거나 사전 기술을 복습합니다.
보여 주기	• 교수자가 문제 풀이 과정을 단계별로 명확하게 말로 설명하면서 시범을 보입니다. (3문제)
함께 풀기	• 교수자가 문제 풀이를 촉진시키는 교수적인 도움을 제공하며 학생과 함께 문제 풀이를 합니다. (3문제)
아 그렇구나!	• 혼동되기 쉽거나 학생들이 흔하게 오류를 보이는 문제들을 함께 풀어 봅니다.
배움 체크하기	• 학생이 자신의 학습 정도를 체크 리스트를 통해 점검합니다.
혼자 풀기	• 학생이 혼자 문제 풀이를 합니다. (7문제)
채점 및 오답 분석	• 교수자가 채점표와 오답 분석표를 이용하여 학생의 혼자 풀기 문제 풀이를 채점하고 오류를 분석합니다.
중재 결정	• 교수자가 중재 결정표를 이용하여 다음 중재를 결정합니다.

『눈으로 보는 수학』의 특징

1 『눈으로 보는 수학』은 일반 수학 연구와 중재 수학 연구를 통해 그 효과가 입증된 증거기반 교수법(evidence-based instructional methods)을 적용하여 각 차시 기술을 교수합니다.

- 각 차시는 명시적 교수법의 순서(the sequence of explicit instruction)를 따라 구성되어 있습니다.
- 각 차시는 해당 차시 기술을 배울 때 흔하게 나타나는 오류들을 강조하며 적극적으로 교수합니다. 차시 교수를 실시하기 전에 교수자들이 흔한 오류를 인지할 수 있도록 흔한 오류의 예를 제시하고, 차시 교수를 마친 후에는 차시 기술과 관련하여 학생들이 혼동하거나 흔하게 오류를 보이는 문제들을 〈아 그렇구나!〉에서 함께 풉니다.
- 차시마다 학생들이 자신의 학습 정도를 스스로 체크할 수 있는 〈배움 체크하기〉가 있습니다.
- 차시마다 해당 차시 개념과 기술을 명확하게 단계적으로 보여 주는 수학 문제 해결 〈내비게이션(Navigation)〉이 제시됩니다.

2 『눈으로 보는 수학』은 평가 결과를 근거로 중재 교수 결정(data-based instructional decision-making)을 할 수 있는 시스템을 제공합니다.

- 『눈으로 보는 수학』은 사전 배치 검사 결과에 맞춰 차별적인 중재 시작 단계를 제시합니다.
- 『눈으로 보는 수학』은 각 차시의 사전 · 사후 검사를 통해 교사에게 학생의 학습 수준과 오류 성향을 분석할 수 있는 기회를 제공하며, 오답 분석과 중재 결정표를 통해

다음 중재 교수를 결정[브리지(Bridge) 차시 교수, 동 차시 반복, 다음 차시 교수]할 수 있도록 합니다.

- 『눈으로 보는 수학』의 해당 차시 기술을 학습하는 데 필요한 기초 기술이 부족할 경우, Bridge 차시에서 기초 기술을 학습할 수 있도록 연결해 줍니다.

3 『눈으로 보는 수학』은 수학 전문 교사가 아니라도 교수 지침서를 참고하여 교수할 수 있도록 개발되었습니다.

『눈으로 보는 수학』 사용 방법

초등학교 6학년, 중 · 고등학교
수학 부진 학생

배치 검사 실시 →

배치 검사 결과에 근거하여
중재 시작 단계 결정

**중재 시작 단계에서
중재 실시** →

현재 중재 단계의 마지막
차시에서 다음 차시 실시라는
중재 결정이 내려졌을 경우

다음 단계 중재

교사용 지침서 + 학생용 워크북

[매 차시 교수 실시]

- 사전평가
- 접속하기
- 보여 주기
- 함께 풀기
- 아 그렇구나!
- 배움 체크하기
- 혼자 풀기
- 채점 및 오답 분석
- 중재 결정

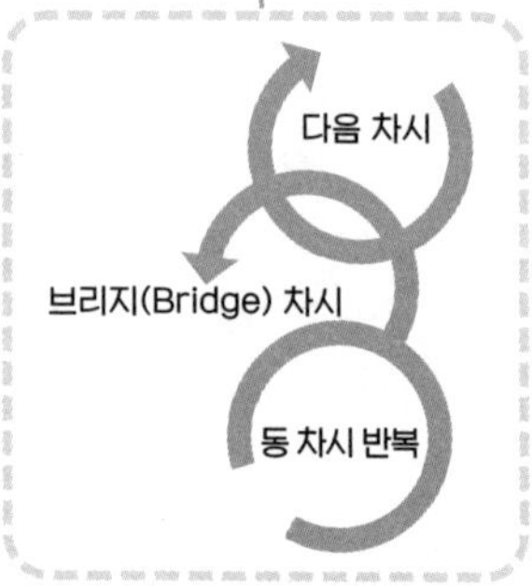

차례

Level 3.3

Level 3

1차시

유한소수로 나타낼 수 있는 분수 찾기

[내비게이션 3.1] 분수가 유한소수인지 무한소수인지 결정하기

	순서	예 ($\frac{21}{60}$)
1	분수를 기약분수로 나타내기	$\frac{21}{60} = \frac{21 \div 3}{60 \div 3} = \frac{7}{20}$ 분모(20)와 분자(7)를 같은 수로 더 이상 나눌 수 없으므로 $\frac{7}{20}$은 기약분수
2	분모를 소인수분해하기	분모 20을 소인수분해하면 $2 \times 2 \times 5$
3	분모의 소인수 중에 2나 5만 있으면 유한소수라 결정하기	분모 20의 소인수는 2와 5뿐이므로 $\frac{21}{60}$은 유한소수임
4	분모의 소인수 중에 2나 5 외의 다른 소인수가 있으면 무한소수라 결정하기	

차시 목표 유한소수, 무한소수의 의미를 이해하고, 유한소수로 나타낼 수 있는 분수를 찾아낼 수 있다.

사전 지식 유리수의 뜻, 소수의 이해, 소인수분해, 거듭제곱의 이해, 분수를 기약분수로 나타내기, 분수를 소수로 소수를 기약분수로 나타내기

준비물 3단계 1차시 학생용 교재, **내비게이션 3.1**

흔한 오류

1. 기약분수로 나타내지 않은 상태에서 분모의 소인수를 확인하여 유한소수로 나타낼 수 있는지 결정한다.

   - 오류 예: $\frac{9}{75} = \frac{9}{3\times5\times5}$로 분모를 소인수분해한 후 분모의 소인수가 3과 5이므로 $\frac{9}{75}$는 유한소수로 나타낼 수 없다고 결정한다.

2. 음의 부호가 있는 분수는 유한소수가 아니라고 생각한다.

   - 오류 예: $-\frac{3}{2\times2\times5}$은 기약분수이고 분모의 소인수가 2와 5뿐이므로 유한소수인데, 음의 부호가 있어서 유한소수가 아니라고 결정한다.

3. 기약분수의 분모가 거듭제곱꼴로 나타나 있을 때, 밑과 지수를 모두 소인수에 포함시킨다.

   - 오류 예: $\frac{9}{5^3}$는 분모인 5^3의 소인수가 3과 5라고 혼동하여 유한소수로 나타낼 수 없다고 결정한다.

사전평가

처음 두 문제는 가장 필수적인 사전 지식에 대한 이해를 묻고, 3번부터 7번까지는 차시 목표인 개념과 기술의 이해를 묻습니다.

다음 분수를 기약분수로 나타내시오.

1. $\frac{10}{14}$

2. $\frac{45}{2^2 \times 5}$

유한소수와 무한소수로 구분하시오.

3. $\frac{4}{5}$

4. $-\frac{3}{15}$

5. $\frac{5}{52}$

6. $\frac{15}{81}$

7. $\frac{18}{2 \times 3 \times 5^3}$

정답

1. $\frac{5}{7}$ 2. $\frac{9}{4}$ 3. 유한소수 4. 유한소수
5. 무한소수 6. 무한소수 7. 유한소수

접속하기

차시 목표 및 개념 설명

오늘은 유한소수로 나타낼 수 있는 분수를 찾아내는 방법에 대해 배우려 합니다. 먼저, 이번 차시에서 많이 사용될 용어와 개념을 정리해 봅시다.

1. 유한소수란 무엇입니까?

0.325처럼 소수점 아래의 0이 아닌 숫자가 유한개인 소수를 유한소수라 합니다. 예를 들어, 0.8123405나 1.234는 유한소수입니다. −4, −1, 0, 2, 100처럼 모든 정수는 소수점 아래의 숫자가 0개, 즉 유한개이므로 유한소수입니다. $\frac{4}{5} = 4 \div 5 = 0.8$처럼 나누어 떨어지는 분수는 유한소수입니다.

2. 무한소수란 무엇입니까?

0.080808…이나 2.444444…처럼 소수점 아래의 0이 아닌 숫자가 무한히 많은 소수를 무한소수라 합니다. 예를 들어, 0.272727…이나 1.33333…은 무한소수입니다. 또한 $\frac{5}{6} = 5 \div 6 = 0.83333\cdots$같이 나누어 떨어지지 않는 분수는 무한소수입니다. 유리수 중에 유한소수가 아닌 유리수는 무한소수입니다.

4. 기약분수란 무엇입니까?

$\frac{4}{7}$와 같이 더 이상 약분되지 않는 분수를 기약분수라고 합니다. $\frac{3}{12}$은 기약분수입니까? 아닙니다. $\frac{3}{12}$은 분모와 분자가 3으로 더 약분될 수 있습니다. $\frac{3 \div 3}{12 \div 3} = \frac{1}{4}$이 되므로 $\frac{3}{12}$은 기약분수가 아닙니다. $\frac{1}{4}$은 더 이상 약분되지 않으므로 기약분수입니다.

5. 유한소수가 되는 분수는 어떻게 찾습니까?

예를 들어, $\frac{21}{60}$이 유한소수인지 알아보기 위해서는,

1) 먼저, 분수를 기약분수로 나타냅니다.

$$\rightarrow \frac{21}{60} = \frac{21 \div 3}{60 \div 3} = \frac{7}{20}$$

2) 분모를 소인수분해합니다.

분모 20을 소인수분해하면 $2 \times 2 \times 5$입니다.

3) 분모의 소인수 중에 2나 5만 있으면 유한소수라 결정합니다.

분모 20의 소인수는 2와 5뿐이므로 $\frac{21}{60}$은 유한소수입니다.

4) 분모의 소인수 중에 2나 5 외에 다른 소인수가 있으면 무한소수라 결정합니다.

(내비게이션 3.1 을 보여 주며) 내비게이션 3.1 은 주어진 분수가 유한소수인지 무한소수인지 결정하는 절차를 보여 줍니다. 분수가 유한소수가 되는지 알아보려면 제일 먼저 분수를 기약분수로 나타냅니다. **기약분수는 더 이상 약분할 수 없는 분수**를 말합니다. 기약분수로 나타냈을 때, 분모가 1이거나 분모의 소인수가 2나 5뿐이면 그 분수는 유한소수로 나타낼 수 있습니다. 분모의 소인수 중에 2나 5 이외의 소인수가 있으면 유한소수로 나타낼 수 없고 무한소수가 됩니다. 내비게이션을 보면서 함께 문제를 풀어 봅시다.

보여 주기

개념 및 기술 교수, 개념 및 기술 예시 제시, 보는 수학 내비게이션을 이용한 교사 모델링

❶ (보여 주는 문제 1을 보여 주며) $\frac{12}{75}$가 유한소수인지 무한소수인지 결정해 봅시다.

1. 먼저, 주어진 분수를 기약분수로 나타냅니다.
   - 기약분수는 더 이상 약분할 수 없는 분수를 말합니다.
   - $\frac{12}{75}$는 분모와 분자를 각각 3으로 나누어 약분할 수 있습니다.
   - $\frac{12}{75}$의 기약분수로 나타내면 $\frac{4}{25}$입니다.

   $\rightarrow \frac{12}{75} = \frac{12 \div 3}{75 \div 3} = \frac{4}{25}$

2. 다음은 기약분수의 분모인 25를 소인수의 곱으로 나타냅니다.
   - 25를 소인수의 곱으로 나타내면 5×5입니다.

3. 분모가 1이거나 분모의 소인수에 2나 5만 포함되어 있으면 그 분수는 유한소수로 나타낼 수 있습니다.
   - 5×5에는 5만 포함되어 있으므로 $\frac{4}{25} = \frac{12}{75}$는 유한소수입니다.

❷ (보여 주는 문제 2를 보여 주며) $\frac{16}{24}$이 유한소수인지 무한소수인지 결정해 봅시다.

1. 먼저, $\frac{16}{24}$을 기약분수로 나타냅니다.
   - $\frac{16}{24}$은 분모와 분자를 각각 8로 나누어 약분할 수 있습니다. $\frac{16}{24}$의 기약분수로 나

타내면 $\frac{2}{3}$ 입니다.

$\rightarrow \frac{16}{24} = \frac{16 \div 8}{24 \div 8} = \frac{2}{3}$

2. 기약분수의 분모인 3을 소인수로 나타내면 3입니다(주의: 1은 소인수가 아니므로, 3×1이라 하지 않도록 주의합니다).

3. 분모가 1이거나 분모의 소인수에 2나 5만 포함되어 있으면 그 분수를 유한소수로 나타낼 수 있습니다.

- $\frac{2}{3}$의 분모인 3은 소인수가 2나 5가 아닌 3이므로 $\frac{2}{3} = \frac{16}{24}$은 유한소수가 아닙니다.

3 (보여 주는 문제 3을 보여 주며) $\frac{27}{3 \times 5^3}$이 유한소수인지 무한소수인지 결정해 봅시다.

1. 먼저, $\frac{27}{3 \times 5^3}$을 기약분수로 나타냅니다.

- $\frac{27}{3 \times 5^3}$은 분모와 분자를 각각 3으로 나누어 약분할 수 있습니다. $\frac{27}{3 \times 5^3}$의 기약분수로 나타내면 $\frac{9}{5^3}$ 입니다.

$\rightarrow \frac{27}{3 \times 5^3} = \frac{27 \div 3}{3 \times 5^3 \div 3} = \frac{9}{5^3}$

2. 기약분수의 분모 5^3을 소인수의 곱으로 나타내면 $5 \times 5 \times 5$입니다.

3. 분모가 1이거나 분모의 소인수에 2나 5만 포함되어 있으면 그 분수를 유한소수로 나타낼 수 있습니다.

- $\frac{9}{5^3}$는 분모 5^3의 소인수가 5뿐이므로 $\frac{9}{5^3} = \frac{27}{3 \times 5^3}$은 유한소수입니다.

함께 풀기

(내비게이션 3.1 을 보여 주며) 주어진 분수가 유한소수인지 무한소수인지 결정하는 절차를 다시 한번 정리해 봅시다. (학생에게 먼저 응답할 기회를 준 후, 내비게이션 3.4 의 각 단계를 가리키며) 먼저, 분수를 기약분수로 나타냈을 때, 분모가 1이거나 분모의 소인수가 2나 5뿐이면 그 분수는 유한소수입니다. 분모의 소인수 중에 2나 5 이외의 소인수가 있으면 무한소수가 됩니다. 내비게이션을 보면서 다음 문제를 함께 풀어 봅시다.

1 (함께 풀어 보는 문제 1을 가리키며) 분수 $\frac{21}{15}$이 유한소수인지 무한소수인지 함께 결정해 봅시다.

1. 어떤 분수가 유한소수인지 아닌지 알아보려면 제일 먼저 무엇을 해야 합니까? 먼저 주어진 분수를 기약분수로 바꿔 주어야 합니다.
   - 기약분수로 바꾸려면 어떻게 해야 합니까? 분모와 분자를 동시에 나누어 떨어지게 하는 정수가 있는지 확인하여 그 수로 분모와 분자를 각각 나눠 줍니다.
   - 분수 $\frac{21}{15}$의 분모 15와 분자 21을 동시에 나누어 떨어지게 하는 정수는 무엇입니까? 15와 21은 둘 다 3으로 나누어 떨어집니다.
   - 15와 21을 각각 3으로 나누면 $\frac{21}{15} = \frac{21 \div 3}{15 \div 3} = \frac{7}{5}$이 됩니다. $\frac{21}{15}$의 기약분수는 $\frac{7}{5}$입니다.

2. 다음은 무엇을 해야 합니까? 기약분수의 분모를 확인합니다.
   - 기약분수인 $\frac{7}{5}$의 분모는 무엇입니까? 5입니다.

3. 다음은 무엇을 해야 합니까? 분모가 1이거나 분모의 소인수가 2나 5뿐이면 주어진 분수가 유한소수라고 결정합니다.
   - $\frac{21}{15}$의 기약분수인 $\frac{7}{5}$의 분모의 소인수는 5뿐이므로 $\frac{21}{15} = \frac{7}{5}$은 유한소수입니다.

2 (함께 풀어 보는 문제 2를 가리키며) 분수 $\frac{7}{20}$이 유한소수인지 무한소수인지 함께 결정해 봅시다.

1. 분수가 유한소수인지 무한소수인지 결정하려면 먼저 무엇을 해야 합니까? 주어진 분수를 기약분수로 바꿔 주어야 합니다.
   - 기약분수로 바꾸려면 어떻게 해야 합니까? 분모와 분자를 동시에 나눌 수 있는 정수가 있는지 확인하여 그 수로 분모와 분자를 각각 나눕니다.
   - $\frac{7}{20}$의 분모와 분자를 동시에 나누어 떨어지게 하는 정수가 있습니까? 7과 20을 나누어 떨어지게 하는 정수는 없습니다.
   - 따라서 $\frac{7}{20}$은 이미 기약분수입니다.

2. 주어진 분수를 기약분수를 나타낸 후, 다음은 무엇을 해야 합니까? 기약분수의 분모를 확인하고 소인수의 곱으로 나타냅니다.
   - $\frac{7}{20}$의 분모는 무엇입니까? $\frac{7}{20}$의 분모는 20입니다.
   - 20을 소인수의 곱으로 나타내면 어떻게 됩니까? 20은 $2 \times 2 \times 5$로 나타낼 수 있습니다.

3. 다음은 무엇을 해야 합니까? 분모가 1이거나 분모의 소인수가 2나 5뿐이면 주어진 분수가 유한소수라고 결정합니다.
   - $\frac{7}{20}$의 분모 20의 소인수는 무엇입니까? 20의 소인수는 2와 5입니다.
   - $\frac{7}{20}$은 분모의 소인수가 2와 5뿐이므로 유한소수입니다.

③ (함께 풀어 보는 문제 3을 가리키며) $\frac{2^2}{2^2 \times 3 \times 5^3}$ **이 유한소수인지 무한소수인지 함께 결정해 봅시다.**

1. 먼저, 주어진 분수를 기약분수로 나타냅니다. 기약분수로 나타내려면 어떻게 해야 합니까? 분모와 분자에 공통으로 들어 있는 소인수를 찾아 그 수로 분모와 분자를 약분합니다.

- 분모와 분자에 공통으로 들어 있는 소인수는 무엇입니까? 2^2이 분모와 분자에 공통으로 들어 있습니다.
- 분모와 분자를 2^2으로 나눠서 기약분수를 만듭니다.
- 기약분수는 $\frac{1}{3 \times 5^3}$ 입니다.

$\rightarrow \frac{2^2}{2^2 \times 3 \times 5^3} = \frac{2^2 \div 2^2}{(2^2 \times 3 \times 5^3) \div 2^2} = \frac{1}{3 \times 5^3}$

2. 다음은 무엇을 해야 합니까? 기약분수의 분모를 확인합니다.

- $\frac{1}{3 \times 5^3}$ 의 분모는 무엇입니까? 기약분수의 분모는 3×5^3입니다.

3. 다음은 무엇을 해야 합니까? 분모가 1이거나 분모의 소인수가 2와 5뿐인지를 확인하여야 합니다.

- $\frac{1}{3 \times 5^3}$ 의 경우, 분모의 소인수는 무엇입니까? 3과 5입니다.
- $\frac{2^2}{2^2 \times 3 \times 5^3}$ 은 유한소수로 나타낼 수 있는 분수입니까? 아닙니다.
- $\frac{2^2}{2^2 \times 3 \times 5^3}$ 은 기약분수인 $\frac{1}{3 \times 5^3}$ 로 나타냈을 때, 분모의 소인수가 2나 5 외에 3을 포함하므로 유한소수로 나타낼 수 없는 분수입니다.

아 그렇구나!

- 혼동되는 문제 다시 풀기
- 최다 오류를 반례로 제시하여 개념 및 기술 획득 강화

아 그렇구나! 에서는 주어진 분수를 유한소수로 나타낼 수 있는지 결정할 때 우리가 자주 혼동하는 문제를 함께 풀어 봅니다. 다음 문제를 풀 때 왜 실수가 많은지 그 이유를 함께 생각해 봅시다.

1 (아 그렇구나! 문제 1을 가리키며) $\frac{77}{11}$이 유한소수로 나타낼 수 있는 분수인지 결정할 때 혼동되는 점은 무엇입니까?

⇨ 먼저, $\frac{77}{11}$을 기약분수로 나타내기 위하여 분자 77과 분모 11을 둘 다 나누어 떨어지게 하는 공통인수를 찾기가 어렵습니다. 분자와 분모가 11로 나누어 떨어진다는 것을 알게 된 이후에도 기약분수를 구하면 $\frac{77 \div 11}{11 \div 11} = \frac{7}{1}$이 되므로, 분모에 2나 5가 포함되지 않았으므로 유한소수로 나타낼 수 없다고 결정합니다. 하지만 $\frac{7}{1}$처럼 분모가 1인 경우는 정수이고, 모든 정수는 유한소수입니다.

2 (아 그렇구나! 문제 2를 가리키며) $-\frac{7}{2^3}$이 유한소수인지 결정할 때 혼동되는 점은 무엇입니까?

⇨ 양의 부호를 가진 분수만 유한소수라 생각하는 경우에는 $-\frac{7}{2^3}$을 유한소수가 아니

라고 결정합니다. 음의 부호를 가진 분수도 양의 부호를 가진 분수와 같은 방법으로 유한소수로 나타낼 수 있는지 여부를 결정할 수 있습니다. $-\frac{7}{2^3}$은 더 이상 약분되지 않는 기약분수이고 분모 2^3의 소인수는 2뿐이므로 $-\frac{7}{2^3}$은 유한소수로 나타낼 수 있는 분수입니다.

❸ (아 그렇구나! 문제 3을 가리키며) **주어진 분수 $\frac{2^3 \times 3^2}{2^2 \times 3 \times 5^3}$을 유한소수로 나타낼 수 있는지 결정할 때 혼동되는 점은 무엇입니까?**

⇨ 거듭제곱꼴로 분자와 분모가 소인수분해되어 있는 경우입니다. 이 경우에는 분모와 분자를 공통적으로 나눌 수 있는 소인수가 2개 이상이고, 소인수의 지수도 다릅니다. 지수의 나눗셈에 익숙하지 않은 경우에는 먼저 거듭제곱을 같은 수들의 곱셈식으로 나타낸 후 약분을 하는 것이 도움이 됩니다.

$\rightarrow \frac{2^3 \times 3^2}{2^2 \times 3 \times 5^3} = \frac{2 \times 2 \times 2 \times 3 \times 3}{2 \times 2 \times 3 \times 5 \times 5 \times 5}$

주어진 분수를 기약분수로 나타내려면 분모와 분자에 공통으로 들어 있는 소인수들을 하나씩 약분해 줍니다.

$\rightarrow \frac{(2 \times 2 \times 2 \times 3 \times 3)}{(2 \times 2 \times 3 \times 5 \times 5 \times 5)}$

$= \boxed{\frac{\cancel{2} \times \cancel{2} \times 2 \times \cancel{3} \times 3}{\cancel{2} \times \cancel{2} \times \cancel{3} \times 5 \times 5 \times 5}} = \frac{(2 \times 3)}{(5 \times 5 \times 5)}$

기약분수 $\frac{(2 \times 3)}{(5 \times 5 \times 5)}$의 분모의 소인수는 5뿐이므로 $\frac{2^3 \times 3^2}{2^2 \times 3 \times 5^3}$은 유한소수로 나타낼 수 있는 분수입니다.

배움 체크하기

(배움 체크 리스트 를 가리키며) 오늘 우리가 함께 공부한 것을 혼자서도 할 수 있는지 체크해 봅시다. 혼자서도 할 수 있으면 👍, 선생님의 도움이 더 필요하다면 ?에 동그라미로 표시하세요.

배움 체크 리스트	👍	?
1. 정수를 소인수분해할 수 있습니다.		
2. 거듭제곱으로 나타난 수를 이해합니다.		
3. 분자와 분모가 정수인 분수를 기약분수로 나타내는 방법을 이해하고 적용할 수 있습니다.		
4. 분수가 유한소수인지 확인하려면 먼저 분수를 기약분수로 바꿔야 한다는 것을 이해하고 적용할 수 있습니다.		
5. 분자와 분모가 거듭제곱들의 곱셈으로 소인수분해된 분수를 기약분수로 나타내는 방법을 이해하고 적용할 수 있습니다.		
6. 기약분수의 분모의 소인수가 2나 5뿐이면 주어진 분수는 유한소수라는 것을 이해하고 적용할 수 있습니다.		
7. 기약분수의 분모가 1일 경우, 주어진 분수는 유한소수라는 것을 이해합니다.		

혼자 풀기

(혼자 풀어 보는 문제 1~7을 제시하며) 오늘 배운 것을 기억하면서 문제를 혼자 풀어 보는 시간입니다. 내비게이션 3.1 을 사용하면 도움이 됩니다.

다음 분수를 기약분수로 나타내시오.

1. $\frac{5}{8}$

2. $\frac{57}{95}$

다음 유리수를 유한소수로 나타낼 수 있는지 결정하시오.

3. $-\frac{7}{35}$

4. $\frac{121}{11}$

5. $\frac{3^2}{2 \times 3^2 \times 5}$

6. $\frac{2^2 \times 3}{2 \times 3^2}$

7. $\frac{54}{2^2 \times 3^2}$

채점 및 오답 분석

학생이 쓴 답을 기재하고, 오답인 경우 중재 결정표에서 가능한 오류 원인을 1~8 중에서 골라 번호로 기재합니다. 기타 원인 때문에 오답이 발생했을 경우, 구체적으로 어떤 이유인지 기재합니다. 가능한 오답의 원인을 모두 기재합니다.

혼자 풀어 보는 문제	정답	학생이 쓴 답	오답 원인
1. $\frac{5}{8}$	$\frac{5}{8}$		
2. $\frac{57}{95}$	$\frac{3}{5}$		
3. $-\frac{7}{35}$	유한소수		
4. $\frac{121}{11}$	유한소수		
5. $\frac{3^2}{2\times3^2\times5}$	유한소수		
6. $\frac{2^2\times3}{2\times3^2}$	무한소수		
7. $\frac{54}{2^2\times3^2}$	유한소수		
	정답 개수	/ 7	

중재 결정표

오답 원인을 분석하여 차후 중재를 결정하세요.

오답 원인	발생 빈도	최다 발생 오류	중재 결정
1. 사전 지식 및 기술(소인수분해, 공통인수 찾기, 약분하기, 기약분수 만들기)			
2. 용어나 문제 이해 부족(유한소수, 기약분수, 분모, 소인수)			
3. 분수가 유한소수인지 확인하기 위해서는 먼저 분수를 기약분수로 바꿔야 한다는 것에 대한 이해와 적용의 어려움			
4. 분자와 분모가 거듭제곱꼴로 소인수분해된 분수를 기약분수로 나타내는 방법의 이해와 적용의 어려움			
5. 기약분수의 분모의 소인수가 2나 5이면 주어진 분수가 유한소수라는 것에 대한 이해와 적용의 어려움			
6. 기약분수의 분모가 1이면 주어진 분수는 유한소수라는 것에 대한 이해와 적용의 어려움			
7. 부주의/계산 실수			
8. 기타(구체적 원인 기재하기)			

가장 흔한 오답 원인	1과 2 중 하나	3, 4, 5, 6 중 하나	7
	AND	AND	OR
오답률	오답이 2개 이상	오답이 2개 이상	오답이 2개 미만
다음 중재	브리지(Bridge)	동 차시 반복	다음 차시

브리지(Bridge) 차시

- 1.2차시
- 2.1차시
- 2.2차시
- 2.23차시

2차시

순환소수의 순환마디 나타내기

[내비게이션 3.2.A] 순환마디를 이용하여 순환소수를 간단히 나타내기

	순서	예 (3.243243243⋯)
1	소수점 이후의 소수 부분에 반복되는 숫자의 배열이 있는지 확인하고 가장 짧은 순환마디를 결정하기	3.243243243⋯ 순환마디: 243 1. 순환마디는 소수 부분에서 찾는다. (오류: 324) 2. 가장 처음 나타나는 순환마디를 찾는다. (오류: 432) 3. 가장 짧은 순환마디를 찾는다. (오류: 243243)
2	순환마디의 첫 숫자와 마지막 숫자에 점 찍기	$\dot{2}4\dot{3}$
3	순환하지 않는 부분은 그대로 쓰고 순환하는 부분은 점을 찍어 간단히 나타낸 순환마디를 쓰기	$3.\dot{2}4\dot{3}$

[내비게이션 3.2.B] 유리수와 유한소수, 순환소수, 무한소수의 관계

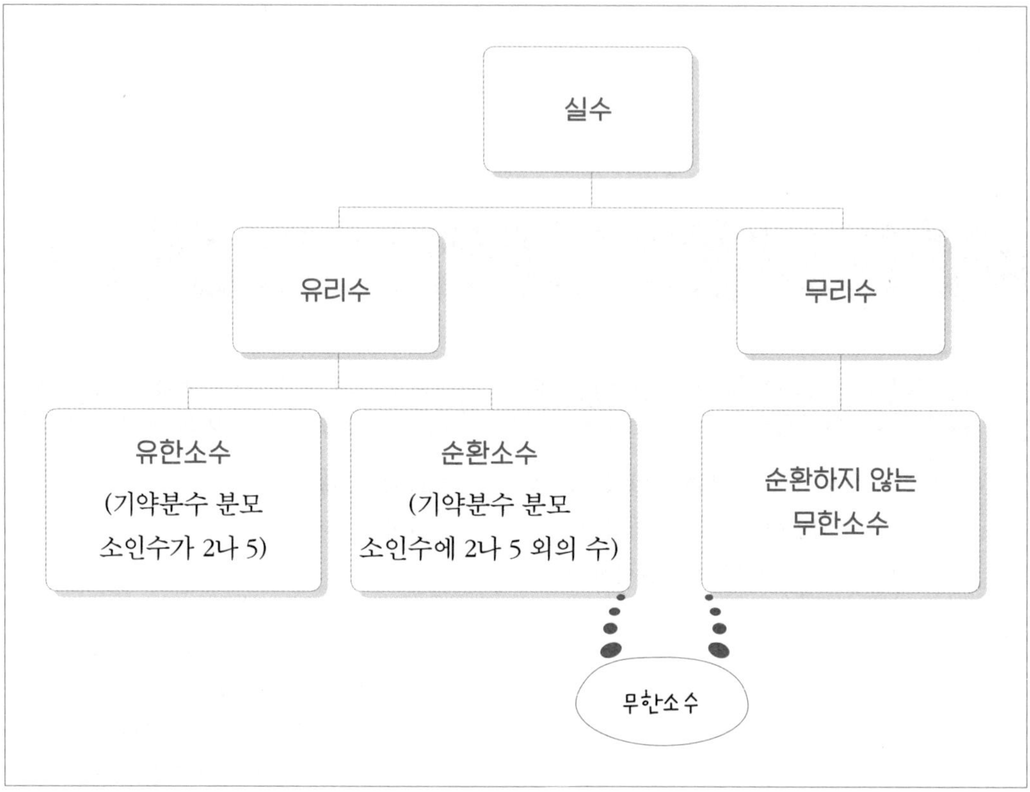

차시 목표 순환소수의 의미를 이해하고, 순환소수의 순환마디를 찾아낼 수 있다.

사전 지식 소수의 이해, 유한소수와 무한소수의 이해, 수의 패턴 찾기

준비물 3단계 2차시 학생용 교재, **내비게이션 3.2**

흔한 오류

1. 순환마디는 소수 부분에서 찾아야 하는데, 정수 부분에 순환마디를 표시한다.
   - 오류 예: $245.454545\cdots = 2\dot{4}\dot{5}$

2. 순환마디가 긴 경우, 순환마디를 찾는 데 어려움을 겪는다.
   - 예: $0.234562345623456\cdots$

3. 순환마디가 소수점 다음에 바로 시작되지 않을 경우, 순환마디를 찾고 표시하는 데 어려움을 겪는다.
   - 오류 예: $1.32525\cdots = 1.\dot{2}\dot{5}$

4. 순환마디를 표시할 때 순환마디 양끝에만 점을 찍어야 하는데, 순환마디에 포함된 모든 숫자에 점을 찍는다.
   - 오류 예: $1.723723723\cdots = 1.\dot{7}\dot{2}\dot{3}$

5. 순환마디를 표시할 때, 소수점 아래에서 가장 처음 나오는 순환마디를 찾아 표시하지 않고 그 외의 순환마디를 찾아 표시한다.
   - 오류 예: $1.723723723\cdots$에서 소수점 아래에서 가장 처음 나오는 순환마디는 723인데, 237이나 372 등을 순환마디라 생각한다.

6. 순환마디를 찾을 때는 소수점 뒷자리에서 반복되는 수의 패턴 중 가장 짧은 수의 패턴을 찾아야 한다는 것을 알지 못한다.

- 예: 0.90909090…의 소수점 뒷자리에서 되풀이되는 부분은 90이라 볼 수도 있고 9090 혹은 909090이라 볼 수도 있다. 이 중에서 가장 짧은 부분 90이 이 순환소수의 순환마디이다.

사전평가

처음 두 문제는 가장 필수적인 사전 지식에 대한 이해를 묻고, 3번부터 7번까지는 차시 목표인 개념과 기술의 이해를 묻습니다.

다음 분수를 소수로 나타내시오.

1. $\frac{7}{9}$

2. $\frac{18}{42}$

다음 순환소수의 순환마디를 구하고, 점을 찍어 간단히 나타내시오.

3. $0.333\cdots$

4. $3.232323\cdots$

5. $0.0666666666\cdots$

6. $0.335555\cdots$

7. $5.654654\cdots$

정 답

1. 0.778 2. 0.429 3. $0.\dot{3}$, 순환마디 → 3 4. $3.\dot{2}\dot{3}$, 순환마디 → 23

5. $0.0\dot{6}$, 순환마디 → 6 6. $0.33\dot{5}$, 순환마디 → 5 7. $5.\dot{6}5\dot{4}$, 순환마디 → 654

접속하기

차시 목표 및 개념 설명

오늘은 순환소수의 순환마디를 찾아 점을 찍어 간단히 나타내는 방법을 배우려 합니다. 먼저, 이번 차시에서 많이 사용될 용어와 개념을 정리해 봅시다.

1. 무한소수란 무엇입니까? 0.080808…이나 2.444444…처럼 소수점 아래의 0이 아닌 숫자가 무한히 많은 소수를 무한소수라 합니다. 반면에, 유한소수는 2.343처럼 소수점 아래의 0이 아닌 숫자가 유한개인 소수를 말합니다. 예를 들어, 0.272727…, 1.33333…, 또는 $\frac{5}{6} = 5 \div 6 = 0.83333\cdots$같이 나누어 떨어지지 않는 분수는 무한소수입니다. 0.3256이나 $\frac{3}{6}$처럼 나누어 떨어지는 분수는 유한소수입니다. 유한소수가 아닌 유리수는 무한소수입니다.

2. 소수점 아래의 숫자가 무한히 많은 소수인 무한소수 중에는 소수점 아래의 어떤 자리부터 일정한 숫자의 패턴이 계속 되풀이되는 소수들과 소수점 아래의 숫자들이 일정한 패턴을 보이지 않는 소수들이 있습니다. 무한소수 중 소수점 아래의 어떤 자리부터 일정한 숫자의 패턴이 계속 되풀이되는 소수들을 순환소수라 합니다. 정수가 아닌 유리수 중 유한소수로 나타낼 수 없는 모든 유리수가 순환소수가 됩니다. 지난 차시(3.1)에서 유한소수를 찾을 때, 기약분수의 분모의 소인수가 2나 5뿐이면 유한소수로 표시할 수 있다고 배웠습니다. 유리수 중 기약 분수의 분모의 소인수가 2나 5 외에 다른 수를 포함하고 있으면 순환소수라 할 수 있습니다(유리수, 유한소수, 순환소수의 관계에 대한 더 자세한 설명이 필요한 경우 다음의 그림을 참조하십시오).

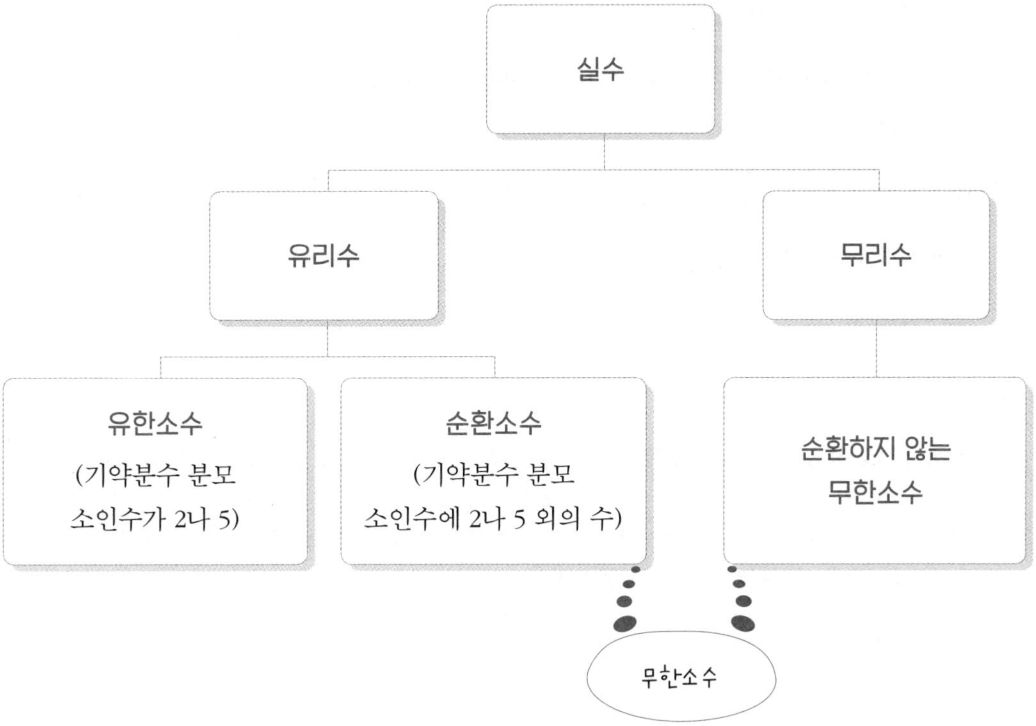

3. 순환마디는 무엇입니까? 순환소수의 소수점 아래에서 일정하게 되풀이되는 수의 배열을 말합니다. 예를 들어, 0.020202⋯라는 순환소수에서는 소수점 아래에 02라는 수의 배열이 반복적으로 나타나므로 02가 순환마디입니다.

4. 순환마디를 이용하여 순환소수를 간단히 나타내는 방법을 알아봅시다. 예를 들어, 순환소수 3.243243243⋯을 순환마디를 이용하여 간단히 나타내기 위해서는,

   1) 소수 부분에 반복되는 숫자의 배열이 있는지 확인하고 가장 짧은 순환마디를 결정합니다.

3.243243243⋯

순환마디는 243입니다.

2) 순환마디의 첫 숫자와 마지막 숫자에 점을 찍습니다.

→ $\dot{2}4\dot{3}$

3) 순환하지 않는 부분을 쓰고, 순환하는 부분은 점을 찍어 간단히 나타낸 순환마디를 써서 나타냅니다.

→ $3.\dot{2}4\dot{3}$

(내비게이션 3.2 를 보여 주며) 내비게이션 3.2 는 순환소수의 순환마디를 찾아 점을 찍어 간단히 표시하는 방법을 보여 줍니다. 순환소수의 소수점 이하의 수의 배열을 살펴보아 반복적으로 나타나는 수의 배열, 즉 순환마디를 찾은 후, 순환마디의 첫 숫자와 마지막 숫자 위에 점을 찍어 반복되는 숫자 배열 대신 써 주면 됩니다. 내비게이션을 보면서 다음 문제를 풀어 봅시다.

보여 주기

개념 및 기술 교수, 개념 및 기술 예시 제시, 보는 수학 내비게이션을 이용한 교사 모델링

❶ (보여 주는 문제 1을 보여 주며) 0.424242…의 순환마디를 찾아 간단히 나타내 봅시다.

1. 가장 먼저 해야 할 일은 소수 부분에 반복되는 수의 배열이 있는지 확인하여 순환마디를 결정하는 일입니다.
   - 주어진 순환소수의 소수 부분은 424242…입니다.
   - 소수 부분에서 반복되는 수의 배열은 42이므로 순환마디는 42입니다.
   - 4242가 반복된다고 생각할 수도 있지만, 가장 짧은 순환마디를 선택합니다.

2. 다음은 순환마디 첫 숫자와 마지막 숫자 위에 점을 찍어 나타냅니다.
   - 순환마디 42의 첫 숫자는 4, 마지막 숫자는 2이므로 4와 2 위에 점을 찍어 나타냅니다.

     → $\dot{4}\dot{2}$

3. 마지막으로, 순환하지 않는 부분은 그대로 써 주고, 순환하는 부분은 점을 찍어 간단히 나타낸 순환마디를 써 줍니다.

   → $0.\dot{4}\dot{2}$

❷ (보여 주는 문제 2를 보여 주며) 2.0353535…의 **순환마디를 찾아 간단히 나타내 봅시다.**

1. 가장 먼저 해야 할 일은 소수 부분에 반복되는 수의 배열이 있는지 확인하여 순환마디를 결정하는 일입니다.
   - 주어진 순환소수의 소수 부분은 0353535…입니다.
   - 소수 부분에서 반복되는 수의 배열은 35이므로 순환마디는 35입니다.
   - 3535를 순환마디라 생각할 수도 있지만, 가장 짧은 순환마디를 선택합니다.

2. 다음은 순환마디 첫 숫자와 마지막 숫자 위에 점을 찍어 나타냅니다.
   - 순환마디 35의 첫 숫자는 3, 마지막 숫자는 5이므로 3과 5 위에 점을 찍어 나타냅니다.

     → $\dot{3}\dot{5}$

3. 순환하지 않는 부분은 그대로 써 주고, 순환하는 부분에서는 점을 찍어 간단히 나타낸 순환마디를 써 줍니다.

   → $2.0\dot{3}\dot{5}$

❸ (보여 주는 문제 3을 보여 주며) 0.04444444…의 **순환마디를 찾아 간단히 나타내 봅시다.**

1. 가장 먼저 해야 할 일은 소수 부분에 반복되는 수의 배열이 있는지 확인하여 순환마디를 결정하는 일입니다.
   - 주어진 순환소수의 소수 부분은 0444444…입니다.
   - 소수 부분에서 반복되는 수의 배열은 4이므로 순환마디는 4입니다.
   - 44나 444가 반복한다고 생각할 수도 있지만, 가장 짧은 순환마디를 선택합니다.

2. 다음은 순환마디 첫 숫자와 마지막 숫자 위에 점을 찍어 나타냅니다.

   - 순환마디 4는 한 자리 숫자이므로 4 위에 점을 찍어 나타냅니다.

   $\rightarrow \dot{4}$

3. 마지막으로, 순환하지 않는 부분은 그대로 써 주고, 순환하는 부분에서는 순환마디를 점을 찍어 간단히 나타냅니다.

   $\rightarrow \boxed{0.0\dot{4}}$

함께 풀기

(내비게이션 3.2 를 보여 주며) 순환마디를 이용하여 순환소수를 간단히 나타내는 방법을 다시 한번 정리해 봅시다. (학생에게 먼저 응답할 기회를 준 후) 소수점 아래 소수 부분에서 반복적으로 나타나는 수의 배열을 찾아 가장 짧은 순환마디를 결정하고 순환마디의 처음과 마지막 숫자 위에 점을 찍은 후, 반복되는 수의 배열 대신 써 주면 됩니다. 내비게이션을 보면서 다음 문제를 함께 풀어 봅시다.

❶ (함께 풀어 보는 문제 1을 보여 주며) 6.252525…를 순환마디를 이용하여 간단하게 나타내 봅시다.

1. 순환소수를 순환마디를 이용하여 간단히 나타내려면 제일 먼저 무엇을 해야 합니까? 먼저, 소수점 이하의 소수 부분을 보고 일정하게 반복되는 수의 패턴이 있는지 확인하여 가장 짧은 순환마디를 결정합니다.
   - 6.252525…에서 소수점 이하의 수들은 무엇입니까? 그렇습니다. 252525…입니다.
   - 252525…에서는 어떤 수의 배열이 반복적으로 나타납니까? 25가 반복적으로 나타납니다.
   - 25가 가장 짧은 순환마디입니다.

2. 순환마디를 찾은 후에 무엇을 합니까? 순환마디의 처음과 마지막 숫자 위에 점을 찍어 줍니다.
   - 순환마디 25의 첫 숫자는 무엇입니까? 2입니다.
   - 순환마디 25의 마지막 숫자는 무엇입니까? 마지막 숫자는 5입니다.
   - 순환마디를 점을 찍어 간단히 나타내면 $\dot{2}\dot{5}$가 됩니다.

3. 다음은 무엇을 해야 합니까? 순환하지 않는 부분인 정수 부분 6은 그대로 쓰고, 순환하는 부분인 소수 부분은 반복되는 숫자의 배열 대신 순환마디를 점을 찍어 나

타냅니다.

- $6.252525\cdots$는 $6.\dot{2}\dot{5}$로 나타낼 수 있습니다.

② (함께 풀어 보는 문제 2를 보여 주며) **$1.023023023\cdots$을 순환마디를 이용하여 간단하게 나타내 봅시다.**

1. 순환소수를 순환마디를 이용하여 간단히 나타내려면 제일 먼저 무엇을 해야 합니까? 먼저, 소수점 이하의 소수 부분을 보고 일정하게 반복되는 수의 패턴이 있는지 확인하여 순환마디를 결정합니다.
   - $1.023023023\cdots$에서 소수점 이하의 수들은 무엇입니까? $023023023\cdots$입니다.
   - 처음의 0을 빼놓지 않도록 주의하십시오.
   - $023023023\cdots$에서는 어떤 수의 배열이 반복적으로 나타납니까? 023이 반복적으로 나타납니다.
   - 023이 순환마디입니다.

2. 순환마디를 찾은 후에 무엇을 합니까? 순환마디의 처음과 마지막 숫자 위에 점을 찍어 줍니다.
   - 023의 처음 숫자는 무엇입니까? 0입니다.
   - 023의 마지막 숫자는 무엇입니까? 3입니다.
   - 023의 처음과 마지막 숫자에 점을 찍어 순환마디를 나타내면 $\dot{0}2\dot{3}$이 됩니다.

3. 다음은 무엇을 해야 합니까? $1.023023023\cdots$의 순환하지 않는 부분인 정수 부분 1은 그대로 쓰고, 순환하는 부분인 소수 부분은 반복되는 숫자의 배열 대신 순환마디를 점을 찍어 나타냅니다.
   - $1.023023023\cdots$은 $1.\dot{0}2\dot{3}$으로 나타낼 수 있습니다.

3 (함께 풀어 보는 문제 3을 보여 주며) 0.036036036…을 **순환마디를 이용하여 간단하게 나타내 봅시다.**

1. 순환소수를 순환마디를 이용하여 간단히 나타내려면 제일 먼저 무엇을 해야 합니까? 먼저, 소수점 이하의 소수 부분을 보고 일정하게 반복되는 수의 패턴이 있는지 확인하여 순환마디를 결정합니다.
   - 0.036036036…에서 소수점 이하의 수는 무엇입니까? 036036036…입니다. 0을 빼놓지 않도록 조심하십시오.
   - 036036036…에서는 어떤 수의 배열이 반복적으로 나타납니까? 036이 반복적으로 나타납니다.
   - 036이 순환마디입니다.

2. 순환마디를 찾은 후에 무엇을 합니까? 순환마디의 처음과 마지막 숫자 위에 점을 찍어 줍니다.
   - 036의 처음 숫자는 0, 마지막 숫자는 6이므로 $\dot{0}3\dot{6}$이라고 씁니다.

3. 다음은 무엇을 해야 합니까? 0.036036036…에서 순환하지 않는 부분은 무엇입니까? 정수 부분인 0입니다.
   - 순환하지 않는 정수 부분 0은 그대로 쓰고, 순환하는 부분인 소수 부분에서는 점을 찍어 나타낸 순환마디를 써 줍니다.
   - 0.036036036…은 $0.\dot{0}3\dot{6}$으로 나타낼 수 있습니다.

아 그렇구나!

👉 혼동되는 문제 다시 풀기
👉 최다 오류를 반례로 제시하여 개념 및 기술 획득 강화

✎ 아 그렇구나! 에서는 점을 찍은 순환마디를 이용하여 순환소수를 간단히 나타낼 때 우리가 자주 혼동하는 문제를 함께 풀어 봅니다. 다음 문제를 풀 때 왜 실수가 많은지 그 이유를 함께 생각해 봅시다.

1 (아 그렇구나! 문제 1을 가리키며) 0.234666666…을 순환마디를 이용하여 나타낼 때 혼동되는 점은 무엇입니까?

⇨ 이 문제는 순환마디가 소수점 다음에 바로 시작되지 않고 순환하는 수 6666… 앞에 순환하지 않는 소수 부분이 길어서 혼동할 수 있습니다. 순환마디가 6이므로 6 위에 점을 찍어 순환하지 않는 부분인 0.234 뒤에 써서 $0.234\dot{6}$으로 나타냅니다. 소수 부분에서 순환하지 않는 부분인 234를 그대로 써 주는 것을 잊지 마십시오.

2 (아 그렇구나! 문제 2를 가리키며) 123.123123…을 순환마디를 이용하여 나타낼 때 혼동되는 점은 무엇입니까?

⇨ 이 문제는 정수 부분에 순환마디인 123이 포함되어 있으므로 순환마디를 정수 부분에 표시하여 $\dot{1}2\dot{3}$이라고 혼동할 수 있습니다. 순환마디는 소수점 이하에서부터

반복적으로 나타나는 수의 패턴이므로 정수 부분에 순환마디를 표시해서는 안 됩니다. 123.123123123…은 $123.\dot{1}2\dot{3}$이라고 표시하는 게 맞습니다.

❸ (아 그렇구나! 문제 3을 가리키며) 3.23232…를 순환마디를 이용하여 나타낼 때 혼동되는 점은 무엇입니까?

⇨ 소수 부분에서 순환하는 수의 배열을 찾아 순환마디를 표시해야 한다는 것을 기억하지 못하면, 이 문제의 경우 순환마디를 32라고 혼동하여 $\dot{3}.\dot{2}$라고 답하는 경우가 있습니다. 소수 부분에서 반복적으로 나타나는 수의 배열은 23이므로 $3.\dot{2}\dot{3}$이라고 표시하는 게 맞습니다.

배움 체크하기

(배움 체크 리스트 를 가리키며) 오늘 우리가 함께 공부한 것을 혼자서도 할 수 있는지 체크해 봅시다. 혼자서도 할 수 있으면 , 선생님의 도움이 더 필요하다면 ?에 동그라미로 표시하세요.

배움 체크 리스트		?
1. 소수의 정수 부분과 소수 부분을 구분할 수 있습니다.		
2. 분수를 소수로 바꾸어 나타낼 수 있습니다.		
3. 순환마디는 소수 부분에서 반복되는 숫자의 배열이라는 것을 이해하고 적용할 수 있습니다.		
4. 순환마디는 정수 부분이 아니라 소수 부분에서 찾는다는 것을 이해하고 적용할 수 있습니다.		
5. 순환마디를 표시할 때는 처음과 마지막 숫자 위에 점을 찍어 나타낸다는 것을 이해하고 적용할 수 있습니다.		
6. 순환소수를 순환마디를 이용해서 표시할 때는 순환하지 않는 부분은 그대로 써 주고, 순환하는 부분은 점을 찍어 간단히 나타낸 순환마디를 써서 나타낸다는 것을 이해하고 적용할 수 있습니다.		
7. 순환마디를 찾을 때는 소수 부분에서 가장 처음 나타나는 가장 짧은 수의 배열을 찾는다는 것을 이해하고 적용할 수 있습니다(예: 2.343434…에서 순환마디는 43이나 3434가 아니라 34이다).		

혼자 풀기

(혼자 풀어 보는 문제 1~7을 제시하며) 오늘 배운 것을 기억하면서 문제를 혼자 풀어 보는 시간입니다. 내비게이션 3.2 를 사용하면 도움이 됩니다.

다음 분수를 소수로 나타내시오.

1. $\frac{7}{15}$

2. $\frac{26}{18}$

다음 순환소수의 순환마디를 구하고, 점을 찍어 간단히 나타내시오.

3. $0.727272\cdots$

4. $4.040404\cdots$

5. $0.2755555\cdots$

6. $2.0272727\cdots$

7. $3.543543\cdots$

채점 및 오답 분석

👉 학생이 쓴 답을 기재하고, 오답인 경우 [중재 결정표]에서 가능한 오류 원인을 1~8 중에서 골라 번호로 기재합니다. 기타 원인 때문에 오답이 발생했을 경우, 구체적으로 어떤 이유인지 기재합니다. 가능한 오답의 원인을 모두 기재합니다.

혼자 풀어 보는 문제	정답	학생이 쓴 답	오답 원인
1. $\frac{7}{15}$	$0.4666\cdots$		
2. $\frac{26}{18}$	$1.444\cdots$		
3. $0.727272\cdots$	$0.\dot{7}\dot{2}$		
4. $4.040404\cdots$	$4.\dot{0}\dot{4}$		
5. $0.2755555\cdots$	$0.27\dot{5}$		
6. $2.0272727\cdots$	$2.0\dot{2}\dot{7}$		
7. $3.543543\cdots$	$3.\dot{5}4\dot{3}$		
	정답 개수	/ 7	

중재 결정표

오답 원인을 분석하여 차후 중재를 결정하세요.

오답 원인	발생 빈도	최다 발생 오류	중재 결정
1. 사전 지식 및 기술(수의 패턴 이해, 소수의 이해, 분수를 소수로 나타내기)			
2. 용어나 문제 이해 부족(순환소수, 순환마디)			
3. 순환마디가 (정수가 아니라) 소수 부분에서 반복적으로 나타나는 수의 배열이라는 것의 이해와 적용의 어려움			
4. 순환마디를 찾을 때는 소수 부분에서 가장 처음 나온 가장 짧은 순환마디를 찾는다는 것의 이해와 적용의 어려움			
5. 순환마디를 점을 찍어 간단히 나타내는 방법의 이해와 적용의 어려움			
6. 순환마디를 구한 후, 정수 부분을 포함한 순환하지 않는 소수 부분과 순환마디를 이용해 순환소수를 간단히 나타내는 방법의 이해와 적용의 어려움			
7. 부주의/계산 실수			
8. 기타(구체적 원인 기재하기)			

가장 흔한 오답 원인	1과 2 중 하나	3, 4, 5, 6 중 하나	7
	AND	AND	OR
오답률	오답이 2개 이상	오답이 2개 이상	오답이 2개 미만
다음 중재	브리지(Bridge)	동 차시 반복	다음 차시

브리지(Bridge) 차시
- 1.1차시
- 1.2차시
- 3.1차시

3차시

순환소수를 분수로 나타내기

[내비게이션 3.3.A] 순환소수를 분수로 나타내기

	순서	예 $(3.4\dot{5}\dot{1})$
❶	순환소수를 x라 놓기	$x = 3.4\dot{5}\dot{1}$ $x = 3.451515151$ ·········A
❷	(소수점 아래에 순환하지 않는 소수가 있는 경우) 순환하지 않는 소수의 개수만큼 10을 제곱한 수를 구하여 양변에 곱하기	$x = 3.4\dot{5}\dot{1} = 3.451515151\cdots$에서 순환하지 않는 소수의 개수는 1개이므로 10^1, 즉 10을 양변에 곱한다. $10x = 34.51515151$ ·········B
❸	소수 부분에 포함된 숫자의 개수(순환하지 않는 소수 개수 + 순환마디 숫자 개수)만큼 10의 제곱수를 구하여 양변에 곱하기	$x = 3.4\dot{5}\dot{1}$에서 소수 부분의 숫자 개수는 3개이므로 10^3을 구하여 양변에 곱한다. $1000x = 3451.515151$ ·········C
❹	1, 2, 3에서 얻어진 식 중 소수 부분이 같은 두 식을 찾아 뺄셈하여 x 구하기 (C−A 또는 C−B)	C와 B의 소수 부분이 같으므로 C−B하여 x를 구한다. $1000x = 3451.515151$ ·········C $-10x = 34.515151$ ·········B $990x = 3417$ $\therefore x = \frac{3417}{990}$

[내비게이션 3.3.B] 소수와 10의 제곱수의 곱셈

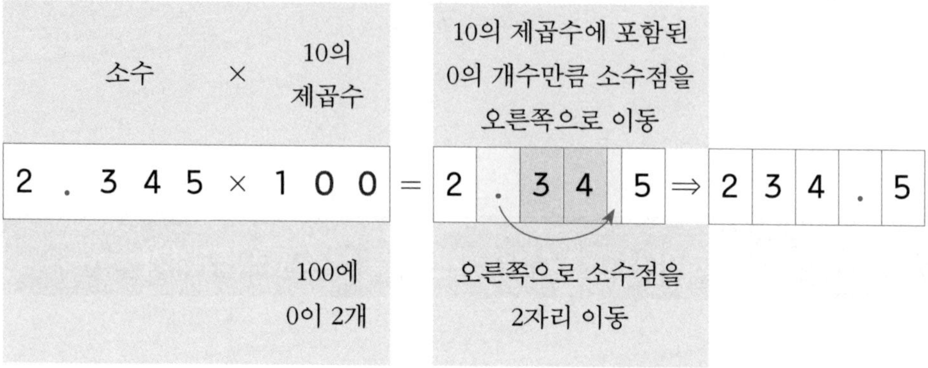

차시 목표 순환소수를 분수로 나타내는 방법을 이해하고, 순환소수를 분수로 나타낼 수 있다.

사전 지식 소수와 10의 거듭제곱수의 곱셈, 소수의 뺄셈, 유리수와 일차항의 곱셈, 일차항의 뺄셈, 순환소수의 의미

준비물 3단계 3차시 학생용 교재, **내비게이션 3.3**

흔한 오류

1. 소수와 10의 거듭제곱수(10, 100, 1000…)의 곱셈의 패턴에 익숙하지 않을 경우, 순환소수와 10의 거듭제곱수 계산에(0.22222… × 100) 어려움을 겪는다.

2. 순환마디를 없애 주기 위하여 어떤 10의 거듭제곱수들을 곱해 줘야 하는지 쉽게 찾지 못한다.
   - 오류 예: 0.2323…에는 100을 곱해야 하는데 10을 곱한다.

3. 소수에 10의 거듭제곱수를 곱한 두 수를 빼 주는 과정에서 우변에 있는 두 소수의 뺄셈은 완성하지만 좌변에 있는 일차항의 뺄셈을 완성하지 못하거나 잊고 완성하지 못하는 경우, 우변에서 구한 정수를 답이라고 보고한다.
   - 오류 예: $$\begin{array}{r} 10x = 2.222222\cdots\cdots \\ -x = 0.222222\cdots\cdots \\ \hline 2 \end{array}$$

사전평가

처음 두 문제는 가장 필수적인 사전 지식에 대한 이해를 묻고, 3번부터 7번까지는 차시 목표인 개념과 기술의 이해를 묻습니다.

다음 순환소수를 순환마디 표시 없이 나타내시오.

1. $0.\dot{4}$

2. $0.0\dot{6}\dot{8}$

다음 순환소수를 분수로 나타내시오.

3. $0.\dot{2}\dot{5}$

4. $2.\dot{4}$

5. $3.\dot{6}\dot{5}$

6. $0.2\dot{8}$

7. $0.3\dot{2}\dot{5}$

정 답

1. 0.44444⋯
2. 0.0686868⋯
3. $\frac{25}{99}$
4. $\frac{22}{9}$
5. $\frac{362}{99}$
6. $\frac{26}{90}$
7. $\frac{322}{990}$

접속하기

차시 목표 및 개념 설명

오늘은 순환소수를 분수로 나타내는 방법을 배우려 합니다. 먼저, 이번 차시에서 많이 사용될 개념과 기술을 정리해 봅시다.

1. 순환소수란 무엇입니까? 순환소수는 소수들 중에서 소수점 아래의 어떤 자리부터 일정한 숫자의 패턴이 계속 되풀이되는 소수들을 말합니다.

2. 순환마디는 무엇입니까? 순환소수의 소수점 아래에서 일정하게 되풀이되는 수의 배열을 말합니다. 예를 들어, 0.2222…라는 순환소수에서는 소수점 아래에 2라는 수의 배열이 반복적으로 나타나므로 2가 순환마디입니다. 순환마디는 순환마디의 첫 숫자와 마지막 숫자 위에 점을 찍어 나타낼 수 있습니다. 예를 들어, $2.\dot{2}\dot{5}$는 2.25252525…를 간단하게 나타낸 것입니다.

3. 소수에 10의 제곱수인 10, 100, 1000, 10000 등을 곱하면 계산 결과가 어떤 패턴을 보입니까? 10의 제곱수에 포함된 0의 숫자만큼 소수점 자리가 오른쪽으로 이동합니다. 1.234에 10을 곱하면 10에 0이 1개이므로 소수점이 오른쪽으로 한 칸 움직여서 정답은 12.34가 됩니다. 1.234에 100을 곱하면 100에 0이 2개 있으므로 소수점 자리가 오른쪽으로 두 칸 움직여서 정답은 123.4가 됩니다(소수와 0의 제곱수의 곱셈에 대한 이해가 부족한 학생에게는 내비게이션 3.3.B 를 참고하도록 지도하십시오).

4. 순환소수를 분수로 나타내는 방법을 알아봅시다. 예를 들어, 순환소수 $3.4\dot{5}\dot{1}$을 분수로 나타내려면,

1) 먼저, 순환소수를 x라 놓습니다.

$\rightarrow x = 3.4\dot{5}\dot{1}$

$\rightarrow x = 3.451515151$ ……… A

2) 소수점 아래에 순환하지 않는 소수의 개수만큼 10을 제곱한 수를 구하여 양변에 곱합니다. $x = 3.4\dot{5}\dot{1} = 3.451515151\cdots$에서 순환하지 않는 소수의 개수는 1개이므로 10^1, 즉 10을 양변에 곱합니다.

$\rightarrow 10x = 34.51515151$ ……… B

3) 소수점 아래에 있는 숫자의 개수(순환하지 않는 소수 개수 + 순환마디 숫자 개수)만큼 10의 제곱수를 구하여 양변에 곱합니다. $x = 3.4\dot{5}\dot{1}$에서 소수 부분의 숫자 개수는 3개이므로 10^3을 구하여 양변에 곱합니다.

$\rightarrow 1000x = 3451.515151$ ……… C

4) 위의 세 단계를 통해 얻어진 식 중 소수 부분이 같은 두 식을 찾아 뺄셈하여 x를 구합니다. C와 B의 소수 부분이 같으므로 C−B하여 x를 구합니다.

$\rightarrow 1000x = 3451.515151$ ……… C

$\quad -10x = \quad 34.515151$ ……… B

$990x = 3417$

$$\rightarrow \therefore x = \frac{3417}{990}$$

보여 주기

개념 및 기술 교수, 개념 및 기술 예시 제시, 보는 수학 내비게이션을 이용한 교사 모델링

① (보여 주는 문제 1을 보여 주며) 순환소수 $0.\dot{4}\dot{2}$를 분수로 나타내 봅시다.

1. 먼저, 순환소수 $0.\dot{4}\dot{2}$를 x라 놓습니다.

   $\rightarrow x = 0.\dot{4}\dot{2} = 0.424242\cdots$

2. 소수점 아래에 순환하지 않는 숫자가 있을 경우에는 순환하지 않는 숫자의 개수만큼 10을 제곱하여 양변에 곱해 줍니다.

   - $0.\dot{4}\dot{2}$에는 순환하지 않는 숫자가 없으므로 다음 단계로 이동합니다.

3. 다음은 소수점 아래 숫자의 개수, 즉 순환하지 않는 소수와 순환마디의 개수만큼 10을 제곱하여 양변에 곱해 줍니다.

   - $0.\dot{4}\dot{2}$에서 소수점 아래 숫자의 개수는 2이므로 10을 제곱하여($10^2 = 100$) 양변에 곱해 줍니다.

     $\rightarrow 100x = 42.424242\cdots$

4. 이제 단계 1, 2, 3에서 구해진 두 식 중 소수 부분이 같은 두 식을 뺄셈하여 x값을 구합니다.

   - 여기서는 $100x = 42.424242\cdots$와 $x = 0.424242\cdots$가 소수 부분이 같으므로 두 식을 뺄셈하여 x를 구합니다.

$$\rightarrow 100x = 42.424242\cdots$$

$$-\quad x = 0.424242\cdots$$

$$99x = 42$$

$$\rightarrow \boxed{\therefore x = \frac{42}{99} = \frac{14}{33}}$$

- 즉, $0.\dot{4}\dot{2} = \frac{14}{33}$입니다.

❷ (보여 주는 문제 2를 보여 주며) $0.23\dot{5}$를 분수로 나타내 봅시다.

1. 먼저, 순환소수 $0.23\dot{5}$를 x라 놓습니다.

   $\rightarrow x = 0.23\dot{5} = 0.2355555\cdots$

2. 소수점 아래에 순환하지 않는 숫자가 있을 경우에는 순환하지 않는 숫자의 개수만큼 10을 제곱하여 양변에 곱해 줍니다.

   - $0.23\dot{5}$에는 소수점 아래 순환하지 않는 숫자는 2와 3, 두 개입니다.
   - 10을 제곱한 수($10^2 = 100$)를 $x = 0.2355555\cdots$의 양변에 곱해 줍니다.

     $\rightarrow 100x = 23.55555\cdots$

3. 다음은 소수점 아래 숫자의 개수, 즉 순환하지 않는 소수와 순환마디의 개수만큼 10을 제곱하여 양변에 곱해 줍니다.

   - $0.23\dot{5}$에서 소수점 아래 숫자의 개수는 3개이므로 10을 세제곱하여($10^3 = 1000$) 양변에 곱해 줍니다.

     $\rightarrow 1000x = 235.55555\cdots$

4. 이제 단계 1, 2, 3에서 구해진 두 식 중 소수 부분이 같은 두 식을 뺄셈하여 x값을 구합니다.

- 여기서는 $100x = 23.55555\cdots$와 $1000x = 235.55555\cdots$가 소수 부분이 $55555\cdots$로 같으므로 두 식을 뺄셈하여 x를 구합니다.

$$\begin{array}{rl} \rightarrow\ 1000x = & 235.55555\cdots \\ -\ 100x = & 23.55555\cdots \\ \hline 900x = & 212 \end{array}$$

$\rightarrow$ $\boxed{\therefore x = \frac{212}{900} = \frac{53}{225}}$

- 즉, $0.23\dot{5} = \frac{53}{225}$ 입니다.

❸ (보여 주는 문제 3을 보여 주며) $2.0\dot{9}$를 **분수로 나타내 봅시다.**

1. 먼저, 순환소수 $2.0\dot{9}$를 x라 놓습니다.

$\rightarrow x = 2.0\dot{9} = 2.099999\cdots$

2. 소수점 아래에 순환하지 않는 숫자가 있을 경우에는 순환하지 않는 숫자의 개수만큼 10을 제곱하여 양변에 곱해 줍니다.

- $2.0\dot{9}$에는 소수점 아래 0이 순환하지 않는 소수이므로 10을 1제곱한 수, 즉 10을 $x = 2.099999\cdots$의 양변에 곱해 줍니다.

$\rightarrow 10x = 20.99999\cdots$

3. 다음은 소수점 아래 숫자의 개수, 즉 순환하지 않는 소수와 순환마디의 개수만큼 10을 제곱하여 양변에 곱해 줍니다.

- $2.0\dot{9}$에서 소수점 아래 숫자의 개수는 2개이므로 10을 제곱하여($10^2 = 100$) 양변에

곱해 줍니다.

→ $100x = 209.99999\cdots$

4. 이제 단계 1, 2, 3에서 구해진 두 식 중 소수 부분이 같은 두 식을 뺄셈하여 x값을 구합니다.

- 여기서는 $100x = 209.99999\cdots$와 $10x = 20.99999\cdots$가 소수 부분이 같으므로 두 식을 뺄셈하여 x를 구합니다.

  $$\begin{array}{r} 100x = 209.99999\cdots \\ -\ 10x = 20.99999\cdots \\ \hline 90x = 189 \end{array}$$

  → $\boxed{\therefore x = \frac{189}{90} = \frac{21}{10}}$

- 즉, $2.0\dot{9} = \frac{21}{10}$입니다.

함께 풀기

(내비게이션 3.3 을 보여 주며) 순환소수를 분수로 나타내는 방법을 다시 한번 정리해 봅시다. (학생에게 먼저 응답할 기회를 준 후, 내비게이션 3.3 의 각 단계를 가리키며) 먼저, 순환소수를 x라고 놓습니다. 다음은 소수점 아래에 순환하지 않는 숫자의 개수만큼 10을 제곱한 수를 x식의 양변에 곱합니다. 그다음은 소수점 아래의 숫자의 개수만큼 10을 제곱한 수를 x식의 양변에 곱합니다. 마지막으로, 소수점 아래 숫자가 같은 두 식을 찾아 뺄셈을 하여 x를 구합니다. 내비게이션을 보면서 다음 문제를 함께 풀어 봅시다.

1 (함께 풀어 보는 문제 1을 가리키며) $0.\dot{7}$을 분수로 나타내 봅시다.

1. 순환소수를 분수로 나타내려면 제일 먼저 무엇을 해야 합니까? 먼저, 순환소수 $0.\dot{7}$을 x라 놓습니다.

   $\rightarrow x = 0.\dot{7} = 0.77777\cdots$

2. 다음은 무엇을 합니까? 소수점 아래 순환하지 않는 숫자가 있을 경우에는 순환하지 않는 소수의 개수만큼 10을 제곱하여 양변에 곱해 줍니다.
   - $0.\dot{7}$에는 소수점 아래 순환하지 않는 숫자가 몇 개입니까? $0.\dot{7}$에는 소수점 아래 소수 부분에서 순환하지 않는 숫자가 없습니다.
   - 따라서 다음 단계로 바로 이동합니다.

3. 다음은 무엇을 합니까? 소수점 아래 숫자의 개수, 즉 순환하지 않는 소수와 순환마디의 개수만큼 10을 제곱하여 양변에 곱해 줍니다.
   - $0.\dot{7}$에서 소수점 아래 숫자는 몇 개입니까? 소수점 아래 숫자의 개수는 1개입니다.
   - 10을 1제곱한 수($10^1 = 10$)인 10을 양변에 곱해 줍니다.

     $\rightarrow 10x = 7.77777\cdots$

4. 다음은 무엇을 합니까? 단계 1, 2, 3에서 구해진 식들 중 소수 부분이 같은 두 식을 뺄셈하여 x값을 구합니다.

- 이 문제에서는 어떤 두 식을 빼야 합니까? 이 문제에서는 $10x = 7.77777\cdots$과 $x = 0.77777\cdots$이 소수 부분이 같으므로 두 식을 뺄셈하여 x를 구합니다.

→ $10x = 7.77777\cdots$

$-\ \ x = 0.77777\cdots$

$9x = 7$

→ $\therefore x = \dfrac{7}{9}$

- 즉, $0.\dot{7} = \dfrac{7}{9}$입니다.

❷ (함께 풀어 보는 문제 2를 가리키며) $0.10\dot{2}\dot{4}$를 분수로 나타내 봅시다.

1. 순환소수를 분수로 나타내려면 제일 먼저 무엇을 해야 합니까? 먼저, 순환소수 $0.10\dot{2}\dot{4}$를 x라 놓습니다.

→ $x = 0.10\dot{2}\dot{4} = 0.10242424\cdots$

2. 다음은 무엇을 합니까? 소수점 아래 소수 부분에서 순환하지 않는 숫자가 있을 경우에는 순환하지 않는 소수의 개수만큼 10을 제곱하여 양변에 곱해 줍니다.

- $0.10\dot{2}\dot{4}$에는 소수점 아래 순환하지 않는 숫자가 몇 개입니까? $0.10\dot{2}\dot{4}$에는 소수점 아래 소수 부분에서 순환하지 않는 숫자가 1과 0으로 2개입니다.
- 따라서 10의 제곱($10^2 = 100$)인 100을 양변에 곱해 줍니다.

→ $100x = 10.242424\cdots$

3. 다음은 무엇을 합니까? 소수점 아래 숫자의 개수, 즉 순환하지 않는 소수와 순환마디의 개수만큼 10을 제곱하여 양변에 곱해 줍니다.

- $0.1\dot{2}\dot{4}$에서 소수점 아래 숫자는 몇 개입니까? 소수점 아래 숫자의 개수는 네 개입니다.
- 따라서 10을 네제곱한 수($10^4 = 10000$)인 10000을 양변에 곱해 줍니다.

  $\rightarrow 10000x = 1024.242424\cdots$

4. 다음은 무엇을 합니까? 단계 1, 2, 3에서 구해진 식들 중 소수 부분이 같은 두 식을 뺄셈하여 x값을 구합니다.

- 이 문제에서는 어떤 두 식이 소수 부분이 같습니까? 이 문제에서는 $100x = 10.242424\cdots$와 $10000x = 1024.242424\cdots$가 소수 부분이 같으므로 이 두 식을 뺄셈하여 x를 구합니다.

$$
\begin{array}{rrl}
\rightarrow 10000x &=& 1024.242424\cdots \\
-\ 100x &=& 10.242424\cdots \\
\hline
9900x &=& 1014
\end{array}
$$

$$\rightarrow \boxed{\therefore x = \frac{1014}{9900} = \frac{169}{1650}}$$

- 즉, $0.1\dot{2}\dot{4} = \dfrac{169}{1650}$입니다.

❸ (힘께 풀어 보는 문제 3을 가리키며) $2.4\dot{2}\dot{5}$를 분수로 나타내 봅시다.

1. $2.4\dot{2}\dot{5}$를 분수로 나타내려면 제일 먼저 무엇을 해야 합니까? 먼저, 순환소수 $2.4\dot{2}\dot{5}$를 x라 놓습니다.

   $\rightarrow x = 2.4\dot{2}\dot{5} = 2.4252525\cdots$

2. 다음은 무엇을 합니까? 소수점 아래에 순환하지 않는 숫자가 있을 경우에는 순환하지 않는 소수의 개수만큼 10을 제곱하여 양변에 곱해 줍니다.

- $2.4\dot{2}\dot{5}$에는 소수점 아래 순환하지 않는 숫자가 몇 개입니까? $2.4\dot{2}\dot{5}$에는 소수점 아래 소수 부분에서 순환하지 않는 숫자가 4뿐이므로 한 개입니다.
- 따라서 10의 1제곱수($10^1 = 10$)인 10을 양변에 곱해 줍니다.

  → $10x = 24.252525\cdots$

3. 다음은 무엇을 합니까? 소수점 아래 숫자의 개수만큼 10을 제곱하여 양변에 곱해 줍니다.

- $2.4\dot{2}\dot{5}$에서 소수점 아래 숫자는 몇 개입니까? 소수점 아래 숫자의 개수는 세 개입니다.
- 따라서 10을 세제곱한 수($10^3 = 1000$)인 1000을 양변에 곱해 줍니다.

  → $1000x = 2425.252525\cdots$

4. 다음은 무엇을 합니까? 단계 1, 2, 3에서 구해진 식들 중 소수 부분이 같은 두 식을 뺄셈하여 x값을 구합니다.

- 이 문제에서는 어떤 두 식이 소수 부분이 같습니까? 이 문제에서는 $10x = 24.252525\cdots$와 $1000x = 2425.252525\cdots$가 소수 부분이 같으므로 이 두 식을 뺄셈하여 x를 구합니다.

  $$\begin{array}{rl} \rightarrow 1000x = & 2425.252525\cdots \\ -\ \ 10x = & 24252525\cdots \\ \hline 990x = & 2401 \end{array}$$

  → $\boxed{\therefore x = \frac{2401}{990}}$

- 즉, $2.4\dot{2}\dot{5} = \frac{2401}{990}$입니다.

아 그렇구나!

- 혼동되는 문제 다시 풀기
- 최다 오류를 반례로 제시하여 개념 및 기술 획득 강화

아 그렇구나! 에서는 순환소수를 분수로 나타낼 때 우리가 자주 혼동하는 문제를 함께 풀어 봅니다. 다음 문제를 풀 때 왜 실수가 많은지 그 이유를 함께 생각해 봅시다.

1 (아 그렇구나! 문제 1을 가리키며) $0.0000\dot{6}$을 분수로 나타낼 때 혼동되는 점은 무엇입니까?

⇨ 이 문제는 순환마디가 나오기 전, 소수점 아래 소수 부분에 0이라는 동일한 숫자가 반복되어 나타나므로 소수점 아래 순환하지 않는 숫자가 한 개라고 혼동할 수 있습니다. 하지만 순환하지 않는 숫자는 소수점 아래 첫째 자리(0), 둘째 자리(0), 셋째 자리(0), 넷째 자리(0)에 걸쳐 네 개가 있습니다.

$$\begin{array}{rl} 100,000x = & 6.6666\cdots \\ -\ 10,000x = & 0.6666\cdots \\ \hline 90,000x = & 6 \end{array}$$

$$x = \frac{6}{90,000} = \frac{1}{15,000}$$

정답은 $\frac{1}{15,000}$ 입니다.

❷ (아 그렇구나! 문제 2를 가리키며) $11.\dot{1}\dot{0}$을 분수로 나타낼 때 혼동되는 점은 무엇입니까?

⇨ 11.10이 11.1과 같다고 생각하여, 순환소수인 $11.\dot{1}\dot{0}$을 $11.\dot{1}$이라 생각하고 문제를 푸는 경우에 오류를 범하게 됩니다. $11.\dot{1}\dot{0}$은 11.10101010⋯이고, $11.\dot{1}$은 11.1111111⋯이므로 동일한 수가 아닙니다.

배움 체크하기

(배움 체크 리스트 를 가리키며) 오늘 우리가 함께 공부한 것을 혼자서도 할 수 있는지 체크해 봅시다. 혼자서도 할 수 있으면 , 선생님의 도움이 더 필요하다면 ?에 동그라미로 표시하세요.

배움 체크 리스트		?
1. 소수와 10의 거듭제곱수의 곱셈을 이해하고 계산할 수 있습니다.		
2. 순환마디를 점으로 표시한 순환소수를 순환마디 표시 없는 순환소수로 바꿀 수 있습니다.		
3. 유리수와 일차항의 곱셈과 일차항끼리의 뺄셈을 이해하고 계산할 수 있습니다.		
4. 순환소수를 분수로 표시할 때 제일 먼저 순환소수를 x로 둠을 이해하고 적용할 수 있습니다.		
5. 소수 부분이 동일한 두 식을 만들어 두 식을 뺄셈하여 x를 구한다는 것을 이해하고 적용할 수 있습니다.		
6. 소수 부분이 동일한 두 식을 만들기 위해서는 소수점 아래 숫자 중 순환하지 않는 숫자의 개수만큼 10을 거듭제곱한 수를 x식 양변에 곱해 줌을 이해하고 적용할 수 있습니다.		
7. 소수 부분이 동일한 두 식을 만들기 위해서는 소수점 아래 있는 모든 숫자의 개수만큼 10을 거듭제곱한 수를 x식 양변에 곱해 줌을 이해하고 적용할 수 있습니다.		

혼자 풀기

(혼자 풀어 보는 문제 1~7을 제시하며) 오늘 배운 것을 기억하면서 문제를 혼자 풀어 보는 시간입니다. 내비게이션 3.3.A 를 사용하면 도움이 됩니다.

다음 순환소수를 순환마디 표시 없는 순환소수로 나타내시오.

1. $0.\dot{7}$

2. $0.\dot{2}\dot{8}$

다음 순환소수를 분수로 나타내시오.

3. $3.\dot{5}$

4. $2.\dot{7}\dot{5}$

5. $0.3\dot{6}\dot{5}$

6. $0.52\dot{8}$

7. $1.2\dot{2}\dot{5}$

채점 및 오답 분석

☞ 학생이 쓴 답을 기재하고, 오답인 경우 중재 결정표 에서 가능한 오류 원인을 1~8 중에서 골라 번호로 기재합니다. 기타 원인 때문에 오답이 발생했을 경우, 구체적으로 어떤 이유인지 기재합니다. 가능한 오답의 원인을 모두 기재합니다.

혼자 풀어 보는 문제	정답	학생이 쓴 답	오답 원인
1. $0.\dot{7}$	0.777…		
2. $0.\dot{2}\dot{8}$	0.282828…		
3. $3.\dot{5}$	$\frac{32}{9}$		
4. $2.\dot{7}\dot{5}$	$\frac{91}{33}$		
5. $0.3\dot{6}\dot{5}$	$\frac{181}{495}$		
6. $0.52\dot{8}$	$\frac{119}{225}$		
7. $1.2\dot{2}\dot{5}$	$\frac{1213}{990}$		
	정답 개수	/ 7	

중재 결정표

오답 원인을 분석하여 차후 중재를 결정하세요.

오답 원인	발생 빈도	최다 발생 오류	중재 결정
1. 사전 지식 및 기술(소수와 10의 거듭제곱수의 곱셈, 유리수와 일차항의 곱셈, 일차항의 뺄셈, 소수의 뺄셈)			
2. 용어나 문제 이해 부족(미지수 x, 순환소수, 순환마디)			
3. 순환마디가 있는 순환소수를 순환마디 표시 없는 순환소수로 나타내는 방법에 대한 이해와 적용의 어려움			
4. 10의 거듭제곱수를 양변에 곱하여 소수 부분이 같은 두 식을 만들어 두 식의 뺄셈으로 x값을 구하는 절차에 대한 이해와 적용의 어려움			
5. 소수 부분이 같은 두 식을 만들기 위해 소수점 아래 숫자 중 순환하지 않는 숫자의 개수만큼 10을 거듭제곱한 수를 양변에 곱하는 절차에 대한 이해와 적용의 어려움			
6. 소수 부분이 같은 두 식을 만들기 위해 소수점 아래 숫자의 개수만큼 10을 거듭제곱한 수를 양변에 곱하는 절차에 대한 이해와 적용의 어려움			
7. 부주의/계산 실수			
8. 기타(구체적 원인 기재하기)			

가장 흔한 오답 원인	1과 2 중 하나	3, 4, 5, 6 중 하나	7
	AND	AND	OR
오답률	오답이 2개 이상	오답이 2개 이상	오답이 2개 미만
다음 중재	브리지(Bridge)	동 차시 반복	다음 차시

브리지(Bridge) 차시

- 1.1차시
- 2.17차시
- 2.20차시
- 2.25차시
- 3.2차시

4차시

지수법칙을 이용한 단항식의 곱셈

[내비게이션 3.4] 지수법칙을 이용한 거듭제곱의 곱셈

[지수법칙 1. 밑이 같은(한 개) 거듭제곱의 곱셈]

$a^m \times a^n = a^{m+n}$

	순서	예 ($3^3 \times 3^2$)	예 ($x^3 \times x^4$)
1	밑이 같은 거듭제곱의 곱셈 문제인지 확인하기	3^3과 3^2은 밑이 3으로 같고 곱셈 문제이다.	x^3과 x^4의 밑은 x로 같고 곱셈 문제이다.
2	거듭제곱의 지수의 합 구하기	3^3의 지수는 3, 3^2의 지수는 2이므로 $3 + 2 = 5$이다.	x^3의 지수는 3, x^4의 지수는 4이므로 $3 + 4 = 7$이다.
3	밑은 그대로 써 주고 지수 합을 지수 자리에 써 주기	$3^3 \times 3^2 = 3^{3+2} = 3^5$	$x^3 \times x^4 = x^{3+4} = x^7$

[지수법칙 2. 거듭제곱의 거듭제곱 계산]

$(a^l b^m)^n = a^{l\times n} b^{m\times n}$

	순서	예 $(3^2)^5$	예 $(x^3y^2)^5$
1	거듭제곱의 거듭제곱 문제인지 확인하기	3^2의 다섯제곱 문제이므로 거듭제곱의 거듭제곱 문제이다.	밑이 다른 두 거듭제곱의 곱셈식 x^3y^2의 거듭제곱 문제이다.
2	괄호 안에 있는 거듭제곱이 무엇인지 확인하고 그 밑을 각각 써 주기	3 (3^2이 괄호 안 거듭제곱이고 밑은 3이다.)	xy (x^3y^2이 괄호 안 거듭제곱이고, x^3의 밑은 x이고 y^2의 밑은 y이다.)
3	괄호 안 지수와 괄호 밖 지수의 곱을 구하여 지수 자리에 써 주기	$(3^2)^5 = 3^{2\times5} = 3^{10}$	$(x^3y^2)^5 = x^{3\times5}y^{2\times5}$ $= x^{15}y^{10}$

[지수법칙 응용: 밑이 다른(여러 개) 거듭제곱의 곱셈]

	순서	예 $(3^3\times5^2\times3^2)$	예 $(y^3\times x^4\times y^4)$
1	밑이 다른 거듭제곱의 곱셈 문제인지 확인하기	3과 5가 밑	x와 y가 밑
2	밑이 같은 거듭제곱끼리 이웃하도록 곱셈식을 정리하기	$3^3\times3^2\times5^2$	$x^4\times y^3\times y^4$
3	밑이 같은 거듭제곱의 곱셈식을 지수법칙 1을 적용하여 정리하기	$3^5\times5^2$ $(3^3\times3^2=3^5)$	$x^4\times y^7$ $(y^3\times y^4=y^7)$
4	밑의 크기나 알파벳 순서대로 써 주고, 곱셈 기호를 생략하기	$3^5 5^2$	x^4y^7

차시 목표 밑이 같은 거듭제곱으로 나타낸 수들의 곱셈과 거듭제곱의 거듭제곱으로 나타낸 수들을 계산할 수 있다.

사전 지식 거듭제곱의 의미, 거듭제곱의 밑, 지수, 곱셈식을 거듭제곱으로 나타내기($2\times2\times2\times2=2^4$), 단항식과 수의 곱셈($2a\times3=6a$)

준비물 3단계 4차시 학생용 교재, **내비게이션 3.4**

Level 3.1
4차시

흔한 오류

1. 밑이 같은 거듭제곱수들의 곱셈을 할 때, 지수를 곱하여 나타낸다.
   - 오류 예: $2^3 \times 2^5 = 2^{3\times5} = 2^{15}$
2. 밑이 같은 거듭제곱수들의 덧셈에 지수법칙을 적용한다.
   - 오류 예: $2^3 + 2^5 = 2^{3+5} = 2^8$
3. 밑이 다른 거듭제곱수들의 곱셈에 지수법칙을 적용한다.
   - 오류 예: $2^3 \times 5^4 = 10^7$
4. 밑이 같은 세 개 이상의 거듭제곱수를 곱해야 할 때, 지수법칙을 두 거듭제곱수에만 적용한다.
   - 오류 예: $2^4 \times 2^5 \times 2^3 = 2^9 \times 2^3$, $x^2 \times x^3 \times x^4 = x^5 \times x^4$
5. 거듭제곱의 거듭제곱을 계산할 때, 지수끼리 곱셈을 하지 않고 덧셈을 한다.
   - 오류 예: $(2^3)^5 = 2^8$
6. 두 거듭제곱의 곱셈식을 거듭제곱할 때, 한 거듭제곱수만 지수법칙을 적용한다.
   - 오류 예: $(2^3 7^2)^4 = 2^{12}7^2$ 또는 $2^3 7^8$

7. 거듭제곱이 아닌 수를 거듭제곱할 때, 지수법칙을 적용하지 못한다.

- 오류 예: $(x^4y)^2 = x^8$, $(5^43)^2 = 5^8$

사전평가

처음 두 문제는 가장 필수적인 사전 지식에 대한 이해를 묻고, 3번부터 7번까지는 차시 목표인 개념과 기술의 이해를 묻습니다.

다음 식을 거듭제곱을 사용하여 나타내시오.

1. $2 \times 2 \times 2 \times 2 =$

2. $3 \times 3 \times 5 \times 5 \times 5 =$

다음 식을 지수법칙을 사용하여 간단히 나타내시오.

3. $3^2 \times 3^4 \times 3^5 =$

4. $x^4 \times x^5 \times x^2 =$

5. $a^3 \times b^2 \times a^2 \times b =$

6. $(a^4b^3)^3 =$

7. $(x^2)^3 \times (y^2)^2 \times (x^3)^5 =$

정답

1. 2^4 **2.** $3^2 \times 5^3$ **3.** 3^{11} **4.** x^{11}

5. a^5b^3 **6.** $a^{12}b^9$ **7.** $x^{21}y^4$

접속하기

차시 목표 및 개념 설명

오늘은 밑이 같은 거듭제곱수의 곱셈에 대해 배우려 합니다. 먼저, 이번 차시에서 많이 사용될 용어를 정리해 봅시다.

1. $3 \times 3 \times 3 \times 3$은 어떤 특징이 있는 수입니까? $3 \times 3 \times 3 \times 3$은 3이라는 동일한 수가 네 번 반복적으로 곱해진 수입니다.

2. $3 \times 3 \times 3 \times 3$을 나타낼 수 있는 또 다른 방법은 무엇입니까? $3 \times 3 \times 3 \times 3$은 3^4으로 나타낼 수 있습니다. 3^4처럼 어떤 수가 반복적으로 곱해진 수를 밑과 지수를 사용해서 나타낸 것을 어떤 수의 거듭제곱이라 말합니다. 밑은 반복적으로 곱해지는 어떤 수이므로 여기서는 3입니다. 지수는 밑이 몇 번 곱해졌는지를 나타내는 수이므로 여기서는 4입니다.

3. 밑이 같은 거듭제곱의 곱셈은 어떻게 합니까? 밑이 같은 거듭제곱을 곱할 때는 밑은 그대로 쓰고 각 거듭제곱의 지수를 더한 값을 새로운 지수로 쓰면 됩니다. 예를 들어, $3^2 \times 3^5 = 3^{2+5} = 3^7$입니다. 왜 그렇습니까? 각 거듭제곱을 곱셈식으로 풀어 써서 이 식을 다시 정리하면 그 이유를 알 수 있습니다. 3^2 대신 3×3을 3^5 대신 $3 \times 3 \times 3 \times 3 \times 3$을 사용하여 정리하면 $3^2 \times 3^5 = (3 \times 3) \times (3 \times 3 \times 3 \times 3 \times 3)$이 되는데, (곱셈의 결합법칙을 이용하여) 괄호를 없애면 $3^2 \times 3^5 = 3 \times 3 \times 3 \times 3 \times 3 \times 3 \times 3$이 됩니다. 이 수는 3이 7번 반복적으로 곱해진 수이므로 3을 밑으로 7을 지수로 사용하여 거듭제곱의 형태로 나타내면 3^7이 됩니다. 동일한 방법을 사용하여 밑이 숫자가 아니라 문자인 경우에도 거듭제곱의 곱셈을 할 수 있습니다. $a^2 \times a^5 = a \times a \times a \times a \times a \times a \times a = a^{2+5} = a^7$입니다. 내비게이션 3.4의 지수법칙 1은 밑이 같은 거듭제곱의 곱셈을 간단히 나타내는 방법을 보여 줍니다.

[지수법칙 1: 밑이 같은(한 개) 거듭제곱의 곱셈]

$a^m \times a^n = a^{m+n}$

4. 밑이 같은 거듭제곱의 곱셈 문제는 곱셈 기호를 사용하여 $a^2 \times a^5$처럼 제시되기도 하지만, 거듭제곱의 거듭제곱으로 제시되기도 합니다. 예를 들어, $(a^2)^3$ 같은 문제입니다. $(a^2)^3$은 무슨 뜻입니까? $(a^2)^3$은 (a^2)이 3번 반복하여 곱해졌다는 뜻입니다(3^4은 3이 4번 반복적으로 곱해졌다는 뜻이라는 것을 기억하면 이해하는 데 도움이 됩니다). $(a^2)^3 = (a^2) \times (a^2) \times (a^2) = (a \times a) \times (a \times a) \times (a \times a) = a^6$이 됩니다. 내비게이션 3.4 의 지수법칙 2는 거듭제곱의 거듭제곱을 간단히 정리하는 방법을 보여 줍니다.

[지수법칙 2: 거듭제곱의 거듭제곱 계산]

$(a^l b^m)^n = a^{l \times n} b^{m \times n}$

5. 그렇다면, 밑이 다른 거듭제곱의 곱셈은 어떻게 간단히 정리합니까? 밑이 다른 거듭제곱을 곱해야 할 경우에는 지수법칙 1이나 지수법칙 2를 사용하여 정리할 수 없습니다. 거듭제곱의 곱셈식에서 곱셈 기호만 생략하고 나타냅니다.

[밑이 다른(여러 개) 거듭제곱의 곱셈]

$a^m \times b^n = a^m b^n$

> 내비게이션 3.4 는 거듭제곱의 곱셈을 지수법칙을 사용하여 간단히 풀 수 있는 방법을 제시하고 있습니다. 내비게이션 3.4 를 이용하여 다음 문제들을 함께 풀어 봅시다.

보여 주기

개념 및 기술 교수, 개념 및 기술 예시 제시, 보는 수학 내비게이션을 이용한 교사 모델링

1 (보여 주는 문제 1을 보여 주며) $5^4 \times 5^2 \times 5^3$을 간단히 나타내 봅시다.

1. 먼저, 어떤 종류의 거듭제곱의 곱셈 문제인지 파악합니다.
   - 밑이 한 개인 거듭제곱의 곱셈 문제인지, 밑이 여러 개인 거듭제곱의 곱셈 문제인지, 거듭제곱의 거듭제곱 문제인지 확인합니다.
   - 이 문제는 5^4, 5^2 그리고 5^3의 밑이 모두 5이므로 내비게이션 3.4 에 있는 지수법칙 1을 적용합니다.

2. 거듭제곱의 지수를 확인하고 지수의 합을 구합니다.
   - 5^4의 지수는 4, 5^2의 지수는 2, 5^3의 지수는 3이므로 지수의 합은 $4 + 2 + 3 = 9$입니다.

3. 공통적인 밑을 써 주고, 지수의 합을 그 밑의 지수로 써 줍니다.
   - 9를 5의 지수로 써 주면 5^9이 됩니다.

2 (보여 주는 문제 2를 보여 주며) $x^4 \times y^3 \times y^4 \times x^2$을 간단히 나타내 봅시다.

1. 먼저, 어떤 종류의 거듭제곱의 곱셈 문제인지 파악합니다.
   - 밑이 한 개인 거듭제곱의 곱셈 문제인지, 밑이 여러 개인 거듭제곱의 곱셈 문제인지, 거듭제곱의 거듭제곱 문제인지 확인합니다.

- x^4, x^2은 밑이 x이고, y^3과 y^4은 밑이 y이므로 밑이 여러 개인 거듭제곱 문제입니다.

2. 밑이 여러 개인 거듭제곱의 곱셈식을 정리하기 위해서는 먼저 곱셈식의 순서를 바꿔서 밑이 같은 거듭제곱끼리 모아지도록 식을 정리합니다.
   - x 밑을 가진 거듭제곱은 x 밑을 가진 거듭제곱과 함께, y 밑을 가진 거듭제곱은 y 밑을 가진 거듭제곱과 이웃하도록 식을 정리합니다.
   - $x^4 \times y^3 \times y^4 \times x^2$에서 y^3과 x^2의 자리를 바꾸어 정리하면 $x^4 \times y^3 \times y^4 \times x^2 = x^4 \times x^2 \times y^4 \times y^3$이 됩니다.

Level 3.1
4차시

3. 내비게이션 3.4 에 있는 지수법칙 1을 사용하여 밑이 같은 거듭제곱의 곱셈을 합니다.
   $\rightarrow x^4 \times x^2 = x^{4+2} = x^6$
   $\rightarrow y^4 \times y^3 = y^{4+3} = y^7$

4. 밑이 같은 거듭제곱의 곱셈을 결과를 밑의 크기나 알파벳 순서대로 써 줍니다.
   - 밑이 다른 거듭제곱의 곱셈이 되었으므로 더 이상 간단히 정리할 수 없습니다.
   $\rightarrow$ $\boxed{x^6 \times y^7 = x^6y^7}$

③ (보여 주는 문제 3을 보여 주며) $(x^4)^5$을 간단히 나타내 봅시다.

1. 먼저, 어떤 종류의 거듭제곱의 곱셈 문제인지 파악합니다.
   - 밑이 한 개인 거듭제곱의 곱셈 문제인지, 밑이 여러 개인 거듭제곱의 곱셈 문제인지, 거듭제곱의 거듭제곱 문제인지 확인합니다.
   - 이 문제는 거듭제곱인 x^4의 5 거듭제곱 문제이므로 내비게이션 3.4 에 있는 지수법칙 2를 적용합니다.

2. 괄호 안 거듭제곱의 밑을 써 줍니다.

- 괄호 안 거듭제곱은 x^4이고, 그 밑은 x입니다.

3. 괄호 안 거듭제곱의 지수와 괄호 밖 거듭제곱의 지수를 곱한 값을 지수 자리에 써 줍니다.

→ $\boxed{(x^4)^5 = x^{4\times5} = x^{20}}$

함께 풀기

(내비게이션 3.4 를 보여 주며) 거듭제곱의 곱셈식을 간단히 나타내는 방법을 다시 한번 정리해 봅시다. (학생에게 먼저 응답할 기회를 준 후, 내비게이션 3.4 의 각 단계를 가리키며) 먼저, 문제가 밑이 한 개인 거듭제곱의 곱셈식인지, 밑이 여러 개인 거듭제곱의 곱셈식인지, 거듭제곱의 거듭제곱식인지 확인합니다. 밑이 한 개인 거듭제곱의 곱셈식은 내비게이션 3.4 의 지수법칙 1을 적용하여, 밑은 그대로 쓰고, 지수의 합을 구하여 지수 자리에 써 줍니다. 밑이 여러 개인 거듭제곱의 곱셈식은 먼저 밑이 같은 거듭제곱끼리 지수법칙 1을 적용하여 간단히 정리한 후, 밑의 크기나 알파벳 순서로 써 줍니다. 거듭제곱의 거듭제곱식은 지수법칙 2를 적용하여 괄호 안 거듭제곱의 밑을 쓰고, 괄호 안 거듭제곱의 지수와 괄호 밖 지수를 곱하여 각 밑의 지수 자리에 써 줍니다. 내비게이션 3.4 를 보면서 다음 문제를 함께 풀어 봅시다.

❶ (함께 풀어 보는 문제 1을 가리키며) $a^7 \times a^2 \times a^3$을 간단히 나타내 봅시다.

1. 거듭제곱의 곱셈을 하려면 제일 먼저 무엇을 해야 합니까? 먼저, 어떤 지수법칙을 사용하는 문제인지 결정해야 합니다.
   - 밑이 한 개인 거듭제곱의 곱셈 문제인지, 밑이 여러 개인 거듭제곱의 곱셈 문제인지, 거듭제곱의 거듭제곱 문제인지 확인합니다.
   - 이 곱셈식에 포함된 a^7, a^2 그리고 a^3의 밑은 무엇입니까? 곱셈식에 포함된 거듭제곱의 밑이 모두 a이므로 곱셈식에 포함된 밑은 한 개입니다.
   - 이럴 경우 내비게이션 3.4 에 있는 지수법칙 1을 적용합니다.

2. 다음은 무엇을 합니까? 거듭제곱의 지수를 확인하고 지수의 합을 구합니다.
   - a^7의 지수는 무엇입니까? 7입니다.
   - a^2의 지수는 무엇입니까? 2입니다.
   - a^3의 지수는 무엇입니까? 3입니다.
   - 그럼, 지수의 합은 얼마입니까? 지수의 합은 $7 + 2 + 3 = 12$입니다.

3. 다음은 무엇을 합니까? 공통의 밑을 써 주고, 지수의 합을 그 밑의 지수로 써 줍니다.

- 공통의 밑은 무엇입니까? 공통의 밑은 a이고 지수의 합은 12이므로 거듭제곱꼴로 나타내면 a^{12}이 됩니다.

❷ (함께 풀어 보는 문제 2를 가리키며) $2^4 \times 7^3 \times 2^3 \times 7^2$을 간단히 나타내 봅시다.

1. 제일 먼저 무엇을 해야 합니까? 거듭제곱 곱셈의 유형을 파악합니다.

- 먼저, 밑이 한 개인 거듭제곱의 곱셈 문제인지, 밑이 여러 개인 거듭제곱의 곱셈 문제인지, 거듭제곱의 거듭제곱 문제인지 확인합니다.
- 이 문제는 어떤 문제입니까? 2^4, 2^3은 밑이 2이고, 7^3과 7^2은 밑이 7이므로 밑이 여러 개인 거듭제곱의 곱셈 문제입니다.

2. 밑이 여러 개인 거듭제곱의 곱셈식을 간단히 정리할 때는 먼저 무엇을 합니까? 곱셈식의 순서를 바꿔서 밑이 같은 거듭제곱끼리 서로 이웃에 위치하도록 식을 정리합니다.

- 무엇과 무엇을 함께 모아야 합니까? 밑이 2인 2^4과 2^3을 함께 모으고, 밑이 7인 7^3과 7^2을 함께 모아야 합니다.
- $2^4 \times 7^3 \times 2^3 \times 7^2$을 $2^4 \times 2^3 \times 7^3 \times 7^2$으로 바꿔 줍니다.

3. 다음은 무엇을 합니까? 내비게이션 3.4 에 있는 지수법칙 1을 사용하여 밑이 같은 거듭제곱의 곱셈을 합니다.

$\rightarrow 2^4 \times 2^3 = 2^{4+3} = 2^7$

$\rightarrow 7^3 \times 7^2 = 7^{3+2} = 7^5$

4. 밑이 같은 거듭제곱의 곱셈을 결과를 얻은 후엔 무엇을 합니까? 밑의 크기나 알파벳 순서대로 밑이 같은 거듭제곱의 결과를 써 줍니다.

- 2^7과 7^5, 이제 두 거듭제곱의 밑이 다르므로 더 이상 간단히 정리할 수 없습니다.

  → $\boxed{2^7 \times 7^5}$

Level 3.1
4차시

❸ (함께 풀어 보는 문제 3을 가리키며) $(x^3y^2)^4$을 간단히 나타내 봅시다.

1. 주어진 식을 간단히 하려면 제일 먼저 무엇을 해야 합니까? 거듭제곱의 곱셈 문제 중 어떤 유형의 문제인지 확인합니다.
   - 밑이 한 개인 거듭제곱의 곱셈식인지, 밑이 여러 개인 거듭제곱의 곱셈식인지, 거듭제곱의 거듭제곱 문제인지 확인합니다.
   - 이 문제는 어떤 유형의 문제입니까? 이 문제는 거듭제곱인 x^3y^2의 4 거듭제곱 문제입니다.
   - 내비게이션 3.4 에 있는 지수법칙 2를 적용하여 간단히 나타낼 수 있습니다.

2. 거듭제곱의 거듭제곱식을 정리하려면 제일 먼저 무엇을 해야 합니까? 괄호 안에 있는 거듭제곱의 밑을 씁니다.
   - 괄호 안에 어떤 거듭제곱이 들어 있습니까? 괄호 안에는 거듭제곱 x^3과 y^2이 있습니다.
   - x^3의 밑은 무엇입니까? x입니다.
   - y^2의 밑은 무엇입니까? y입니다.

3. 이제 무엇을 합니까? 밑이 x와 y로 정해졌으니, 각 밑의 지수를 구하면 됩니다.
   - 각 밑의 지수는 괄호 안에서 그 밑이 가졌던 지수와 괄호 밖 지수를 곱해서 구합니다.
   - 괄호 안 거듭제곱의 밑을 쓰고, 괄호 안 거듭제곱의 지수와 괄호 밖 지수를 곱한 값을 지수로 씁니다.

     → $\boxed{x^{3\times4}y^{2\times4} = x^{\mathbf{12}}y^{\mathbf{8}}}$

아 그렇구나!

☞ 혼동되는 문제 다시 풀기

☞ 최다 오류를 반례로 제시하여 개념 및 기술 획득 강화

아 그렇구나! 에서는 지수법칙을 사용하여 거듭제곱의 곱셈식을 간단히 정리할 때 우리가 자주 혼동하는 문제를 함께 풀어 봅니다. 다음 문제를 풀 때 왜 실수가 많은지 그 이유를 함께 생각해 봅시다.

1 (아 그렇구나! 문제 1을 가리키며) $a \times a^2$을 지수법칙을 사용하여 간단히 나타낼 때 혼동되는 점은 무엇입니까?

⇨ 이 문제에는 a가 포함되어 있는데, a의 지수를 0이라 생각하여 $a^{0+2} = a^2$이라고 답하는 경우가 있습니다. a는 a^1을 의미합니다. 따라서 $a \times a^2 = a^{1+2} = a^3$입니다.

2 (아 그렇구나! 문제 2를 가리키며) $a^2 + a^2$을 간단히 나타낼 때 혼동되는 점은 무엇입니까?

⇨ 지수법칙은 거듭제곱의 곱셈식을 간단히 정리할 때만 적용할 수 있는데, 이 문제에 포함된 거듭제곱만 보고 덧셈식임에도 불구하고 지수법칙을 적용하여 $a^2 + a^2 = a^4$이라고 생각하는 경우가 있습니다. 이 문제는 덧셈식이므로 $a^2 + a^2 = 2a^2$입니다.

3 (아 그렇구나! 문제 3을 가리키며) $(x^2y)^2x^3$을 간단히 나타낼 때 혼동되는 점은 무엇입니까?

⇨ 이 곱셈식은 거듭제곱의 거듭제곱을 간단히 정리한 후, 같은 밑을 가진 거듭제곱의 곱셈식을 정리해야 하는 문제입니다. $(x^2y)^2$을 x^4y^2으로 정리한 후 같은 밑을 가진 거듭제곱인 x^4과 x^3의 곱셈식을 정리하지 않고 $x^4y^2x^3$이라 답하는 경우가 있습니다. $(x^2y)^2x^3 = x^7y^2$입니다.

배움 체크하기

(배움 체크 리스트 를 가리키며) 오늘 우리가 함께 공부한 것을 혼자서도 할 수 있는지 체크해 봅시다. 혼자서도 할 수 있으면 , 선생님의 도움이 더 필요하다면 ?에 동그라미로 표시하세요.

배움 체크 리스트		?
1. 거듭제곱의 의미를 이해하고 같은 수나 문자가 반복적으로 곱해진 곱셈식을 거듭제곱을 사용해서 나타낼 수 있습니다.		
2. 밑과 지수의 의미를 이해하고, 거듭제곱으로 나타낸 수에서 밑과 지수를 구할 수 있습니다.		
3. 문자가 있는 일차식과 숫자의 곱셈을 계산할 수 있습니다.		
4. 밑이 같은(한 개) 거듭제곱의 곱셈은 밑은 동일하게 쓰고, 지수는 각 거듭제곱의 지수를 더하여 간단하게 정리할 수 있음을 이해하고 적용할 수 있습니다(예: $a^m \times a^n = a^{m+n}$).		
5. 밑이 다른(여러 개) 거듭제곱의 곱셈은 먼저 밑이 같은 거듭제곱끼리 서로 이웃하도록 곱셈 순서를 바꾸어 밑이 같은 거듭제곱을 정리한다는 것을 이해하고 적용할 수 있습니다.		
6. 밑이 다른 거듭제곱끼리는 더 이상 간단히 정리할 수 없음을 이해하고 적용할 수 있습니다(예: $a^m \times b^n = a^m b^n$)		
7. 거듭제곱의 거듭제곱식은 괄호 안의 밑을 각각 따로 쓰고, 괄호 안 각 밑의 지수와 괄호 밖 지수의 곱으로 각 밑의 지수를 나타낼 수 있음을 이해하고 적용할 수 있습니다[예: $(a^l b^m)^n = a^{l \times n} b^{m \times n}$].		

혼자 풀기

(혼자 풀어 보는 문제 1~7을 제시하며) 오늘 배운 것을 기억하면서 문제를 혼자 풀어 보는 시간입니다. 내비게이션 3.4 를 사용하면 도움이 됩니다.

다음 식을 거듭제곱을 사용하여 간단히 나타내시오.

1. $5 \times 5 \times 7 \times 7 \times 7$

2. $x \times x \times x$

다음 식을 지수법칙을 사용하여 간단히 나타내시오.

3. $3^3 \times 5^2 \times 3^6$

4. $x^3 \times x^2 \times x^6$

5. $a^4 \times b \times a^5 \times b^4$

6. $(a^5b^4)^3$

7. $(x^3)^3 \times (xy^2)^5$

채점 및 오답 분석

👉 학생이 쓴 답을 기재하고, 오답인 경우 중재 결정표 에서 가능한 오류 원인을 1~8 중에서 골라 번호로 기재합니다. 기타 원인 때문에 오답이 발생했을 경우, 구체적으로 어떤 이유인지 기재합니다. 가능한 오답의 원인을 모두 기재합니다.

혼자 풀어 보는 문제	정답	학생이 쓴 답	오답 원인
1. $5 \times 5 \times 7 \times 7 \times 7$	$5^2 \times 7^3$		
2. $x \times x \times x$	x^3		
3. $3^3 \times 5^2 \times 3^6$	$3^9 5^2$		
4. $x^3 \times x^2 \times x^6$	x^{11}		
5. $a^4 \times b \times a^5 \times b^4$	$a^9 b^5$		
6. $(a^5 b^4)^3$	$a^{15} b^{12}$		
7. $(x^3)^3 \times (xy^2)^5$	$x^{14} y^{10}$		
	정답 개수	/ 7	

중재 결정표

오답 원인을 분석하여 차후 중재를 결정하세요.

오답 원인	발생 빈도	최다 발생 오류	중재 결정
1. 사전 지식 및 기술(단항식과 수의 곱셈, 거듭제곱을 곱셈식으로 나타내기)			
2. 용어나 문제 이해 부족(밑, 지수, 거듭제곱, 지수법칙은 거듭제곱의 곱셈식을 정리할 때 적용하는 법칙이라는 것에 대한 이해)			
3. 밑이 같은 거듭제곱의 곱셈 결과는 밑이 동일하고 지수는 각 거듭제곱의 지수의 합과 같다는 것의 이해와 적용의 어려움			
4. 밑이 여러 개인 거듭제곱의 곱셈을 정리할 때는 밑이 같은 거듭제곱을 먼저 계산한다는 것에 대한 이해와 적용의 어려움			
5. 거듭제곱의 거듭제곱을 계산할 때는 밑이 괄호 안 거듭제곱의 밑과 동일하고 지수는 괄호 안 거듭제곱의 지수와 괄호 밖 지수를 곱한 값을 쓴다는 것에 대한 이해와 적용의 어려움			
6. 밑이 다른 거듭제곱은 지수법칙을 적용하여 간단히 정리할 수 없다는 것에 대한 이해와 적용의 어려움			
7. 부주의/계산 실수			
8. 기타(구체적 원인 기재하기)			

가장 흔한 오답 원인	1과 2 중 하나	3, 4, 5, 6 중 하나	7
	AND	AND	OR
오답률	오답이 2개 이상	오답이 2개 이상	오답이 2개 미만
다음 중재	**브리지(Bridge)**	**동 차시 반복**	**다음 차시**

브리지(Bridge) 차시
- 2.1차시
- 2.20차시

5차시

지수법칙을 이용한 단항식의 나눗셈

[내비게이션 3.5] 지수법칙을 이용한 거듭제곱의 나눗셈

[나눗셈의 지수법칙 1. 밑이 같고 피제수 지수가 제수 지수보다 큰 경우($m > n$)]

$a^m \div a^n = a^{m-n}$

	순서	예 ($3^3 \div 3^2$)	예 ($x^5 \div x^3$)
1	밑이 같은 거듭제곱의 나눗셈 문제인지 확인하기	3^3과 3^2은 밑이 3으로 같고 나눗셈 문제이다.	x^5과 x^3의 밑은 x로 같고 나눗셈 문제이다.
2	피제수와 제수 지수의 크기를 비교하여 지수법칙 결정하기	피제수 3^3의 지수는 3, 제수 3^2의 지수는 2로 피제수의 지수가 더 크므로 나눗셈의 지수법칙 1을 적용한다.	피제수 x^5의 지수는 5, 제수 x^3의 지수는 3으로 피제수의 지수가 더 크므로 나눗셈의 지수법칙 1을 적용한다.
3	몫이 될 거듭제곱 결정하기-동일한 밑, 지수의 차이가 지수가 됨	$3^3 \div 3^2 = 3^{3-2}$ $= 3^1 = 3$	$x^5 \div x^3 = x^{5-3} = x^2$

[나눗셈의 지수법칙 2. 밑이 같고 제수 지수가 피제수 지수보다 큰 경우($m < n$)]

$a^m \div a^n = \frac{1}{a^{(n-m)}}$

	순서	예 ($3^3 \div 3^5$)	예 ($x^5 \div x^8$)
1	밑이 같은 거듭제곱의 나눗셈 문제인지 확인하기	3^3과 3^5은 밑이 3으로 같고 나눗셈 문제이다.	x^5과 x^8의 밑은 x로 같고 나눗셈 문제이다.
2	피제수와 제수 지수의 크기를 비교하여 지수법칙 결정하기	피제수 3^3의 지수는 3, 제수 3^5의 지수는 5로 제수의 지수가 더 크므로 나눗셈의 지수법칙 2를 적용한다.	피제수 x^5의 지수는 5, 제수 x^8의 지수는 8로 제수의 지수가 더 크므로 나눗셈의 지수법칙 2를 적용한다.
3	몫에 포함될 거듭제곱 결정하기–동일한 밑, 지수의 차이가 지수가 됨	$3^3 \div 3^5 = 3^{5-3} = 3^2$	$x^5 \div x^8 = x^{8-5} = x^3$
4	거듭제곱의 곱셈의 역원 ($\frac{1}{\text{거듭제곱}}$) 구하기	$\frac{1}{3^2}$	$\frac{1}{x^3}$

[나눗셈의 지수법칙 3. 밑이 같고 피제수 지수와 제수 지수가 같은 경우($m=n$)]

$a^m \div a^n = a^{m-n} = a^0 = 1$

[나눗셈의 지수법칙 4. 분수의 거듭제곱]

$(\frac{a^m}{b^n})^k = \frac{a^{mk}}{b^{nk}}$

	순서	예 $(\frac{5^3}{3^2})^2$	예 $(\frac{y^3}{x^2})^2$
❶	분수의 거듭제곱 문제인지 확인하기	분수 $\frac{5^3}{3^2}$의 제곱 문제이다.	분수 $\frac{y^3}{x^2}$의 제곱 문제이다.
❷	괄호 안의 분수 밑을 답의 밑으로 쓰기	분수 $\frac{5^3}{3^2}$의 분모 3^2 밑은 3이고 분자 5^3 밑은 5이므로 $\frac{5}{3}$가 밑이 된다.	분수 $\frac{y^3}{x^2}$의 분모 x^2의 밑은 x이고 분자 y^3의 밑은 y이므로 $\frac{y}{x}$가 밑이 된다.
❸	분모와 분자의 지수 결정하기−괄호 안 분모 지수와 괄호 밖 지수를 곱해 분모 지수를 구하고, 괄호 안 분자 지수와 괄호 밖 지수를 곱해 분자 지수를 구함	$(\frac{5^3}{3^2})^2 = \frac{5^{3\times2}}{3^{2\times2}} = \frac{5^6}{3^4}$	$(\frac{y^3}{x^2})^2 = \frac{y^{3\times2}}{x^{2\times2}} = \frac{y^6}{x^4}$

차시 목표 밑이 같은 거듭제곱으로 나타낸 수들의 나눗셈과 분수의 거듭제곱을 계산할 수 있다.

사전 지식 거듭제곱의 의미, 거듭제곱의 밑, 지수, 곱셈식을 거듭제곱으로 나타내기($2\times2\times2\times2=2^4$), 지수법칙을 이용한 단항식의 곱셈(지수법칙 1 & 2), 정수의 뺄셈, 유리수의 나눗셈, 피제수와 제수

준비물 3단계 5차시 학생용 교재, **내비게이션 3.5**

흔한 오류

1. 밑이 같은 거듭제곱수들의 나눗셈을 할 때, 지수를 나눗셈한다.
   - 오류 예: $2^6 \div 2^3 = 2^{6\div3} = 2^2$
2. 밑이 같은 거듭제곱수들의 뺄셈에 지수법칙을 적용한다.
   - 오류 예: $2^5 - 2^2 = 2^{5-3} = 2^2$
3. 밑이 다른 거듭제곱수들의 나눗셈에 지수법칙을 적용한다.
   - 오류 예: $2^6 \div 5^2 = 10^{6-2} = 10^4$
4. 분수의 거듭제곱을 계산할 때, 분모와 분자 각각의 지수에 괄호 밖 지수를 곱하지 않고 분자 지수에만 괄호 밖 지수를 곱한다.
   - 오류 예: $(\frac{2}{3})^5 = \frac{(2)^5}{3}$
5. 밑이 같은 거듭제곱의 나눗셈을 할 때, 제수의 지수가 더 클 경우에도 큰 지수에서 작은 지수를 빼서 답을 구한다.
   - 오류 예: $2^3 \div 2^5 = 2^{(5-3)} = 2^2$
6. $a^0 = 1$이라 생각한다.

사전평가

처음 두 문제는 가장 필수적인 사전 지식에 대한 이해를 묻고, 3번부터 7번까지는 차시 목표인 개념과 기술의 이해를 묻습니다.

다음 식을 지수법칙을 사용하여 간단히 나타내시오.

1. $2^3 \times 2^5$

2. $(x^2y^5)^2$

3. $a^4 \div a^2$

4. $x^3 \div x^6$

5. $(x^2)^5 \div x^8$

6. $(\frac{2y^3}{a})^3$

7. $(\frac{xy^3}{b})^4$

정 답

1. 2^8
2. x^4y^{10}
3. a^2
4. $1/x^3$
5. X^2
6. $8y^9/a^3$
7. x^4y^{12}/b^4

접속하기

차시 목표 및 개념 설명

오늘은 거듭제곱의 나눗셈에 대해서 알아보려 합니다. 먼저, 이번 차시에서 많이 사용될 개념과 기술을 정리해 봅시다.

1. 나눗셈식에서 피제수와 제수는 무엇입니까? 피제수는 나뉘는 수, 즉 나눗셈 기호 앞에 나오는 수이고, 제수는 나누는 수, 즉 나눗셈 기호 뒤에 나오는 수입니다. $6 \div 3$에서 피제수는 6이고 제수는 3입니다.

피제수 ÷ 제수

2. 3의 곱셈의 역원은 무엇입니까? 3의 곱셈의 역원은 $\frac{1}{3}$입니다. 3^2의 곱셈의 역원은 무엇입니까? 3^2의 곱셈의 역원은 $\frac{1}{3^2}$입니다. 어떤 값의 곱셈의 역원은 어떤 값 분의 1로 쓸 수 있습니다.

3. $x \times x \times x \times x$는 어떤 특징이 있는 수입니까? $x \times x \times x \times x$는 x라는 동일한 문자가 네 번 반복적으로 곱해진 값이며, 거듭제곱을 사용해 나타내면 x^4입니다.

4. 어떤 값의 0제곱은 무엇입니까? 0을 제외한 모든 수의 0제곱은 1입니다. $2^0 = 1$, $x^0 = 1$, $100^0 = 1$입니다.

5. 밑이 같은 거듭제곱의 나눗셈은 어떻게 합니까? 밑이 같은 거듭제곱의 나눗셈은 피제수 지수와 제수 지수의 상대적 크기에 따라 다른 방법으로 정리합니다.

1) $m > n$인 경우, 동일한 밑에 $m-n$을 지수로 써 줍니다.

$a^m \div a^n = a^{m-n}$

예를 들어, $x^4 \div x^2 = \frac{x \times x \times x \times x}{x \times x} = x^2$인데, 이 값은 밑 x에 (피제수 지수−제수 지수)로 지수를 구한 $x^{4-2} = x^2$과 같습니다.

2) $m < n$인 경우, 동일한 밑에 $n-m$을 지수로 쓰고, 그 거듭제곱의 곱셈의 역원을 구합니다. 즉, $\frac{1}{거듭제곱}$ 꼴로 써 줍니다.

$\rightarrow a^m \div a^n = \frac{1}{a^{(n-m)}}$

예를 들어, $x^3 \div x^5 = \frac{x \times x \times x}{x \times x \times x \times x \times x} = \frac{1}{x^2}$이며, 이 값은 제수 지수와 피제수 지수 간의 차이로 밑 x의 지수값을 구한 후($x^{5-3} = x^2$) 그 거듭제곱의 곱셈의 역원($\frac{1}{거듭제곱}$)을 구한 값과 같습니다.

3) 피제수와 제수의 지수가 같을 때($m = n$)

$\rightarrow a^m \div a^n = a^{m-n} = a^0 = 1$

예를 들어, $x^4 \div x^4 = \frac{x \times x \times x \times x}{x \times x \times x \times x} = 1$, 즉 $x^{4-4} = x^0 = 1$입니다.

6. 분수의 거듭제곱은 어떻게 계산합니까? 분수의 거듭제곱은 괄호 안 밑은 그대로 쓰고 분모와 분자의 지수와 괄호 밖 지수를 각각 곱하여 분모와 분자의 지수를 구합니다.

$\rightarrow (\frac{a^m}{b^n})^k = \frac{a^{mk}}{b^{nk}}$

> 내비게이션 3.5 는 거듭제곱의 나눗셈을 지수법칙을 사용하여 계산하는 방법을 보여 주고 있습니다. 내비게이션 3.5 를 참고하여 다음 문제들을 함께 풀어 봅시다.

Level 3.1
5차시

보여 주기

개념 및 기술 교수, 개념 및 기술 예시 제시, 보는 수학 내비게이션을 이용한 교사 모델링

1 (보여 주는 문제 1을 보여 주며) $a^7 \div a^4$을 간단히 나타내 봅시다.

1. 먼저, 밑이 같은 거듭제곱의 나눗셈 문제인지 확인합니다.
   - 이 문제는 a^7과 a^4의 밑이 모두 a이므로 밑이 같은 거듭제곱의 나눗셈 문제입니다.

2. 피제수 지수와 제수 지수의 크기를 비교합니다.
   - 피제수는 나눠지는 수, 즉 나눗셈 기호 앞에 오는 값이므로 a^7입니다.
   - 제수는 나누는 수, 즉 나눗셈 뒤에 오는 값이므로 a^4이 제수입니다.
   - 피제수의 지수는 7이고 제수의 지수는 4이므로 피제수의 지수가 더 큰 경우입니다. 따라서 내비게이션 3.5 의 나눗셈의 지수법칙 1을 적용합니다.

     → $a^m \div a^n = a^{m-n}$

3. 이제 나눗셈 몫에 들어갈 거듭제곱을 결정해야 합니다.
   - 피제수 지수가 더 큰 경우엔 나눗셈 문제에 들어 있는 동일한 밑을 써 주고, 지수 간 차이를 계산해 그 밑의 지수로 써 줍니다.
   - 밑은 a이고 지수는 $7 - 4 = 3$이므로 a^3이 답입니다.

❷ (보여 주는 문제 2를 보여 주며) $x^4 \div x^8$을 간단히 나타내 봅시다.

1. 먼저, 밑이 같은 거듭제곱의 나눗셈 문제인지 확인합니다.
   - 이 문제는 x^4과 x^8의 밑이 모두 x이므로 밑이 같은 거듭제곱의 나눗셈 문제입니다.

2. 피제수 지수와 제수 지수의 크기를 비교합니다.
   - 피제수는 나눠지는 수, 즉 나눗셈 기호 앞에 오는 값이므로 x^4이고, 제수는 나누는 수, 즉 나눗셈 기호 뒤에 오는 값이므로 x^8입니다.
   - 피제수의 지수는 4이고 제수의 지수는 8이므로 제수의 지수가 더 큰 경우입니다.
   - 따라서 내비게이션 3.5 의 나눗셈의 지수법칙 2를 적용합니다.

   $\rightarrow a^m \div a^n = \dfrac{1}{a^{(n-m)}}$

3. 이제 나눗셈 몫에 들어갈 거듭제곱을 결정해야 합니다.
   - 제수의 지수가 더 큰 경우엔 밑을 써 주고 지수 간 차이를 계산해 몫의 지수를 구합니다.
   - 여기까지는 보여 주는 문제 1번과 푸는 과정이 똑같습니다.
   - x가 밑이고 지수 간 차이는 $8 - 4 = 4$이므로 x^4이라는 거듭제곱을 구합니다.

4. 제수의 지수가 더 큰 경우엔 한 단계를 더 거쳐야 정답을 구할 수 있습니다.
   - 그 거듭제곱의 곱셈의 역원을 구합니다. 즉, 거듭제곱 분의 1 꼴로 써 줍니다. x^4 분의 1 꼴로 써 줍니다.

   $\rightarrow \boxed{\dfrac{1}{x^4}}$

Level 3.1
5차시

❸ (보여 주는 문제 3을 보여 주며) $(\frac{y^2}{x^6})^5$을 간단히 나타내 봅시다.

1. 먼저, 밑이 같은 거듭제곱의 나눗셈 문제인지, 분수의 거듭제곱 문제인지 확인합니다.
   - 이 문제는 분수의 거듭제곱 문제이므로 내비게이션 3.5 에 있는 나눗셈의 지수법칙 4를 적용합니다.

     → $(\frac{a^m}{b^n})^k = \frac{a^{mk}}{b^{nk}}$

2. 분수의 거듭제곱 문제를 풀 때는 먼저 괄호 안 분수의 분모와 분자의 밑을 써 줍니다.
   - 괄호 안 분수인 $\frac{y^2}{x^6}$의 분모는 x^6이므로 그 밑은 x이고, 분자는 y^2이므로 그 밑은 y입니다.

     → $\frac{y}{x}$

3. 이제 분모와 분자의 지수를 결정해 줍니다.
   - 괄호 안 분모의 지수와 괄호 밖 거듭제곱의 지수를 곱한 값이 분모의 지수가 되고, 분자의 지수와 괄호 밖 지수를 곱한 값이 분자의 지수가 됩니다.

     → $(\frac{y^2}{x^6})^5 = \frac{y^{2\times5}}{x^{6\times5}} = \frac{y^{10}}{x^{30}}$

함께 풀기

(내비게이션 3.5 를 보여 주며) 거듭제곱의 나눗셈을 간단히 나타내는 방법을 다시 한번 정리해 봅시다. (학생에게 먼저 응답할 기회를 준 후, 내비게이션 3.5 의 거듭제곱의 나눗셈에 적용할 수 있는 지수법칙을 가리키며) 밑이 같은 거듭제곱의 나눗셈인 경우에는 동일한 밑에 지수의 차이(큰 지수-작은 지수)를 구한 값을 나눗셈 몫의 지수로 씁니다. 피제수(나눗셈 기호 앞에 나오는 값)의 지수가 제수(나눗셈 기호 뒤에 나오는 값)보다 큰 경우에는 지수의 차이가 분자의 지수가 됩니다. 제수의 지수가 피제수의 지수보다 큰 경우에는 지수의 차이가 분모의 지수가 됩니다. 밑이 같고 피제수와 제수의 지수가 같은 경우에는 지수의 차이가 0이므로 답은 1이 됩니다($a^m \div a^n = a^{m-n} = a^0 = 1$). 마지막으로, 분수의 거듭제곱을 계산할 때는 괄호 안 분수의 분모와 분자의 밑을 각각 쓰고, 괄호 안 분모의 지수와 괄호 밖 지수를 곱한 값을 분모의 지수로, 괄호 안 분자의 지수와 괄호 밖 지수를 곱한 값을 분자의 지수로 써 줍니다. 내비게이션을 보면서 다음 문제를 함께 풀어 봅시다.

1 (함께 풀어 보는 문제 1을 가리키며) $x^7 \div x^2$을 간단히 나타내 봅시다.

1. 거듭제곱의 나눗셈을 하려면 제일 먼저 무엇을 해야 합니까? 먼저, 밑이 같은 거듭제곱의 나눗셈 문제인지 확인합니다.
   - 이 나눗셈식에 포함된 x^7과 x^2의 밑은 무엇입니까? 이 나눗셈식에 포함된 거듭제곱의 밑은 모두 x이므로 밑이 같은 거듭제곱의 나눗셈 문제입니다.

2. 다음은 무엇을 합니까? 나눗셈식($x^7 \div x^2$)의 피제수와 제수의 지수의 크기를 비교합니다.
   - 이 문제에서 피제수는 무엇입니까? 피제수는 나눠지는 수, 즉 나눗셈 기호 앞에 오는 값이므로 x^7입니다.
   - 제수는 무엇입니까? 제수는 나누는 수, 즉 나눗셈 기호 뒤에 오는 값이므로 제수는 x^2입니다.
   - 피제수인 x^7의 지수는 무엇입니까? 피제수의 지수는 7입니다.
   - 제수인 x^2의 지수는 무엇입니까? 제수의 지수는 2입니다.

- 이 문제는 피제수의 지수가 더 큰 경우입니다.
- 피제수의 지수가 제수의 지수보다 클 때는 거듭제곱의 나눗셈식을 어떻게 정리합니까? 내비게이션 3.5 의 거듭제곱 나눗셈의 지수법칙 1을 적용하여 식을 정리할 수 있습니다.

  → $a^m \div a^n = a^{m-n}$

3. 나눗셈 몫에 들어갈 거듭제곱은 어떻게 결정합니까? 밑은 그대로 써 주고, 지수의 차이인 7 − 2 = 5를 그 밑의 지수로 써 줍니다.

   → $x^7 \div x^2 = x^{7-2} = x^5$

2 (함께 풀어 보는 문제 2를 가리키며) $3^5 \div 3^8$을 간단히 나타내 봅시다.

1. 제일 먼저 무엇을 해야 합니까? 먼저, 밑이 같은 거듭제곱의 나눗셈 문제인지 확인합니다.
   - 이 문제에 포함된 거듭제곱의 밑은 무엇입니까? 3^5과 3^8의 밑은 둘 다 3이므로 밑이 같은 거듭제곱의 나눗셈 문제입니다.

2. 다음은 무엇을 합니까? 피제수의 지수와 제수 지수의 크기를 비교합니다.
   - 이 문제에서 피제수는 무엇입니까? 피제수는 나눠지는 수, 즉 나눗셈 기호 앞에 있는 수이므로 3^5이 피제수입니다.
   - 이 문제에서 제수는 무엇입니까? 제수는 나누는 수, 즉 나눗셈 기호 뒤에 있는 수이므로 3^8입니다.
   - 피제수의 지수가 큽니까? 아니면 제수의 지수가 더 큽니까? 피제수의 지수는 5이고 제수의 지수는 8이므로 제수의 지수가 더 큰 경우입니다.
   - 거듭제곱 나눗셈의 지수법칙 2를 적용하여 문제를 풉니다.

     → $a^m \div a^n = \frac{1}{a^{(n-m)}}$

3. 나눗셈 몫에 들어가는 거듭제곱의 밑은 어떻게 결정합니까? 밑은 나눗셈식에 포함된 밑과 동일한 밑을 사용합니다.

- 이 문제에서 두 항의 밑이 3이므로 몫의 밑도 3이 됩니다.
- 지수는 어떻게 구합니까? 지수 간 차이를 구합니다.
- $8 - 5 = 3$이므로 나눗셈 몫에 들어갈 거듭제곱은 3^3이 됩니다.

4. 제수의 지수가 피제수의 지수보다 큰 경우에는 거듭제곱을 구한 다음에 무엇을 합니까? 거듭제곱의 곱셈의 역원, 즉 거듭제곱분의 1을 구해 줍니다.

- 답은 무엇입니까? 답은 $\frac{1}{3^3}$입니다.

❸ (함께 풀어 보는 문제 3을 가리키며) $(\frac{2^3a^4}{b^2})^4$을 간단히 나타내 봅시다.

1. 주어진 식을 간단히 하려면 제일 먼저 무엇을 해야 합니까? 먼저, 밑이 같은 거듭제곱의 나눗셈 문제인지, 분수의 거듭제곱 문제인지 확인합니다.

- 이 문제는 분수의 거듭제곱 문제이므로 내비게이션 3.5 에 있는 나눗셈의 지수법칙 4를 적용합니다.

  $\rightarrow (\frac{a^m}{b^n})^k = \frac{a^{mk}}{b^{nk}}$

2. 분수의 거듭제곱 문제를 정리할 때는 먼저 무엇을 합니까? 먼저, 괄호 안 분수의 분모와 분자의 밑을 써 줍니다.

- 밑은 지수 밑에 쓴 수를 말합니다. 지수가 1일 때는 지수를 생략하고 써 주지 않습니다.
- 괄호 안 분수의 분모는 무엇입니까? 괄호 안 분수인 $\frac{2^3a^4}{b^2}$의 분모는 b^2입니다.
- b^2의 밑은 무엇입니까? b^2의 밑은 b입니다.
- 괄호 안 분수의 분자는 무엇입니까? 괄호 안 분수의 분자는 2^3a^4입니다.

- 2^3a^4의 밑은 무엇입니까? 2^3의 밑은 2이고 a^4의 밑은 a이므로 $2a$가 분자의 밑입니다.
- 괄호 안 분수인 $\frac{2^3a^4}{b^2}$의 분모의 밑은 b이고 분자의 밑은 $2a$이므로 $\frac{2a}{b}$라 씁니다.

3. 밑을 써 준 후 무엇을 합니까? 이제 지수를 결정할 차례입니다.
   - 분모의 지수는 어떻게 결정합니까? 괄호 안 분모의 지수와 괄호 밖 거듭제곱의 지수를 곱한 값이 분모의 지수가 됩니다.
   - 분자의 지수는 어떻게 결정합니까? 분자의 지수와 괄호 밖 지수를 곱한 값이 분자의 지수가 됩니다.

   $\rightarrow \boxed{(\frac{2^3a^4}{b^2})^4 = \frac{2^{3\times4}a^{4\times4}}{b^{2\times4}} = \frac{2^{12}a^{16}}{b^8}}$

아 그렇구나!

- 혼동되는 문제 다시 풀기
- 최다 오류를 반례로 제시하여 개념 및 기술 획득 강화

아 그렇구나! 에서는 지수법칙을 사용하여 거듭제곱의 나눗셈식을 간단히 정리할 때 우리가 자주 혼동하는 문제를 함께 풀어 봅니다. 다음 문제를 풀 때 왜 실수가 많은지 그 이유를 함께 생각해 봅시다.

1 (아 그렇구나! 문제 1을 가리키며) $a^2 \div a$를 지수법칙을 사용하여 간단히 나타낼 때 혼동되는 점은 무엇입니까?

⇨ 이 문제에는 a가 포함되어 있는데, a의 지수를 0이라 생각하여 $a^{2-0} = a^2$이라고 답하는 경우가 있습니다. a는 a^1을 의미합니다. 따라서 $a^2 \div a = a^{2-1} = a^1 = a$입니다.

2 (아 그렇구나! 문제 2를 가리키며) $a^2 \div a^2$을 간단히 나타낼 때 혼동되는 점은 무엇입니까?

⇨ $a^{2-2} = a^0 = 0$이라고 생각하는 경우가 있습니다. 모든 값의 0제곱은 1입니다.

3 (아 그렇구나! 문제 3을 가리키며) $x^7 \div x^2 \div x^7$을 간단히 나타낼 때 혼동되는 점은 무엇입니까?

⇨ 이 문제는 거듭제곱의 나눗셈을 두 번 해야 하는 문제입니다. 처음 두 항인 x^7과 x^2의 나눗셈을 한 후, 그 결과인 거듭제곱과 x^7의 나눗셈을 해야 하는 다단계 문제입니다. 첫 번째 나눗셈식인 $x^7 \div x^2$을 풀기 위해 피제수와 제수의 지수의 크기를 비교하면, 피제수인 x^7의 지수는 7이고 제수인 x^2의 지수는 2이므로 피제수의 지수가 더 큰 경우입니다. 밑은 그대로 써 주고, 지수의 차이인 $7 - 2 = 5$를 구하면 지수가 됩니다. 첫 번째 나눗셈식의 몫은 $x^7 \div x^2 = x^{7-2} = x^5$입니다. 이제 $x^5 \div x^7$을 계산합니다. 피제수 x^5의 지수는 5이고 제수 x^7의 지수는 7이므로 두 번째 나눗셈식은 제수의 지수가 피제수 지수보다 더 큰 경우입니다. 밑은 그대로 써 주고, 지수의 차이인 $7 - 5 = 2$를 지수로 써 준 후(x^2), 구해진 거듭제곱값의 역수를 구합니다.

$\rightarrow \dfrac{1}{x^2}$

4 (아 그렇구나! 문제 4를 가리키며) $(x^2y)^2 \times x^3 \div (x^3)^2$을 간단히 나타낼 때 혼동되는 점은 무엇입니까?

⇨ 이 문제는 거듭제곱의 거듭제곱을 계산한 후, 거듭제곱의 곱셈과 나눗셈을 연이어 계산해야 하는 다단계 문제입니다. 다단계 문제를 풀 때는 괄호, 지수, 곱셈과 나눗셈 그리고 덧셈과 뺄셈 순으로 계산합니다. 먼저, 거듭제곱의 거듭제곱, 즉 지수를 먼저 계산합니다. $(x^2y)^2 = x^4y^2$으로, $(x^3)^2 = x^6$으로 정리한 후 문제를 다시 쓰면 $x^4y^2 \times x^3 \div x^6$이 됩니다. 이제 거듭제곱의 곱셈과 나눗셈 문제가 되었으니 순서대로 계산해 주면 됩니다. 먼저, $x^4y^2 \times x^3$을 계산하면 x^7y^2이 되고, $x^7y^2 \div x^6$을 계산하면 xy^2이 됩니다.

배움 체크하기

(배움 체크 리스트 를 가리키며) 오늘 우리가 함께 공부한 것을 혼자서도 할 수 있는지 체크해 봅시다. 혼자서도 할 수 있으면 👍, 선생님의 도움이 더 필요하다면 ?에 동그라미로 표시하세요.

배움 체크 리스트	👍	?
1. 거듭제곱의 의미를 이해하고, 거듭제곱의 곱셈의 역원을 구할 수 있습니다.		
2. 0을 제외한 모든 값의 0제곱은 1이라는 것을 이해합니다($a^0 = 1$).		
3. 밑이 같은 거듭제곱의 나눗셈의 몫은 피제수 지수와 제수 지수의 상대적 크기에 따라 구하는 방법이 다르다는 것을 이해하고 적용할 수 있습니다.		
4. 피제수 지수(m)가 제수 지수(n)보다 큰 거듭제곱 나눗셈의 몫을 구할 때는 동일한 밑에 피제수 지수와 제수 지수 간 차이를 구해 지수로 쓴다는 것을 이해하고 적용할 수 있습니다(예: $a^m \div a^n = a^{m-n}$).		
5. 제수 지수(n)가 피제수 지수(m)보다 큰 거듭제곱 나눗셈의 몫을 구할 때는 동일한 밑에 제수 지수와 피제수 지수 간의 차이를 구해 지수로 쓴 후, 그 거듭제곱의 곱셈의 역원($\frac{1}{\text{거듭제곱}}$)을 구한다는 것을 이해하고 적용할 수 있습니다(예: $a^m \div a^n = \frac{1}{a^{(n-m)}}$).		
6. 밑이 같고 피제수 지수(m)와 제수 지수(n)가 같은 거듭제곱의 나눗셈의 몫은 항상 1임을 이해하고 적용할 수 있습니다(예: $a^m \div a^n = a^{m-n} = a^0 = 1$).		
7. 분수의 거듭제곱은 분모와 분자의 밑을 쓰고, 괄호 안 분모의 지수와 분자의 지수에 괄호 밖 지수를 각각 곱한 값을 분모와 분자의 지수로 쓴다는 것을 이해하고 적용할 수 있습니다[예: $(\frac{a^m}{b^n})^k = \frac{a^{mk}}{b^{nk}}$].		

혼자 풀기

(혼자 풀어 보는 문제 1~7을 제시하며) 오늘 배운 것을 기억하면서 문제를 혼자 풀어 보는 시간입니다. 내비게이션 3.5 를 사용하면 도움이 됩니다.

다음 식을 간단히 하시오.

1. $3^4 \times 3^2$

2. $(x^3y^5)^5$

3. $a^5 \div a^2$

4. $x^2 \div x^7$

5. $(x^2)^3 \div x^8$

6. $(\frac{y}{3a})^5$

7. $(\frac{x^2y^3}{b})^3$

채점 및 오답 분석

학생이 쓴 답을 기재하고, 오답인 경우 중재 결정표 에서 가능한 오류 원인을 1~8 중에서 골라 번호로 기재합니다. 기타 원인 때문에 오답이 발생했을 경우, 구체적으로 어떤 이유인지 기재합니다. 가능한 오답의 원인을 모두 기재합니다.

혼자 풀어 보는 문제	정답	학생이 쓴 답	오답 원인
1. $3^4 \times 3^2$	3^6		
2. $(x^3y^5)^5$	$x^{15}y^{25}$		
3. $a^5 \div a^2$	a^3		
4. $x^2 \div x^7$	$\frac{1}{x^5}$		
5. $(x^2)^3 \div x^8$	$\frac{1}{x^2}$		
6. $(\frac{y}{3a})^5$	$\frac{y^5}{3^5a^5}$		
7. $(\frac{x^2y^3}{b})^3$	$\frac{x^6y^9}{b^3}$		
	정답 개수	/ 7	

Level 3.1
5차시

중재 결정표

오답 원인을 분석하여 차후 중재를 결정하세요.

오답 원인	발생 빈도	최다 발생 오류	중재 결정
1. 사전 지식 및 기술(0을 제외한 모든 값의 0제곱은 1이라는 것에 대한 이해, 곱셈의 역원 구하는 방법에 대한 이해, 사칙연산의 순서에 대한 이해)			
2. 용어나 문제 이해 부족(제수, 피제수, 몫, 밑, 지수, 거듭제곱, 지수법칙은 거듭제곱의 곱셈이나 나눗셈을 정리할 때 적용하는 법칙이라는 것에 대한 이해)			
3. 밑이 같은 거듭제곱의 나눗셈 결과는 제수 지수와 피제수 지수의 상대적 크기에 따라 문제 풀이가 달라진다는 것에 대한 이해와 적용의 어려움			
4. 밑이 같고 피제수 지수가 제수 지수보다 큰 경우, 밑은 그대로 써 주고 피제수 지수와 제수 지수 차이가 몫의 지수가 됨에 대한 이해와 적용의 어려움			
5. 밑이 같고 제수 지수가 피제수 지수보다 큰 경우, 거듭제곱의 나눗셈의 몫은 밑을 그대로 써 주고 제수와 피제수 차이로 지수를 구한 후, 구해진 거듭제곱의 곱셈의 역원을 구한다는 것에 대한 이해와 적용의 어려움			
6. 분수의 거듭제곱의 결과는 괄호 안 분수의 밑이 그대로 밑이 되며, 괄호 안 분자의 지수와 괄호 밖 지수의 곱이 분자의 지수가 되고, 괄호 안 분모의 지수와 괄호 밖 지수의 곱이 분모의 지수가 된다는 것에 대한 이해와 적용의 어려움			
7. 부주의/계산 실수			
8. 기타(구체적 원인 기재하기)			

가장 흔한 오답 원인	1과 2 중 하나	3, 4, 5, 6 중 하나	7
	AND	AND	OR
오답률	오답이 2개 이상	오답이 2개 이상	오답이 2개 미만
다음 중재	브리지(Bridge)	동 차시 반복	다음 차시

브리지(Bridge) 차시

- 2.1차시
- 2.18차시
- 2.21차시

6차시

단항식의 곱셈

[내비게이션 3.6] 단항식의 곱셈

	순서	예 $(-2x)^2 \times 3x^5y$
1	괄호가 있는 거듭제곱 계산하기	$(d^l b^m)^n = d^{l\times n} b^{m\times n}$ $(-2x)^2 = (-2)^2 x^2 = 4x^2$
2	생략된 곱셈 기호 넣기	$4x^2 \times 3x^5y = 4 \times x^2 \times 3 \times x^5 \times y$
3	곱셈의 교환법칙과 결합법칙을 사용하여 계수는 계수끼리, 문자는 동일한 밑을 가진 문자끼리 곱셈하기	$(4 \times 3) \times (x^2 \times x^5) \times y$ $= (12) \times (x^{2+5}) \times y$ $= (12) \times (x^7) \times y$
4	곱셈 기호를 생략하고 계수와 문자(알파벳순)를 써 주기	$(12) \times (x^7) \times y = 12x^7y$

차시 목표 단항식끼리 곱셈을 할 수 있다.

사전 지식 거듭제곱의 의미, 지수법칙을 적용한 거듭제곱의 곱셈, 정수의 덧셈, 유리수의 곱셈, 유리수의 거듭제곱의 계산

준비물 3단계 6차시 학생용 교재, **내비게이션 3.6**

흔한 오류

1. 계수가 있는 거듭제곱의 곱셈식(예: $2a^3 \times 3a^5$)을 계산할 때, 계수의 곱셈에도 지수의 법칙을 적용한다.
   - 오류 예: $2a^3 \times 3a^5 = (2+3)a^{3+5} = 5a^8$

2. 밑이 다른 거듭제곱의 곱셈식을 계산할 때, 지수법칙을 적용한다.
   - 오류 예: $2a^3 \times 3b^5 = 6(ab)^8$

사전평가

처음 두 문제는 가장 필수적인 사전 지식에 대한 이해를 묻고, 3번부터 7번까지는 차시 목표인 개념과 기술의 이해를 묻습니다.

다음 식을 간단히 나타내시오.

1. $2^3 \times 2^2$

2. $(-3x^2)^3$

3. $3a^4 \times 2a$

4. $(-5x)^2 \times 3x^6$

5. $4x^2 \times 4x^8$

6. $(-3b)^3 \times 4b$

7. $(3a)^2 \times -4a^3$

정 답

1. 2^5 2. $-27x^6$ 3. $6a^5$ 4. $75x^8$

5. $16x^{10}$ 6. $-108b^4$ 7. $-36a^5$

접속하기

차시 목표 및 개념 설명

오늘은 단항식의 곱셈에 대해서 알아보려 합니다. 먼저, 이번 차시에서 많이 사용될 개념과 기술을 정리해 봅시다.

1. $3a$는 무슨 뜻입니까? $3a$는 $3 \times a$로 a가 3개라는 뜻입니다. 3과 a 사이에 곱셈 기호가 생략되었습니다.

2. 밑이 같은 거듭제곱의 곱셈은 어떻게 계산합니까? 곱셈에 대한 지수법칙을 사용하여 밑은 동일한 밑을 쓰고, 지수의 합을 구해 지수를 구해 줍니다.

→ $a^m \times a^n = a^{m+n}$

3. 밑이 다른 거듭제곱의 곱셈은 어떻게 계산합니까? 밑이 다를 경우에는 곱셈에 대한 지수법칙을 사용할 수 없으므로 곱셈 기호만 빼고 두 거듭제곱을 그대로 써 줍니다. 예를 들어, $x^2 \times y^3$은 그 밑이 다르므로 곱셈 기호만 생략하고 x^2y^3으로 씁니다.

4. 단항식의 곱셈은 어떻게 합니까? 내비게이션 3.6 은 단항식의 곱셈 방법을 간단히 정리해서 보여 주고 있습니다. 예를 들어, $(-2x)^2 \times 3x^5y$를 계산하려면,

1) 먼저, 괄호가 있는 거듭제곱 $(-2x)^2$을 정리합니다. 이때 거듭제곱의 거듭제곱에 대한 지수법칙을 적용합니다. $(a^l b^m)^n = a^{l \times n} b^{m \times n}$

→ $(-2x)^2 = (-2)^2x^2 = 4x^2$

2) 각 단항식에서 곱셈 기호가 생략된 부분을 찾아 곱셈 기호를 넣어 줍니다.

→ $4x^2 \times 3x^5y = 4 \times x^2 \times 3 \times x^5 \times y$

3) 곱셈의 교환법칙과 결합법칙을 적용하여 계수는 계수끼리, 문자는 동일한 밑을 가진 문자끼리 곱셈을 합니다. 동일한 밑을 가진 문자끼리 곱셈을 할 때, 거듭제곱의 곱셈에 대한 지수법칙을 적용합니다.

→ $(4 \times 3) \times (x^2 \times x^5) \times y = (12) \times (x^{2+5}) \times y = (12) \times (x^7) \times y$

4) 곱셈 기호를 생략하고 숫자와 문자(알파벳순)를 써 줍니다.

→ $(12) \times (x^7) \times y = 12x^7y$

내비게이션 3.6 을 참고하여 다음 문제들을 함께 풀어 봅시다.

Level 3.1
6차시

보여 주기

👉 **개념 및 기술 교수, 개념 및 기술 예시 제시, 보는 수학 내비게이션을 이용한 교사 모델링**

1 (보여 주는 문제 1을 보여 주며) $5a^6 \times (-2)a$를 간단히 나타내 봅시다.

1. 먼저, 괄호가 있는 거듭제곱을 정리합니다.

- 이 문제에는 괄호가 있는 거듭제곱이 없으므로 다음 단계로 이동합니다.

2. 각 단항식에서 곱셈 기호가 생략된 부분을 찾아 곱셈 기호를 넣어 줍니다.

→ $5a^6 \times (-2)a = (5 \times a^6) \times (-2 \times a)$

3. 곱셈의 교환법칙과 결합법칙을 적용하여 계수는 계수끼리, 문자는 동일한 밑을 가진 문자끼리 곱셈을 합니다.

- 동일한 밑을 가진 문자끼리 곱셈을 할 때, 거듭제곱의 곱셈에 대한 지수법칙을 적용합니다.

  → $(5 \times a^6) \times (-2 \times a) = (5 \times -2) \times (a^6 \times a)$

  $= -10 \times a^{6+1}$

  $= -10 \times a^7$

4. 곱셈 기호를 생략하고 계수와 문자(알파벳순)를 써 줍니다.

→ $\boxed{-10 \times a^7 = -10a^7}$

2 (보여 주는 문제 2를 보여 주며) $(-2x)^5 \times 3x^3$을 간단히 나타내 봅시다.

1. 먼저, 괄호가 있는 거듭제곱 $(-2x)^5$을 정리합니다.
   - 이때 거듭제곱의 거듭제곱에 대한 지수법칙을 적용합니다.

     $\rightarrow (a^l b^m)^n = a^{l\times n} b^{m\times n}$

     $\rightarrow (-2x)^5 = (-2)^5 x^5 = -32x^5$

2. 각 단항식에서 곱셈 기호가 생략된 부분을 찾아 곱셈 기호를 넣어 줍니다.

   $\rightarrow -32x^5 \times 3x^3 = -32 \times x^5 \times 3 \times x^3$

3. 곱셈의 교환법칙과 결합법칙을 적용하여 계수는 계수끼리, 문자는 동일한 밑을 가진 문자끼리 곱셈을 합니다.
   - 동일한 밑을 가진 문자끼리 곱셈을 할 때, 거듭제곱의 곱셈에 대한 지수법칙을 적용합니다.

     $\rightarrow (-32 \times 3) \times (x^5 \times x^3) = (-96) \times (x^{5+3}) = (-96) \times (x^8)$

4. 곱셈 기호를 생략하고 계수와 문자(알파벳순)를 써 줍니다.

   $\rightarrow \boxed{(-96) \times (x^8) = -96x^8}$

Level 3.1
6차시

3 (보여 주는 문제 3을 보여 주며) $2x^3 \times 4x^6$을 간단히 나타내 봅시다.

1. 먼저, 괄호가 있는 거듭제곱을 정리합니다.
   - 이 문제에는 괄호가 있는 거듭제곱이 없으므로 다음 단계로 넘어갑니다.

2. 각 단항식에서 곱셈 기호가 생략된 부분을 찾아 곱셈 기호를 넣어 줍니다.

   $\rightarrow 2x^3 \times 4x^6 = 2 \times x^3 \times 4 \times x^6$

3. 곱셈의 교환법칙과 결합법칙을 적용하여 계수는 계수끼리, 문자는 동일한 밑을 가진 문자끼리 곱셈을 합니다.

- 동일한 밑을 가진 문자끼리 곱셈을 할 때, 거듭제곱의 곱셈에 대한 지수법칙을 적용합니다.

  → $(2 \times 4) \times (x^3 \times x^6) = (8) \times (x^{3+6}) = (8) \times (x^9)$

4. 곱셈 기호를 생략하고 계수와 문자(알파벳순)를 써 줍니다.

→ $\boxed{(8) \times (x^9) = 8x^9}$

함께 풀기

(내비게이션 3.6 을 보여 주며) 단항식의 곱셈을 간단히 나타내는 방법을 다시 한번 정리해 봅시다. (학생에게 먼저 응답할 기회를 준 후 내비게이션 3.6 의 단항식의 곱셈 절차를 가리키며) 먼저, 괄호가 있는 거듭제곱을 계산하고 생략된 곱셈 기호를 넣어 줍니다. 다음은 계수는 계수끼리, 문자는 동일한 밑을 가진 문자끼리 곱셈을 합니다. 이때 곱셈에 대한 지수법칙을 사용하는 것을 기억하십시오. 곱셈 기호를 생략하고 계수와 문자를 알파벳순으로 써 주면 됩니다. 내비게이션을 보면서 다음 문제를 함께 풀어 봅시다.

Level 3.1
6차시

❶ (함께 풀어 보는 문제 1을 가리키며) $-5x^7 \times 3x^2$을 간단히 나타내 봅시다.

1. 단항식의 곱셈을 하려면 먼저 무엇을 해야 합니까? 괄호가 있는 거듭제곱부터 정리합니다.

- 이 곱셈식에는 괄호가 있는 거듭제곱이 있습니까? 이 곱셈식에는 괄호가 있는 거듭제곱이 없으므로 다음 단계로 넘어갑니다.

2. 다음은 무엇을 합니까? 각 단항식에서 곱셈 기호가 생략된 부분을 찾아 곱셈 기호를 넣어 줍니다.

- 곱셈 기호가 생략된 곳은 어디입니까? -5와 x^7 사이 그리고 3과 x^2 사이에 곱셈 기호가 생략되어 있습니다.
- 생략된 곱셈 기호를 넣어 주면 $-5x^7 \times 3x^2 = -5 \times x^7 \times 3 \times x^2$이 됩니다.

3. 곱셈 기호를 넣어 준 후 다음은 무엇을 합니까? 곱셈의 교환법칙과 결합법칙을 적용하여 계수는 계수끼리, 문자는 동일한 밑을 가진 문자끼리 곱셈을 합니다.

- 동일한 밑을 가진 문자끼리 곱셈을 할 때, 거듭제곱의 곱셈에 대한 지수법칙을 적용합니다.
- 계수들의 곱은 얼마입니까? -5와 3이 계수이므로 계수의 곱은 -15입니다.

- 밑이 같은 문자들은 무엇입니까? x^7과 x^2입니다.
- x^7과 x^2의 곱은 얼마입니까? x^7과 x^2의 곱은 x^9입니다.
- 식으로 써서 나타내면, $-5 \times x^7 \times 3 \times x^2 = (-5 \times 3) \times (x^7 \times x^2) = (-15) \times (x^{7+2})$ $= (-15) \times (x^9)$이 됩니다.

4. 다음은 무엇을 합니까? 곱셈 기호를 생략하고 계수와 문자를 (알파벳순으로) 써 줍니다.

   → $\boxed{(-15) \times (x^9) = -15x^9}$

❷ (함께 풀어 보는 문제 2를 가리키며) $(-4b)^3 \times 5b$를 간단히 나타내 봅시다.

1. 단항식의 곱셈을 하려면 먼저 무엇을 해야 합니까? 괄호가 있는 거듭제곱부터 정리합니다.
   - 이 곱셈식에는 괄호가 있는 거듭제곱이 있습니까? 이 곱셈식에는 괄호가 있는 거듭제곱 $(-4b)^3$이 있습니다.
   - 거듭제곱의 거듭제곱에 대한 지수법칙 $(a^l b^m)^n = a^{l \times n} b^{m \times n}$을 사용하여 정리하면 $(-4b)^3 = (-4)^3 b^3 = -64b^3$이 됩니다.
   - $-64b^3$을 $(-4b)^3$ 대신 쓰면 주어진 식은 어떻게 변화됩니까? $-64b^3 \times 5b$가 됩니다.

2. 다음은 무엇을 합니까? 각 단항식에서 곱셈 기호가 생략된 부분을 찾아 곱셈 기호를 넣어 줍니다.
   - 곱셈 기호가 생략된 곳은 어디입니까? -64와 b^3 사이 그리고 5와 b 사이에 곱셈 기호가 생략되어 있습니다.
   - 생략된 곱셈 기호를 넣어 주면 $-64b^3 \times 5b = -64 \times b^3 \times 5 \times b$가 됩니다.

3. 곱셈 기호를 넣어 준 다음에 무엇을 합니까? 곱셈의 교환법칙과 결합법칙을 적용하여 계수는 계수끼리, 문자는 동일한 밑을 가진 문자끼리 곱셈을 합니다.

- 계수들은 무엇입니까? -64와 5입니다.
- 두 계수를 곱한 값은 얼마입니까? -64와 5의 곱은 -320입니다.
- 밑이 같은 문자들은 무엇입니까? b^3과 b입니다.
- b^3과 b의 곱은 얼마입니까? b^3과 b의 곱은 b^4입니다.
- 식으로 써서 나타내면, $-64 \times b^3 \times 5 \times b = (-64 \times 5) \times (b^3 \times b) = (-320) \times (b^{3+1}) = (-320) \times (b^4)$이 됩니다.

4. 다음은 무엇을 합니까? 곱셈 기호를 생략하고 계수와 문자항을 (알파벳순으로) 써 줍니다.

→ $(-320) \times (b^4) = -320b^4$

Level 3.1
6차시

③ (함께 풀어 보는 문제 3을 가리키며) $(-3a)^3 \times -5a$를 간단히 나타내 봅시다.

1. 제일 먼저 무엇을 해야 합니까? 괄호가 있는 거듭제곱부터 정리합니다.

- 이 곱셈식에는 괄호가 있는 거듭제곱이 있습니까? 이 곱셈식에는 괄호가 있는 거듭제곱 $(-3a)^3$이 있습니다.
- 거듭제곱의 거듭제곱에 대한 지수법칙 $(a^l b^m)^n = a^{l\times n} b^{m\times n}$을 사용하여 정리하면 $(-3a)^3 = (-3)^3a^3 = -27a^3$이 됩니다.
- $-27a^3$을 $(-3a)^3$ 대신 쓰면 주어진 식은 어떻게 변화됩니까? $-27a^3 \times -5a$가 됩니다.

2. 다음은 무엇을 합니까? 각 단항식에서 곱셈 기호가 생략된 부분을 찾아 곱셈 기호를 넣어 줍니다.

- 곱셈 기호가 생략된 곳은 어디입니까? -27과 a^3 사이 그리고 -5와 a 사이에 곱셈 기호가 생략되어 있습니다.

- 생략된 곱셈 기호를 넣어 주면 $-27a^3 \times -5a = -27 \times a^3 \times -5 \times a$가 됩니다.

3. 곱셈 기호를 넣어 준 다음에 무엇을 합니까? 곱셈의 교환법칙과 결합법칙을 적용하여 계수는 계수끼리, 문자는 동일한 밑을 가진 문자끼리 곱셈을 합니다.

- 계수들의 곱은 얼마입니까? -27과 -5의 곱은 135입니다.
- 밑이 같은 문자들은 무엇입니까? a^3과 a입니다.
- a^3과 a의 곱은 얼마입니까? a^3과 a의 곱은 a^4입니다.
- 식으로 써서 나타내면 $-27 \times a^3 \times -5 \times a = (-27 \times -5) \times (a^3 \times a) = (135) \times (a^{3+1}) = (135) \times (a^4)$이 됩니다.

4. 다음은 무엇을 합니까? 곱셈 기호를 생략하고 계수와 문자항(알파벳순)을 써 줍니다.

→ $\boxed{(135) \times (a^4) = 135a^4}$

아 그렇구나!

- 혼동되는 문제 다시 풀기
- 최다 오류를 반례로 제시하여 개념 및 기술 획득 강화

아 그렇구나! 에서는 지수법칙을 사용하여 단항식의 곱셈을 할 때 우리가 자주 혼동하는 문제를 함께 풀어 봅니다. 다음 문제를 풀 때 왜 실수가 많은지 그 이유를 함께 생각해 봅시다.

1 (아 그렇구나! 문제 1을 가리키며) $(-3a)^3 \times -5a^2$을 **간단히 나타낼 때 혼동되는 점은 무엇입니까?**

⇨ $-5a^2$을 $(-5a)^2$이라고 생각할 경우에는 $(-5)^2a^2$이라 정리한 후 곱셈식을 계산하는 경우가 있습니다. a^2의 2는 a의 지수이지 $(-5a)$의 지수가 아닙니다. 따라서 $(-3a)^3 \times -5a^2 = (-27a^3) \times -5a^2 = 135a^5$이 됩니다.

2 (아 그렇구나! 문제 2를 가리키며) $2a^2 \times b^2$을 **간단히 나타낼 때 혼동되는 점은 무엇입니까?**

⇨ a^4과 b^4의 밑이 다름에도 불구하고 거듭제곱의 곱셈에 대한 지수법칙을 적용하여 $2a^4b^4$이라고 답하는 경우가 있습니다. 밑이 다른 경우에는 지수법칙을 적용하여 더 이상 정리할 수 없으므로 $2a^2 \times b^2$은 $2a^2b^2$으로 씁니다.

배움 체크하기

(배움 체크 리스트를 가리키며) 오늘 우리가 함께 공부한 것을 혼자서도 할 수 있는지 체크해 봅시다. 혼자서도 할 수 있으면 👍, 선생님의 도움이 더 필요하다면 ?에 동그라미로 표시하세요.

배움 체크 리스트	👍	?
1. 거듭제곱의 의미를 이해하고, 거듭제곱의 거듭제곱을 계산할 수 있습니다.		
2. 밑이 다른 거듭제곱인 단항식의 곱셈은 지수법칙을 적용하여 정리할 수 없다는 것을 이해하고 적용할 수 있습니다.		
3. 밑이 같은 거듭제곱으로 이루어진 단항식들의 곱셈은 지수법칙을 적용하여 정리할 수 있음을 이해하고 적용할 수 있습니다.		
4. 거듭제곱이 있는 단항식의 곱셈을 할 때는 거듭제곱의 거듭제곱을 먼저 정리한다는 것을 이해하고 적용할 수 있습니다.		
5. 단항식에서 곱셈 기호가 생략된 부분을 찾아 곱셈 기호를 넣을 수 있습니다.		
6. 단항식의 곱셈을 할 때는 계수는 계수끼리, 문자는 동일한 밑을 가진 문자끼리 곱셈을 한다는 것을 이해하고 적용할 수 있습니다.		
7. 단항식의 곱셈의 결과는 곱셈 기호를 생략하고 계수와 문자 순으로, 문자는 알파벳 순으로 쓴다는 것을 이해하고 적용할 수 있습니다.		

혼자 풀기

(혼자 풀어 보는 문제 1~7을 제시하며) 오늘 배운 것을 기억하면서 문제를 혼자 풀어 보는 시간입니다. 내비게이션 3.6 을 사용하면 도움이 됩니다.

다음 식을 간단히 하시오.

1. $3^3 \times 3^2$

2. $(-2a^2y^5)^3$

3. $4a^3 \times 3a$

4. $(-3x)^3 \times 3x^5$

5. $6x^3 \times 7x^7$

6. $(-2b)^3 \times 5b$

7. $(5a)^2 \times -3a^7b^2$

채점 및 오답 분석

☞ 학생이 쓴 답을 기재하고, 오답인 경우 [중재 결정표]에서 가능한 오류 원인을 1~8 중에서 골라 번호로 기재합니다. 기타 원인 때문에 오답이 발생했을 경우, 구체적으로 어떤 이유인지 기재합니다. 가능한 오답의 원인을 모두 기재합니다.

혼자 풀어 보는 문제	정답	학생이 쓴 답	오답 원인
1. $3^3 \times 3^2$	3^5		
2. $(-2a^2y^5)^3$	$-8a^6y^{15}$		
3. $4a^3 \times 3a$	$12a^4$		
4. $(-3x)^3 \times 3x^5$	$-81x^8$		
5. $6x^3 \times 7x^7$	$42x^{10}$		
6. $(-2b)^3 \times 5b$	$-40b^4$		
7. $(5a)^2 \times -3a^7b^2$	$-75a^9b^2$		
	정답 개수	/ 7	

중재 결정표

오답 원인을 분석하여 차후 중재를 결정하세요.

오답 원인	발생 빈도	최다 발생 오류	중재 결정
1. 사전 지식 및 기술(거듭제곱의 거듭제곱 계산, 곱셈에 대한 지수법칙의 이해와 적용, 곱셈에 대한 교환법칙, 결합법칙)			
2. 용어나 문제 이해 부족(밑, 지수, 거듭제곱, 지수법칙)			
3. 밑이 같은 거듭제곱이 있는 단항식의 곱셈은 거듭제곱의 거듭제곱을 먼저 계산한다는 것에 대한 이해와 적용의 어려움			
4. 밑이 다른 거듭제곱의 곱셈에는 지수법칙을 사용할 수 없다는 것의 이해와 적용의 어려움			
5. 단항식의 곱셈을 할 때는 계수는 계수끼리, 문자는 밑이 같은 동일한 문자끼리 곱셈을 한다는 것에 대한 이해와 적용의 어려움			
6. 단항식의 곱셈 결과는 곱셈 기호를 생략하고 계수, 문자순으로, 문자는 알파벳순으로 쓴다는 것의 이해와 적용의 어려움			
7. 부주의/계산 실수			
8. 기타(구체적 원인 기재하기)			

가장 흔한 오답 원인	1과 2 중 하나	3, 4, 5, 6 중 하나	7
	AND	AND	OR
오답률	오답이 2개 이상	오답이 2개 이상	오답이 2개 미만
다음 중재	브리지(Bridge)	동 차시 반복	다음 차시

브리지(Bridge) 차시

- 2.1차시
- 3.5차시

7차시

단항식의 나눗셈

[내비게이션 3.7] 단항식의 나눗셈

	순서	예 $(2x)^4 \div 8x^2$
1	괄호가 있는 거듭제곱 계산하기	$(a^l b^m)^n = a^{l\times n} b^{m\times n}$ $(2x)^4 = (2)^4 x^4 = 16x^4$
2	나눗셈식을 분수식으로 바꾸기 (나눗셈 기호 → 곱셈 기호, 제수 → $\frac{1}{제수}$ 로 바꿈)	$16x^4 \div 8x^2 = 16x^4 \times \frac{1}{8x^2}$ $= \frac{16x^4}{8x^2}$
3	분모와 분자에 생략된 곱셈 기호 넣기	$\frac{16x^4}{8x^2} = \frac{16 \times x^4}{8 \times x^2}$
4	계수는 계수끼리, 문자는 동일한 밑을 가진 문자끼리 나눗셈하기	$\frac{16 \times x^4}{8 \times x^2} = \frac{2}{1} \times \frac{x^4}{x^2}$ $= \frac{2}{1} \times \frac{x^{4-2}}{1}$ $= \frac{2 \times x^2}{1} = 2 \times x^2$
5	곱셈 기호를 생략하고 계수와 알파벳순으로 문자 써 주기	$2x^2$

차시 목표 단항식끼리 나눗셈을 할 수 있다.

사전 지식 제수, 피제수, 곱셈의 역원, 유리수의 나눗셈, 거듭제곱의 거듭제곱, 지수법칙을 적용한 거듭제곱의 나눗셈, 정수의 뺄셈, 유리수의 거듭제곱의 계산

준비물 3단계 7차시 학생용 교재, **내비게이션 3.7**

흔한 오류

1. 계수가 있는 거듭제곱의 나눗셈(예: $8a^5 \div 2a^3$)을 계산할 때, 계수의 계산에도 지수법칙을 적용한다.
   - 오류 예: $8a^5 \div 2a^3 = (8-2)a^{5-3} = 6a^2$
2. 제수의 지수가 피제수의 지수보다 크고 계수가 있는 거듭제곱의 나눗셈(예: $8a^3 \div 2a^5 = \frac{4}{a^2}$)을 계산할 때, 계수는 계수끼리, 문자는 밑이 같은 문자끼리 나눗셈을 하는 과정에서 $4a^2$으로 답을 쓰거나 $4\frac{1}{a^2}$이라 답을 쓴다.
3. 밑이 다른 거듭제곱의 나눗셈을 계산할 때, 지수법칙을 적용한다.
   - 오류 예: $4a^3 \div 2b^2 = 2(ab)^{3-2} = 2ab$
4. 제수와 피제수에 포함된 문자가 일치하지 않는 경우, 계산에 혼동을 보인다.
   - 예: $-16a^6b^2 \div 4b^5$
5. 나눈 결과 한 문자의 지수가 0이 되는 경우, 계산에 혼동을 보인다.
   - 예: $-3a^2b^3 \div 4a^2b^5$

사전평가

처음 두 문제는 가장 필수적인 사전 지식에 대한 이해를 묻고, 3번부터 7번까지는 차시 목표인 개념과 기술의 이해를 묻습니다.

다음 식을 간단히 나타내시오.

1. $2^3 \div 2^2$

2. $x^5 \div y^5$

3. $15a^4 \div 3a^2$

4. $12a^4b^3 \div 4ab^5$

5. $24x^3y^5 \div 8x^4y^2$

6. $(-5x^2y^3)^2 \div 5x^2y^3$

7. $(9x^4y^5)^2 \div (-3x^2y^6)^3$

정답

1. 2
2. x^5/y^5
3. $5a^2$
4. $3a^3/b^2$
5. $3y^3/x$
6. $5x^2y^3$
7. $-3x^2/y^8$

접속하기

차시 목표 및 개념 설명

오늘은 단항식의 나눗셈에 대해서 알아보려 합니다. 먼저, 이번 차시에서 많이 사용될 개념과 기술을 정리해 봅시다.

1. 제수란 무엇입니까? 제수는 나눗셈에서 나누는 값, 즉 나눗셈 기호 뒤에 오는 값을 말합니다.

2. 정수의 나눗셈을 분수를 사용해서 계산할 때는 나눗셈 기호를 곱셈 기호로 바꾸고, 제수 대신 $\frac{1}{제수}$, 즉 제수의 곱셈의 역원으로 바꾸어 계산합니다. 예를 들어, $18 \div 6 = 18 \times \frac{1}{6} = \frac{18}{6} = 3$이 됩니다. $6 \div 18$을 분수를 사용해서 계산하면 $6 \times \frac{1}{18} = \frac{6}{18} = \frac{1}{3}$이 됩니다.

3. 마찬가지로, 단항식 $a^5 \div a^2$을 계산할 때도 나눗셈 기호를 곱셈 기호로 바꾸고, 제수인 a^2의 곱셈의 역원을 곱해서 답을 구할 수 있습니다. $a^5 \div a^2 = a^5 \times \frac{1}{a^2} = \frac{a^5}{a^2} = a^3$이 됩니다.

4. 계수와 문자가 있는 단항식의 나눗셈은 어떻게 합니까? 내비게이션 3.7 은 단항식의 나눗셈 방법을 간단히 정리해서 보여 주고 있습니다. 예를 들어, $(2x)^4 \div 8x^2$을 계산하려면,

   1) 먼저, 괄호가 있는 거듭제곱 $(2x)^4$을 정리합니다. 이때 거듭제곱의 거듭제곱에 대한 지수법칙을 적용합니다. $(a^l b^m)^n = a^{l \times n} b^{m \times n}$

   $\rightarrow (2x)^4 = (2)^4 x^4 = 16x^4$

   2) 나눗셈 기호를 곱셈 기호로 바꾸고, 제수 대신 제수의 역원을 써서 분수로 나타냅니다.

   $\rightarrow (2x)^4 \div 8x^2 = 16x^4 \times \frac{1}{8x^2} = \frac{16x^4}{8x^2}$

3) 각 단항식에서 곱셈 기호가 생략된 부분을 찾아 곱셈 기호를 넣어 줍니다.

$\rightarrow \dfrac{16x^4}{8x^2} = \dfrac{16 \times x^4}{8 \times x^2}$

4) 곱셈의 교환법칙과 결합법칙을 적용하여 계수는 계수끼리, 문자는 동일한 밑을 가진 문자끼리 나눗셈을 합니다. 동일한 밑을 가진 문자끼리 나눗셈을 할 때, 거듭제곱의 나눗셈에 대한 지수법칙을 적용합니다.

$\rightarrow \dfrac{16 \times x^4}{8 \times x^2} = \dfrac{2}{1} \times \dfrac{x^4}{x^2} = \dfrac{2}{1} \times \dfrac{x^{4-2}}{1} = \dfrac{2 \times x^2}{1} = 2 \times x^2$

5) 곱셈 기호를 생략하고 숫자와 문자(알파벳순)를 써 줍니다.

$\rightarrow 2 \times x^2 = 2x^2$

내비게이션 3.7 을 참고하여 다음 문제들을 함께 풀어 봅시다.

Level 3.1
7차시

보여 주기

개념 및 기술 교수, 개념 및 기술 예시 제시, 보는 수학 내비게이션을 이용한 교사 모델링

1 (보여 주는 문제 1을 보여 주며) $21a^6 \div (-3)a$를 간단히 나타내 봅시다.

1. 먼저, 괄호가 있는 거듭제곱을 정리합니다.
   - 주어진 식에는 거듭제곱의 거듭제곱이 없으므로 다음 단계로 갑니다.

2. 나눗셈 기호를 곱셈 기호로 바꾸고, 제수 대신 제수의 역원을 써서 분수로 나타냅니다.

   $\rightarrow 21a^6 \div -3a = 21a^6 \times \dfrac{1}{-3a} = \dfrac{21a^6}{-3a}$

3. 분모와 분자에서 곱셈 기호가 생략된 부분을 찾아 곱셈 기호를 넣어 줍니다.

   $\rightarrow \dfrac{21a^6}{-3a} = \dfrac{21 \times a^6}{-3 \times a}$

4. 곱셈의 교환법칙과 결합법칙을 적용하여 계수는 계수끼리, 문자는 동일한 밑을 가진 문자끼리 약분하거나 나눗셈을 합니다.
   - 동일한 밑을 가진 문자끼리 나눗셈을 할 때, 거듭제곱의 나눗셈에 대한 지수법칙을 적용합니다.

   $\rightarrow \dfrac{21 \times a^6}{-3 \times a} = \dfrac{21}{-3} \times \dfrac{a^6}{a} = \dfrac{-7}{1} \times \dfrac{a^{6-1}}{1} = \dfrac{-7 \times a^5}{1}$

5. 곱셈 기호를 생략하고 숫자와 문자(알파벳순)를 써 줍니다.

$\rightarrow \boxed{\dfrac{-7 \times a^5}{1} = -7a^5}$

❷ (보여 주는 문제 2를 보여 주며) $(-9x)^2 \div 3x^3$을 간단히 나타내 봅시다.

1. 먼저, 괄호가 있는 거듭제곱 $(-9x)^2$을 정리합니다.

- 이때 거듭제곱의 거듭제곱에 대한 지수법칙을 적용합니다. $(a^l b^m)^n = a^{l \times n} b^{m \times n}$

$\rightarrow (-9x)^2 = (-9)^2 x^2 = 81x^2$

2. 나눗셈 기호를 곱셈 기호로 바꾸고, 제수 대신 제수의 역원을 써서 분수로 나타냅니다.

$\rightarrow (-9x)^2 \div 3x^3 = 81x^2 \times \dfrac{1}{3x^3} = \dfrac{81x^2}{3x^3}$

3. 분모와 분자에서 곱셈 기호가 생략된 부분을 찾아 곱셈 기호를 넣어 줍니다.

$\rightarrow \dfrac{81x^2}{3x^3} = \dfrac{81 \times x^2}{3 \times x^3}$

4. 곱셈의 교환법칙과 결합법칙을 적용하여 계수는 계수끼리, 문자는 동일한 밑을 가진 문자끼리 약분하거나 나눗셈을 합니다.

- 동일한 밑을 가진 문자끼리 나눗셈을 할 때, 거듭제곱의 나눗셈에 대한 지수법칙을 적용합니다.

$\rightarrow \dfrac{81 \times x^2}{3 \times x^3} = \dfrac{81}{3} \times \dfrac{x^2}{x^3} = \dfrac{27}{1} \times \dfrac{1}{x^{3-2}} = \dfrac{27}{x}$

5. 곱셈 기호를 생략하고 숫자와 문자(알파벳순)를 써 줍니다.

- 곱셈 기호가 생략된 곳이 없으므로 $\dfrac{27}{x}$이 답이 됩니다.

Level 3.1
7차시

❸ (보여 주는 문제 3을 보여 주며) $(-2x^3y^7)^3 \div 4x^6y^2$을 간단히 나타내 봅시다.

1. 먼저, 괄호가 있는 거듭제곱 $(-2x^3y^7)^3$을 정리합니다.

   - 이때 거듭제곱의 거듭제곱에 대한 지수법칙을 적용합니다. $(a^l b^m)^n = a^{l\times n}\ b^{m\times n}$

   $\rightarrow (-2x^3y^7)^3 = (-2)^3\ x^{3\times3}y^{7\times3} = -8x^9y^{21}$

2. 나눗셈 기호를 곱셈 기호로 바꾸고, 제수 대신 제수의 역원을 써서 분수로 나타냅니다.

   $\rightarrow (-2x^3y^7)^3 \div 4x^6y^2 = -8x^9y^{21} \times \dfrac{1}{4x^6y^2} = \dfrac{-8x^9y^{21}}{4x^6y^2}$

3. 분모와 분자에서 곱셈 기호가 생략된 부분을 찾아 곱셈 기호를 넣어 줍니다.

   $\rightarrow \dfrac{-8x^9y^{21}}{4x^6y^2} = \dfrac{-8\times x^9\times y^{21}}{4\times x^6\times y^2}$

4. 곱셈의 교환법칙과 결합법칙을 적용하여 계수는 계수끼리, 문자는 동일한 밑을 가진 문자끼리 약분하거나 나눗셈을 합니다.

   - 동일한 밑을 가진 문자끼리 나눗셈을 할 때, 거듭제곱의 나눗셈에 대한 지수법칙을 적용합니다.

   $\rightarrow \dfrac{-8\times x^9\times y^{21}}{4\times x^6\times y^2} = \dfrac{-8}{4}\times\dfrac{x^9}{x^6}\times\dfrac{y^{21}}{y^2} = \dfrac{-2}{1}\times\dfrac{x^{9-6}}{1}\times\dfrac{y^{21-2}}{1} = \dfrac{-2\times x^3\times y^{19}}{1}$

5. 곱셈 기호를 생략하고 숫자와 문자(알파벳순)를 써 줍니다.

   $\rightarrow \boxed{\dfrac{-2\times x^3\times y^{19}}{1} = -2x^3y^{19}}$

함께 풀기

(내비게이션 3.7 을 보여 주며) 단항식의 나눗셈을 간단히 나타내는 방법을 다시 한번 정리해 봅시다. (학생에게 먼저 응답할 기회를 준 후, 내비게이션 3.7 의 단항식의 나눗셈 절차를 가리키며) 먼저, 괄호가 있는 거듭제곱을 계산하고 나눗셈을 분수로 나타낸 후, 계수는 계수끼리, 문자는 밑이 같은 문자끼리 나눗셈이나 약분을 합니다. 이때 나눗셈에 대한 지수법칙을 사용하는 것을 기억하십시오. 곱셈 기호를 생략하고 숫자와 문자를 알파벳순으로 써 주면 됩니다. 내비게이션을 보면서 다음 문제를 함께 풀어 봅시다.

1 (함께 풀어 보는 문제 1을 가리키며) $-25x^7 \div (5x)^2$을 간단히 나타내 봅시다.

1. 계수가 있는 단항식의 나눗셈을 하려면 제일 먼저 무엇을 해야 합니까? 먼저, 괄호가 있는 거듭제곱을 정리합니다.

   - 주어진 문제에는 괄호가 있는 거듭제곱이 있습니까? $(5x)^2$이 괄호가 있는 거듭제곱이므로 먼저 정리합니다. $(5x)^2$은 어떻게 정리할 수 있습니까?

     거듭제곱의 거듭제곱에 대한 지수법칙을 적용하면,

     $(a^l b^m)^n = a^{l \times n}\, b^{m \times n}$

     $(5x)^2 = (5)^2 x^{1\times 2} = 25x^2$이 됩니다.

2. 다음은 무엇을 합니까? 거듭제곱의 거듭제곱 대신 그 정리된 값을 써 주고, 나눗셈 기호를 곱셈 기호로 바꾸고, 제수 대신 제수의 역원을 써서 나눗셈식을 분수로 나타냅니다.

   - $-25x^7 \div 25x^2$을 분수로 나타내면, 분자와 분모는 각각 무엇입니까? $-25x^7$은 분자가 되고, $25x^2$은 분모가 됩니다.

     $\rightarrow -25x^7 \div 25x^2 = -25x^7 \times \dfrac{1}{25x^2} = \dfrac{-25x^7}{25x^2}$

3. 다음은 무엇을 합니까? 분자와 분모에 곱셈 기호가 생략된 부분을 찾아 곱셈 기호를 넣어 줍니다.

- 분자에 곱셈 기호가 생략된 부분은 어디입니까? -25와 x^7 사이입니다.
- 분모에 곱셈 기호가 생략된 부분은 어디입니까? 25와 x^2 사이입니다.

$\rightarrow \dfrac{-25x^7}{25x^2} = \dfrac{-25 \times x^7}{25 \times x^2}$

4. 다음은 무엇을 합니까? 곱셈의 교환법칙과 결합법칙을 적용하여 계수는 계수끼리, 문자는 동일한 밑을 가진 문자끼리 약분하거나 나눗셈을 합니다.

- 동일한 밑을 가진 문자끼리 나눗셈을 할 때, 거듭제곱의 나눗셈에 대한 지수법칙을 적용합니다.
- 나눗셈해야 할 계수는 무엇입니까? -25와 25입니다. $-25 \div 25 = -1$입니다.
- 나눗셈해야 할 문자는 무엇입니까? x^7과 x^2입니다. $x^7 \div x^2 = x^5$입니다.

$\rightarrow \dfrac{-25 \times x^7}{25 \times x^2} = \dfrac{-25}{25} \times \dfrac{x^7}{x^2} = \dfrac{-1}{1} \times \dfrac{x^{7-2}}{1} = \dfrac{-1 \times x^5}{1}$

5. 다음은 무엇을 합니까? 곱셈 기호를 생략하고 숫자와 문자(알파벳순)를 써 줍니다.

- -1이라는 계수는 1은 생략하고 $-$ 부호만 붙여 줍니다.

$\rightarrow \boxed{\dfrac{-1 \times x^5}{1} = -x^5}$

❷ (함께 풀어 보는 문제 2를 가리키며) $(-2a^2b)^3 \div 16ab^4$을 간단히 나타내 봅시다.

1. 계수가 있는 단항식의 나눗셈을 하려면 제일 먼저 무엇을 해야 합니까? 먼저, 괄호가 있는 거듭제곱을 정리합니다.

- 주어진 문제에는 괄호가 있는 거듭제곱이 있습니까? $(-2a^2b)^3$이 괄호가 있는 거듭제곱이므로 먼저 정리합니다. $(-2a^2b)^3$은 어떻게 정리할 수 있습니까?
- 괄호 안 문자 a의 지수는 얼마입니까? a^2이므로 2입니다.

괄호 안 문자 b의 지수는 얼마입니까? b이므로 1입니다.

- 괄호 안 지수를 확인한 후, 거듭제곱의 거듭제곱에 대한 지수법칙을 적용하면,

  $(a^l b^m)^n = a^{l \times n} b^{m \times n}$

  $(-2a^2b)^3 = (-2)^3 a^{2\times3} b^{1\times3} = -8a^6b^3$이 됩니다.

2. 다음은 무엇을 합니까? 거듭제곱의 거듭제곱 대신 그 정리된 값을 써 주고, 나눗셈 기호를 곱셈 기호로 바꾸고, 제수 대신 제수의 역원을 써서 나눗셈식을 분수로 나타냅니다.

- $-8a^6b^3 \div 16ab^4$을 분수로 나타내면 분자와 분모는 각각 무엇입니까? $-8a^6b^3$은 분자가 되고, $16ab^4$은 분모가 됩니다.

  $\rightarrow -8a^6b^3 \div 16ab^4 = -8a^6b^3 \times \dfrac{1}{\mathbf{16ab^4}} = \dfrac{-8a^6b^3}{\mathbf{16ab^4}}$

3. 다음은 무엇을 합니까? 분자와 분모에 곱셈 기호가 생략된 부분을 찾아 곱셈 기호를 넣어 줍니다.

- 분자에 곱셈 기호가 생략된 부분은 어디입니까? -8과 a^6 사이 그리고 a^6과 b^3 사이입니다.
- 분모에 곱셈 기호가 생략된 부분은 어디입니까? 16과 a 사이 그리고 a와 b^3 사이입니다.

  $\rightarrow \dfrac{-8a^6b^3}{\mathbf{16ab^4}} = \dfrac{-8 \times a^6 \times b^3}{\mathbf{16 \times a \times b^4}}$

4. 다음은 무엇을 합니까? 곱셈의 교환법칙과 결합법칙을 적용하여 계수는 계수끼리, 문자는 동일한 밑을 가진 문자끼리 약분하거나 나눗셈을 합니다.

- 동일한 밑을 가진 문자끼리 나눗셈을 할 때, 거듭제곱의 나눗셈에 대한 지수법칙을 적용합니다.
- 나눗셈해야 할 계수는 무엇입니까? -8과 16입니다. $-8 \div 16 = \dfrac{-1}{2}$입니다.
- 나눗셈해야 할 문자는 무엇입니까? a^6과 a입니다. $a^6 \div a = a^{6-1} = a^5$입니다.

Level 3.1
7차시

● 나눗셈해야 하는 문자가 또 있습니까? b^3과 b^4입니다. $b^3 \div b^4 = \frac{b^3}{b^4} = \frac{1}{b^{4-3}} = \frac{1}{b}$ 입니다.

$\rightarrow \frac{-8 \times a^6 \times b^3}{16 \times \boldsymbol{a} \times \boldsymbol{b^4}} = \frac{-8}{16} \times \frac{a^6}{\boldsymbol{a}} \times \frac{b^3}{\boldsymbol{b^4}} = \frac{-1}{2} \times \frac{a^{6-1}}{1} \times \frac{1}{b^{4-3}} = \frac{-1 \times a^5}{2 \times b}$

5. 다음은 무엇을 합니까? 곱셈 기호를 생략하고 숫자와 문자(알파벳순)를 써 줍니다.

$\rightarrow \boxed{\frac{-1 \times a^5}{2 \times b} = \frac{-a^5}{2b}}$

③ (함께 풀어 보는 문제 3을 가리키며) $(-5x^4y^5)^3 \div (-10x^5y^3)^2$을 간단히 나타내 봅시다.

1. 계수가 있는 단항식의 나눗셈을 하려면 제일 먼저 무엇을 해야 합니까? 먼저, 괄호가 있는 거듭제곱을 정리합니다.

● 주어진 문제에는 괄호가 있는 거듭제곱이 있습니까? $(-5x^4y^5)^3$과 $(-10x^5y^3)^2$이 괄호가 있는 거듭제곱이므로 먼저 정리합니다. $(-5x^4y^5)^3$은 어떻게 정리할 수 있습니까?

→ 괄호 안 문자 x의 지수는 얼마입니까? x^4이므로 지수는 4입니다.

→ 괄호 안 문자 y의 지수는 얼마입니까? y^5이므로 지수는 5입니다.

→ 괄호 안 지수를 확인한 후, 거듭제곱의 거듭제곱에 대한 지수법칙을 적용하면,

$(a^l b^m)^n = a^{l \times n} b^{m \times n}$

$(-5x^4y^5)^3 = (-5)^3x^{4\times3}y^{5\times3} = -125x^{12}y^{15}$이 됩니다.

● 이제 $(-10x^5y^3)^2$은 어떻게 정리할 수 있습니까?

괄호 안 문자 x의 지수는 얼마입니까? x^5이므로 지수는 5입니다.

→ 괄호 안 문자 y의 지수는 얼마입니까? y^3이므로 지수는 3입니다.

→ $(-10x^5y^3)^2 = (-10)^2x^{5\times2}y^{3\times2} = 100x^{10}y^6$이 됩니다.

2. 다음은 무엇을 합니까? 거듭제곱의 거듭제곱 대신 그 정리된 값을 써 주고, 나눗셈 기호를 곱셈 기호로 바꾸고, 제수 대신 제수의 역원을 써서 나눗셈식을 분수로 나타

냅니다.

- $-125x^{12}y^{15} \div 100x^{10}y^{6}$을 분수로 나타내면, 분자와 분모는 각각 무엇입니까?

  $-125x^{12}y^{15}$은 분자가 되고, $100x^{10}y^{6}$은 분모가 됩니다.

  $\rightarrow -125x^{12}y^{15} \div 100x^{10}y^{6} = -125x^{12}y^{15} \times \dfrac{1}{100x^{10}y^{6}} = \dfrac{-125x^{12}y^{15}}{100x^{10}y^{6}}$

3. 다음은 무엇을 합니까? 분자와 분모에 곱셈 기호가 생략된 부분을 찾아 곱셈 기호를 넣어 줍니다.

- 분자에 곱셈 기호가 생략된 부분은 어디입니까? -125와 x^{12} 사이 그리고 x^{12}와 y^{15} 사이입니다. 분모에 곱셈 기호가 생략된 부분은 어디입니까? 100과 x^{10} 사이 그리고 x^{10}과 y^{6} 사이입니다.

  $\rightarrow \dfrac{-125x^{12}y^{15}}{100x^{10}y^{6}} = \dfrac{-125 \times x^{12} \times y^{15}}{100 \times x^{10} \times y^{6}}$

4. 다음은 무엇을 합니까? 곱셈의 교환법칙과 결합법칙을 적용하여 계수는 계수끼리, 문자는 동일한 밑을 가진 문자끼리 약분하거나 나눗셈을 합니다.

- 동일한 밑을 가진 문자끼리 나눗셈을 할 때, 거듭제곱의 나눗셈에 대한 지수법칙을 적용합니다.
- 나눗셈해야 할 계수는 무엇입니까? -125와 100입니다. $-125 \div 100 = -\dfrac{5}{4}$입니다.
- 나눗셈해야 할 문자는 무엇입니까? x^{12}과 x^{10}입니다. $x^{12} \div x^{10} = x^{12-10} = x^{2}$입니다.
- 나눗셈해야 하는 문자가 또 있습니까? y^{15}과 y^{6}입니다. $y^{15} \div y^{6} = \dfrac{y^{15}}{y^{6}} = \dfrac{y^{15-6}}{1} = y^{9}$입니다.

  $\rightarrow \dfrac{-125 \times x^{12} \times y^{15}}{100 \times x^{10} \times y^{6}} = \dfrac{-5}{4} \times \dfrac{x^{12}}{x^{10}} \times \dfrac{y^{15}}{y^{6}}$

  $= \dfrac{-5}{4} \times \dfrac{x^{12-10}}{1} \times \dfrac{y^{15-6}}{1} = \dfrac{-5 \times x^{2} \times y^{9}}{4}$

5. 다음은 무엇을 합니까? 곱셈 기호를 생략하고 숫자와 문자(알파벳순)를 써 줍니다.

$\rightarrow \boxed{\dfrac{-5 \times x^{2} \times y^{9}}{4} = \dfrac{-5x^{2}y^{9}}{4}}$

아 그렇구나!

☞ 혼동되는 문제 다시 풀기
☞ 최다 오류를 반례로 제시하여 개념 및 기술 획득 강화

아 그렇구나! 에서는 계수가 있는 단항식의 나눗셈식을 간단히 정리할 때 우리가 자주 혼동하는 문제를 함께 풀어 봅니다. 다음 문제를 풀 때 왜 실수가 많은지 그 이유를 함께 생각해 봅시다.

1 (아 그렇구나! 문제 1을 가리키며) $(-3a^2b)^3 \div 4b^2$을 간단히 나타낼 때 혼동되는 점은 무엇입니까?

⇨ 이 문제는 분자와 분모에 포함된 문자들이 일치하지 않아서 혼동될 수 있는 문제입니다. 주어진 식을 정리할 때, 먼저 괄호의 거듭제곱인 $(-3a^2b)^3$을 $-27a^6b^3$으로 정리한 후 $-27a^6b^3 \div 4b^2$을 계산합니다. 나눗셈을 분수로 나타내면 $-27a^6b^3 \times \frac{1}{4b^2} = \frac{-27a^6b^3}{4b^2}$이 됩니다. a^6과 나눗셈할 거듭제곱이 분모에 포함되어 있지 않아서 혼동될 수 있습니다. 이런 경우엔 a^6을 $1 = a^0$으로 나눠 줍니다.

$$\frac{-27 \times a^6 \times b^3}{4 \times b^2} = -\frac{27}{4} \times \frac{a^6}{a^0} \times \frac{b^3}{b^2} = -\frac{27}{4} \times \frac{a^{6-0}}{1} \times \frac{b^{3-2}}{1} = \frac{-27 \times a^6 \times b}{4}$$

답은 $-\frac{27}{4}a^6b$입니다.

❷ (아 그렇구나! 문제 2를 가리키며) $-3a^2b^3 \div 4a^2b^5$을 간단히 나타낼 때 혼동되는 점은 무엇입니까?

⇨ 이 문제는 나눗셈의 결과가 한 문자의 지수를 0으로 만들어 답에 그 문자를 포함하지 않게 되는 문제입니다. $-3a^2b^3 \div 4a^2b^5$에서 피제수의 a^2과 제수의 a^2을 나누면 a^0, 즉 1이 됩니다. 따라서 답은 a가 포함되지 않은 $-\frac{3}{4b^2}$이 됩니다.

Level 3.1
7차시

배움 체크하기

(배움 체크 리스트 를 가리키며) 오늘 우리가 함께 공부한 것을 혼자서도 할 수 있는지 체크해 봅시다. 혼자서도 할 수 있으면 , 선생님의 도움이 더 필요하다면 (?)에 동그라미로 표시하세요.

배움 체크 리스트		?
1. 유리수의 나눗셈을 곱셈과 곱셈의 역원을 이용하여 계산할 수 있습니다.		
2. 거듭제곱의 거듭제곱과 거듭제곱의 나눗셈에 적용되는 지수법칙을 이해하고 적용할 수 있습니다.		
3. 계수가 있는 단항식들의 나눗셈은 분모와 분자가 단항식인 분수로 만들어 계산할 수 있음을 이해하고 적용할 수 있습니다.		
4. 계수가 있는 단항식들의 나눗셈을 할 때는 괄호의 거듭제곱을 먼저 정리한 후 계산한다는 것을 이해하고 적용할 수 있습니다.		
5. 단항식의 나눗셈을 분수로 만든 후에는 계수는 계수끼리, 문자는 밑이 동일한 문자끼리 약분하거나 나눗셈한다는 것을 이해하고 적용할 수 있습니다.		
6. 단항식의 나눗셈 결과는 곱셈 기호를 생략하고 숫자와 문자 순으로, 문자는 알파벳 순으로 쓴다는 것을 이해하고 적용할 수 있습니다.		
7. 분모와 분자에 포함된 문자가 다를 경우에는 계수는 계수끼리, 동일한 밑을 가진 문자끼리 나눗셈하여 정리한 후, 짝이 없는 문자는 분모나 분자에 그대로 써 준다는 것을 이해하고 적용할 수 있습니다.		

혼자 풀기

(혼자 풀어 보는 문제 1~7을 제시하며) 오늘 배운 것을 기억하면서 문제를 혼자 풀어 보는 시간입니다. 내비게이션 3.7 을 사용하면 도움이 됩니다.

다음 식을 간단히 하시오.

1. $4^4 \div 4^2$

2. $a^7 \div b^7$

3. $18a^7 \div 9a^3$

4. $35a^3b^3 \div 5ab^6$

5. $42x^2y^5 \div 6x^5y^2$

6. $(-5x^3y^6)^2 \div 5x^6y^6$

7. $(9x^6)^2 \div (-3x^2y^6)^3$

Level 3.1
7차시

채점 및 오답 분석

학생이 쓴 답을 기재하고, 오답인 경우 중재 결정표 에서 가능한 오류 원인을 1~8 중에서 골라 번호로 기재합니다. 기타 원인 때문에 오답이 발생했을 경우, 구체적으로 어떤 이유인지 기재합니다. 가능한 오답의 원인을 모두 기재합니다.

혼자 풀어 보는 문제	정답	학생이 쓴 답	오답 원인
1. $4^4 \div 4^2$	4^2		
2. $a^7 \div b^7$	$\frac{a^7}{b^7}$		
3. $18a^7 \div 9a^3$	$2a^4$		
4. $35a^3b^3 \div 5ab^6$	$\frac{7a^2}{b^3}$		
5. $42x^2y^5 \div 6x^5y^2$	$\frac{7y^3}{x^3}$		
6. $(-5x^3y^6)^2 \div 5x^6y^6$	$5y^6$		
7. $(9x^6)^2 \div (-3x^2y^6)^3$	$\frac{-3x^6}{y^{18}}$		
	정답 개수	/ 7	

중재 결정표

오답 원인을 분석하여 차후 중재를 결정하세요.

오답 원인	발생 빈도	최다 발생 오류	중재 결정
1. 사전 지식 및 기술(거듭제곱의 거듭제곱 계산, 나눗셈에 대한 지수법칙의 이해와 적용, 유리수의 나눗셈)			
2. 용어나 문제 이해 부족(제수, 피제수, 밑, 지수, 거듭제곱, 지수법칙)			
3. 계수가 있는 단항식의 나눗셈은 거듭제곱(괄호)의 거듭제곱을 먼저 계산한다는 것에 대한 이해와 적용의 어려움			
4. 단항식의 나눗셈을 분수로 바꾸는 과정에 대한 이해와 적용의 어려움			
5. 단항식의 나눗셈을 할 때는 계수는 계수끼리, 문자는 밑이 같은 문자끼리 나눗셈한다는 것에 대한 이해와 적용의 어려움			
6. 문자가 다른 단항식을 나눗셈할 경우에는 계수는 계수끼리, 문자는 동일한 밑을 가진 문자끼리 나눗셈하여 정리한 후, 짝이 없는 문자는 분모나 분자에 그대로 써 준다는 것에 대한 이해와 적용의 어려움			
7. 부주의/계산 실수			
8. 기타(구체적 원인 기재하기)			

가장 흔한 오답 원인	1과 2 중 하나	3, 4, 5, 6 중 하나	7
	AND	AND	OR
오답률	오답이 2개 이상	오답이 2개 이상	오답이 2개 미만
다음 중재	브리지(Bridge)	동 차시 반복	다음 차시

브리지(Bridge) 차시

- 2.1차시
- 2.18차시
- 3.5차시

8차시

단항식의 혼합셈

[내비게이션 3.8] 단항식의 혼합셈

	순서	예 $(2x)^4 \div 8x^2 \times (-3x^3)^2$
❶	괄호가 있는 거듭제곱을 계산하기	$(a^l b^m)^n = a^{l \times n} b^{m \times n}$ $(2x)^4 = (2)^4 x^4 = 16x^4$ $(-3x^3)^2 = (-3)^2 x^{3\times2} = 9x^6$
❷	거듭제곱값을 주어진 식에 대입하여 주어진 식 변경하기	$(2x)^4 \div 8x^2 \times (-3x^3)^2$ $= 16x^4 \div 8x^2 \times 9x^6$
❸	(곱셈과 나눗셈만 있는 혼합셈에서는) 왼쪽부터 오른쪽으로 순서대로 계산하기-첫 번째 식 계산	$16x^4 \times 8x^2 = 16x^4 \times \frac{1}{8x^2} = \frac{16x^4}{8x^2}$ $\frac{16x^4}{8x^2} = \frac{16 \times x^4}{8 \times x^2} = \frac{16}{8} \times \frac{x^4}{x^2}$ $= \frac{2}{1} \times \frac{x^{4-2}}{1} = \frac{2 \times x^2}{1} = 2x^2$
❹	첫 번째 식 계산의 결과값을 주어진 식에 대입하여 주어진 식 바꾸기	$16x^4 \div 8x^2 \times 9x^6 = 2x^2 \times 9x^6$
❺	두 번째 식 계산하기	$2 \times x^2 \times 9 \times x^6 = (2 \times 9) \times (x^2 \times x^6)$ $= 18 \times x^8$
❻	계수와 문자 곱셈 기호 없이 써 주기	$18 \times x^8 = 18x^8$

1. 분수식의 곱셈: 분모는 분모끼리, 분자는 분자끼리 곱셈

$(\frac{4}{5} \times \frac{5}{7} = \frac{4\times5}{5\times7} = \frac{4}{7})$

2. 분수식의 나눗셈: 나눗셈을 곱셈으로 고치고, 제수의 분자와 분모를 바꿔 씀

(제수의 곱셈의 역원)

○ $\frac{4}{5} \div \frac{7}{5} = \frac{4}{5} \times \frac{5}{7} = \frac{4\times5}{5\times7} = \frac{4}{7}$

3. 지수법칙을 이용한 단항식의 곱셈과 나눗셈: 계수는 계수끼리,

문자는 밑이 같은 문자끼리 지수법칙 이용해 곱셈 또는 나눗셈

○ $a^m \times a^n = a^{m+n}$

○ $(a^l b^m)^n = a^{l\times n} b^{m\times n}$

○ $a^m \div a^n = a^{m-n}$ ($m>n$일 때)

○ $a^m \div a^n = \frac{1}{a^{n-m}}$ ($m<n$일 때)

○ $(\frac{a^m}{b^n})^k = \frac{a^{mk}}{b^{nk}}$

차시 목표 단항식끼리 곱셈과 나눗셈이 혼합된 계산을 할 수 있다.

사전 지식 곱셈과 나눗셈이 있는 혼합계산의 순서, 곱셈의 역원, 유리수의 곱셈과 나눗셈, 거듭제곱의 거듭제곱, 지수법칙을 적용한 거듭제곱의 곱셈과 나눗셈, 정수의 덧셈과 뺄셈, 유리수의 거듭제곱의 계산

준비물 3단계 8차시 학생용 교재, **내비게이션 3.8**

흔한 오류

Level 3.1
8차시

1. 혼합계산의 순서를 곱셈 다음 나눗셈이라고 알고 있는 경우에는 곱셈과 나눗셈만 포함된 식에서도 곱셈을 먼저 계산하려 한다. 예를 들어, $8a^5 \div 2a^3 \times 3b^4$에서 $2a^3 \times 3b^4 = 6a^3b^4$을 먼저 계산한 후 $8a^5 \div 6a^3b^4$을 계산하여 $\frac{4a^2}{3b^4}$을 답이라 생각한다. 하지만 곱셈과 나눗셈만 있는 혼합계산에서는 왼쪽에서 오른쪽으로 순서대로 계산해서 답을 구해야 한다. $8a^5 \div 2a^3 \times 3b^4$을 계산할 때는 $8a^5 \div 2a^3 = 4a^2$을 먼저 구하고 $4a^2 \times 3b^4$을 계산하면 $12a^2b^4$이 답이 된다.

2. 혼합계산이 있는 식을 정리할 때 계산 기호가 다르다는 것에 주의하지 않는 경우, 처음 계산 기호대로 다음 단계도 정리하려 한다. 예를 들어, $8a^5 \div 2a^3 \times 3b^4$을 계산할 때는 처음 $8a^5 \div 2a^3$은 나눗셈을 한 후 그 결과인 $4a^2$과 $3b^4$은 곱셈을 해야 하는데 계속 나눗셈을 하려 한다.

사전평가

처음 두 문제는 가장 필수적인 사전 지식에 대한 이해를 묻고, 3번부터 7번까지는 차시 목표인 개념과 기술의 이해를 묻습니다.

다음 식을 간단히 나타내시오.

1. $9a^4 \times 3a^2$

2. $12a^4b^3 \div 4ab^5$

3. $3x^5 \div (-9x^2)^2 \times (-4x)^3$

4. $7ab \times 6a \div 3b$

5. $15a^2b \times 3b \div 5a^3$

6. $(-5x^2y^3)^3 \div 15x^2y^3 \times 3x^5y^3$

7. $21x^2 \times (9x^4y^5)^2 \div (-3x^2y^6)^3$

정 답

1. $27a^6$
2. $3a^3/b^2$
3. $-64x^3/27$
4. $14a^2$
5. $9b^2/a$
6. $-25x^9y^9$
7. $-63x^4/y^8$

접속하기

차시 목표 및 개념 설명

오늘은 단항식의 혼합셈에 대해서 알아보려 합니다. 먼저, 이번 차시에서 많이 사용될 개념과 기술을 정리해 봅시다.

1. 분수의 곱셈은 어떻게 계산합니까? 분수의 곱셈은 분자는 분자끼리, 분모는 분모끼리 곱해 줍니다. 예를 들어, $\frac{4}{5} \times \frac{5}{7} = \frac{4 \times 5}{5 \times 7} = \frac{4}{7}$입니다.

2. 정수의 나눗셈은 어떻게 계산합니까? 정수의 나눗셈은 나눗셈 기호를 곱셈 기호로 바꾸고 제수 대신 $\frac{1}{\text{제수}}$, 즉 제수의 곱셈의 역원으로 바꾸어 분수식으로 계산합니다. 예를 들어, $18 \div 6 = 18 \times \frac{1}{6} = \frac{18}{6} = 3$이 됩니다. $6 \div 18$을 분수를 사용해서 계산하면 $6 \times \frac{1}{18} = \frac{6}{18} = \frac{1}{3}$이 됩니다.

3. 분수의 나눗셈은 어떻게 계산합니까? 분수의 나눗셈은 나눗셈 기호를 곱셈 기호로 바꾸고, 제수 대신에 제수의 곱셈의 역원(분자와 분모가 바뀜)을 써 준 후 분수의 곱셈식을 계산하면 됩니다. 예를 들어, $\frac{4}{5} \div \frac{7}{5}$을 계산할 때는 $\frac{4}{5} \times \frac{5}{7}$로 바꾼 후 분자는 분자끼리, 분모는 분모끼리 곱하여 답을 구합니다.

$\rightarrow \frac{4}{5} \times \frac{5}{7} = \frac{4 \times 5}{5 \times 7} = \frac{4}{7}$

4. 단항식의 곱셈과 나눗셈은 계수는 계수끼리, 문자는 밑이 같은 문자끼리 지수법칙을 적용해서 곱셈과 나눗셈을 합니다.

5. 거듭제곱의 곱셈과 나눗셈에 적용할 수 있는 지수법칙을 정리해 봅시다.

1) 거듭제곱의 곱셈에 적용할 수 있는 지수법칙은 $a^m \times a^n = a^{m+n}$입니다.

2) 거듭제곱의 거듭제곱에 적용할 수 있는 지수법칙은 $(a^l b^m)^n = a^{l \times n} b^{m \times n}$입니다.

3) 거듭제곱의 나눗셈에 적용할 수 있는 지수법칙은 다음과 같습니다.

① 밑이 같고 피제수 지수가 제수 지수보다 큰 경우($m > n$)

$\rightarrow a^m \div a^n = a^{m-n}$

② 밑이 같고 제수 지수가 피제수 지수보다 큰 경우($m < n$)

$\rightarrow a^m \div a^n = \dfrac{1}{a^{(n-m)}}$

③ 분수의 거듭제곱

$\rightarrow (\dfrac{a^m}{b^n})^k = \dfrac{a^{mk}}{b^{nk}}$

6. 곱셈과 나눗셈이 혼합된 식은 어떻게 정리합니까? 곱셈과 나눗셈만 들어 있는 혼합계산에서는 왼쪽에서 오른쪽으로 순서대로 계산하면 됩니다. 내비게이션 3.8 은 곱셈과 나눗셈이 혼합된 식을 계산하는 방법을 간단히 정리해서 보여 주고 있습니다. 예를 들어, $(2x)^4 \div 8x^2 \times (-3x^3)^2$을 계산하려면,

1) 먼저, 괄호가 있는 거듭제곱 $(2x)^4$과 $(-3x^3)^2$을 거듭제곱의 거듭제곱에 대한 지수법칙을 적용하여 정리합니다.

$\rightarrow (2x)^4 = (2)^4x^4 = 16x^4$

$\rightarrow (-3x^3)^2 = (-3)^2x^{3\times2} = 9x^6$

2) 거듭제곱의 거듭제곱값을 대입하여 주어진 식을 정리합니다.

주어진 식은 $16x^4 \div 8x^2 \times 9x^6$으로 바뀝니다.

3) 왼쪽으로부터 순서대로 계산해 줍니다. 곱셈식이면 계수는 계수끼리, 문자는 밑이 같은 문자끼리 곱해 주고, 나눗셈식은 계수는 계수끼리, 문자는 밑이 같은 문자끼리 나눗셈합니다. 이때, 적절한 지수법칙을 적용하여 식을 정리할 수 있도록 지수법칙을 이해하고 있어야 합니다.

① 주어진 문제에서는 나눗셈이 먼저 나왔으므로 나눗셈 계산을 먼저 합니다. $16x^4 \div 8x^2 \times 9x^6$에서 $16x^4 \div 8x^2$을 계산하기 위해, 먼저 식을 분수식이나 곱셈식으로 나타냅니다.

$\rightarrow 16x^4 \div 8x^2 = 16x^4 \times \dfrac{1}{8x^2} = \dfrac{16x^4}{8x^2}$

② 각 단항식에서 곱셈 기호가 생략된 부분을 찾아 곱셈 기호를 넣어 줍니다.

$\rightarrow \dfrac{16x^4}{8x^2} = \dfrac{16 \times x^4}{8 \times x^2}$

③ 곱셈의 교환법칙과 결합법칙을 적용하여 계수는 계수끼리, 문자는 동일한 밑을 가진 문자끼리 나눗셈을 합니다. 동일한 밑을 가진 문자끼리 나눗셈을 할 때, 거듭제곱의 나눗셈에 대한 지수법칙을 적용합니다.

$\rightarrow \dfrac{16 \times x^4}{8 \times x^2} = \dfrac{16}{8} \times \dfrac{x^4}{x^2} = \dfrac{2}{1} \times \dfrac{x^{4-2}}{1} = \dfrac{2 \times x^2}{1} = 2 \times x^2$

④ 곱셈 기호를 생략하고 숫자와 문자(알파벳순)를 써 줍니다.

$\rightarrow 2 \times x^2 = 2x^2$

4) 첫 번째 식 계산에서 나온 $2x^2$과 $9x^6$의 곱셈식을 계산해 줍니다.

① 첫 번째 식 계산에서 나온 결과로 주어진 문제를 바꿔 줍니다.

$\rightarrow 16x^4 \div 8x^2 \times 9x^6 = 2x^2 \times 9x^6$

② 생략된 곱셈 기호를 넣어 주고, 곱셈의 교환법칙과 결합법칙을 적용하여 계수는 계수끼리, 문자는 밑이 같은 문자끼리 곱해 줍니다.

$\rightarrow 2 \times x^2 \times 9 \times x^6 = (2 \times 9) \times (x^2 \times x^6)$

$= 18 \times x^8$ ← 거듭제곱의 곱셈에 대한 지수법칙 적용

③ 곱셈 기호를 생략하고 계수와 문자 순으로 써 줍니다.

$\rightarrow 18 \times x^8 = 18x^8$

내비게이션 3.8 을 참고하여 다음 문제들을 함께 풀어 봅시다.

보여 주기

개념 및 기술 교수, 개념 및 기술 예시 제시, 보는 수학 내비게이션을 이용한 교사 모델링

1 (보여 주는 문제 1을 보여 주며) $8a^7 \div (-2a^2)^3 \div 2a$를 간단히 나타내 봅시다.

1. 먼저, 괄호가 있는 거듭제곱을 정리합니다.
   - 주어진 식에 있는 거듭제곱의 거듭제곱은 $(-2a^2)^3$이므로 먼저 $(-2a^2)^3$을 구합니다.
   - $(-2a^2)^3 = (-2)^3(a^2)^3 = -8a^6$입니다.

2. 다음은 거듭제곱의 거듭제곱값을 대입하여 주어진 식을 정리합니다.
   - 주어진 식 $8a^7 \div (-2a^2)^3 \div 2a = 8a^7 \div -8a^6 \div 2a$로 바꿀 수 있습니다.

3. 다음은 왼쪽에서부터 첫 번째 식을 계산합니다.
   - 왼쪽에서 첫 번째 식은 $8a^7 \div -8a^6$으로 나눗셈식입니다.
   - 나눗셈식은 분수식으로 바꿔 계수는 계수끼리, 문자는 밑이 같은 문자끼리 나눠 주거나, 곱셈식으로 바꾸어 계수는 계수끼리, 문자는 밑이 같은 문자끼리 곱해 줍니다.

$$\rightarrow 8a^7 \div -8a^6 = 8a^7 \times \frac{1}{-8a^6} = \frac{8a^7}{-8a^6} \quad \leftarrow \text{분수식으로 전환}$$

$$= \frac{8 \times a^7}{-8 \times a^6} = \frac{8}{-8} \times \frac{a^7}{a^6} = -1 \times \frac{a^{7-6}}{1} \quad \leftarrow \text{계수끼리, 문자끼리 나눗셈}$$

$$= -\frac{a^1}{1} = -a$$

4. 첫 번째 식의 결과값을 대입하여 주어진 식을 정리합니다.

- $8a^3 \div -8a^6 \div 2a = -a \div 2a$가 됩니다.

5. 두 번째 식을 계산합니다.

- $-a \div 2a$는 나눗셈식이므로 분수식이나 곱셈식으로 바꿔 줍니다.

$$\rightarrow -a \div 2a = -a \times \frac{1}{2a} = -\frac{a}{2a} \quad \leftarrow \text{분수식으로 전환}$$

$$= \frac{-1 \times a}{2 \times a} = -\frac{1}{2} \times \frac{a}{a} \quad \leftarrow \text{계수끼리, 문자끼리 나눗셈}$$

$$= -\frac{1}{2} \times 1$$

6. 계수와 문자를 곱셈 기호 없이 써 줍니다.

$$\rightarrow \boxed{-\frac{1}{2} \times 1 = -\frac{1}{2}}$$

Level 3.1
8차시

❷ (보여 주는 문제 2를 보여 주며) $(-9y)^2 \div 3y^5 \times (-y)^2$을 간단히 나타내 봅시다.

1. 먼저, 괄호가 있는 거듭제곱을 정리합니다.

- 주어진 식에 있는 거듭제곱의 거듭제곱은 $(-9y)^2$과 $(-y)^2$이므로 먼저 $(-9y)^2$과 $(-y)^2$을 구합니다.
- $(-9y)^2 = (-9)^2(y)^2 = 81y^2$ 이고,
- $(-y)^2 = (-1)^2(y)^2 = y^2$ 입니다.

2. 다음은 거듭제곱의 거듭제곱값을 대입하여 주어진 식을 정리합니다.

- 주어진 식 $(-9y)^2 \div 3y^5 \times (-y)^2 = 81y^2 \div 3y^5 \times y^2$ 으로 바꿀 수 있습니다.

3. 다음은 왼쪽에서부터 첫 번째 식을 계산합니다.

- 왼쪽에서 첫 번째 식은 $81y^2 \div 3y^5$으로 나눗셈식입니다.

- 나눗셈식은 분수식으로 바꿔 계수는 계수끼리, 문자는 밑이 같은 문자끼리 나눠 주거나, 곱셈식으로 바꾸어 계수는 계수끼리, 문자는 밑이 같은 문자끼리 곱해 줍니다.

$\rightarrow 81y^2 \div 3y^5 = 81y^2 \times \frac{1}{3y^5} = \frac{81y^2}{3y^5}$ ← 분수식으로 전환

$= \frac{81 \times y^2}{3 \times y^5} = \frac{81}{3} \times \frac{y^2}{y^5} = \frac{21}{1} \times \frac{1}{y^{5-2}}$ ← 계수끼리, 문자끼리 나눗셈

$= \frac{21}{y^3}$

4. 첫 번째 식의 결과값을 대입하여 주어진 식을 정리합니다.

- $81y^2 \div 3y^5 \times y^2 = \frac{21}{y^3} \times y^2$이 됩니다.

5. 두 번째 식을 계산합니다.

- $\frac{21}{y^3} \times y^2$은 분수가 있는 곱셈식이므로 분수의 곱셈식으로 바꿔 계수는 계수끼리, 문자는 밑이 같은 문자끼리 계산합니다.

$\rightarrow \frac{21}{y^3} \times y^2 = \frac{21}{y^3} \times \frac{y^2}{1}$ ← 분수식의 곱셈으로 전환

$= \frac{21 \times y^2}{1 \times y^3}$ ← 분모는 분모끼리, 분자는 분자끼리 곱셈

$= \frac{21}{1} \times \frac{y^2}{y^3} = \frac{21}{1} \times \frac{1}{y^{3-2}}$ ← 계수끼리, 문자끼리 나눗셈

$= 21 \times \frac{1}{y}$

6. 계수와 문자를 곱셈 기호 없이 써 줍니다.

$\rightarrow \boxed{21 \times \frac{1}{y} = \frac{21}{y}}$

❸ (보여 주는 문제 3을 보여 주며) $3xy \times (-2x^3y^7)^3 \div 4x^6y^2$을 간단히 나타내 봅시다.

1. 먼저, 괄호가 있는 거듭제곱을 정리합니다.

- 주어진 식에 있는 거듭제곱의 거듭제곱은 $(-2x^3y^7)^3$이므로 먼저 $(-2x^3y^7)^3$을 정리합니다.
- $(-2x^3y^7)^3 = (-2)^3x^{3\times3}y^{7\times3} = -8x^9y^{21}$ 입니다.

2. 다음은 거듭제곱의 거듭제곱값을 대입하여 주어진 식을 정리합니다.
   - 주어진 식 $3xy \times (-2x^3y^7)^3 \div 4x^6y^2 = 3xy \times -8x^9y^{21} \div 4x^6y^2$으로 바꿀 수 있습니다.

3. 다음은 왼쪽에서부터 첫 번째 식을 계산합니다.
   - 왼쪽에서 첫 번째 식은 $3xy \times -8x^9y^{21}$으로 곱셈식입니다.
   - 곱셈식은 계수는 계수끼리 문자는 밑이 같은 문자끼리 곱해 줍니다.

   $\rightarrow 3xy \times -8x^9y^{21} = (3 \times x \times y) \times (-8 \times x^9 \times y^{21})$ ← 생략된 곱셈 기호 넣어 줌

   $= (3 \times -8) \times (x \times x^9) \times (y \times y^{21})$ ← 계수끼리, 문자끼리 곱셈

   $= -24x^{10}y^{22}$

Level 3.1
8차시

4. 첫 번째 식의 결과값 대입하여 주어진 식을 정리합니다.
   - $3xy \times -8x^9y^{21} \div 4x^6y^2 = -24x^{10}y^{22} \div 4x^6y^2$이 됩니다.

5. 두 번째 식을 계산합니다.
   - $-24x^{10}y^{22} \div 4x^6y^2$은 나눗셈식이므로 분수나 곱셈식으로 바꿔 계수는 계수끼리, 문자는 밑이 같은 문자끼리 계산합니다.

   $\rightarrow -24x^{10}y^{22} \div 4x^6y^2 = \dfrac{-24x^{10}y^{22}}{4x^6y^2}$ ← 분수식으로 전환

   $= \dfrac{-24 \times x^{10} \times y^{22}}{4 \times x^6 \times y^2} = \dfrac{-24}{4} \times \dfrac{x^{10}}{x^6} \times \dfrac{y^{22}}{y^2}$

   $= \dfrac{-6}{1} \times \dfrac{x^{10-6}}{1} \times \dfrac{y^{22-2}}{1}$ ← 계수끼리, 문자끼리 나눗셈

   $= -6 \times x^4 \times y^{20}$

6. 계수와 문자를 곱셈 기호 없이 써 줍니다.

   $\rightarrow \boxed{-6 \times x^4 \times y^{20} = -6x^4y^{20}}$

함께 풀기

(내비게이션 3.8 을 보여 주며) 단항식의 곱셈과 나눗셈의 혼합식을 간단히 나타내는 방법을 다시 한번 정리해 봅시다. (학생에게 먼저 응답할 기회를 준 후, 내비게이션 3.8 의 단항식의 나눗셈 절차를 가리키며) 먼저, 괄호가 있는 거듭제곱을 계산하고, 왼쪽에서부터 차례대로 계산합니다. 나눗셈식을 계산할 때는 나눗셈식을 분수나 곱셈식으로 나타낸 후, 계수는 계수끼리, 문자는 밑이 같은 문자끼리 계산합니다. 곱셈 기호를 생략하고 숫자와 문자를 알파벳순으로 써 주면 됩니다. 내비게이션을 보면서 다음 문제를 함께 풀어 봅시다.

1 (함께 풀어 보는 문제 1을 가리키며) $-25x^7 \div (5x)^2 \div 3x^3$을 간단히 나타내 봅시다.

1. 먼저, 괄호가 있는 거듭제곱을 정리합니다.
   - 주어진 식에 있는 거듭제곱의 거듭제곱은 $(5x)^2$이므로 먼저 $(5x)^2$을 구합니다.
   - $(5x)^2 = (5)^2(x)^2 = 25x^2$ 입니다.

2. 다음은 거듭제곱의 거듭제곱값을 대입하여 주어진 식을 정리합니다.
   - 주어진 식 $-25x^7 \div (5x)^2 \div 3x^3 = -25x^7 \div 25x^2 \div 3x^3$으로 바꿀 수 있습니다.

3. 다음은 왼쪽에서부터 첫 번째 식을 계산합니다.
   - 왼쪽에서 첫 번째 식은 $-25x^7 \div 25x^2$으로 나눗셈식입니다.
   - 나눗셈식은 분수식으로 바꾸어 계수는 계수끼리, 문자는 밑이 같은 문자끼리 나눠 주거나, 곱셈식으로 바꾸어 계수는 계수끼리, 문자는 밑이 같은 문자끼리 곱해 줍니다.

$$\rightarrow -25x^7 \div 25x^2 = -25x^7 \times \frac{1}{25x^2} = \frac{-25x^7}{25x^2} \quad \leftarrow \text{분수식으로 전환}$$

$$= \frac{-25 \times x^7}{25 \times x^2} = \frac{-25}{25} \times \frac{x^7}{x^2} = -1 \times \frac{x^{7-2}}{1} \quad \leftarrow \text{계수끼리, 문자끼리 나눗셈}$$

$$= -\frac{x^5}{1} = -x^5$$

4. 첫 번째 식의 결과값을 대입하여 주어진 식을 정리합니다.

- $-25x^7 \div 25x^2$ $\div 3x^3 =$ $-x^5$ $\div 3x^3$이 됩니다.

5. 두 번째 식을 계산합니다. $-x^5 \div 3x^3$은 나눗셈식이므로 분수식이나 곱셈식으로 바꿔 줍니다.

$\rightarrow -x^5 \div 3x^3 = -x^5 \times \dfrac{1}{3x^3} = \dfrac{-x^5}{3x^3}$ ← 분수식으로 전환

$= \dfrac{-1 \times x^5}{3 \times x^3} = \dfrac{-1}{3} \times \dfrac{x^5}{x^3}$ ← 계수끼리, 문자끼리 나눗셈

$= \dfrac{-1}{3} \times x^2$

6. 계수와 문자를 곱셈 기호 없이 써 줍니다.

$\rightarrow \boxed{-\dfrac{x^2}{3}}$

Level 3.1
8차시

❷ (함께 풀어 보는 문제 2를 가리키며) $(-2a^2)^3 \div 16a^3 \times 4a$를 간단히 나타내 봅시다.

1. 먼저, 괄호가 있는 거듭제곱을 정리합니다.

- 주어진 식에 있는 거듭제곱의 거듭제곱은 $(-2a^2)^3$이므로 먼저 $(-2a^2)^3$을 계산합니다.
- $(-2a^2)^3 = (-2)^3(a^2)^3 =$ $-8a^6$입니다.

2. 다음은 거듭제곱의 거듭제곱값을 대입하여 주어진 식을 정리합니다.

- 주어진 식 $(-2a^2)^3 \div 16a^3 \times 4a =$ $-8a^6$ $\div 16a^3 \times 4a$로 바꿀 수 있습니다.

3. 다음은 왼쪽에서부터 첫 번째 식을 계산합니다.

- 왼쪽에서 첫 번째 식은 $-8a^6$ $\div 16a^3$으로 나눗셈식입니다.
- 나눗셈식은 분수식으로 바꾸어 계수는 계수끼리, 문자는 밑이 같은 문자끼리 나눠 주거나, 곱셈식으로 바꾸어 계수는 계수끼리, 문자는 밑이 같은 문자끼리 곱해 줍니다.

$$\rightarrow -8a^6 \div 16a^3 = -8a^6 \times \frac{1}{16a^3} = \frac{-8a^6}{16a^3}$$ ← 분수식으로 전환

$$= \frac{-8 \times a^6}{16 \times a^3} = \frac{-8}{16} \times \frac{a^6}{a^3} = \frac{-1}{2} \times \frac{a^{6-3}}{1}$$ ← 계수끼리, 문자끼리 나눗셈

$$= \frac{-a^3}{2}$$

4. 첫 번째 식의 결과값을 대입하여 주어진 식을 정리합니다.

- $-8a^6 \div 16a^3 \times 4a = \frac{-a^3}{2} \times 4a$가 됩니다.

5. 두 번째 식을 계산합니다.

- $\frac{-a^3}{2} \times 4a$는 분수가 있는 곱셈식이므로 분수의 곱셈식으로 바꿔 분모와 분자에서 각각 계수는 계수끼리, 문자는 밑이 같은 문자끼리 계산합니다.

$$\rightarrow \frac{-a^3}{2} \times 4a = \frac{-a^3}{2} \times \frac{4a}{1}$$ ← 분수의 곱셈식으로 전환

$$= \frac{-a^3 \times 4a}{2 \times 1} = \frac{-4a^4}{2}$$ ← 분모는 분모끼리, 분자는 분자끼리 곱함

$$= \frac{-4}{2} \times \frac{a^4}{1}$$ ← 계수끼리, 문자끼리 나눗셈

$$= -2 \times a^4$$

6. 계수와 문자를 곱셈 기호 없이 써 줍니다.

$\rightarrow$ $-2 \times a^4 = -2a^4$

3 (함께 풀어 보는 문제 3을 가리키며) $-2x^4y^2 \times (-5x^4y^5)^3 \div (-10x^5y^3)^2$을 간단히 나타내 봅시다.

1. 먼저, 괄호가 있는 거듭제곱을 정리합니다.

- 주어진 식에 있는 거듭제곱의 거듭제곱은 $(-5x^4y^5)^3$과 $(-10x^5y^3)^2$이므로 먼저 $(-5x^4y^5)^3$과 $(-10x^5y^3)^2$을 계산합니다.
- $(-5x^4y^5)^3 = (-5)^3x^{4\times3}y^{5\times3} = -125x^{12}y^{15}$입니다.

- $(-10x^5y^3)^2 = (-10)^2x^{5\times2}y^{3\times2} = 100x^{10}y^6$ 입니다.

2. 다음은 거듭제곱의 거듭제곱값을 대입하여 주어진 식을 정리합니다.
   - 주어진 식 $-2x^4y^2 \times (-5x^4y^5)^3 \div (-10x^5y^3)^2 = -2x^4y^2 \times -125x^{12}y^{15} \div 100x^{10}y^6$ 으로 바꿀 수 있습니다.

3. 다음은 왼쪽에서부터 첫 번째 식을 계산합니다.
   - 왼쪽에서 첫 번째 식은 $-2x^4y^2 \times -125x^{12}y^{15}$으로 곱셈식입니다.
   - 곱셈식은 계수는 계수끼리 문자는 밑이 같은 문자끼리 곱해 줍니다.

   $\rightarrow -2x^4y^2 \times -125x^{12}y^{15} = (-2 \times x^4 \times y^2) \times (-125 \times x^{12} \times y^{15})$ ← 생략된 곱셈 기호 넣어 줌

   $= (-2 \times -125) \times (x^4 \times x^{12}) \times (y^2 \times y^{15})$ ← 계수끼리, 문자끼리 곱셈

   $= 250x^{16}y^{17}$

4. 첫 번째 식의 결과값을 대입하여 주어진 식을 정리합니다.
   - $-2x^4y^2 \times -125x^{12}y^{15} \div 100x^{10}y^6 = 250x^{16}y^{17} \div 100x^{10}y^6$이 됩니다.

5. 두 번째 식을 계산합니다.
   - $-250x^{16}y^{17} \div 100x^{10}y^6$은 나눗셈식이므로 분수나 곱셈식으로 바꾼 후 계수는 계수끼리, 문자는 밑이 같은 문자끼리 계산합니다.

   $\rightarrow 250x^{16}y^{17} \div 100x^{10}y^6 = \dfrac{250x^{16}y^{17}}{100x^{10}y^6}$ ← 분수식으로 전환

   $= \dfrac{250 \times x^{16} \times y^{17}}{100 \times x^{10} \times y^6} = \dfrac{250}{100} \times \dfrac{x^{16}}{x^{10}} \times \dfrac{y^{17}}{y^6}$

   $= \dfrac{5}{2} \times x^{16-10} \times y^{17-6}$ ← 계수끼리, 문자끼리 나눗셈

   $= \dfrac{5}{2} \times x^6 \times y^{11}$

6. 계수와 문자를 곱셈 기호 없이 써 줍니다.

   $\rightarrow \boxed{\dfrac{5}{2} \times x^6 \times y^{11} = \dfrac{5x^6y^{11}}{2}}$

Level 3.1
8차시

아 그렇구나!

👉 **혼동되는 문제 다시 풀기**

👉 **최다 오류를 반례로 제시하여 개념 및 기술 획득 강화**

아 그렇구나! 에서는 단항식의 혼합식을 간단히 정리할 때 우리가 자주 혼동하는 문제를 함께 풀어 봅니다. 다음 문제를 풀 때 왜 실수가 많은지 그 이유를 함께 생각해 봅시다.

1 (아 그렇구나! 문제 1을 가리키며) $\frac{4}{3}(-3a^2b)^3 \times 2a^3b \div \frac{5}{2}b^2$**을 간단히 나타낼 때 혼동되는 점은 무엇입니까?**

⇨ 이 문제는 혼합식에 포함된 단항식의 계수가 분수를 포함하고 있고, 기존의 혼합식보다 문제 풀이가 한 단계 더 필요한 경우입니다. 괄호가 있는 거듭제곱을 정리한 후 [$(-3a^2b)^3 = -27a^6b^3$], 그 앞의 계수인 분수 $\frac{4}{3}$를 괄호의 거듭제곱의 결과에 곱해 주는 과정이 추가적으로 필요한 단계입니다($\frac{4}{3} \times -27a^6b^3 = -36a^6b^3$). 왼쪽에서부터 첫 번째 식인 $-36a^6b^3 \times 2a^3b$를 계산하면 $-72a^9b^4$이 됩니다. 이제 두 번째 식인 $-72a^9b^4 \div \frac{5}{2}b^2$을 계산해야 하는데, 나누는 수의 계수가 분수입니다. 이런 경우에는 $\frac{5}{2}b^2$을 문자 부분까지 분수식으로 바꾼 후($\frac{5}{2}b^2 = \frac{5b^2}{2}$), 나눗셈을 곱셈으로 바꾸고 분수식의 곱셈의 역원(분모와 분자를 바꿔 씀)을 곱해 주면 됩니다. $-72a^9b^4 \div \frac{5}{2}b^2 = -72a^9b^4 \times \frac{2}{5b^2}$를 계산하면 $\frac{-72a^9b^4 \times 2}{5b^2} = \frac{-144a^9b^4}{5b^2} = -\frac{144a^9b^2}{5}$이 정답입니다.

2 (아 그렇구나! 문제 2를 가리키며) $-(x^2)^3 \div (\frac{x^3}{3})^3 \times x^2$을 간단히 나타낼 때 혼동되는 점은 무엇입니까?

⇨ 이 문제도 혼합식에 포함된 단항식의 계수가 분수인 경우입니다. 먼저, 괄호의 거듭제곱을 정리하면 $-(x^2)^3 = -x^6$, $(\frac{x^3}{3})^3 = \frac{x^9}{27}$이 됩니다. 거듭제곱의 정리 결과를 대입하여 주어진 식을 바꿔 주면 $-x^6 \div \frac{x^9}{27} \times x^2$이 됩니다. 첫 번째 식인 $-x^6 \div \frac{x^9}{27}$을 계산하면 $-\frac{27}{x^3}$이 됩니다. $-\frac{27}{x^3}$을 첫 번째 식 대신 대입하여 두 번째 식 $-\frac{27}{x^3} \times x^2$을 계산합니다. $-\frac{27}{x^3} \times x^2 = -\frac{27}{x}$이 답이 됩니다.

배움 체크하기

(배움 체크 리스트를 가리키며) 오늘 우리가 함께 공부한 것을 혼자서도 할 수 있는지 체크해 봅시다. 혼자서도 할 수 있으면 👍, 선생님의 도움이 더 필요하다면 ?에 동그라미로 표시하세요.

배움 체크 리스트	👍	?
1. 분수를 포함한 유리수의 나눗셈을 곱셈의 역원을 이용하여 곱셈식으로 계산할 수 있습니다.		
2. 거듭제곱의 거듭제곱과 거듭제곱의 나눗셈에 적용되는 지수법칙을 이해하고 적용할 수 있습니다.		
3. 곱셈과 나눗셈만 포함하는 혼합셈은 왼쪽부터 순서대로 계산한다는 것을 이해하고 적용할 수 있습니다.		
4. 곱셈과 나눗셈만 포함하는 혼합셈은 괄호의 거듭제곱을 먼저 정리한 후, 왼쪽에서 오른쪽 순서대로 계산한다는 것을 이해하고 적용할 수 있습니다.		
5. 분수로 된 단항식의 곱셈식은 분모는 분모끼리, 분자는 분자끼리 곱셈을 하며, 곱셈을 할 때는 계수는 계수끼리, 문자는 밑이 같은 문자끼리 지수법칙을 사용하여 계산한다는 것을 이해하고 적용할 수 있습니다.		
6. 분수로 된 단항식의 나눗셈은 나눗셈 기호를 곱셈으로 바꾸고, 제수의 곱셈의 역원을 곱해 주어 계산함을 이해하고 적용할 수 있습니다.		
7. 분모와 분자에 포함된 문자가 다를 경우에는 계수는 계수끼리, 동일한 밑을 가진 문자끼리 나눗셈하여 정리한 후, 짝이 없는 문자는 분모나 분자에 그대로 써 준다는 것을 이해하고 적용할 수 있습니다.		

혼자 풀기

(혼자 풀어 보는 문제 1~7을 제시하며) 오늘 배운 것을 기억하면서 문제를 혼자 풀어 보는 시간입니다. 내비게이션 3.8 을 사용하면 도움이 됩니다.

다음 식을 간단히 하시오.

1. $6b^3 \times 7b^4$

2. $30a^2b^6 \div 6ab^7$

3. $5x^5 \div (-4x^3)^2 \times (-3x)^4$

4. $9ab \times 6b \div 27a$

5. $12a^2b \times 3b \div 6a^3$

6. $(-2x^3y^4)^4 \div 48x^3y^2 \times 6x^4y^5$

7. $6x^2 \times (-5x^4y^5)^3 \div (-10x^3y^9)^2$

채점 및 오답 분석

학생이 쓴 답을 기재하고, 오답인 경우 중재 결정표 에서 가능한 오류 원인을 1~8 중에서 골라 번호로 기재합니다. 기타 원인 때문에 오답이 발생했을 경우, 구체적으로 어떤 이유인지 기재합니다. 가능한 오답의 원인을 모두 기재합니다.

혼자 풀어 보는 문제	정답	학생이 쓴 답	오답 원인
1. $6b^3 \times 7b^4$	$42b^7$		
2. $30a^2b^6 \div 6ab^7$	$\frac{5a}{b}$		
3. $5x^5 \div (-4x^3)^2 \times (-3x)^4$	$\frac{405x^3}{16}$		
4. $9ab \times 6b \div 27a$	$2b^2$		
5. $12a^2b \times 3b \div 6a^3$	$\frac{6b^2}{a}$		
6. $(-2x^3y^4)^4 \div 48x^3y^2 \times 6x^4y^5$	$2x^{13}y^{19}$		
7. $6x^2 \times (-5x^4y^5)^3 \div (-10x^3y^9)^2$	$-\frac{15x^8}{2y^3}$		
	정답 개수	/ 7	

중재 결정표

오답 원인을 분석하여 차후 중재를 결정하세요.

오답 원인	발생 빈도	최다 발생 오류	중재 결정
1. 사전 지식 및 기술(거듭제곱의 거듭제곱 계산, 곱셈과 나눗셈에 대한 지수법칙의 이해와 적용, 유리수의 곱셈과 나눗셈)			
2. 용어나 문제 이해 부족(제수, 피제수, 밑, 지수, 거듭제곱, 지수법칙)			
3. 곱셈과 나눗셈만 포함된 혼합셈은 거듭제곱(괄호)의 거듭제곱을 먼저 계산한 후, 왼쪽부터 오른쪽으로 계산한다는 것에 대한 이해와 적용의 어려움			
4. 분수인 단항식의 곱셈식을 계산할 때는 분모는 분모끼리 분자는 분자끼리 곱셈을 한다는 것에 대한 이해와 적용의 어려움			
5. 분수인 단항식의 나눗셈을 곱셈식으로 바꾸는 과정에 대한 이해와 적용의 어려움			
6. 단항식의 곱셈, 나눗셈을 할 때는 계수는 계수끼리, 문자는 밑이 같은 문자끼리 곱셈, 나눗셈한다는 것에 대한 이해와 적용의 어려움			
7. 부주의/계산 실수			
8. 기타(구체적 원인 기재하기)			

가장 흔한 오답 원인	1과 2 중 하나	3, 4, 5, 6 중 하나	7
	AND	AND	OR
오답률	오답이 2개 이상	오답이 2개 이상	오답이 2개 미만
다음 중재	브리지(Bridge)	동 차시 반복	다음 차시

브리지(Bridge) 차시

- 2.1차시
- 3.5차시
- 3.6차시
- 3.7차시

9차시

문자가 2개인 일차식의 덧셈과 뺄셈

[내비게이션 3.9] 일차식의 덧셈과 뺄셈

	순서	예 $(3x+2y)-(4x+y)$
1	괄호 풀기 • 덧셈–괄호만 없애 줌 • 뺄셈–뺄셈 기호를 덧셈으로 바꾸어 주고, 빼 주는 식의 모든 항의 부호를 반대 부호로 바꿈	$(5x + 3y) - (3x + 2y)$ $= 5x + 3y + -3x - 2y$
2	동류항끼리 모아 주기	$5x + 3y + -3x - 2y$ $= 5x + -3x + 3y - 2y$
3	동류항 계산하기	$5x + -3x = (5 - 3)x = 2x$ $3y - 2y = (3 - 2)y = y$
4	문자항은 알파벳순으로 쓰고, 상수항은 가장 마지막에 써 주기	$2x + y$

차시 목표 문자가 2개인 일차식의 덧셈과 뺄셈을 할 수 있다.

사전 지식 정수의 사칙연산, 항의 의미, 동류항, 다항식과 수의 곱셈[예: $2(2a-3)$], 다항식과 수의 나눗셈[예: $(6x-12)\div-2$], 단항식의 덧셈과 뺄셈

준비물 3단계 9차시 학생용 교재, **내비게이션 3.9**

흔한 오류

1. 다항식과 수의 곱셈에서 오류를 보여 문자가 2개인 일차식 덧셈이나 뺄셈에서 오답을 낼 수 있다.
   - 오류 예: $(7a-2)-2(2a-3)=7a-2-4a-6=3a-8$

2. 다항식과 수의 나눗셈에서 오류를 보여 문자가 2개인 일차식 덧셈이나 뺄셈에서 오답을 낼 수 있다.
   - 오류 예: $(5a-3b)-(2a-2b)\div 2=5a-3b-a-2b=4a-5b$

3. 분배법칙을 완전히 이해하지 않은 경우에는 문자가 2개인 일차식의 뺄셈에서 오류를 보일 수 있다.
   - 오류 예: $(5a-3b+1)-(2a-4b+3)=5a-3b+1-2a-4b+3=3a-7b+4$

사전평가

처음 두 문제는 가장 필수적인 사전 지식에 대한 이해를 묻고, 3번부터 7번까지는 차시 목표인 개념과 기술의 이해를 묻습니다.

다음 식을 간단히 나타내시오.

1. $x + 2x$

2. $(2a + 3) - (a - 1)$

3. $(a + 2b) + (4a - 5b)$

4. $(5x - 2y + 6) - (3x - 3y - 2)$

5. $(-3x + 2y) - (4x - 3y)$

6. $(-2a + b - 7) + (5a - 4b + 3)$

7. $(4x - 2y + 3) - (-3x + y - 6)$

정 답

1. $3x$ 2. $a+4$ 3. $5a-3b$ 4. $2x+y+8$

5. $-7x+5y$ 6. $3a-3b-4$ 7. $7x-3y+9$

접속하기

차시 목표 및 개념 설명

오늘은 문자가 2개인 일차식의 덧셈과 뺄셈에 대해서 알아보려 합니다. 먼저, 이번 차시에서 많이 사용될 개념과 기술을 정리해 봅시다.

1. 항이란 무엇입니까? 항은 식에 있는 수, 변수, 수와 변수의 곱을 말합니다. 예를 들어, $3, x, 5x$ 등을 항이라고 합니다.

2. 동류항이란 무엇입니까? 동류항이란 항이 2개 이상인 다항식에서 계수는 다르나 문자와 차수가 같은 항을 말합니다. 예를 들어, $(2a + b + 1) + (a + 3b + 5)$에서 $2a$와 a가 동류항이고, b와 $3b$도 동류항이며, 1과 5도 동류항입니다. 하지만 y와 y^2은 문자는 같으나 차수가 다르므로 동류항이 아닙니다.

3. 분배법칙을 사용하여 일차식의 뺄셈을 해 봅시다. 일차식 $(2a + 1) - (a - 5)$ 뺄셈을 할 때는 무엇을 먼저 합니까? 괄호를 먼저 풀어 줍니다. 괄호를 풀 때는 뺄셈 기호의 영향으로 두 번째 괄호 안에 있는 모든 항의 부호가 반대 부호로 바뀐다는 것을 기억해야 합니다. $(2a + 1) - (a - 5) = 2a + 1 - a + 5$가 됩니다. 이제 덧셈의 교환법칙과 결합법칙을 적용하여 동류항끼리 계산해 줍니다.

   $\rightarrow 2a + 1 - a + 5 = 2a - a + 1 + 5 = a + 6$

   일차식의 뺄셈에서는 괄호를 풀 때 두 번째 괄호 안에 있는 모든 항의 부호가 반대가 된다는 것을 기억합시다.

4. 문자가 2개인 일차식의 덧셈, 뺄셈은 어떻게 계산합니까? 덧셈의 교환법칙과 결합법칙을 적용하여 동류항끼리 이웃하도록 한 후, 동류항끼리 덧셈과 뺄셈을 합니다. 내비게이션 3.9 는 문자가 2개인 일차식의 덧셈과 뺄셈법을 간단히 보여 주고 있습니다. 예를 들어, $(2a + 3b) - (a - 5b)$를 계산하려면,

1) 괄호를 풀어 줍니다.

빼셈 기호 뒤에 있는 괄호를 풀 때는 빼는 식의 모든 항의 부호를 반대로 바꿉니다.

$(2a + 3b) - (a - 5b) = 2a + 3b - a + 5b$가 됩니다.

2) 덧셈의 교환법칙, 결합법칙을 적용하여 동류항끼리 모아 줍니다.

$\rightarrow 2a + 3b - a + 5b = 2a - a + 3b + 5b$

3) 동류항끼리 계산해 줍니다.

$\rightarrow 2a - a + 3b + 5b = a + 8b$

4) 문자항은 알파벳순으로 쓰고, 상수항은 가장 마지막에 씁니다.

$\rightarrow a + 8b$

내비게이션 3.9 를 참고하여 다음 문제들을 함께 풀어 봅시다.

Level 3.2
9차시

보여 주기

개념 및 기술 교수, 개념 및 기술 예시 제시, 보는 수학 내비게이션을 이용한 교사 모델링

1 (보여 주는 문제 1을 보여 주며) $(2a + 3b) + (a + 5b)$를 계산해 봅시다.

1. 먼저, 두 일차식의 괄호를 풀어 줍니다.
   - 덧셈을 할 때는 빼는 식을 그대로 써 주고, 뺄셈을 할 때는 뺄셈 기호를 덧셈으로 바꾸어 준 후, 빼는 식에 있는 모든 항의 부호를 반대로 바꿔 줍니다.
   - 이 문제는 덧셈 문제이므로 부호 변화 없이 괄호만 풉니다.
   - $(2a + 3b) + (a + 5b) = 2a + 3b + a + 5b$가 됩니다.

2. 다음은 덧셈의 교환법칙, 결합법칙을 적용하여 동류항끼리 모아 줍니다.
   - 동류항은 문자와 차수가 같은 것을 의미하므로 $2a$는 a와, $3b$는 $5b$와 동류항입니다.
   - 항의 자리를 바꿔 동류항끼리 모아 주면 $2a + 3b + a + 5b = 2a + a + 3b + 5b$가 됩니다.

3. 이제 동류항끼리 계산합니다.
   - 문자항의 덧셈은 문자 앞의 계수를 더한 값을 문자 앞에 써 주고, 문자항의 뺄셈은 문자 앞의 계수를 뺀 값을 문자 앞에 써 줍니다.

     $\rightarrow 2a + a + 3b + 5b = (2 + 1)a + (3 + 5)\,b = 3a + 8b$

4. 문자항은 알파벳순으로, 상수항은 가장 마지막에 씁니다.

   $\rightarrow \boxed{3a + 8b}$

❷ (보여 주는 문제 2를 보여 주며) $(3a-b+2)+(6a+4b-3)$을 계산해 봅시다.

1. 먼저, 두 일차식의 괄호를 풀어 줍니다.
   - 덧셈을 할 때는 두 번째 괄호 안에 있는 일차식을 그대로 써 주고, 뺄셈을 할 때는 뺄셈 기호를 덧셈 기호로 바꾸어 준 후, 빼는 식에 있는 모든 항의 부호를 반대로 바꿔 줍니다.
   - 이 문제는 덧셈 문제이므로 부호 변화 없이 괄호만 풉니다.
   - $(3a-b+2)+(6a+4b-3)=3a-b+2+6a+4b-3$이 됩니다.

2. 다음은 덧셈의 교환법칙, 결합법칙을 적용하여 동류항끼리 모아 줍니다.
   - 동류항은 문자와 차수가 같은 것을 의미하므로 $3a$는 $6a$와, $-b$는 $4b$와 동류항입니다. 상수항 2는 -3과 동류항입니다.
   - 항의 자리를 바꿔 동류항끼리 모아 주면 $3a-b+2+6a+4b-3=3a+6a-b+4b+2-3$이 됩니다.

3. 이제 동류항끼리 계산합니다.
   - 문자항의 덧셈은 문자 앞의 계수를 더한 값을 문자 앞에 써 주고, 문자항의 뺄셈은 문자 앞의 계수를 뺀 값을 문자 앞에 써 줍니다.

     → $3a+6a-b+4b+2-3=(3+6)a+(-1+4)b+(2-3)$

     $=9a+3b-1$

4. 문자항은 알파벳순으로 쓰고, 상수항은 가장 마지막에 씁니다.

   → $\boxed{9a+3b-1}$

Level 3.2
9차시

❸ (보여 주는 문제 3을 보여 주며) $(5x + 3y) - (3x + 2y)$를 계산해 봅시다.

1. 먼저, 두 일차식의 괄호를 풀어 줍니다.

- 덧셈을 할 때는 두 번째 괄호 안에 있는 일차식을 그대로 써 주고, 뺄셈을 할 때는 뺄셈 기호를 덧셈 기호로 바꾸어 준 후, 빼는 식에 있는 모든 항의 부호를 반대로 바꿔 줍니다.
- 이 문제는 뺄셈 문제이므로 먼저 뺄셈 기호를 덧셈 기호로 바꾸고, 빼는 식에 있는 모든 항의 부호를 반대로 바꿔 줍니다.
- 괄호를 풀면 $(5x + 3y) - (3x + 2y) = 5x + 3y + -3x - 2y$가 됩니다.

2. 다음은 덧셈의 교환법칙, 결합법칙을 적용하여 동류항끼리 모아 줍니다.

- 동류항은 문자와 차수가 같은 것을 의미하므로 $5x$는 $-3x$와 $3y$는 $-2y$와 동류항입니다.
- 항의 자리를 바꿔 동류항끼리 모아 주면 $5x + 3y - 3x - 2y = 5x - 3x + 3y - 2y$가 됩니다.

3. 이제 동류항끼리 계산합니다.

- 문자항의 덧셈은 문자 앞의 계수를 더한 값을 문자 앞에 써 주고, 문자항의 뺄셈은 문자 앞의 계수를 뺀 값을 문자 앞에 써 줍니다.

  → $5x - 3x + 3y - 2y = (5 - 3)x + (3-2)y = 2x + y$

4. 문자항은 알파벳순으로 쓰고, 상수항은 가장 마지막에 씁니다.

   → $\boxed{2x + y}$

함께 풀기

(내비게이션 3.9 를 보여 주며) 문자가 2개인 일차식의 덧셈과 뺄셈을 하는 방법을 다시 한번 정리해 봅시다. (학생에게 먼저 응답할 기회를 준 후, 내비게이션 3.9 의 문자가 2개인 일차식의 덧셈과 뺄셈 절차를 가리키며) 먼저, 괄호를 풀어 주는데, 덧셈은 단순히 괄호만 없애 주고, 뺄셈은 뺄셈 기호를 덧셈 기호로 바꾸고 빼는 식의 모든 항의 부호를 반대로 바꿔 줍니다. 다음은 동류항끼리 같이 이웃하도록 식에서 항들의 자리를 바꾸고, 동류항끼리 계산합니다. 계산 결과를 쓸 때는, 문자항은 알파벳 순서로 상수항은 가장 마지막에 씁니다. 내비게이션을 보면서 다음 문제를 함께 풀어 봅시다.

❶ (함께 풀어 보는 문제 1을 가리키며) $(5x - 4y + 2) + (2x + 3y - 4)$를 계산해 봅시다.

1. 문자가 2개인 일차식의 덧셈이나 뺄셈을 할 때는 가장 먼저 무엇을 합니까? 먼저, 두 일차식의 괄호를 풀어 줍니다.
   - 이 문제는 덧셈 문제입니까, 뺄셈 문제입니까? 이 문제는 덧셈 문제입니다.
   - 덧셈 문제는 어떻게 계산합니까? 부호 변화 없이 괄호만 없애 줍니다.
   - 괄호를 풀면 $(5x - 4y + 2) + (2x + 3y - 4) = 5x - 4y + 2 + 2x + 3y - 4$가 됩니다.

2. 다음은 무엇을 합니까? 동류항끼리 모아 줍니다.
   - 이 문제에서 동류항은 무엇과 무엇입니까? 동류항은 문자와 차수가 같은 것을 의미하므로 $5x$는 $2x$와, $-4y$는 $3y$와, 2는 -4와 동류항입니다.
   - 항의 자리를 바꿔 동류항끼리 모아 주면 어떻게 됩니까? $5x - 4y + 2 + 2x + 3y - 4 = 5x + 2x - 4y + 3y + 2 - 4$가 됩니다.

3. 다음은 무엇을 합니까? 이웃한 동류항끼리 계산합니다.
   - $5x + 2x$는 얼마입니까? $5x + 2x = 7x$입니다.

- $-4y + 3y$는 얼마입니까? $-4y + 3y = -y$입니다.
- 2 − 4는 얼마입니까? $2 - 4 = -2$입니다.

→ $5x + 2x - 4y + 3y + 2 - 4 = (5 + 2)x + (-4 + 3)y + (2-4)$

$= 7x - y - 2$

4. 다음은 무엇을 합니까? 동류항 계산 결과를 문자항은 알파벳순으로 쓰고, 상수항은 가장 마지막에 씁니다.

→ $\boxed{7x - y - 2}$

❷ (함께 풀어 보는 문제 2를 가리키며) $(-2a + b - 5) - (3a + 2b - 6)$을 계산해 봅시다.

1. 문자가 2개인 일차식의 덧셈이나 뺄셈을 할 때는 가장 먼저 무엇을 합니까? 먼저, 두 일차식의 괄호를 풀어 줍니다.
   - 이 문제는 덧셈 문제입니까, 뺄셈 문제입니까? 이 문제는 뺄셈 문제입니다.
   - 뺄셈 문제는 어떻게 계산합니까? 뺄셈 기호를 덧셈 기호로 바꿔 주고, 빼는 식 안에 있는 모든 항의 부호를 반대 부호로 바꿔 줍니다.
   - 괄호를 풀면 $(-2a + b - 5) - (3a + 2b - 6) = -2a + b - 5 + -3a - 2b + 6$이 됩니다.

2. 다음은 무엇을 합니까? 동류항끼리 모아 줍니다.
   - 이 문제에서 동류항은 무엇과 무엇입니까? 동류항은 문자와 차수가 같은 것을 의미하므로 $-2a$는 $-3a$와, b는 $-2b$와, -5는 6과 동류항입니다.
   - 항의 자리를 바꿔 동류항끼리 모아 주면 어떻게 됩니까? $-2a + b - 5 + -3a - 2b + 6 = -2a - 3a + b - 2b - 5 + 6$이 됩니다.

3. 다음은 무엇을 합니까? 이웃한 동류항끼리 계산합니다.

- $-2a-3a$는 얼마입니까? $-2a-3a=-5a$입니다.
- $b-2b$는 얼마입니까? $b-2b=-b$입니다.
- $-5+6$은 얼마입니까? $-5+6=1$입니다.

$\rightarrow -2a-3a+b-2b-5+6=(-2-3)a+(1-2)b+(-5+6)$

$=-5a-b+1$

4. 다음은 무엇을 합니까? 동류항 계산 결과를 문자항은 알파벳순으로 쓰고, 상수항은 가장 마지막에 씁니다.

$\rightarrow \boxed{-5a-b+1}$

❸ (함께 풀어 보는 문제 3을 가리키며) $(4x-5y+1)-(-3x-y-1)$을 계산해 봅시다.

Level 3.2
9차시

1. 문자가 2개인 일차식의 덧셈이나 뺄셈을 할 때는 가장 먼저 무엇을 합니까? 먼저, 두 일차식의 괄호를 풀어 줍니다.

- 이 문제는 덧셈 문제입니까, 뺄셈 문제입니까? 이 문제는 뺄셈 문제입니다.
- 뺄셈 문제는 어떻게 계산합니까? 괄호를 없애면서 첫 번째 괄호식은 그대로 쓰고, 뺄셈 기호는 덧셈 기호로 바꾸고, 빼는 식의 모든 항의 부호를 모두 반대로 써 줍니다.
- 괄호를 풀고 식을 쓰면 $(4x-5y+1)-(-3x-y-1)=4x-5y+1+3x+y+1$이 됩니다.

2. 다음은 무엇을 합니까? 동류항끼리 모아 줍니다.

- 이 문제에서 동류항은 무엇과 무엇입니까? 동류항은 문자와 차수가 같은 것을 의미하므로 $4x$와 $3x$, $-5y$와 y, 1과 1이 동류항입니다.
- 항의 자리를 바꿔 동류항끼리 모아 주면 어떻게 됩니까? $4x-5y+1+3x+y+$

$1 = 4x + 3x - 5y + y + 1 + 1$이 됩니다.

3. 다음은 무엇을 합니까? 이웃한 동류항끼리 계산합니다.

- $4x + 3x$는 얼마입니까? $4x + 3x = 7x$입니다.
- $-5y + y$는 얼마입니까? $-5y + y = -4y$입니다.
- $1 + 1$은 얼마입니까? $1 + 1 = 2$입니다.

$\rightarrow 4x + 3x - 5y + y + 1 + 1 = (4 + 3)x + (-5 + 1)y + (1 + 1)$

$= 7x - 4y + 2$

4. 다음은 무엇을 합니까? 동류항 계산 결과를 문자항은 알파벳순으로 쓰고, 상수항은 가장 마지막에 씁니다.

$\rightarrow \boxed{7x - 4y + 2}$

아 그렇구나!

- 혼동되는 문제 다시 풀기
- 최다 오류를 반례로 제시하여 개념 및 기술 획득 강화

아 그렇구나! 에서는 문자가 2개인 다항식의 덧셈이나 뺄셈을 할 때 우리가 자주 혼동하는 문제를 함께 풀어 봅니다. 다음 문제를 풀 때 왜 실수가 많은지 그 이유를 함께 생각해 봅시다.

1 (아 그렇구나! 문제 1을 가리키며) $4(-3a + b) + (a - 2b)$를 계산할 때 혼동되는 점은 무엇입니까?

⇨ 이 문제는 1이 아닌 수가 다항식과 곱해지는 경우입니다. 분배법칙을 적용한 다항식의 곱셈에 익숙지 않을 경우, 괄호 앞에 있는 숫자를 첫째 항에만 곱하는 오류를 보입니다. $4(-3a + b)$를 분배법칙을 적용하여 풀면 $4(-3a + b) = 4 \times -3a + 4 \times b = -12a + 4b$가 된다는 것을 기억합시다. $4(-3a + b) + (a - 2b) = -12a + 4b + a - 2b = -11a + 2b$입니다.

❷ (아 그렇구나! 문제 2를 가리키며) $-(a + b) - (2a + b)$를 계산할 때 혼동되는 점은 무엇입니까?

⇨ 이 문제는 두 다항식에 곱해지는 수가 모두 -1인 경우입니다. 이런 경우엔 주로 괄호 안의 첫째 항만 반대 부호로 바꿔 주고 둘째 항은 원래 부호로 그대로 두는 오류를 보입니다. $-(a + b) = -a - b$가 되고 $-(2a + b) = -2a - b$가 됨을 기억합시다. $-(a + b) - (2a + b) = -a - b - 2a - b = -3a - 2b$가 정답입니다.

배움 체크하기

(배움 체크 리스트 를 가리키며) 오늘 우리가 함께 공부한 것을 혼자서도 할 수 있는지 체크해 봅시다. 혼자서도 할 수 있으면 👍, 선생님의 도움이 더 필요하다면 ?에 동그라미로 표시하세요.

배움 체크 리스트	👍	?
1. 정수의 사칙연산 방법을 이해하고 적용할 수 있습니다.		
2. 다항식과 수의 곱셈, 다항식과 수의 나눗셈 방법을 이해하고 적용할 수 있습니다.		
3. 항의 의미를 이해하고 동류항을 찾을 수 있습니다.		
4. 사칙연산이 포함된 혼합셈은 분배법칙을 적용하여 괄호 안의 일차식과 숫자의 곱셈 또는 나눗셈을 먼저 한다는 것을 이해하고 적용할 수 있습니다.		
5. 괄호가 있는 일차식 앞에 뺄셈 기호가 있거나 일차식이 음수와 곱해질 경우, 뺄셈 기호는 덧셈 기호로 바꾸어 주고, 빼는 식 안에 있는 모든 항의 부호를 모두 반대 부호로 바뀐다는 것을 이해하고 적용할 수 있습니다.		
6. 괄호를 풀고 나면 동류항끼리 덧셈이나 뺄셈을 한다는 것을 이해하고 적용할 수 있습니다.		
7. 동류항끼리 덧셈과 뺄셈을 할 수 있고, 동류항끼리 셈의 결과를 이용하여 다항식을 표기하는 방법을 이해하고 적용할 수 있습니다(예: 동류항끼리 계산하여 $3a$와 $2b$를 얻은 후, $3a + 2b$라고 답할 수 있습니다).		

Level 3.2
9차시

혼자 풀기

(혼자 풀어 보는 문제 1~7을 제시하며) 오늘 배운 것을 기억하면서 문제를 혼자 풀어 보는 시간입니다. 내비게이션 3.9 를 사용하면 도움이 됩니다.

다음 식을 간단히 하시오.

1. $2y + y$

2. $(3a + 5) - (a - 3)$

3. $(a + b) + (5a - 4b)$

4. $(-6x - 3y + 5) - (4x - 5y - 3)$

5. $(-2x + 2y) - (3x - 5y)$

6. $(-3a + 2b - 5) + (4a - 5b + 4)$

7. $(5x - 3y + 2) - (-2x + y - 5)$

채점 및 오답 분석

☞ 학생이 쓴 답을 기재하고, 오답인 경우 중재 결정표 에서 가능한 오류 원인을 1~8 중에서 골라 번호로 기재합니다. 기타 원인 때문에 오답이 발생했을 경우, 구체적으로 어떤 이유인지 기재합니다. 가능한 오답의 원인을 모두 기재합니다.

혼자 풀어 보는 문제	정답	학생이 쓴 답	오답 원인
1. $2y + y$	$3y$		
2. $(3a + 5) - (a - 3)$	$2a + 8$		
3. $(a + b) + (5a - 4b)$	$6a - 3b$		
4. $(-6x - 3y + 5) - (4x - 5y - 3)$	$-10x + 2y + 8$		
5. $(-2x + 2y) - (3x - 5y)$	$-5x + 7y$		
6. $(-3a + 2b - 5) + (4a - 5b + 4)$	$a - 3b - 1$		
7. $(5x - 3y + 2) - (-2x + y - 5)$	$7x - 4y + 7$		
	정답 개수	/ 7	

Level 3.2
9차시

중재 결정표

오답 원인을 분석하여 차후 중재를 결정하세요.

오답 원인	발생 빈도	최다 발생 오류	중재 결정
1. 사전 지식 및 기술(다항식과 수의 곱셈, 다항식과 수의 나눗셈, 정수의 사칙연산)			
2. 용어나 문제 이해 부족(항, 동류항, 일차식, 분배법칙)			
3. 분배법칙을 적용하여 괄호 안의 일차식과 수의 곱셈이나 나눗셈을 먼저 계산한다는 것에 대한 이해와 적용의 어려움			
4. 괄호 앞에 뺄셈 기호나 음의 부호가 있을 때 분배법칙을 적용하면 괄호 안의 항이 모두 반대 부호를 갖게 된다는 것에 대한 이해와 적용의 어려움			
5. 괄호 안의 일차식과 수의 곱셈 또는 나눗셈 후에는 동류항끼리 덧셈이나 뺄셈을 한다는 것에 대한 이해와 적용의 어려움			
6. 동류항끼리의 덧셈과 뺄셈 방법을 이해하지 못하거나, 동류항끼리 셈의 결과를 이용하여 다항식을 표기하는 방법에 대한 이해와 적용의 어려움(예: 동류항끼리 계산하여 $3a$와 $2b$를 얻은 후, 결과를 어떻게 써야 하는지 이해하지 못하는 경우)			
7. 부주의/계산 실수			
8. 기타(구체적 원인 기재하기)			

가장 흔한 오답 원인	1과 2 중 하나	3, 4, 5, 6 중 하나	7
	AND	AND	OR
오답률	오답이 2개 이상	오답이 2개 이상	오답이 2개 미만
다음 중재	브리지(Bridge)	동 차시 반복	다음 차시

브리지(Bridge) 차시

- 2.20차시
- 2.21차시
- 2.22차시
- 2.23차시

10차시

이차식의 덧셈과 뺄셈

[내비게이션 3.10] 이차식의 덧셈과 뺄셈

	순서	예 $(3a^2+3a-5)-2(a^2-5a+4)$
1	분배법칙을 적용하여 괄호 앞의 계수와 이차식 곱셈 계산하기	$2(a^2-5a+4)=2a^2-10a+8$
2	괄호 풀기 • 덧셈–괄호만 없애 줌 • 뺄셈–뺄셈 기호를 덧셈으로 바꾸고, 빼는 이차식의 모든 항의 부호를 반대 부호로 바꿈	$(3a^2+3a-5)-(2a^2-10a+8)$ $=3a^2+3a-5-2a^2+10a-8$
3	문자와 차수가 같은 동류항끼리 모아 주기(이차항, 일차항, 상수항)	$3a^2+3a-5+-2a^2+10a-8$ $=3a^2+-2a^2+3a+10a-5-8$
4	동류항 계산하기	$3a^2+-2a^2=a^2$ $3a+10a=13a$ $-5-8=-13$
5	문자항은 차수가 큰 것부터 쓰고, 상수항은 가장 마지막에 써 주기	$a^2+13a-13$

차시 목표 이차식의 덧셈과 뺄셈을 할 수 있다.

사전 지식 정수의 사칙연산, 항의 의미, 동류항, 다항식과 수의 곱셈[예: $2(2a-3)$], 다항식과 수의 나눗셈[예: $(6x-12)\div-2$], 일차식의 덧셈과 뺄셈

준비물 3단계 10차시 학생용 교재, **내비게이션 3.10**

흔한 오류

1. 이차식의 의미를 완전히 이해하지 않은 경우, 이차식 $3x^2+4x+2$에서 $3x^2$과 $4x$를 동류항이라 생각하고 덧셈을 시도한다.
2. 분배법칙을 완전히 이해하지 않은 경우에는 이차식과 수의 곱셈에서 오류가 생겨 이차식의 덧셈이나 뺄셈 결과도 오답이 된다.
   - 오류 예: $(x^2+3x+4)-2(2x^2-x+1)=x^2+3x+4-4x^2+2x+1=-3x^2+5x+5$
3. 이차식의 덧셈이나 뺄셈에서 동류항이 없는 항을 계산하는 데 혼동을 보인다.
   - 예: $(4x^2+4)-(2x^2-x+2)$에는 x항이 첫 번째 이차식에 없다.

사전평가

처음 두 문제는 가장 필수적인 사전 지식에 대한 이해를 묻고, 3번부터 7번까지는 차시 목표인 개념과 기술의 이해를 묻습니다.

다음 식을 간단히 나타내시오.

1. $(a + 2b) + (4a - 5b)$

2. $(5x - 2y + 6) - (3x - 3y - 2)$

3. $(4a^2 + 3a - 2) + (2a^2 - 4a + 3)$

4. $(x^2 + 7x) + 2(3x^2 - 5x)$

5. $(2a^2 + 5a - 5) - (a^2 - 3a + 5)$

6. $(4x^2 + 6) - (x^2 + 2x + 2)$

7. $12(\frac{3}{4}a^2 + \frac{5}{3}a - 2) - 4(\frac{3}{2}a^2 - \frac{1}{4}a + \frac{1}{2})$

정 답

1. $5a-3b$
2. $2x+y+8$
3. $6a^2-a+1$
4. $7x^2-3x$
5. $a^2+8a-10$
6. $3x^2-2x+4$
7. $3a^2+21a-26$

접속하기

차시 목표 및 개념 설명

오늘은 이차식의 덧셈과 뺄셈에 대해서 알아보려 합니다. 먼저, 이번 차시에서 많이 사용될 개념과 기술을 정리해 봅시다.

1. 항이란 무엇입니까? 항은 식에 있는 수, 변수, 수와 변수의 곱을 말합니다. 예를 들어, $3, x^2, 5y$ 등이 항입니다.

2. 항의 차수는 무엇입니까? 항의 차수는 문자가 들어 있는 항에서 문자가 곱해진 개수를 그 문자에 대한 항의 차수라고 합니다. 예를 들어, $3x^2 + 5y + 3$에서 $3x^2$는 $3 \times x \times x$이므로 문자 x가 두 번 곱해져 있습니다. 따라서 $3x^2$은 x의 이차항입니다. $5y$은 $5 \times y$이므로 문자 y가 한 번 곱해져 있습니다. 따라서 $5y$는 y에 대한 일차항입니다. 3처럼 문자가 곱해지지 않은 항을 상수항이라 합니다.

3. 다항식에서 차수가 가장 큰 항의 차수를 그 다항식의 차수라고 합니다. 예를 들어, $x^2 + 5x + 4$에는 이차항인 x^2과 일차항인 $5x$ 그리고 상수항이 포함되어 있습니다. 이 중 가장 차수가 큰 항이 이차항 x^2이므로 다항식 $x^2 + 5x + 4$는 이차식입니다.

4. 동류항이란 무엇입니까? 동류항이란 항이 2개 이상인 다항식에서 계수는 다르나 문자와 차수가 같은 항을 말합니다. 이차식에서는 동일한 문자에 대해 차수가 같은 항들이 동류항입니다. 예를 들어, $x^2 + 5x + 4$와 $2x^2 - x - 7$에서 x^2과 $2x^2$이 동류항이고, $5x$와 $-x$도 동류항이며, 4와 -7도 동류항입니다.

5. 분배법칙을 사용하여 일차식의 뺄셈을 해 봅시다. 일차식 $(2a + 1) - (a - 5)$ 뺄셈을 할 때는 무엇을 먼저 합니까? 괄호를 먼저 풀어 줍니다. 괄호를 풀 때는 뺄셈 기호를 덧셈 기호로 바꾸고, 두 번째 괄호 안에 있는 모든 항의 부호를 반대 부호로 바꾼다는 것을 기억해야 합니다. $(2a + 1) - (a - 5) = 2a + 1 + -a + 5$가 됩니다. 이제 덧셈의

교환법칙과 결합법칙을 적용하여 동류항끼리 계산해 줍니다.

→ $2a + 1 + -a + 5 = 2a + -a + 1 + 5 = a + 6$

6. 이차식의 덧셈, 뺄셈은 어떻게 계산합니까? 덧셈의 교환법칙과 결합법칙을 적용하여 문자와 차수가 같은 동류항끼리 이웃하도록 한 후, 동류항끼리 덧셈과 뺄셈을 합니다. 내비게이션 3.10 은 이차식의 덧셈과 뺄셈법을 간단히 보여 주고 있습니다. 예를 들어, $(3a^2 + 3a - 5) - 2(a^2 - 5a + 4)$를 계산하려면,

1) 분배법칙을 적용하여 숫자와 이차식의 곱셈을 계산합니다.

→ $2(a^2 - 5a + 4) = 2a^2 - 10a + 8$

2) 괄호를 풀어 줍니다. 뺄셈 기호 뒤에 있는 괄호를 풀 때는 뺄셈 기호는 덧셈 기호로 바꾸고, 빼는 식의 모든 항의 부호를 반대로 바꿔 줍니다.

→ $(3a^2 + 3a - 5) - (2a^2 - 10a + 8) = 3a^2 + 3a - 5 + -2a^2 + 10a - 8$

3) 덧셈의 교환법칙, 결합법칙을 적용하여 문자와 차수가 같은 동류항끼리 (이차항끼리, 일차항끼리, 상수항끼리) 모아 줍니다.

→ $3a^2 + 3a - 5 + -2a^2 + 10a - 8 = 3a^2 + -2a^2 + 3a + 10a - 5 - 8$

4) 동류항끼리 계산해 줍니다.

→ $3a^2 + -2a^2 + 3a + 10a - 5 - 8 = (3 - 2)a^2 + (3 + 10)a + (-5 - 8)$

$= a^2 + 13a - 13$

5) 문자항은 차수가 높은 것부터 쓰고, 상수항은 가장 마지막에 씁니다.

→ $a^2 + 13a - 13$

내비게이션 3.10 을 참고하여 다음 문제들을 함께 풀어 봅시다.

Level 3.2
10차시

보여 주기

개념 및 기술 교수, 개념 및 기술 예시 제시, 보는 수학 내비게이션을 이용한 교사 모델링

1 (보여 주는 문제 1을 보여 주며) $(a^2 + 2a - 3) + (3a^2 - 5a + 2)$를 계산해 봅시다.

1. 괄호 앞의 계수와 이차식의 곱셈을 합니다.
   - 괄호 앞의 계수가 1이므로 따로 곱셈을 할 필요가 없습니다.

2. 두 이차식의 괄호를 풉니다.
   - 이차식의 덧셈을 할 때는 두 번째 이차식의 항의 부호를 그대로 씁니다.
   - 이차식의 뺄셈을 할 때는 뺄셈 기호를 덧셈 기호로 바꾸고, 빼는 식에 포함된 모든 항의 부호를 반대 부호로 바꿉니다.
   - 이 문제는 덧셈 문제이므로 부호 변화 없이 괄호만 풉니다.
   - $(a^2 + 2a - 3) + (3a^2 - 5a + 2) = a^2 + 2a - 3 + 3a^2 - 5a + 2$가 됩니다.

3. 다음은 덧셈의 교환법칙, 결합법칙을 적용하여 동류항끼리 모아 줍니다.
   - 동류항은 문자와 차수가 같은 것을 의미하므로 이 문제에서는 이차식은 이차식끼리, 일차식은 일차식끼리, 상수항은 상수항끼리 서로 동류항입니다.
   - a^2은 $3a^2$과, $2a$는 $-5a$와, -3은 2와 동류항입니다. 항의 자리를 바꿔 동류항끼리 모아 주면 $a^2 + 2a - 3 + 3a^2 - 5a + 2 = a^2 + 3a^2 + 2a - 5a - 3 + 2$가 됩니다.

4. 이제 동류항끼리 계산합니다.
   - 문자항의 덧셈은 문자 앞의 계수를 더한 값을 문자 앞에 써 주고, 문자항의 뺄셈은 문자 앞의 계수를 뺀 값을 문자 앞에 써 줍니다.

$\rightarrow a^2 + 3a^2 + 2a - 5a - 3 + 2 = (1+3)a^2 + (2-5)a + (-3+2)$

$= 4a^2 - 3a - 1$

5. 문자항은 차수가 큰 것부터 쓰고, 상수항은 가장 마지막에 씁니다.

$\rightarrow$ $\boxed{4a^2 - 3a - 1}$

❷ (보여 주는 문제 2를 보여 주며) $2(a^2 + 2a - 3) + (a^2 - 2a + 4)$를 계산해 봅시다.

1. 괄호 앞의 계수와 이차식의 곱셈을 합니다.
   - 이 문제는 $2(a^2 + 2a - 3)$이 포함되어 있습니다.
   - 분배법칙을 적용하면 $2(a^2 + 2a - 3) = 2a^2 + 4a - 6$이 됩니다.

2. 두 이차식의 괄호를 풉니다.
   - 이 문제는 덧셈 문제이므로 부호 변화 없이 괄호만 풀어 더해 줍니다.
   - $2(a^2 + 2a - 3) + (a^2 - 2a + 4) = 2a^2 + 4a - 6 + a^2 - 2a + 4$가 됩니다.

Level 3.2
10차시

3. 다음은 덧셈의 교환법칙과 결합법칙을 적용하여 동류항끼리 모아 줍니다.
   - 동류항은 문자와 차수가 같은 것을 의미하므로 이 문제에서는 이차식은 이차식끼리, 일차식은 일차식끼리, 상수항은 상수항끼리 서로 동류항입니다.
   - $2a^2$은 a^2과, $4a$는 $-2a$와, -6은 4와 동류항입니다.
   - 항의 자리를 바꿔 동류항끼리 모아 주면 $2a^2 + 4a - 6 + a^2 - 2a + 4 = 2a^2 + a^2 + 4a - 2a - 6 + 4$가 됩니다.

4. 이제 동류항끼리 계산합니다.
   - 문자항의 덧셈은 문자 앞의 계수를 더한 값을 문자 앞에 써 주고, 문자항의 뺄셈은 문자 앞의 계수를 뺀 값을 문자 앞에 써 줍니다.

     $\rightarrow 2a^2 + a^2 + 4a - 2a - 6 + 4 = (2+1)a^2 + (4-2)a + (-6+4)$

$= 3a^2 + 2a - 2$

5. 문자항은 차수가 큰 것부터 쓰고, 상수항은 가장 마지막에 씁니다.

→ $\boxed{3a^2 + 2a - 2}$

❸ (보여 주는 문제 3을 보여 주며) $(4x^2 - 6x + 9) - 3(x^2 - 4x + 2)$를 계산해 봅시다.

1. 먼저, 괄호 앞의 계수와 이차식의 곱셈을 합니다.
   - 첫 번째 괄호식을 풀면 $4x^2 - 6x + 9$가 됩니다.
   - 두 번째 괄호식은 괄호 앞의 계수 3과 곱셈을 해야 하므로 분배법칙을 적용합니다.
   - 괄호 앞의 계수 3을 괄호 안의 이차식 각 항과 곱하면 $3(x^2 - 4x + 2) = 3x^2 - 12x + 6$이 됩니다.
   - $(4x^2 - 6x + 9) - 3(x^2 - 4x + 2) = 4x^2 - 6x + 9 - (3x^2 - 12x + 6)$이 됩니다.

2. 두 이차식의 괄호를 풉니다.
   - 이 문제는 이차식의 뺄셈 문제이므로 뺄셈 기호를 덧셈 기호로 바꾸고, 빼는 식의 모든 항의 부호를 반대 부호로 바꿔 줍니다.
   - $4x^2 - 6x + 9 - (3x^2 - 12x + 6) = 4x^2 - 6x + 9 - 3x^2 + 12x - 6$이 됩니다.

3. 다음은 덧셈의 교환법칙, 결합법칙을 적용하여 동류항끼리 모아 줍니다.
   - 동류항은 문자와 차수가 같은 것을 의미하므로 이 문제에서는 이차식은 이차식끼리, 일차식은 일차식끼리, 상수항은 상수항끼리 서로 동류항입니다.
   - $4x^2$은 $-3x^2$과, $-6x$는 $12x$와, 9는 -6과 동류항입니다.
   - 항의 자리를 바꿔 동류항끼리 모아 주면 $4x^2 - 6x + 9 - 3x^2 + 12x - 6 = 4x^2 - 3x^2 - 6x + 12x + 9 - 6$이 됩니다.

4. 이제 동류항끼리 계산합니다.

- 문자항의 덧셈은 문자 앞의 계수를 더한 값을 문자 앞에 써 주고, 문자항의 뺄셈은 문자 앞의 계수를 뺀 값을 문자 앞에 써 줍니다.

  → $4x^2 - 3x^2 - 6x + 12x + 9 - 6 = (4 - 3)x^2 + (-6 + 12)x + (9 - 6)$

  $= x^2 + 6x + 3$

5. 문자항은 차수가 높은 것부터, 상수항은 가장 마지막에 씁니다.

→ $\boxed{x^2 + 6x + 3}$

함께 풀기

(내비게이션 3.10 을 보여 주며) 이차식의 덧셈과 뺄셈을 하는 방법을 다시 한번 정리해 봅시다. (학생에게 먼저 응답할 기회를 준 후, 내비게이션 3.10 의 이차식의 덧셈과 뺄셈 절차를 가리키며) 먼저, 괄호를 풀어 줍니다. 덧셈은 변화 없이 괄호만 없애 주고, 뺄셈은 뺄셈 기호를 덧셈 기호로 바꾸고, 두 번째 괄호 안의 이차식의 모든 항의 부호를 반대로 바꿔 줍니다. 다음은 동류항끼리 같이 이웃하도록 식에서 항들의 자리를 바꾸고, 동류항끼리 계산합니다. 계산 결과를 쓸 때는 문자항은 알파벳 순서로, 상수항은 가장 마지막에 씁니다. 내비게이션을 보면서 다음 문제를 함께 풀어 봅시다.

❶ (함께 풀어 보는 문제 1을 가리키며) $(5x^2 - 4x + 2) + (2x^2 + 3x - 4)$를 계산해 봅시다.

1. 이차식의 덧셈을 할 때는 가장 먼저 무엇을 합니까? 먼저, 괄호 앞의 계수와 이차식의 곱셈이 있을 때는 분배법칙을 적용하여 숫자와 이차식의 계산을 합니다.
   - 이 문제에 숫자와 이차식의 곱셈이 있습니까? 이 문제에는 숫자와 이차식의 곱셈이 포함되어 있지 않습니다.

2. 다음은 무엇을 합니까? 두 이차식의 괄호를 풉니다.
   - 첫 번째 괄호식을 풀면 결과는 어떻게 됩니까? $(5x^2 - 4x + 2) = 5x^2 - 4x + 2$가 됩니다.
   - 두 번째 괄호식을 풀면 결과는 어떻게 됩니까? $(2x^2 + 3x - 4) = 2x^2 + 3x - 4$가 됩니다.
   - 이 문제는 덧셈 문제입니까, 뺄셈 문제입니까? 이 문제는 덧셈 문제입니다.
   - 덧셈 문제는 어떻게 계산합니까? 부호 변화 없이 괄호만 없애 줍니다.
   - 괄호를 풀면 $(5x^2 - 4x + 2) + (2x^2 + 3x - 4) = 5x^2 - 4x + 2 + 2x^2 + 3x - 4$가 됩니다.

3. 다음은 무엇을 합니까? 동류항끼리 모아 줍니다.

- 이차식의 덧셈이나 뺄셈 문제에서 동류항은 무엇입니까? 동류항은 문자와 차수가 같은 것을 의미하므로 이차항은 이차항끼리, 일차항은 일차항끼리, 상수항은 상수항끼리 서로 동류항입니다.
- $5x^2$과 동류항은 무엇입니까? $2x^2$이 동류항입니다.
- $-4x$의 동류항은 무엇입니까? $-4x$의 동류항은 $3x$입니다.
- 2의 동류항은 무엇입니까? 2의 동류항은 -4입니다.
- 항의 자리를 바꿔 동류항끼리 모아 주면 어떻게 됩니까? $5x^2 - 4x + 2 + 2x^2 + 3x - 4 = 5x^2 + 2x^2 - 4x + 3x + 2 - 4$가 됩니다.

4. 다음은 무엇을 합니까? 이웃한 동류항끼리 계산합니다.

- $5x^2 + 2x^2$은 얼마입니까? $5x^2 + 2x^2 = 7x^2$입니다.
- $-4x + 3x$는 얼마입니까? $-4x + 3x = -x$입니다.
- $2 - 4$는 얼마입니까? $2 - 4 = -2$입니다.

$\rightarrow 5x^2 + 2x^2 - 4x + 3x + 2 - 4 = (5 + 2)x^2 + (-4 + 3)x + (2 - 4)$

$= 7x^2 - x - 2$

Level 3.2
10차시

5. 다음은 무엇을 합니까? 동류항 계산 결과를 문자항은 차수가 높은 것부터, 상수항은 가장 마지막에 씁니다.

$\rightarrow$ $\boxed{7x^2 - x - 2}$

❷ (함께 풀어 보는 문제 2를 가리키며) $(-2a^2 + a - 5) - (3a^2 + 2a - 6)$을 계산해 봅시다.

1. 이차식의 덧셈이나 뺄셈을 할 때 가장 먼저 무엇을 합니까? 먼저, 괄호 앞의 계수와 이차식의 곱셈을 계산합니다.

- 이 문제에는 괄호 앞의 계수와 이차식의 곱셈이 포함되어 있습니까? 이 문제에는 괄호 앞의 계수와 이차식의 곱셈이 포함되어 있지 않습니다.

2. 다음은 무엇을 합니까? 두 이차식의 괄호를 풀어 줍니다.
   - 첫 번째 괄호식을 풀면 결과는 어떻게 됩니까? $(-2a^2 + a - 5) = -2a^2 + a - 5$가 됩니다. 두 번째 괄호식을 풀면 결과는 어떻게 됩니까? $(3a^2 + 2a - 6) = 3a^2 + 2a - 6$이 됩니다.
   - 이 문제는 덧셈 문제입니까, 뺄셈 문제입니까? 이 문제는 뺄셈 문제입니다.
   - 뺄셈 문제는 어떻게 계산합니까? 뺄셈 기호를 덧셈 기호로 바꾼 후, 빼는 이차식의 모든 항의 부호를 반대 부호로 바꿔 줍니다.
   - 괄호를 풀고 뺄셈을 적용하면 $(-2a^2 + a - 5) - (3a^2 + 2a - 6) = -2a^2 + a - 5 - 3a^2 - 2a + 6$이 됩니다.

3. 다음은 무엇을 합니까? 동류항끼리 모아 줍니다.
   - 이차식의 덧셈이나 뺄셈 문제에서 동류항은 무엇입니까? 동류항은 문자와 차수가 같은 것을 의미하므로 이차항은 이차항끼리, 일차항은 일차항끼리, 상수항은 상수항끼리 서로 동류항입니다.
   - $-2a^2$과 동류항은 무엇입니까? $-3a^2$이 동류항입니다.
   - a의 동류항은 무엇입니까? a의 동류항은 $-2a$입니다.
   - -5의 동류항은 무엇입니까? -5의 동류항은 $+6$입니다.
   - 항의 자리를 바꿔 동류항끼리 모아 주면 어떻게 됩니까? $-2a^2 + a - 5 - 3a^2 - 2a + 6 = -2a^2 - 3a^2 + a - 2a - 5 + 6$이 됩니다.

4. 다음은 무엇을 합니까? 이웃한 동류항끼리 계산합니다.
   - $-2a^2 - 3a^2$은 얼마입니까? $-2a^2 - 3a^2 = -5a^2$입니다.
   - $a - 2a$는 얼마입니까? $a - 2a = -a$입니다.

- $-5 + 6$은 얼마입니까? $-5 + 6 = 1$입니다.

  → $-2a^2 - 3a^2 + a - 2a - 5 + 6 = (-2 - 3)a^2 + (1 - 2)a + (-5 + 6)$

  $= -5a^2 - a + 1$

5. 다음은 무엇을 합니까? 동류항 계산 결과를 문자항은 차수가 큰 것부터 쓰고, 상수항은 가장 마지막에 씁니다.

   → $\boxed{-5a^2 - a + 1}$

3 (**함께 풀어 보는 문제** 3을 가리키며) $(4x^2 - 5x + 1) - 2(-3x^2 - x - 1)$을 계산해 봅시다.

1. 이차식의 뺄셈을 할 때 가장 먼저 무엇을 합니까? 먼저, 괄호 앞의 계수와 이차식의 곱셈을 합니다.
   - 이 문제에는 괄호 앞의 계수와 이차식의 곱셈이 포함되어 있습니까? $2(-3x^2 - x - 1)$이 포함되어 있습니다.
   - $2(-3x^2 - x - 1)$에 분배법칙을 적용하면 어떻게 됩니까? $2(-3x^2 - x - 1) = -6x^2 - 2x - 2$가 됩니다.

2. 두 이차식의 괄호를 풀어 줍니다.
   - 첫 번째 괄호식을 풀면 결과는 어떻게 됩니까? $(4x^2 - 5x + 1) = 4x^2 - 5x + 1$이 됩니다.
   - 두 번째 괄호식을 풀면 결과는 어떻게 됩니까? $(-6x^2 \quad 2x - 2) = -6x^2 - 2x - 2$가 됩니다.
   - 이 문제는 덧셈 문제입니까, 뺄셈 문제입니까? 이 문제는 뺄셈 문제입니다.
   - 뺄셈 문제는 어떻게 계산합니까? 뺄셈 기호를 덧셈 기호로 바꾼 후, 빼는 이차식의 모든 항의 부호를 반대 부호로 바꿔 줍니다.

- 괄호를 풀고 뺄셈을 적용하면 $(4x^2 - 5x + 1) - (-6x^2 - 2x - 2) = 4x^2 - 5x + 1 + 6x^2 + 2x + 2$가 됩니다.

3. 다음은 무엇을 합니까? 동류항끼리 모아 줍니다.
   - 이차식의 덧셈이나 뺄셈 문제에서 동류항은 무엇입니까? 동류항은 문자와 차수가 같은 것을 의미하므로 이차항은 이차항끼리, 일차항은 일차항끼리, 상수항은 상수항끼리 서로 동류항입니다.
   - $4x^2$의 동류항은 무엇입니까? $4x^2$의 동류항은 $6x^2$입니다.
   - $-5x$의 동류항은 무엇입니까? $-5x$의 동류항은 $2x$입니다.
   - 1의 동류항은 무엇입니까? 1의 동류항은 2입니다.
   - 항의 자리를 바꿔 동류항끼리 모아 주면 어떻게 됩니까? $4x^2 - 5x + 1 + 6x^2 + 2x + 2 = 4x^2 + 6x^2 - 5x + 2x + 1 + 2$가 됩니다.

4. 다음은 무엇을 합니까? 이웃한 동류항끼리 계산합니다.
   - $4x^2 + 6x^2$은 얼마입니까? $4x^2 + 6x^2 = 10x^2$입니다.
   - $-5x + 2x$는 얼마입니까? $-5x + 2x = -3x$입니다.
   - $1 + 2$는 얼마입니까? $1 + 2 = 3$ 입니다.

   $\rightarrow 4x^2 + 6x^2 - 5x + 2x + 1 + 2 = (4 + 6)x^2 + (-5 + 2)x + (1 + 2)$
   $= 10x^2 - 3x + 3$

5. 다음은 무엇을 합니까? 동류항 계산 결과를 문자항은 차수가 큰 것부터 쓰고, 상수항은 가장 마지막에 씁니다.

   $\rightarrow \boxed{10x^2 - 3x + 3}$

아 그렇구나!

☞ **혼동되는 문제 다시 풀기**

☞ **최다 오류를 반례로 제시하여 개념 및 기술 획득 강화**

아 그렇구나! 에서는 이차식의 덧셈과 뺄셈을 할 때 우리가 자주 혼동하는 문제를 함께 풀어 봅니다. 다음 문제를 풀 때 왜 실수가 많은지 그 이유를 함께 생각해 봅시다.

1 (아 그렇구나! 문제 1을 가리키며) $(x^2 + 3x + 4) - 2(2x^2 - x + 1)$을 계산할 때 혼동되는 점은 무엇입니까?

⇨ 이 문제는 이차식의 뺄셈 문제인데, 뺄셈을 하기 전에 먼저 괄호 앞의 계수 2와 빼는 이차식의 곱셈을 분배법칙을 적용하여 정리해야 하는 문제입니다. 괄호 앞의 계수 2와 빼는 이차식의 곱셈을 하면 $2(2x^2 - x + 1) = 4x^2 - 2x + 2$가 됩니다. 이제 $(x^2 + 3x + 4) - (4x^2 - 2x + 2)$를 계산하면 $x^2 + 3x + 4 - 4x^2 + 2x - 2 = -3x^2 + 5x + 2$가 됩니다. 뺄셈에서는 빼는 이차식의 모든 항의 부호가 반대 부호로 바뀐다는 것을 기억합시다.

❷ (아 그렇구나! 문제 2를 가리키며) $(4x^2 + 4) - (2x^2 - x + 2)$를 계산할 때 혼동되는 점은 무엇입니까?

⇨ 이 문제는 이차식의 뺄셈 문제인데, 빠지는 식과 빼는 식에 포함된 항의 종류가 같지 않은 경우입니다. 즉, 빼는 식에는 x의 일차항이 있는데, 빠지는 식에는 x의 일차항이 없습니다. 괄호를 풀고 동류항을 정리하여 뺄셈을 할 때, 동류항이 없는 항을 어떻게 해야 할지 몰라 혼동하는 경우가 있습니다. 동류항이 없는 항은 그 항이 곧 뺄셈의 결과가 됩니다. 괄호를 풀고 뺄셈 기호를 적용하면 $(4x^2 + 4) - (2x^2 - x + 2) = 4x^2 + 4 - 2x^2 + x - 2 = (4 - 2)x^2 + (0 + 1)x + (4 - 2) = 2x^2 + x + 2$가 됩니다.

배움 체크하기

(배움 체크 리스트 를 가리키며) 오늘 우리가 함께 공부한 것을 혼자서도 할 수 있는지 체크해 봅시다. 혼자서도 할 수 있으면 👍, 선생님의 도움이 더 필요하다면 ?에 동그라미로 표시하세요.

배움 체크 리스트	👍	?
1. 다항식과 수의 곱셈 방법을 이해하고 적용할 수 있습니다.		
2. 일차식의 덧셈과 뺄셈 방법을 이해하고 적용할 수 있습니다.		
3. 이차항, 일차항, 상수항의 의미를 이해하고 동류항을 찾을 수 있습니다.		
4. 이차식의 의미를 이해하고 이차식을 찾을 수 있습니다.		
5. 이차식의 덧셈과 뺄셈을 하려면, 먼저 분배법칙을 적용하여 숫자와 괄호 안의 이차식을 곱하여 식들을 정리해야 한다는 것을 이해하고 적용할 수 있습니다.		
6. 이차식의 뺄셈에서는 뺄셈 기호를 덧셈 기호로 바꾸고, 빼는 이차식의 모든 항의 부호를 반대 부호로 바꿔 준다는 것을 이해하고 적용할 수 있습니다.		
7. 괄호를 풀고 나면 이차항은 이차항끼리, 일차항은 일차항끼리, 상수항은 상수항끼리 덧셈이나 뺄셈을 한다는 것을 이해하고 적용할 수 있습니다.		

혼자 풀기

(혼자 풀어 보는 문제 1~7을 제시하며) 오늘 배운 것을 기억하면서 문제를 혼자 풀어 보는 시간입니다. 내비게이션 3.10 을 사용하면 도움이 됩니다.

다음 식을 계산하시오.

1. $(2a + b) + (3a - 4b)$

2. $(3x - 5y + 3) - (2x - y - 2)$

3. $(2a^2 + 5a - 3) + (a^2 - 3a + 5)$

4. $(x^2 + 4x) + 3(2x^2 - 3x)$

5. $(3a^2 + 2a - 1) - (2a^2 - 5a + 3)$

6. $(3x^2 + 5) - (2x^2 + x + 3)$

7. $12(\frac{5}{4}a^2 + \frac{2}{3}a - 1) - 6(\frac{1}{2}a^2 - \frac{5}{3}a + \frac{3}{2})$

채점 및 오답 분석

학생이 쓴 답을 기재하고, 오답인 경우 [중재 결정표]에서 가능한 오류 원인을 1~8 중에서 골라 번호로 기재합니다. 기타 원인 때문에 오답이 발생했을 경우, 구체적으로 어떤 이유인지 기재합니다. 가능한 오답의 원인을 모두 기재합니다.

혼자 풀어 보는 문제	정답	학생이 쓴 답	오답 원인
1. $(2a + b) + (3a - 4b)$	$5a - 3b$		
2. $(3x - 5y + 3) -$ $(2x - y - 2)$	$x - 4y + 5$		
3. $(2a^2 + 5a - 3) +$ $(a^2 - 3a + 5)$	$3a^2 + 2a + 2$		
4. $(x^2 + 4x) + 3(2x^2 - 3x)$	$7x^2 - 5x$		
5. $(3a^2 + 2a - 1) -$ $(2a^2 - 5a + 3)$	$a^2 + 7a - 4$		
6. $(3x^2 + 5) - (2x^2 + x + 3)$	$x^2 - x + 2$		
7. $12(\frac{5}{4}a^2 + \frac{2}{3}a - 1) -$ $6(\frac{1}{2}a^2 - \frac{5}{3}a + \frac{3}{2})$	$12a^2 + 18a - 21$		
	정답 개수	/ 7	

Level 3.2
10차시

중재 결정표

☞ **오답 원인을 분석하여 차후 중재를 결정하세요.**

오답 원인	발생 빈도	최다 발생 오류	중재 결정
1. 사전 지식 및 기술(다항식과 수의 곱셈, 다항식과 수의 나눗셈, 정수의 사칙연산, 일차식의 덧셈과 뺄셈)			
2. 용어나 문제 이해 부족(항, 동류항, 이차식, 이차항, 일차항, 상수항, 분배법칙)			
3. 분배법칙을 적용하여 괄호 안의 이차식과 수의 곱셈이나 나눗셈을 먼저 계산한다는 것에 대한 이해와 적용의 어려움			
4. 이차식의 뺄셈이나, 음수가 이차식에 곱해졌을 경우, 뺄셈 기호는 덧셈 기호가 되고, 괄호 안 이차식의 모든 항의 부호가 반대가 된다는 것의 이해와 적용의 어려움			
5. 괄호 안의 이차식과 수의 곱셈 또는 나눗셈 후에는 동류항끼리 덧셈이나 뺄셈을 한다는 것에 대한 이해와 적용의 어려움			
6. 이차식에서 동류항은 문자만 같은 것이 아니라 차수도 같아야 함을 이해하지 못하거나(예: $3a^2$과 $2a$가 동류항이라 생각함), 동류항끼리 덧셈이나 뺄셈을 하는 방법에 대한 이해와 적용의 어려움(예: $3a^2$과 $2a$를 더하거나 빼려 한다.)			
7. 부주의/계산 실수			
8. 기타(구체적 원인 기재하기)			

가장 흔한 오답 원인	1과 2 중 하나	3, 4, 5, 6 중 하나	7
	AND	AND	OR
오답률	오답이 2개 이상	오답이 2개 이상	오답이 2개 미만
다음 중재	브리지(Bridge)	동 차시 반복	다음 차시

브리지(Bridge) 차시

- 2.20차시
- 2.21차시
- 2.22차시
- 2.23차시

11차시

단항식과 다항식의 곱셈을 포함하는 식의 덧셈과 뺄셈

[내비게이션 3.11] 단항식과 다항식의 곱셈이 들어가는 식의 덧셈과 뺄셈

	순서	예 $3a(a-5b)-a(2a+b)$
1	뺄셈식은 덧셈식으로 변경 • 뺄셈 기호는 덧셈 기호로, 두 번째 괄호식과 곱해지는 단항식의 부호를 음의 부호로 바꿈	$3a(a-5b)-a(2a+b)$ $=3a(a-5b)+-a(2a+b)$
2	분배법칙 이용하여 두 곱셈식 전개 • 괄호식 밖의 단항식을 괄호 안에 있는 모든 항에 곱해 줌	• $3a(a-5b)=3a\times a+3a\times(-5b)$ • $-a(2a+b)=-a\times 2a-a\times b$
3	각 항을 정리 • 숫자는 숫자끼리, 문자는 문자끼리 이웃하게 한 후, 곱해 줌 • 문자의 곱셈에는 지수법칙 적용	• $3a\times a+3a\times(-5b)$ $=3a^2+-15ab$ • $-a\times 2a-a\times b=-2a^2-ab$
4	전개한 두 식을 덧셈 • 동류항끼리 더해 줌 • 동류항이 없는 항은 그대로 써 줌 • 차수가 큰 항부터 써 줌	$3a\times(a-5b)=3a^2-15ab$ $+\quad -a\times(2a+b)=-2a^2-ab$ $=a^2-16ab$

차시 목표 단항식과 다항식의 곱셈을 포함하는 식을 더하거나 뺄 수 있다.

사전 지식 정수의 사칙연산, 항의 의미, 동류항의 의미, 다항식의 의미, 단항식의 의미, 다항식과 수의 곱셈[예: $2(2a-3)$], 단항식의 곱셈, 분배법칙, 동류항의 덧셈과 뺄셈

준비물 3단계 11차시 학생용 교재, **내비게이션 3.11**

흔한 오류

1. 분배법칙을 완전히 이해하지 못한 경우에는 다항식과 단항식의 곱셈에서 오류를 보인다.
   - 오류 예: $2a(7a-2)=14a^2-2$

2. 거듭제곱의 곱셈식을 완전히 이해하지 못한 경우에는 분배법칙을 적용하기는 하나 문자의 곱의 차수에 오류를 보인다.
   - 오류 예: $5a(3a-2)=15a-10a$

3. 단항식 × 다항식에는 분배법칙을 적용할 수 있으나, 다항식 × 단항식에는 분배법칙을 적용하지 못한다.
   - 오류 예: $2a(7a-2)=14a^2-4a$; $(7a-2)\,2a=7a-4a$

4. 단항식과 다항식의 곱셈 후, 동류항끼리 정리하는 과정에서 오류를 보인다.
   - 오류 예: $x(2x-y)-3y(x-y)=2x^2-xy-3yx+3y^2$에서 $-xy$와 $-3yx$가 동류항이 아니라고 생각하고 더 이상 식을 정리하지 않는다.

사전평가

처음 두 문제는 가장 필수적인 사전 지식에 대한 이해를 묻고, 3번부터 7번까지는 차시 목표인 개념과 기술의 이해를 묻습니다.

다음 식을 간단히 하시오.

1. $2(2a+3)$

2. $(-2a)\times(a^2)$

3. $3a(a+2)$

4. $(-5x-2y)2x$

5. $-3x(4x+3y)+2x(x+y)$

6. $(-2a+6)5a-3(4a-2)$

7. $4x(-3x+y-6)-3y(x-y)$

정답

1. $4a+6$ 2. $-2a^3$ 3. $3a^2+6a$ 4. $-10x^2-4xy$
5. $-10x^2-7xy$ 6. $-10a^2+18a+6$ 7. $-12x^2+xy-24x+3y^2$

접속하기

차시 목표 및 개념 설명

오늘은 단항식과 다항식의 곱셈을 포함하는 식을 더하거나 빼는 방법에 대하여 배우려 합니다. 먼저, 이번 차시에서 많이 사용될 개념과 기술을 정리해 봅시다.

1. 항이란 무엇입니까? 항은 식에 있는 수, 변수, 수와 변수의 곱을 말합니다. 예를 들어, $3, x, 5x$ 등이 항입니다.

2. 밑이 같은 두 거듭제곱의 곱셈은 어떻게 합니까? 밑은 그대로 밑이 되고, 두 거듭제곱의 지수를 더한 값이 지수가 됩니다. 예를 들어, $a^2 \times a^5 = a^{2+5} = a^7$이 됩니다.

3. 밑이 다른 두 거듭제곱의 곱셈은 어떻게 합니까? 곱셈 기호를 생략하고 두 거듭제곱을 씁니다. 예를 들어, $a^2 \times b^5 = a^2b^5$이 됩니다.

4. 상수항과 다항식의 곱셈 방법을 기억해 봅시다. $2(a+1)$은 어떻게 계산합니까? 분배법칙을 적용하여 숫자 2를 괄호식 안에 있는 두 항에 각각 곱해 주고, 그 곱의 결과를 괄호식 안의 연산 기호인 덧셈으로 연결해 줍니다. 예를 들어, $2(a+1) = 2a+2$가 됩니다.

5. 식을 전개한다는 것은 무엇입니까? 단항식과 다항식의 곱 또는 다항식과 다항식의 곱을 분배법칙을 적용하여 다항식으로 나타내는 것을 식을 전개한다고 합니다. 예를 들어, $2(a+1)$을 전개하면 $2a+2$가 됩니다.

6. 단항식과 다항식의 곱셈이 포함된 식의 덧셈이나 뺄셈은 어떻게 계산합니까? 내비게이션 3.11 은 단항식과 다항식의 곱셈이 포함된 식의 덧셈이나 뺄셈 절차를 간단히 보여 주고 있습니다. 예를 들어, $3a(a-5b) - a(2a+b)$를 계산하려면,

   1) 두 곱셈식의 뺄셈 문제인 경우, 뺄셈 기호를 덧셈 기호로 바꾸고, 괄호 밖 단항식의

부호를 음의 부호로 바꿔 덧셈식으로 고쳐 줍니다.

→ $3a(a-5b)-a(2a+b)=3a(a-5b)+-a(2a+b)$

2) 분배법칙을 적용하여 두 곱셈식을 전개합니다.

→ $3a(a-5b)=3a\times a+3a\times(-5b)$

→ $-a(2a+b)=-a\times 2a+-a\times b$

3) 각 항에서 숫자는 숫자끼리, 문자는 문자끼리 곱하여 곱셈 기호 없이 써 줍니다. 밑이 같은 문자의 곱셈에서는 곱셈에 대한 지수법칙을 사용합니다(예: $a^2\times a^4=a^{2+4}$).

→ $3a\times a+3a\times(-5b)=3a^2+-15ab$

→ $-a\times 2a-a\times b=-2a^2-ab$

4) 단항식과 다항식의 곱셈식이 2개 이상 포함된 문제인 경우에는 전개된 두 식을 덧셈하고, 단항식과 다항식의 곱셈식이 하나인 경우에는 3)에서 전개한 식을 차수가 큰 항부터 씁니다. 이 문제에는 두 곱셈식이 포함되어 있으므로 전개된 두 곱셈식의 덧셈을 하여 답을 구합니다.

$$\begin{array}{rr} \rightarrow \quad 3a\times(a-5b) = & 3a^2-15ab \\ +\quad -a\times(2a+b) = & -2a^2-ab \\ \hline = & a^2-16ab \end{array}$$

Level 3.2
11차시

내비게이션 3.11 을 참고하여 다음 문제들을 함께 풀어 봅시다.

보여 주기

개념 및 기술 교수, 개념 및 기술 예시 제시, 보는 수학 내비게이션을 이용한 교사 모델링

❶ (보여 주는 문제 1을 보여 주며) $3a(2a-5b)$를 간단히 정리해 봅시다.

1. 먼저, 주어진 문제가 단항식과 다항식의 곱셈식을 2개 이상 포함하고 있는지 확인합니다.
   - 2개 이상 곱셈식의 뺄셈식이면 뺄셈식은 덧셈식으로 바꿔 줍니다.
   - 주어지 문제는 단항식과 다항식의 곱셈식이 1개이므로 이 단계가 필요하지 않습니다.

2. 분배법칙을 이용하여 단항식과 다항식의 곱셈식을 전개합니다.
   - $3a\times(2a-5b)=3a\times 2a+3a\times(-5b)$가 됩니다.

3. 같은 문자끼리는 지수법칙을 사용하여 곱셈식을 정리하고, 숫자는 숫자끼리 곱셈을 합니다.
   - $3a\times(2a-5b)=3a\times 2a+3a\times(-5b)=3\times 2\times a\times a+3\times(-5)\times a\times b=6a^2-15ab$

4. 단항식과 다항식의 곱셈식이 2개 이상 포함된 문제인 경우, 전개된 두 식을 덧셈합니다.
   - $3a(2a-5b)$는 단일 곱셈식 문제이므로 차수가 큰 항부터 쓰면 $6a^2-15ab$가 답입니다.

❷ (보여 주는 문제 2를 보여 주며) $-2x(6x+3y-5)+x(2x+3)$을 간단히 정리해 봅시다.

1. 이 문제는 두 곱셈식의 덧셈 문제이므로 뺄셈식을 덧셈식으로 고치는 과정이 필요치 않습니다.

2. 다음은 분배법칙을 이용하여 각 곱셈식을 전개합니다.

→ $-2x(6x+3y-5) = -2x \times 6x + -2x \times 3y + -2x \times (-5)$

→ $x(2x+3) = x \times 2x + x \times 3$

3. 같은 문자끼리는 지수법칙을 사용하여 곱셈식을 정리하고, 숫자는 숫자끼리 곱셈을 합니다.

→ $-2x \times 6x + -2x \times 3y + -2x \times (-5)$

$= -2 \times 6 \times x \times x + -2 \times 3 \times x \times y + -2 \times -5 \times x$

$= -12x^2 - 6xy + 10x$

→ $x \times 2x + x \times 3 = 1 \times 2 \times x \times x + x \times 3 = 2x^2 + 3x$

4. 단항식과 다항식의 곱셈식이 2개 이상 포함된 문제인 경우, 전개된 두 식을 더합니다.

→
$$\begin{array}{lrcl} & -2x \times (6x+3y-5) & = & -12x^2 - 6xy + 10x \\ + & x \times (2x+3) & = & 2x^2 + \qquad\quad 3x \\ \hline & & = & -10x^2 - 6xy + 13x \end{array}$$

Level 3.2
11차시

❸ (보여 주는 문제 3을 보여 주며) $2x(5x + 3y) - x(3x + 2y)$를 간단히 정리해 봅시다.

1. 먼저, 두 곱셈식의 뺄셈식은 뺄셈 기호를 덧셈 기호로 바꾸고, 두 번째 괄호 앞 단항식의 부호를 음의 부호로 바꿔 덧셈식으로 바꿔 줍니다.

   → $2x(5x + 3y) - x(3x + 2y) = 2x(5x + 3y) + -x(3x + 2y)$

2. 분배법칙을 사용하여 두 곱셈식을 전개합니다.

   → $2x \times (5x + 3y) = 2x \times 5x + 2x \times 3y$

   → $-x \times (3x + 2y) = -x \times 3x + -x \times 2y$

3. 같은 문자끼리는 지수법칙을 사용하여 곱셈식을 정리하고, 숫자는 숫자끼리 곱셈을 합니다.

   → $2x \times (5x + 3y) = 2x \times 5x + 2x \times 3y$

   $= 2 \times 5 \times x \times x + 2 \times 3 \times x \times y = 10x^2 + 6xy$

   → $-x \times (3x + 2y) = -x \times 3x + -x \times 2y$

   $= -1 \times 3 \times x \times x + -1 \times 2 \times x \times y = -3x^2 - 2xy$

4. 단항식과 다항식의 곱셈식이 2개 이상 포함된 문제인 경우, 전개된 두 식을 덧셈합니다.

   - 답을 쓸 때는 차수가 큰 것부터 씁니다.

   →

$$\begin{array}{rr} & 2x \times (5x + 3y) = 10x^2 + 6xy \\ + & -x \times (3x + 2y) = -3x^2 - 2xy \\ \hline & = 7x^2 + 4xy \end{array}$$

함께 풀기

(내비게이션 3.11 을 보여 주며) 두 개 이상의 단항식과 다항식의 곱셈식을 전개한 후 덧셈이나 뺄셈을 하는 방법을 다시 한번 정리해 봅시다. (학생에게 먼저 응답할 기회를 준 후, 내비게이션 3.11 의 단항식과 다항식의 곱셈식을 더하거나 빼는 절차를 가리키며) 먼저, 두 곱셈식의 뺄셈 문제인 경우에는 뺄셈 기호를 덧셈 기호로 바꾸고, 빼는 식의 괄호 밖 단항식의 부호를 음의 부호로 고쳐 뺄셈 문제를 덧셈 문제로 바꿔 줍니다. 그다음엔 분배법칙을 사용하여 곱셈식을 전개합니다. 괄호 밖의 단항식을 괄호 안의 각 항에 곱하여 괄호를 풀어 줍니다. 괄호 밖의 단항식과 괄호 안의 항들을 곱할 때는 문자는 문자끼리, 숫자는 숫자끼리 곱해 줍니다. 전개된 두 식을 덧셈하여 답을 구합니다. 내비게이션 3.11 을 보면서 다음 문제를 함께 풀어 봅시다.

1 (함께 풀어 보는 문제 1을 가리키며) $-2y(2x + 3y - 4)$를 간단히 정리해 봅시다.

1. 먼저, 무엇을 해야 합니까?
   - 두 곱셈식의 뺄셈식이면 덧셈식으로 바꿔 줍니다.
   - 주어진 문제에는 단항식과 다항식의 곱이 1개뿐이므로 이 단계가 필요치 않습니다.

2. 단항식과 다항식의 곱셈은 어떻게 합니까? 분배법칙을 사용해 괄호 밖 단항식인 $-2y$를 괄호 안의 각 항에 곱해서 괄호를 풀어 줍니다.
   - $-2y(2x + 3y - 4)$의 괄호를 풀면 어떻게 됩니까? $-2y(2x + 3y - 4) = -2y \times 2x + -2y \times 3y + -2y \times -4$가 됩니다.

3. 다음은 무엇을 합니까? 각 항을 지수법칙을 사용하여 문자는 문자끼리 정리하고, 숫자는 숫자끼리 곱합니다.
   - 정리해야 할 항에 밑줄을 그어 표시해 봅시다.
   - $-2y \times 2x$, $-2y \times 3y$, $-2y \times -4$에 각각 밑줄을 긋고 정리하면 됩니다.

     $\rightarrow -2y \times 2x + -2y \times 3y + -2y \times -4$

$= -2 \times 2 \times y \times x + -2 \times 3 \times y \times y + -2 \times -4 \times y$

$= -4xy - 6y^2 + 8y$

4. 다음은 무엇을 합니까? 단항식과 다항식의 곱셈식이 2개이면 두 곱셈식을 더해 주지만, 이 문제에서는 단항식과 다항식의 곱셈식이 1개뿐이므로 앞에서 전개한 식을 차수가 가장 큰 항부터 써 줍니다.
   - $-4xy - 6y^2 + 8y$에서 차수가 가장 큰 항은 무엇입니까? $-6y^2$이 가장 차수가 높고, 다음은 $-4xy$, $8y$ 순서로 써 주면 됩니다.

     → $-4xy - 6y^2 + 8y = -6y^2 - 4xy + 8y$

❷ (함께 풀어 보는 문제 2를 가리키며) $a(-2a + 1) - 2a(3a + 2)$를 간단히 정리해 봅시다.

1. 단항식과 다항식의 곱셈식의 덧셈과 뺄셈을 할 때는 제일 먼저 무엇을 합니까? 먼저, 덧셈 문제인지 뺄셈 문제인지 확인하고, 뺄셈 문제는 뺄셈 기호를 덧셈 기호로 바꾸고, 두 번째 괄호 앞 단항식의 부호를 반대 부호로 바꿔 덧셈 문제로 바꿉니다.

   → $a(-2a + 1) - 2a(3a + 2) = a(-2a + 1) + -2a(3a + 2)$

2. 다음은 무엇을 합니까? 분배법칙을 적용하여 두 곱셈식을 전개합니다.
   - 이 문제에 포함된 두 곱셈식은 무엇입니까? $a(-2a + 1)$과 $-2a(3a + 2)$입니다.
   - 첫 번째 단항식과 다항식을 곱을 전개하려면 무엇을 해야 합니까? a를 괄호 안의 각 항에 곱해서 괄호를 풉니다. 괄호를 풀면 어떻게 됩니까? $a(-2a + 1) = a \times -2a + a \times 1$이 됩니다.
   - 두 번째 단항식과 다항식을 곱은 전개하려면 무엇을 해야 합니까? $-2a$를 괄호 안의 각 항에 곱해서 괄호를 풉니다. 괄호를 풀면 어떻게 됩니까? $-2a(3a + 2) = -2a \times 3a + -2a \times 2$가 됩니다.

3. 다음은 무엇을 합니까? 전개된 두 곱셈식의 각 항을 지수법칙을 사용하여 문자는 문자끼리 곱하고, 숫자는 숫자끼리 곱해 줍니다.

- 정리해야 할 곱셈식을 찾아 밑줄로 표시해 봅시다.
- 첫 번째 전개식에서 정리할 식은 무엇입니까? $a(-2a+1) = a \times -2a + a \times 1$에서는 $a \times -2a$와 $a \times 1$을 정리하면 됩니다.
- 두 번째 전개식에서 정리할 식은 무엇입니까? $-2a(3a+2) = -2a \times 3a + -2a \times 2$에서는 $-2a \times 3a$와 $-2a \times 2$를 정리하면 됩니다.

$\rightarrow a(-2a+1) = a \times -2a + a \times 1 = -2 \times a \times a + 1 \times a = -2a^2 + a$

$\rightarrow -2a(3a+2) = -2a \times 3a + -2a \times 2 = -2 \times 3 \times a \times a + -2 \times 2 \times a$

$= -6a^2 - 4a$

4. 다음은 무엇을 합니까? 전개된 두 곱셈식을 더해 줍니다.

- 덧셈을 할 때 주의할 점은 무엇입니까? 동류항을 찾아 배열하여 동류항끼리 덧셈을 해야 합니다.
- 전개된 두 식에 동류항이 있습니까? $-2a^2$과 $-6a^2$이 동류항이고, a와 $-4a$가 동류항입니다. 세로식으로 정리하여 덧셈하면,

$$\rightarrow \begin{array}{rl} a \times (-2a+1) = & -2a^2 + a \\ + \quad -2a \times (3a+2) = & -6a^2 - 4a \\ \hline = & -8a^2 - 3a \end{array}$$

Level 3.2
11차시

❸ (함께 풀어 보는 문제 3을 가리키며) $x(4x-5y) - y(-3x-y)$를 간단히 정리해 봅시다.

1. 단항식과 다항식의 곱셈을 할 때는 제일 먼저 무엇을 합니까? 먼저, 두 곱셈식의 뺄셈 문제인 경우 뺄셈 기호를 덧셈 기호로 바꾸고, 두 번째 괄호 앞 단항식의 부호를 음의 부호로 바꾸어 덧셈 문제로 만듭니다.

$\rightarrow x(4x-5y) - y(-3x-y) = x(4x-5y) + -y(-3x-y)$

2. 다음은 무엇을 합니까? 분배법칙을 적용하여 곱셈식을 전개합니다.

- 이 문제에 포함된 곱셈식은 무엇입니까? 이 문제에는 $x(4x-5y)$와 $-y(-3x-y)$가 포함되어 있습니다.
- 첫 번째 곱셈식을 전개하려면 어떻게 해야 합니까? x를 괄호 안의 각 항에 곱해서 괄호를 풉니다. 괄호를 풀면 어떻게 됩니까? $x(4x-5y) = x \times 4x + x \times -5y$가 됩니다.
- 두 번째 곱셈식을 전개하려면 어떻게 해야 합니까? $-y$를 괄호 안의 각 항에 곱합니다. 두 번째 식을 전개하면 어떻게 됩니까? $-y(-3x-y) = -y \times -3x + -y \times -y$가 됩니다.

3. 다음은 무엇을 합니까? 각 항을 지수법칙을 사용하여 문자는 문자끼리 곱하고, 숫자는 숫자끼리 곱해 줍니다.

- 정리해야 할 곱셈식을 찾아 밑줄로 표시해 봅시다.
- 첫 번째 전개식에서 정리할 식은 무엇입니까? $x(4x-5y) = x \times 4x + x \times -5y$에서는 $x \times 4x$와 $x \times -5y$를 정리합니다.
- 두 번째 전개식에서 정리할 식은 무엇입니까? $-y(-3x-y) = -y \times -3x + -y \times -y$에서는 $-y \times -3x$와 $-y \times -y$를 정리합니다.

$\rightarrow x(4x-5y) = x \times 4x + x \times -5y = 1 \times 4 \times x \times x + 1 \times -5 \times x \times y$

$= 4x^2 - 5xy$

$\rightarrow -y(-3x-y) = -y \times -3x + -y \times -y$

$= -1 \times -3 \times y \times x + -1 \times -1 \times y \times y = 3xy + y^2$

4. 다음은 무엇을 합니까? 전개된 두 곱셈식을 더해 줍니다.

- 덧셈을 할 때 주의할 점은 무엇입니까? 동류항을 찾아 배열하여 동류항끼리 덧셈을 해야 합니다.
- 전개된 두 식에 동류항이 있습니까? $-5xy$와 $3xy$가 동류항입니다.

● 세로식으로 정리하여 덧셈하면,

→

$$\begin{array}{rrl} & x \times (4x - 5y) = & 4x^2 - 5xy \\ + & -y \times (-3x - y) = & \quad\quad 3xy + y^2 \\ \hline & = & 4x^2 - 2xy + y^2 \end{array}$$

아 그렇구나!

- 혼동되는 문제 다시 풀기
- 최다 오류를 반례로 제시하여 개념 및 기술 획득 강화

아 그렇구나! 에서는 단항식과 다항식의 곱셈을 포함하는 식을 간단히 정리할 때 우리가 자주 혼동하는 문제를 함께 풀어 봅니다. 다음 문제를 풀 때 왜 실수가 많은지 그 이유를 함께 생각해 봅시다.

1 (아 그렇구나! 문제 1을 가리키며) $(-3a + b)2a$를 간단히 정리할 때 혼동되는 점은 무엇입니까?

⇨ 주어진 문제는 단항식이 괄호 앞에 있지 않고 괄호 뒤에 있는 문제입니다. 단항식이 다항식 뒤에 있는 경우에는 단항식을 다항식의 첫째 항이나 둘째 항 둘 중에 하나에만 곱하여 분배법칙에 오류를 보이는 경우가 있습니다. 다항식 × 단항식을 전개하는 방법은 단항식 × 다항식을 전개하는 방법과 같습니다. 곱셈의 교환법칙($ba = ab$)을 적용하면, 주어진 문제는 $(-3a + b)2a = 2a(-3a + b)$와 같습니다. 따라서 $(-3a + b)2a = 2a(-3a + b) = -6a^2 + 2ab$가 됩니다.

❷ (아 그렇구나! 문제 2를 가리키며) $-3a - a(2a + 1)$을 간단히 정리할 때 혼동되는 점은 무엇입니까?

⇨ 이 문제는 첫 번째 식은 괄호가 없으므로 전개가 필요하지 않고, 괄호가 있는 두 번째 식만 전개가 필요한 경우입니다. 첫 번째 식과 두 번째 식 둘 다 괄호가 있는 문제를 풀다가 이런 문제를 접하게 되면 $-3a$를 어떻게 처리해야 할지 몰라서 당황하는 경우가 있습니다. 이 문제에서는 두 번째 식을 먼저 전개하고 첫 번째 식인 $-3a$와 두 번째 식인 $-a(2a + 1)$의 덧셈을 합니다. 두 번째 식을 전개하면 $-a(2a + 1) = -2a^2 - a$가 됩니다. 첫 번째 식과 두 번째 식의 전개식을 덧셈하면 주어진 식은,

$$\begin{array}{rcl} -3a & = & -3a \\ + \quad -a(2a+1) & = & -2a^2 - a \\ \hline & = & -2a^2 - 4a \end{array}$$

가 됩니다.

Level 3.2
11차시

배움 체크하기

(배움 체크 리스트 를 가리키며) 오늘 우리가 함께 공부한 것을 혼자서도 할 수 있는지 체크해 봅시다. 혼자서도 할 수 있으면 👍, 선생님의 도움이 더 필요하다면 ?에 동그라미로 표시하세요.

배움 체크 리스트	👍	?
1. 수와 다항식의 곱셈 방법을 이해하고 적용할 수 있습니다.		
2. 항의 의미를 이해하고, 다항식에서 항을 찾을 수 있습니다.		
3. 문자의 곱셈에 적용할 수 있는 지수법칙을 이해하고 적용할 수 있습니다.		
4. 단항식과 다항식의 곱셈은 분배법칙을 적용하여 괄호 밖의 단항식을 괄호 안의 다항식의 각 항에 곱한다는 것을 이해하고 적용할 수 있습니다.		
5. 문자와 숫자가 있는 항들을 곱할 때는 문자는 문자끼리, 숫자는 숫자끼리 곱한다는 것을 이해하고 적용할 수 있습니다.		
6. 2개 이상의 단항식과 다항식의 곱셈식을 더할 때는 각 단항식과 다항식의 곱셈식을 전개한 후 동류항끼리 덧셈한다는 것을 이해하고 적용할 수 있습니다.		
7. 2개 이상의 단항식과 다항식의 곱셈식의 뺄셈 문제는 뺄셈 기호를 덧셈 기호로 바꾸고 두 번째 괄호 앞 단항식의 부호를 음의 부호로 바꿔 뺄셈 문제를 덧셈 문제로 바꾼 후, 덧셈 문제로 푼다는 것을 이해하고 적용할 수 있습니다.		

혼자 풀기

(혼자 풀어 보는 문제 1~7을 제시하며) 오늘 배운 것을 기억하면서 문제를 혼자 풀어 보는 시간입니다. 내비게이션 3.11 을 사용하면 도움이 됩니다.

다음 식을 간단히 하시오.

1. $-3(a+2)$

2. $(-4a)\times(a^3)$

3. $2a(3a+4)$

4. $(-4x-3y)5x$

5. $-2x(3x+5y-1)+x(x+4y)$

6. $(-3a+4)4a-5(a+4)$

7. $7x(-2x+y-5)-y(2x-3y)$

채점 및 오답 분석

학생이 쓴 답을 기재하고, 오답인 경우 중재 결정표 에서 가능한 오류 원인을 1~8 중에서 골라 번호로 기재합니다. 기타 원인 때문에 오답이 발생했을 경우, 구체적으로 어떤 이유인지 기재합니다. 가능한 오답의 원인을 모두 기재합니다.

혼자 풀어 보는 문제	정답	학생이 쓴 답	오답 원인
1. $-3(a+2)$	$-3a-6$		
2. $(-4a)\times(a^3)$	$-4a^4$		
3. $2a(3a+4)$	$6a^2+8a$		
4. $(-4x-3y)5x$	$-20x^2-15xy$		
5. $-2x(3x+5y-1)$ $+x(x+4y)$	$-5x^2-6xy+2x$		
6. $(-3a+4)4a-$ $5(a+4)$	$-12a^2+11a-20$		
7. $7x(-2x+y-5)$ $-y(2x-3y)$	$-14x^2+5xy-35x$ $+3y^2$		
	정답 개수	/ 7	

중재 결정표

오답 원인을 분석하여 차후 중재를 결정하세요.

오답 원인	발생 빈도	최다 발생 오류	중재 결정
1. 사전 지식 및 기술(다항식과 수의 곱셈, 지수법칙, 정수의 사칙연산)			
2. 용어나 문제 이해 부족(항, 동류항, 일차식, 분배법칙, 식의 전개)			
3. 단항식과 다항식의 곱셈은 분배법칙을 적용하여 단항식을 괄호 안 다항식의 모든 항에 곱해 준다는 것에 대한 이해와 적용의 어려움			
4. 2개 이상 곱셈식의 뺄셈 문제를 풀 때는 뺄셈 기호를 덧셈 기호로 바꾸고, 두 번째 괄호 앞 단항식의 부호를 음의 부호로 바꾸어 덧셈 문제로 푼다는 것의 이해와 적용의 어려움			
5. 2개 이상 곱셈식의 덧셈 문제는 각 곱셈식을 먼저 전개한 후, 두 전개식을 더해 준다는 것에 대한 이해와 적용의 어려움			
6. 두 전개식을 더해 줄 때는 동류항끼리 더하고, 동류항이 없는 항들은 그 항 그대로 정답에 포함시킨다는 것의 이해와 적용의 어려움			
7. 부주의/계산 실수			
8. 기타(구체적 원인 기재하기)			

가장 흔한 오답 원인	1과 2 중 하나	3, 4, 5, 6 중 하나	7
	AND	AND	OR
오답률	오답이 2개 이상	오답이 2개 이상	오답이 2개 미만
다음 중재	브리지(Bridge)	동 차시 반복	다음 차시

브리지(Bridge) 차시
- 3.6차시
- 3.10차시

12차시

다항식과 단항식의 나눗셈을 포함하는 식의 덧셈과 뺄셈

[내비게이션 3.12] 다항식과 단항식의 나눗셈이 들어가는 식의 덧셈과 뺄셈

	순서	예 $(10a-5b)\div 5-(4ab+2b)\div 2b$
1	뺄셈식은 **덧셈식**으로 변경 • 뺄셈 기호는 덧셈 기호로, 두 번째 괄호식을 나누는 단항식의 부호를 음의 부호로 바꿈	$(10a-5b)\div 5-(4ab+2b)\div 2b$ $=(10a-5b)\div 5+(4ab+2b)\div -2b$
2	다항식과 단항식의 나눗셈식을 **곱셈식**으로 변경 • 나눗셈 기호를 곱셈 기호로 바꾸고, 나누는 수를 역수(1/n)로 바꿈	$(10a-5b)\div 5+(4ab+2b)\div -2b$ $=(10a-5b)\times \frac{1}{5}+(4ab+2b)\times \frac{1}{-2b}$
3	분배법칙을 이용하여 두 **곱셈식** 전개 • 괄호식 밖의 단항식을 괄호 안에 있는 모든 항에 곱해 줌	• $(10a-5b)\times \frac{1}{5}=10a\times \frac{1}{5}-5b\times \frac{1}{5}$ • $(4ab+2b)\times \frac{1}{-2b}=4ab\times \frac{1}{-2b}+2b\times \frac{1}{-2b}$
4	분수 꼴 **나눗셈** 계산 • 숫자는 숫자끼리, 문자는 문자끼리 나눗셈 • 문자의 나눗셈에는 지수법칙을 적용	• $10a\times \frac{1}{5}-5b\times \frac{1}{5}=\frac{10a}{5}-\frac{5b}{5}$ $=2a-b$ • $4ab\times \frac{1}{-2b}+2b\times \frac{1}{-2b}$ $=\frac{4ab}{-2b}+\frac{2b}{-2b}=-2a-1$
5	전개한 두 식을 **덧셈** • 동류항끼리 더해 줌 • 동류항이 없는 항은 그대로 써 줌 • 차수가 큰 항부터 써 줌	$\begin{array}{r} 2a-b \\ +\ \ -2a-1 \\ \hline -b-1 \end{array}$

차시 목표 다항식과 단항식의 나눗셈을 포함하는 식의 덧셈이나 뺄셈을 할 수 있다.

사전 지식 유리수의 나눗셈, 역수, 항의 의미, 동류항의 의미, 다항식의 의미, 단항식의 의미, 다항식과 수의 나눗셈[예: $(2a-4)\div 2$], 거듭제곱의 나눗셈, 분배법칙, 동류항의 덧셈과 뺄셈

준비물 3단계 12차시 학생용 교재, **내비게이션 3.12**

흔한 오류

1. 나눗셈식을 곱셈식으로 만들기 위해 나누는 항을 역수로 만드는 과정에서 문자가 들어간 단항식의 역수를 만드는 데 오류를 보인다.
   - 오류 예: $(4ab-2a)\div 2a=(4ab-2a)\times\dfrac{2}{a}$
2. 분배법칙을 완전히 이해하지 않은 경우에는 다항식과 단항식의 나눗셈에서 오류를 보인다.
   - 오류 예: $(4a^6-2a^2)\div 2a=4a^6-2a\div 2a$
3. 지수법칙을 이용한 거듭제곱의 나눗셈식을 완전히 이해하지 않은 경우에는 분배법칙을 적용할 수는 있으나 문자의 나눗셈에 오류를 보인다.
   - 오류 예: $(6x^8-3x^6)\div 3x^2=2x^4-x^3$
4. 단항식과 다항식의 곱셈 후, 동류항끼리 계산하는 과정에서 오류를 보인다.

사전평가

처음 두 문제는 가장 필수적인 사전 지식에 대한 이해를 묻고, 3번부터 7번까지는 차시 목표인 개념과 기술의 이해를 묻습니다.

다음 식을 간단히 하시오.

1. $(9a + 3b) \div -3$

2. $(-2a^5) \div (a^2)$

3. $(-12ab + 2b) \div -2b$

4. $(25x^5 + 15x^3) \div 5x^2$

5. $(12x^3y^3 - 3xy) \div (-3xy)$

6. $(-12a^5b + 6ab^2) \div 3ab - (4a^2 - 2a) \div 2a$

7. $(24y^3 - 18xy^2) \div 6y^2 - (x^2y - xy) \div y$

Level 3.2
12차시

정 답

1. $-3a-b$
2. $-2a^3$
3. $6a-1$
4. $5x^3+3x$
5. $4x^2y^2+1$
6. $-4a^4-2a+2b+1$
7. $-x^2-17x+4y$

접속하기

차시 목표 및 개념 설명

오늘은 다항식과 단항식의 나눗셈을 포함한 식을 더하거나 빼는 방법에 대하여 배우려 합니다. 먼저, 이번 차시에서 많이 사용될 개념과 기술을 정리해 봅시다.

1. 항이란 무엇입니까? 항은 식에 있는 수, 변수, 수와 변수의 곱을 말합니다. 예를 들어, $3, x, 5x$ 등이 항입니다.

2. 밑이 같은 두 거듭제곱의 나눗셈은 어떻게 합니까? 밑은 그대로 밑이 되고, 두 거듭제곱의 지수의 차이가 지수가 됩니다. 예를 들어, $a^5 \div a^2 = a^{5-2} = a^3$이 됩니다.

3. 두 문자의 나눗셈은 어떻게 합니까? 나눗셈 기호를 곱셈으로 바꾸고, 나누는 항의 역수를 곱해 줍니다. 예를 들어, $a^2 \div b^5 = a^2 \times \frac{1}{b^5} = \frac{a^2}{b^5}$이 됩니다.

4. 다항식과 상수의 나눗셈 방법을 기억해 봅시다. $(2a + 4) \div 2$는 어떻게 계산합니까? 분배법칙을 적용하여 괄호 안에 있는 두 항을 숫자 2로 각각 나눠 주고, 그 몫을 괄호 안의 연산 기호인 덧셈으로 연결해 줍니다. 예를 들어, $(2a + 4) \div 2 = (2a \div 2) + (4 \div 2) = a + 2$가 됩니다.

5. 다항식과 단항식의 나눗셈은 어떻게 계산합니까? 분배법칙을 이용하여 다항식의 각 항을 단항식으로 나눈 후, 동류항이 있다면 동류항끼리 정리하여 줍니다. 내비게이션 3.12는 다항식과 단항식의 나눗셈을 포함하는 덧셈식이나 뺄셈식을 계산식을 정리하는 절차를 보여 주고 있습니다. 예를 들어, $(10a - 5b) \div 5 - (4ab + 2b) \div 2b$를 계산하려면,

   1) 두 나눗셈식의 뺄셈 문제인 경우, 뺄셈 기호를 덧셈 기호로 바꾸고, 다항식을 나누는 단항식의 부호를 음의 부호로 바꿔 덧셈식으로 고쳐 줍니다.

   $\rightarrow (10a - 5b) \div 5 - (4ab + 2b) \div 2b$

   $= (10a - 5b) \div 5 + (4ab + 2b) \div -2b$

2) 나눗셈 기호를 곱셈 기호로 고치고, 제수인 단항식의 역수를 곱해 주어 다항식과 단항식의 나눗셈식을 곱셈식으로 바꿉니다.

$\rightarrow (10a - 5b) \div 5 + (4ab + 2b) \div -2b$

$= (10a - 5b) \times \frac{1}{5} + (4ab + 2b) \times \frac{1}{-2b}$

3) 분배법칙을 적용하여 두 곱셈식을 전개합니다.

$\rightarrow (10a - 5b) \times \frac{1}{5} = 10a \times \frac{1}{5} - 5b \times \frac{1}{5}$

$\rightarrow (4ab + 2b) \times \frac{1}{-2b} = 4ab \times \frac{1}{-2b} + 2b \times \frac{1}{-2b}$

4) 각 항에서 숫자는 숫자끼리, 문자는 문자끼리 나눗셈하고, 밑이 같은 문자의 나눗셈에서는 나눗셈에 대한 지수법칙을 사용합니다(예: $a^4 \div a^2 = a^{4-2}$).

$\rightarrow 10a \times \frac{1}{5} - 5b \times \frac{1}{5} = \frac{10a}{5} - \frac{5b}{5}$

$= 2a - b$

$\rightarrow 4ab \times \frac{1}{-2b} + 2b \times \frac{1}{-2b} = \frac{4ab}{-2b} + \frac{2b}{-2b}$

$= -2a - 1$

5) 전개된 두 식을 덧셈하고, 차수가 큰 항부터 씁니다.

$$\begin{array}{rrrr} \rightarrow & 2a & -b & \\ + & -2a & & -1 \\ \hline = & & -b & -1 \end{array}$$

Level 3.2
12차시

내비게이션 3.12 를 참고하여 다음 문제들을 함께 풀어 봅시다.

보여 주기

개념 및 기술 교수, 개념 및 기술 예시 제시, 보는 수학 내비게이션을 이용한 교사 모델링

1 (보여 주는 문제 1을 보여 주며) $(5ab^4 - 10b^3) \div 5b^2$을 간단히 정리해 봅시다.

1. 먼저, 두 나눗셈식의 뺄셈식인 경우 뺄셈 기호를 덧셈 기호로 바꾸고, 괄호 안의 다항식을 나누는 단항식의 부호를 음의 부호로 바꿉니다.
   - 주어진 문제에는 나눗셈식이 하나만 포함되어 있으므로 이 단계가 필요하지 않습니다.

2. 다음은 나눗셈식을 곱셈식으로 바꿉니다.
   - 나눗셈 기호를 곱셈 기호로 바꾸고, 제수의 역수를 곱해 줍니다.

   $\rightarrow (5ab^4 - 10b^3) \div 5b^2$

   $= (5ab^4 - 10b^3) \times \dfrac{1}{5b^2}$

3. 분배법칙을 적용하여 괄호 안 다항식의 각 항을 괄호 밖 단항식과 곱해 전개합니다.

   $\rightarrow (5ab^4 - 10b^3) \times \dfrac{1}{5b^2} = 5ab^4 \times \dfrac{1}{5b^2} - 10b^3 \times \dfrac{1}{5b^2}$

4. 각 항에서 숫자는 숫자끼리 문자는 문자끼리 나눗셈하고, 밑이 같은 문자의 나눗셈에서는 나눗셈에 대한 지수법칙을 사용합니다(예: $a^4 \div a^2 = a^{4-2}$).

   $\rightarrow 5ab^4 \times \dfrac{1}{5b^2} - 10b^3 \times \dfrac{1}{5b^2} = \dfrac{5ab^4}{5b^2} - \dfrac{10b^3}{5b^2}$

   $= ab^2 - 2b$

5. 전개식된 두 식을 덧셈하고, 차수가 큰 항부터 씁니다. 다항식과 단항식의 나눗셈 식이 한 개뿐인 식이므로 이 단서가 필요하지 않습니다.

❷ (보여 주는 문제 2를 보여 주며) $(6x^3+3x^2)\div x+(14x^4y+7x^3y)\div 7x^2y$를 간단히 정리해 봅시다.

1. 먼저, 두 나눗셈식의 뺄셈식인 경우 뺄셈 기호를 덧셈 기호로 바꾸고, 괄호 안의 다항식을 나누는 단항식의 부호를 음의 부호로 바꿉니다.
   - 주어진 문제는 두 나눗셈식의 덧셈 문제이므로 이 단계가 필요하지 않습니다.

2. 다음은 나눗셈식을 곱셈식으로 바꿉니다.
   - 나눗셈 기호를 곱셈 기호로 바꾸고, 제수의 역수를 곱해 줍니다.

$$\rightarrow (6x^3+3x^2)\div x+(14x^4y+7x^3y)\div 7x^2y$$
$$=(6x^3+3x^2)\times\frac{1}{x}+(14x^4y+7x^3y)\times\frac{1}{7x^2y}$$

3. 분배법칙을 적용하여 괄호 안 다항식의 각 항을 괄호 밖 단항식과 곱해 줍니다.

$$\rightarrow (6x^3+3x^2)\times\frac{1}{x}=6x^3\times\frac{1}{x}+3x^2\times\frac{1}{x}$$
$$\rightarrow (14x^4y+7x^3y)\times\frac{1}{7x^2y}=14x^4y\times\frac{1}{7x^2y}+7x^3y\times\frac{1}{7x^2y}$$

4. 각 항에서 숫자는 숫자끼리 문자는 문자끼리 나눗셈하고, 밑이 같은 문자의 나눗셈에서는 나눗셈에 내한 지수법칙을 사용합니다(예: $a^4\div a^2=a^{4-2}$).

$$\rightarrow 6x^3\times\frac{1}{x}+3x^2\times\frac{1}{x}=\frac{6x^3}{x}+\frac{3x^2}{x}=6x^2+3x$$
$$\rightarrow 14x^4y\times\frac{1}{7x^2y}+7x^3y\times\frac{1}{7x^2y}=\frac{14x^4y}{7x^2y}+\frac{7x^3y}{7x^2y}=2x^2+x$$

Level 3.2
12차시

5. 전개된 두 식을 덧셈하고, 차수가 큰 항부터 씁니다.

$$\rightarrow \begin{array}{r} 6x^2 + 3x \\ + \quad 2x^2 + x \\ \hline = \quad 8x^2 + 4x \end{array}$$

❸ (보여 주는 문제 3을 보여 주며) $(12x^5 + 6x^3) \div 3x^2 - (9x^2y^2 - 3x^3y) \div xy$를 간단히 정리해 봅시다.

1. 두 나눗셈식의 뺄셈식은 먼저 덧셈식으로 고쳐 줍니다.
   - 뺄셈 기호를 덧셈 기호로 바꾸고, 두 번째 나눗셈식의 제수의 부호를 음의 부호로 바꾸면 뺄셈식이 덧셈식이 됩니다.

   $\rightarrow (12x^5 + 6x^3) \div 3x^2 - (9x^2y^2 - 3x^3y) \div xy$

   $= (12x^5 + 6x^3) \div 3x^2 + (9x^2y^2 - 3x^3y) \div (-xy)$

2. 다음은 각 나눗셈식을 곱셈식으로 바꿉니다.
   - 나눗셈 기호를 곱셈 기호로 바꾸고, 제수의 역수를 곱해 줍니다.

   $\rightarrow (12x^5 + 6x^3) \div 3x^2 + (9x^2y^2 - 3x^3y) \div (-xy)$

   $= (12x^5 + 6x^3) \times \dfrac{1}{3x^2} + (9x^2y^2 - 3x^3y) \times \dfrac{-1}{xy}$

3. 분배법칙을 적용하여 괄호 안 다항식의 각 항을 괄호 밖 단항식과 곱해 전개합니다.

   $\rightarrow (12x^5 + 6x^3) \times \dfrac{1}{3x^2} = 12x^5 \times \dfrac{1}{3x^2} + 6x^3 \times \dfrac{1}{3x^2}$

   $\rightarrow (9x^2y^2 - 3x^3y) \times \dfrac{-1}{xy} = 9x^2y^2 \times \dfrac{-1}{xy} - 3x^3y \times \dfrac{-1}{xy}$

4. 각 항에서 숫자는 숫자끼리, 문자는 문자끼리 나눗셈하고, 밑이 같은 문자의 나눗셈에서는 나눗셈에 대한 지수법칙을 사용합니다(예: $a^4 \div a^2 = a^{4-2}$).

   $\rightarrow 12x^5 \times \dfrac{1}{3x^2} + 6x^3 \times \dfrac{1}{3x^2} = \dfrac{12x^5}{3x^2} + \dfrac{6x^3}{3x^2}$

$= 4x^3 + 2x$

$\rightarrow 9x^2y^2 \times \dfrac{-1}{xy} - 3x^3y \times \dfrac{-1}{xy} = \dfrac{-9x^2y^2}{xy} - \dfrac{-3x^3y}{xy}$

$= -9xy - (-3x^2) = -9xy + 3x^2$

5. 전개된 두 식을 덧셈하고, 차수가 큰 항부터 씁니다.

$$\rightarrow \begin{array}{|l|}\hline \quad 4x^3 \qquad\qquad\qquad + 2x \\ + \qquad 3x^2 - 9xy \\ \hline = 4x^3 + 3x^2 - 9xy + 2x \\ \hline \end{array}$$

Level 3.2
12차시

함께 풀기

(내비게이션 3.12 를 보여 주며) 두 개 이상의 단항식과 다항식의 나눗식을 전개한 후 덧셈이나 뺄셈을 하는 방법을 다시 한번 정리해 봅시다. (학생에게 먼저 응답할 기회를 준 후, 내비게이션 3.12 의 단항식과 다항식의 나눗셈 전개 절차를 가리키며) 두 나눗셈식의 뺄셈 문제일 때는 뺄셈 기호를 덧셈 기호로 바꾸고, 괄호식을 나누는 식인 단항식의 부호를 음의 부호로 고쳐 뺄셈 문제를 덧셈 문제로 바꿔 줍니다. 다음은 나눗셈 기호를 곱셈 기호로 바꾸고, 나누는 식인 단항식의 역수를 곱해 주어 나눗셈식을 곱셈식으로 바꿉니다. 그다음엔 분배법칙을 사용하여 곱셈식을 전개합니다. 괄호 밖의 단항식을 괄호 안의 모든 항에 각각 곱하여 괄호를 풀어 줍니다. 괄호 밖의 단항식과 괄호 안의 항들을 곱할 때는 문자는 문자끼리, 숫자는 숫자끼리 곱해 줍니다. 전개된 두 식을 덧셈하여 답을 구합니다. 내비게이션 3.12 를 보면서 다음 문제를 함께 풀어 봅시다.

1 (함께 풀어 보는 문제 1을 가리키며) $(4a^2b^4 - 6ab^3) \div 2ab^2$을 간단히 정리해 봅시다.

1. 다항식과 단항식의 나눗셈식을 정리할 때 가장 먼저 해야 할 일은 무엇입니까? 다항식과 단항식의 나눗셈이 몇 개 포함된 식인지 확인하고, 주어진 식이 두 나눗셈식의 뺄셈 문제인 경우 나눗셈식의 덧셈 문제로 바꿔 줍니다.
   - 주어진 식에는 다항식과 단항식의 나눗셈이 몇 개 포함되어 있습니까? 주어진 식에는 다항식과 단항식의 나눗셈이 한 개만 포함되어 있으므로 이 문제에서는 이 단계가 필요하지 않습니다.

2. 다음은 무엇을 합니까? 나눗셈식을 곱셈식으로 바꿉니다.
   - 나눗셈식을 곱셈식으로 바꿀 때는 어떻게 해야 합니까? 나눗셈 기호를 곱셈 기호로 바꾸고, 제수인 단항식의 역수를 곱해 줍니다.
   - 주어진 문제에서 제수는 무엇입니까? $2ab^2$이 제수이므로 $2ab^2$의 역수를 곱해 줍니다.
   - $2ab^2$의 역수는 무엇입니까? $2ab^2$의 역수는 $\frac{1}{2ab^2}$입니다.

   $\rightarrow (4a^2b^4 - 6ab^3) \div 2ab^2 = (4a^2b^4 - 6ab^3) \times \frac{1}{2ab^2}$

3. 다음은 무엇을 합니까? 분배법칙을 적용하여 괄호 안 다항식의 각 항을 괄호 밖 단항식과 곱해 줍니다.

$\rightarrow (4a^2b^4 - 6ab^3) \div 2ab^2 = 4a^2b^4 \times \dfrac{1}{2ab^2} - 6ab^3 \times \dfrac{1}{2ab^2}$

4. 다음은 무엇을 합니까? 각 항에서 숫자는 숫자끼리, 문자는 문자끼리 나눗셈하고, 밑이 같은 문자의 나눗셈에서는 나눗셈에 대한 지수법칙을 사용합니다(예: $a^4 \div a^2 = a^{4-2}$).

$\rightarrow 4a^2b^4 \times \dfrac{1}{2ab^2} - 6ab^3 \times \dfrac{1}{2ab^2} = \dfrac{4a^2b^4}{2ab^2} - \dfrac{6ab^3}{2ab^2} = 2ab^2 - 3b$

5. 주어진 문제는 다항식과 다항식의 나눗셈이 한 개만 포함된 문제이므로 $2ab^2 - 3b$가 답입니다.

❷ (함께 풀어 보는 문제 2를 가리키며) $(-12a^4 + 4a^2) \div (-a) + (3a^4 - a^2) \div a^2$을 간단히 정리해 봅시다.

1. 다항식과 단항식의 나눗셈 문제를 풀 때 가장 먼저 무엇을 합니까? 다항식과 단항식의 나눗셈식이 몇 개 포함되어 있는지 확인하고, 뺄셈 문제이면 덧셈 문제로 바꿔 줍니다.

- 이 문제에는 다항식과 단항식의 나눗셈식이 몇 개 포함되어 있습니까? 이 문제에는 다항식과 단항식의 나눗셈이 $(-12a^4 + 4a^2) \div (-a)$와 $(3a^4 - a^2) \div a^2$으로 두 개가 포함되어 있습니다.
- 이 문제는 두 나눗셈식의 덧셈 문제입니까, 뺄셈 문제입니까? 이 문제는 두 나눗셈식의 덧셈 문제입니다.
- 따라서 뺄셈식을 덧셈식으로 고치는 과정은 필요하지 않습니다.

2. 다음은 무엇을 합니까? 나눗셈식을 곱셈식으로 바꿉니다.

- 나눗셈식을 곱셈식으로 바꿀 때는 무엇을 합니까? 나눗셈 기호를 곱셈 기호로 바꾸고, 제수인 $(-a)$와 a^2의 역수를 각 나눗셈식에 곱해 줍니다.
- $(-a)$의 역수는 무엇입니까? $(-a)$의 역수는 $-\frac{1}{a}$입니다. a^2의 역수는 $\frac{1}{a^2}$입니다.

$\rightarrow (-12a^4 + 4a^2) \div (-a) + (3a^4 - a^2) \div (a^2)$

$= (-12a^4 + 4a^2) \times -\frac{1}{a} + (3a^4 - a^2) \times \frac{1}{a^2}$

3. 다음은 무엇을 합니까? 분배법칙을 적용하여 괄호 안 다항식의 각 항을 괄호 밖 단항식과 곱해 줍니다.

$\rightarrow (-12a^4 + 4a^2) \times -\frac{1}{a} = -12a^4 \times -\frac{1}{a} + 4a^2 \times -\frac{1}{a}$

$\rightarrow (3a^4 - a^2) \times \frac{1}{a^2} = 3a^4 \times \frac{1}{a^2} - a^2 \times \frac{1}{a^2}$

4. 다음은 무엇을 합니까? 각 항에서 숫자는 숫자끼리, 문자는 문자끼리 지수법칙을 적용하여 나눗셈합니다.

$\rightarrow -12a^4 \times \frac{-1}{a} + 4a^2 \times \frac{-1}{a} = \frac{12a^4}{a} + \frac{-4a^2}{a} = 12a^3 - 4a$

$\rightarrow 3a^4 \times \frac{1}{a^2} - a^2 \times \frac{1}{a^2} = \frac{3a^4}{a^2} - \frac{a^2}{a^2} = 3a^2 - 1$

5. 다음은 무엇을 합니까? 전개된 두 식을 덧셈하고, 차수가 큰 항부터 씁니다.

$\rightarrow$

	$12a^3$		$- 4a$
$+$		$3a^2$	$- 1$
$= 12a^3 + 3a^2 - 4a - 1$			

3 (함께 풀어 보는 문제 3을 가리키며) $(20x^3y^2 - 16x^4) \div (-4x^2) - (x^2y^4 - 3x^3y^2) \div xy^2$ 을 간단히 정리해 봅시다.

1. 다항식과 단항식의 나눗셈 문제를 풀 때 가장 먼저 무엇을 합니까? 다항식과 단항식의 나눗셈식이 몇 개 포함되어 있는지 확인하고, 뺄셈 문제이면 덧셈 문제로 바꿔 줍니다.

   - 이 문제에는 다항식과 단항식의 나눗셈식이 몇 개 포함되어 있습니까? 이 문제에는 다항식과 단항식의 나눗셈이 $(20x^3y^2 - 16x^4) \div (-4x^2)$과 $(x^2y^4 - 3x^3y^2) \div xy^2$으로 두 개가 포함되어 있습니다.
   - 이 문제는 두 나눗셈식의 덧셈 문제입니까, 뺄셈 문제입니까? 이 문제는 두 나눗셈식의 뺄셈 문제입니다.
   - 따라서 뺄셈식을 덧셈식으로 고치고, 두 번째 나눗셈식의 제수인 xy^2을 음의 부호로 고쳐 줍니다.

   $\rightarrow (20x^3y^2 - 16x^4) \div (-4x^2) - (x^2y^4 - 3x^3y^2) \div xy^2$

   $= (20x^3y^2 - 16x^4) \div (-4x^2) + (x^2y^4 - 3x^3y^2) \div (-xy^2)$

2. 다음은 무엇을 합니까? 나눗셈식을 곱셈식으로 바꿉니다.

   - 나눗셈식을 곱셈식으로 바꿀 때는 무엇을 합니까? 나눗셈 기호를 곱셈 기호로 바꾸고, 나누는 항인 $(-4x^2)$과 $(-xy^2)$의 역수를 각 나눗셈식에 곱해 줍니다.
   - $(-4x^2)$의 역수는 무엇입니까? $(-4x^2)$의 역수는 $-\frac{1}{4x^2}$ 입니다.
   - $(-xy^2)$의 역수는 무엇입니까? $(-xy^2)$의 역수는 $-\frac{1}{xy^2}$ 입니다.

   $\rightarrow (20x^3y^2 - 16x^4) \div (-4x^2) + (x^2y^4 - 3x^3y^2) \div (-xy^2)$

   $= (20x^3y^2 - 16x^4) \times -\frac{1}{4x^2} + (x^2y^4 - 3x^3y^2) \times -\frac{1}{xy^2}$

3. 다음은 무엇을 합니까? 분배법칙을 적용하여 괄호 안 다항식의 각 항을 괄호 밖 단항식과 곱해 줍니다.

$$\rightarrow (20x^3y^2 - 16x^4) \times -\frac{1}{4x^2} = 20x^3y^2 \times -\frac{1}{4x^2} - 16x^4 \times -\frac{1}{4x^2}$$

$$\rightarrow (x^2y^4 - 3x^3y^2) \times -\frac{1}{xy^2} = x^2y^4 \times -\frac{1}{xy^2} + -3x^3y^2 \times -\frac{1}{xy^2}$$

4. 다음은 무엇을 합니까? 각 항에서 숫자는 숫자끼리, 문자는 문자끼리 지수법칙을 적용하여 나눗셈합니다.

$$\rightarrow 20x^3y^2 \times -\frac{1}{4x^2} - 16x^4 \times -\frac{1}{4x^2} = -\frac{20x^3y^2}{4x^2} - \left(-\frac{16x^4}{4x^2}\right)$$

$$= -\frac{20x^3y^2}{4x^2} + -\frac{16x^4}{4x^2} = -5xy^2 + 4x^2$$

$$\rightarrow x^2y^4 \times -\frac{1}{xy^2} - 3x^3y^2 \times -\frac{1}{xy^2} = -\frac{x^2y^4}{xy^2} - \left(-\frac{3x^3y^2}{xy^2}\right)$$

$$= -\frac{x^2y^4}{xy^2} + \frac{3x^3y^2}{xy^2} = -xy^2 + 3x^2$$

5. 다음은 무엇을 합니까? 전개된 두 식을 덧셈하고, 차수가 큰 항부터 씁니다.

$$\rightarrow \boxed{\begin{array}{rrr} & -5xy^2 & +\ 4x^2 \\ + & -xy^2 & +\ 3x^2 \\ \hline = & -6xy^2 & +\ 7x^2 \end{array}}$$

아 그렇구나!

- 혼동되는 문제 다시 풀기
- 최다 오류를 반례로 제시하여 개념 및 기술 획득 강화

[아 그렇구나!] 에서는 다항식과 단항식의 나눗셈을 포함하는 식을 간단히 정리할 때 우리가 자주 혼동하는 문제를 함께 풀어 봅니다. 다음 문제를 풀 때 왜 실수가 많은지 그 이유를 함께 생각해 봅시다.

1 ([아 그렇구나!] 문제 1을 가리키며) $(-3a^2 + a) \div \frac{1}{a}$을 간단히 정리할 때 혼동되는 점은 무엇입니까?

⇨ 다항식과 단항식의 나눗셈을 할 때는 나눗셈 기호를 곱셈 기호로 바꾸고 제수의 역수를 곱해 주는데, 주어진 문제는 제수가 분수인 경우입니다. 분수의 역수는 분모와 분자에 있는 값을 서로 바꿔 주면 됩니다. $\frac{1}{a}$의 역수는 $\frac{a}{1} = a$입니다. 따라서 주어진 문제를 간단히 정리하면 $(-3a^2 + a) \div \frac{1}{a} = (-3a^2 + a) \times a = -3a^3 + a^2$이 됩니다.

2 (아 그렇구나! 문제 2를 가리키며) $(2a^4 + a) \div b^2$을 간단히 정리할 때 혼동되는 점은 무엇입니까?

⇨ 주어진 문제는 나눗셈식을 곱셈식으로 고치고[$(2a^4 + a) \div b^2 = (2a^4 + a) \times \frac{1}{b^2}$] 분배법칙을 적용하여 괄호를 풀었을 때[$(2a^4 + a) \times \frac{1}{b^2} = 2a^4 \times \frac{1}{b^2} + a \times \frac{1}{b^2} = \frac{2a^4}{b^2} + \frac{a}{b^2}$], 각 항의 분모와 분자에 공통인수가 없어서 (문자가 달라서) 더 이상 간단히 정리되지 않는 경우입니다. 분모와 분자의 문자가 다를 경우에는 지수법칙을 적용할 수 없으므로 $\frac{2a^4}{b^2} + \frac{a}{b^2}$가 답이 됩니다.

배움 체크하기

(배움 체크 리스트 를 가리키며) 오늘 우리가 함께 공부한 것을 혼자서도 할 수 있는지 체크해 봅시다. 혼자서도 할 수 있으면 , 선생님의 도움이 더 필요하다면 ?에 동그라미로 표시하세요.

배움 체크 리스트		?
1. 다항식과 수의 나눗셈 방법을 이해하고 적용할 수 있습니다.		
2. 거듭제곱으로 나타낸 문자식을 지수법칙을 적용하여 나눗셈할 수 있습니다.		
3. 곱셈의 역원을 사용하여 나눗셈식을 곱셈식으로 변경하는 방법을 이해하고 적용할 수 있습니다.		
4. 다항식과 단항식의 나눗셈은 나눗셈 기호를 곱셈으로 바꾸고 제수인 단항식의 역수를 곱하여 계산한다는 것을 이해하고 적용할 수 있습니다.		
5. 나눗셈식을 곱셈식으로 변경한 후에는 분배법칙을 적용하여 전개한다는 것을 이해하고 적용할 수 있습니다.		
6. 문자가 포함된 항들 간의 나눗셈은 숫자는 숫자끼리, 문자는 같은 문자끼리 지수법칙을 적용하여 정리한다는 것을 이해하고 적용할 수 있습니다.		
7. 두 나눗셈식의 뺄셈 문제는 뺄셈 기호를 덧셈 기호로 바꾸고, 두 번째 나눗셈식의 제수의 부호를 음의 부호로 바꿔 덧셈식으로 만들어 계산한다는 것을 이해하고 적용할 수 있습니다.		

혼자 풀기

(혼자 풀어 보는 문제 1~7을 제시하며) 오늘 배운 것을 기억하면서 문제를 혼자 풀어 보는 시간입니다. 내비게이션 3.12 를 사용하면 도움이 됩니다.

다음 식을 간단히 하시오.

1. $(6a + 18b) \div -3$

2. $(-8a^7) \div (2a^4)$

3. $(-21ab + 7b) \div -7b$

4. $(45x^5 + 18x^3) \div 9x^2$

5. $(15x^5y^3 - 21x^2y) \div (-3x^2y)$

6. $(-9a^5b + 27ab^2) \div 3ab - (2a^2 - 4a) \div 2a$

7. $(24y^4 - 18x^2y^3) \div 6y^2 - (x^2y^3 - x^4y^3) \div x^2y$

채점 및 오답 분석

학생이 쓴 답을 기재하고, 오답인 경우 [중재 결정표]에서 가능한 오류 원인을 1~8 중에서 골라 번호로 기재합니다. 기타 원인 때문에 오답이 발생했을 경우, 구체적으로 어떤 이유인지 기재합니다. 가능한 오답의 원인을 모두 기재합니다.

혼자 풀어 보는 문제	정답	학생이 쓴 답	오답 원인
1. $(6a + 18b) \div -3$	$-2a - 6b$		
2. $(-8a^7) \div (2a^4)$	$-4a^3$		
3. $(-21ab + 7b) \div -7b$	$3a - 1$		
4. $(45x^5 + 18x^3) \div 9x^2$	$5x^3 + 2x$		
5. $(15x^5y^3 - 21x^2y) \div (-3x^2y)$	$-5x^3y^2 + 7$		
6. $(-9a^5b + 27ab^2) \div 3ab - (2a^2 - 4a) \div 2a$	$-3a^4 + 9b - a + 2$		
7. $(24y^4 - 18x^2y^3) \div 6y^2 - (x^2y^3 - x^4y^3) \div x^2y$	$3y^2 - 3x^2y + x^2y^2$		
	정답 개수	/ 7	

Level 3.2
12차시

중재 결정표

오답 원인을 분석하여 차후 중재를 결정하세요.

오답 원인	발생 빈도	최다 발생 오류	중재 결정
1. 사전 지식 및 기술(다항식과 수의 나눗셈, 지수법칙, 유리수의 사칙연산)			
2. 용어나 문제 이해 부족(항, 동류항, 일차식, 분배법칙, 식의 전개, 역수)			
3. 다항식과 단항식의 나눗셈은 나눗셈 기호를 곱셈으로 바꾸고 제수의 역원을 곱하여 계산한다는 것에 대한 이해와 적용의 어려움			
4. 두 나눗셈식의 뺄셈 문제를 풀 때는 뺄셈 기호를 덧셈 기호로 바꾸고, 두 번째 괄호 뒤 단항식의 부호를 음의 부호로 바꾸어 덧셈 문제로 푼다는 것의 이해와 적용의 어려움			
5. 문자가 들어간 식의 나눗셈은 숫자는 숫자끼리, 문자는 같은 문자끼리 나눗셈한다는 것의 이해와 적용의 어려움			
6. 두 전개식을 더해 줄 때는 동류항끼리 더하고, 동류항이 없는 항들은 그 항 그대로 정답에 포함시킨다는 것의 이해와 적용의 어려움			
7. 부주의/계산 실수			
8. 기타(구체적 원인 기재하기)			

가장 흔한 오답 원인	1과 2 중 하나	3, 4, 5, 6 중 하나	7
	AND	AND	OR
오답률	오답이 2개 이상	오답이 2개 이상	오답이 2개 미만
다음 중재	브리지(Bridge)	동 차시 반복	다음 차시

브리지(Bridge) 차시

- 3.7차시
- 3.10차시

다항식과 다항식의 곱셈

[내비게이션 3.13] 다항식과 다항식의 곱셈

	순서	예 $\{(a+b)(3a-2b)\}$
1	두 다항식의 첫째 항끼리 곱셈	$a(3a) = 3a^2$
2	안쪽에 있는 항끼리 곱셈	$b(3a) = 3ab$
3	바깥쪽에 있는 항끼리 곱셈	$a(-2b) = -2ab$
4	두 다항식의 둘째 항끼리 곱셈	$b(-2b) = -2b^2$
5	1단계부터 4단계까지 결과 덧셈	$3a^2 + 3ab - 2ab - 2b^2$
6	동류항 계산 후 차수가 큰 항부터 알파벳순으로 씀	$3a^2 + 3ab - 2ab - 2b^2$ $= 3a^2 + ab - 2b^2$

처음부터 안과 밖까지 두루두루 살펴봐

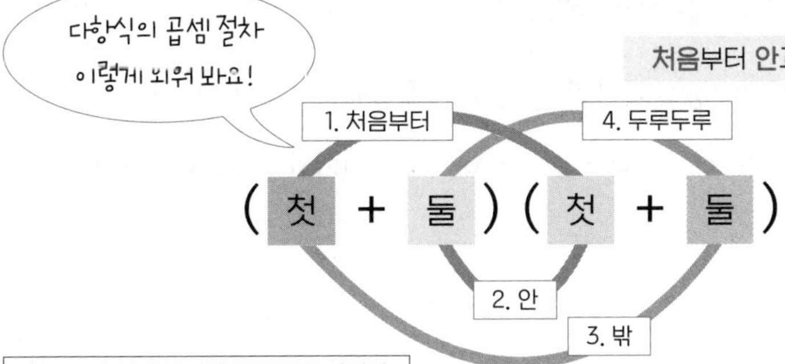

처음부터 안과 밖까지 두루두루 살펴봐

차시 목표 다항식과 다항식의 곱셈의 원리를 이해하고 전개할 수 있다.

사전 지식 유리수의 사칙연산, 항의 의미, 동류항의 의미, 다항식의 의미, 단항식의 의미, 단항식과 단항식의 곱셈, 다항식과 단항식의 곱셈[예: $(2a-4)\times a$], 거듭제곱의 곱셈, 분배법칙, 동류항의 덧셈과 뺄셈

준비물 3단계 13차시 학생용 교재, **내비게이션 3.13**

흔한 오류

1. 다항식과 다항식의 곱셈식을 전개할 때, 누락되는 항이 있다.
   - 오류 예: $(a+2)(a-2)=a^2+2a-4$

2. 부호가 다른 유리수의 곱셈에 익숙지 않은 경우, 분배법칙을 적용하여 곱셈할 때 곱셈 결과의 부호에서 오류를 보인다.
   - 오류 예: $(a-3)(a-2)=a^2-5a-6$

3. 특정 문자들을 사용해 다항식과 다항식의 곱셈의 전개를 연습하였을 경우, 다른 문자를 사용한 다항식의 곱셈에는 동일한 절차를 사용하지 못한다.
   - 오류 예: x나 a가 포함된 다항식을 이용하여 연습했을 경우, y나 b 등 다른 문자가 들어간 다항식이 주어지면 동일한 전개 방법을 적용하지 못한다.

4. 다항식과 다항식의 곱셈 후, 동류항끼리 정리하는 과정에서 오류를 보인다.
   - 예: $(x-2y)(2x-3y)=2x^2-4yx-3xy+6y^2$에서 $-4yx$와 $-3xy$를 정리하지 않는다.

사전평가

처음 두 문제는 가장 필수적인 사전 지식에 대한 이해를 묻고, 3번부터 7번까지는 차시 목표인 개념과 기술의 이해를 묻습니다.

다음 식을 간단히 하시오.

1. $3a \times (a + 2b)$

2. $(2x + 5) \times -3x$

3. $(x - 4)(2y + 5)$

4. $(-2a + b)(c + 2d)$

5. $(2x - 5)(2x + 6)$

6. $(5x - 3y)(-3x - y)$

7. $(-4a + 3b)(a - 3b)$

Level 3.2
13차시

정 답

1. $3a^2 + 6ab$
2. $-6x^2 - 15x$
3. $2xy + 5x - 8y - 20$
4. $-2ac + bc - 2ad + 2bd$
5. $4x^2 + 2x - 30$
6. $-15x^2 + 4xy + 3y^2$
7. $-15x^2 + 4xy + 3y^2$

접속하기

차시 목표 및 개념 설명

오늘은 다항식과 다항식의 곱셈식을 전개하는 방법을 배우려 합니다. 먼저, 이번 차시에서 많이 사용될 개념과 기술을 정리해 봅시다.

1. 항이란 무엇입니까? 항은 식에 있는 수, 변수, 수와 변수의 곱을 말합니다. 예를 들어, 3, x, $5x$ 등이 항입니다.

2. 밑이 같은 두 거듭제곱의 곱셈은 어떻게 합니까? 밑은 그대로 쓰고, 두 거듭제곱의 지수의 합을 구해 지수 자리에 씁니다. 예를 들어, $a^5 \times a^2 = a^{5+2} = a^7$이 됩니다.

3. 밑이 다른 문자들(또는 문자들의 거듭제곱)의 곱셈은 어떻게 합니까? 곱셈 기호를 생략하고 두 문자(또는 문자의 거듭제곱)를 씁니다. 예를 들어, $a^2 \times b^5 = a^2b^5$이 됩니다.

4. 다항식과 단항식의 곱셈 방법을 기억해 봅시다. $(2a + 4) \times a$는 어떻게 계산합니까? 분배법칙을 적용하여 괄호 안에 있는 두 항에 단항식 a를 각각 곱해 줍니다. 예를 들어, $(2a + 4) \times a = (2a \times a) + (4 \times a) = 2a^2 + 4a$가 됩니다.

5. 다항식과 다항식의 곱셈은 어떻게 계산합니까? 내비게이션 3.13 은 다항식과 다항식의 곱셈식을 전개하는 절차와 곱셈식의 전개 절차 암기법을 제시하고 있습니다. 예를 들어, $(a + b)(c + d)$를 전개하려면,

   1) 먼저, 두 다항식의 **첫째 항끼리** 곱합니다. 첫 번째 다항식 $a + b$의 첫째 항은 a이고 두 번째 다항식 $c + d$의 첫째 항은 c이므로 a와 c를 곱합니다. $\boldsymbol{ac}$

   2) 다음은 곱셈식의 **안쪽**에 있는 두 항, b와 c를 곱합니다. $\boldsymbol{bc}$

   3) 다음은 곱셈식의 **바깥**에 있는 두 항, a와 d를 곱합니다. $\boldsymbol{ad}$

   4) 두 다항식에 포함된 **둘째 항끼리** 곱합니다. $\boldsymbol{bd}$

   5) 1단계에서 4단계까지 구한 곱의 결과를 덧셈합니다. $\boldsymbol{ac + bc + ad + bd}$

6) 동류항이 있을 경우, 동류항을 계산하여 차수가 높은 항부터 알파벳순으로 정리합니다. 이 문제에는 동류항이 없으므로 곱셈식의 전개가 5단계에서 끝납니다. 따라서 $(a+b)(c+d) = ac + bc + ad + bd$가 답이 됩니다.

내비게이션 3.13 에 있는 곱셈식 전개 절차 암기법(처음부터 안과 밖까지 두루두루 살펴봐!)을 참고하여 다음 문제들을 함께 풀어 봅시다.

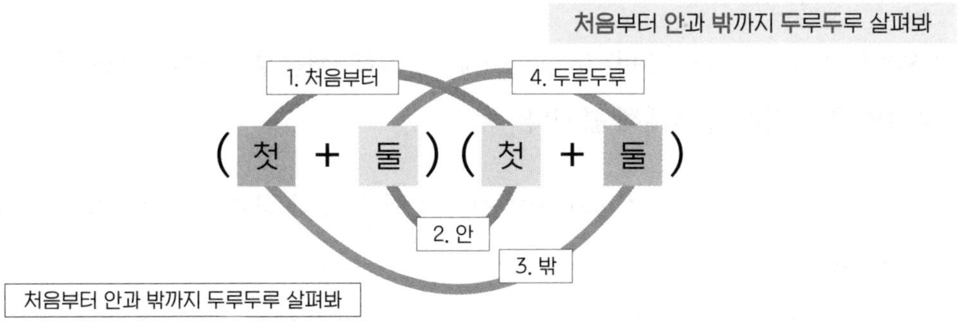

보여 주기

개념 및 기술 교수, 개념 및 기술 예시 제시, 보는 수학 내비게이션을 이용한 교사 모델링

❶ (보여 주는 문제 1을 보여 주며) $(a + 3)(3a - 2)$를 '처음부터 안과 밖을 두루두루 살펴봐'를 기억하며 전개해 봅시다.

1. 먼저, 각 다항식의 첫째 항과 둘째 항을 확인하고, 각 다항식의 첫째 항끼리 곱셈합니다.
   - 주어진 문제는 두 다항식 $(a + 3)$과 $(3a - 2)$의 곱셈 문제이며, 첫 번째 다항식의 첫째 항은 a이고, 두 번째 다항식의 첫째 항은 $3a$입니다.
   - 두 다항식의 첫째 항을 곱하면 $a \times 3a = 3a^2$입니다.

2. 다음은 두 다항식의 곱에서 안쪽에 위치한 두 항, 즉 3과 $3a$를 곱합니다.
   - $3 \times 3a = 9a$입니다.

3. 다음은 두 다항식의 곱에서 바깥쪽으로 위치한 두 항, 즉 a와 -2를 곱합니다.
   - $a \times -2 = -2a$입니다.

4. 다음은 각 다항식의 둘째 항끼리 곱셈합니다.
   - 첫 번째 다항식의 둘째 항은 3이고, 두 번째 다항식의 둘째 항은 -2입니다.
   - 두 다항식의 둘째 항을 곱하면 $3 \times -2 = -6$입니다.

5. 이제 1단계에서 4단계까지 구한 항들의 곱을 덧셈합니다.

   $\rightarrow 3a^2 + 9a - 2a - 6$

6. 마지막으로, 동류항이 있는지 확인하여 동류항끼리 계산하고, 차수가 높은 항부터 알파벳순으로 정리합니다.

- $3a^2 + 9a - 2a - 6$에는 동류항인 $9a$와 $-2a$가 포함되어 있으므로 간단히 정리하면 $9a - 2a = 7a$입니다.
- 따라서 답은 $3a^2 + 7a - 6$입니다.

② (보여 주는 문제 2를 보여 주며) **$(a + 2b)(-2a - 3b)$를 '처음부터 안과 밖을 두루두루 살펴봐'를 이용하여 간단히 전개해 봅시다.**

1. 먼저, 각 다항식의 첫째 항과 둘째 항을 확인하고, 각 다항식의 첫째 항끼리 곱셈합니다.
   - 주어진 문제는 두 다항식 $(a + 2b)$와 $(-2a - 3b)$의 곱셈 문제이며, 첫 번째 다항식의 첫째 항은 a이고, 두 번째 다항식의 첫째 항은 $-2a$입니다.
   - 두 다항식의 첫째 항을 곱하면 $a \times -2a = -2a^2$입니다.

2. 다음은 두 다항식의 곱에서 안쪽에 위치한 두 항, 즉 $2b$와 $-2a$를 곱합니다.
   - $2b \times -2a = -4ab$입니다.

3. 다음은 두 다항식의 곱에서 바깥쪽으로 위치한 두 항, 즉 a와 $-3b$를 곱합니다.
   - $a \times -3b = -3ab$입니다.

4. 다음은 각 다항식의 둘째 항끼리 곱셈합니다.
   - 첫 번째 다항식의 둘째 항은 $2b$이고, 두 번째 다항식의 둘째 항은 $-3b$입니다.
   - 두 다항식의 둘째 항을 곱하면 $2b \times -3b = -6b^2$입니다.

5. 이제 1단계에서 4단계까지 구한 항들의 곱을 덧셈합니다.

   $\rightarrow -2a^2 - 4ab - 3ab - 6b^2$

6. 마지막으로, **동류항**이 있는지 확인하여 동류항끼리 계산하고, 차수가 높은 항부터 알파벳순으로 정리합니다.
    - $-2a^2 - 4ab - 3ab - 6b^2$에는 동류항인 $-4ab$와 $-3ab$가 포함되어 있으므로 간단히 정리하면 $-4ab - 3ab = -7ab$입니다.
    - 따라서 답은 $-2a^2 - 7ab - 6b^2$입니다.

3 (보여 주는 문제 3을 보여 주며) $(5x - 2y)(x - 5y)$를 '**처음부터 안과 밖을 두루두루 살펴봐**'를 기억하며 전개해 봅시다.

1. 먼저, 각 다항식의 첫째 항과 둘째 항을 확인하고, 각 다항식의 **첫째 항끼리** 곱셈합니다.
    - 주어진 문제는 두 다항식 $(5x - 2y)$와 $(x - 5y)$의 곱셈 문제이며, 첫 번째 다항식의 첫째 항은 $5x$이고, 두 번째 다항식의 첫째 항은 x입니다.
    - 두 다항식의 첫째 항을 곱하면 $5x \times x = 5x^2$입니다.

2. 다음은 두 다항식의 곱에서 **안쪽**에 위치한 두 항, 즉 $-2y$와 x를 곱합니다.
    - $-2y \times x = -2xy$입니다.

3. 다음은 두 다항식의 곱에서 **바깥쪽**으로 위치한 두 항, 즉 $5x$와 $-5y$를 곱합니다.
    - $5x \times -5y = -25xy$입니다.

4. 다음은 각 다항식의 **둘째 항끼리** 곱셈합니다.
    - 첫 번째 다항식의 둘째 항은 $-2y$이고, 두 번째 다항식의 둘째 항은 $-5y$입니다.
    - 두 다항식의 둘째 항을 곱하면 $-2y \times -5y = 10y^2$입니다.

5. 이제 1단계에서 4단계까지 구한 항들의 곱을 **덧셈**합니다.

   $\rightarrow 5x^2 - 2xy - 25xy + 10y^2$

6. 마지막으로, **동류항**이 있는지 확인하여 동류항끼리 계산하고, 차수가 높은 항부터 알파벳순으로 정리합니다.

- $5x^2 - 2xy - 25xy + 10y^2$에는 동류항인 $-2xy$와 $-25xy$가 포함되어 있으므로 간단히 정리하면 $-2xy - 25xy = -27xy$입니다.
- 따라서 답은 $5x^2 - 27xy + 10y^2$입니다.

Level 3.2
13차시

함께 풀기

(내비게이션 3.13 을 보여 주며) 다항식과 다항식의 곱셈을 전개하는 방법을 다시 한번 정리해 봅시다. (학생에게 먼저 응답할 기회를 준 후, 내비게이션 3.13 의 다항식과 다항식의 곱셈 전개 절차를 가리키며) 두 다항식의 첫째 항끼리 곱한 값, 안쪽에 위치한 두 항의 곱, 바깥쪽으로 위치한 두 항의 곱 그리고 두 다항식의 둘째 항끼리 곱한 값을 구해 덧셈하고, 동류항이 있을 경우엔 동류항을 계산하여 차수가 높은 항부터 알파벳순으로 정리합니다. 내비게이션 3.13 하단에 위치한 그림은 다항식끼리의 곱셈 절차를 기억하는 데 도움을 줄 수 있습니다. 내비게이션 3.13 을 보면서 다음 문제를 함께 풀어 봅시다.

❶ (함께 풀어 보는 문제 1을 가리키며) $(3a - 6)(b + 3)$을 '처음부터 안과 밖을 두루두루 살펴봐'를 기억하며 전개해 봅시다.

1. 다항식과 다항식의 곱셈을 전개할 때 가장 먼저 무엇을 합니까? "처음부터" 먼저 각 다항식의 첫째 항과 둘째 항을 확인한 후, 각 다항식의 첫째 항끼리 곱셈합니다.
   - 첫 번째 다항식 $(3a - 6)$의 첫째 항과 둘째 항은 각각 무엇입니까? 첫째 항은 $3a$이고, 둘째 항은 -6입니다.
   - 두 번째 다항식 $(b + 3)$의 첫째 항과 둘째 항은 각각 무엇입니까? 첫째 항은 b이고, 둘째 항은 3입니다.
   - 첫 번째 다항식의 첫째 항 $3a$와 두 번째 다항식의 첫째 항 b를 곱하면 $3a \times b = 3ab$입니다.

2. 다음은 무엇을 합니까? "안" 두 다항식의 곱에서 안쪽에 위치한 두 항을 곱합니다.
   - 주어진 문제에서 안쪽에 위치한 항은 무엇입니까? -6과 b입니다.
   - 이 두 항을 곱하면 $-6 \times b = -6b$입니다.

3. 다음은 무엇을 합니까? "밖" 두 다항식의 곱에서 바깥쪽으로 위치한 두 항을 곱합니다.

- 주어진 문제에서 바깥쪽으로 위치한 항은 무엇입니까? $3a$와 3입니다.
- 이 두 항을 곱하면 $3a \times 3 = 9a$입니다.

4. 다음은 무엇을 합니까? "두루두루" 각 다항식의 둘째 항끼리 곱셈합니다.

- 첫 번째 다항식의 둘째 항은 무엇입니까? 첫 번째 다항식의 둘째 항은 -6입니다.
- 두 번째 다항식의 둘째 항은 무엇입니까? 두 번째 다항식의 둘째 항은 3입니다.
- 둘째 항끼리 곱하면 $-6 \times 3 = -18$입니다.

5. 이제 1단계에서 4단계까지 구한 항들의 곱을 덧셈합니다.

→ $3ab - 6b + 9a - 18$

6. 다음은 무엇을 합니까? 마지막으로, 동류항이 있는지 확인하여 동류항끼리 계산하고, 차수가 높은 항부터 알파벳순으로 정리합니다.

- $3ab - 6b + 9a - 18$에는 동류항이 있습니까? 전개된 식에는 동류항이 없습니다.
- $9a$와 $-6b$의 순서를 바꿔 알파벳순으로 정리하면 답은 $3ab + 9a - 6b - 18$입니다.

❷ (함께 풀어 보는 문제 2를 가리키며) $(-2a + b)(2a - 5b)$를 전개해 봅시다.

Level 3.2
13차시

1. 다항식과 다항식의 곱셈을 전개할 때 가장 먼저 무엇을 합니까? "처음부터" 먼저 각 다항식의 첫째 항과 둘째 항을 확인한 후, 각 다항식의 첫째 항끼리 곱셈합니다.

- 첫 번째 다항식 $(-2a + b)$의 첫째 항과 둘째 항은 각각 무엇입니까? 첫째 항은 $-2a$이고, 둘째 항은 b입니다.

- 두 번째 다항식 $(2a - 5b)$의 첫째 항과 둘째 항은 각각 무엇입니까? 첫째 항은 $2a$이고, 둘째 항은 $-5b$입니다.
- 첫 번째 다항식의 첫째 항 $-2a$와 두 번째 다항식의 첫째 항 $2a$를 곱하면 $-2a \times 2a = -4a^2$입니다.

2. 다음은 무엇을 합니까? "**안**" 두 다항식의 곱에서 **안쪽**에 위치한 두 항을 곱합니다.
   - 주어진 문제에서 안쪽에 위치한 항은 무엇입니까? b와 $2a$입니다.
   - 이 두 항을 곱하면 $b \times 2a = 2ab$입니다.

3. 다음은 무엇을 합니까? "**밖**" 두 다항식의 곱에서 **바깥쪽**으로 위치한 두 항을 곱합니다.
   - 주어진 문제에서 바깥쪽으로 위치한 항은 무엇입니까? $-2a$와 $-5b$입니다.
   - 이 두 항을 곱하면 $-2a \times -5b = 10ab$입니다.

4. 다음은 무엇을 합니까? "**두루두루**" 각 다항식의 **둘째 항끼리** 곱셈합니다.
   - 첫 번째 다항식의 둘째 항은 무엇입니까? 첫 번째 다항식의 둘째 항은 b입니다.
   - 두 번째 다항식의 둘째 항은 무엇입니까? 두 번째 다항식의 둘째 항은 $-5b$입니다.
   - 둘째 항끼리 곱하면 $b \times -5b = -5b^2$입니다.

5. 이제 1단계에서 4단계까지 구한 항들의 곱을 **덧셈**합니다.
   $\rightarrow -4a^2 + 2ab + 10ab - 5b^2$

6. 다음은 무엇을 합니까? 마지막으로, **동류항**이 있는지 확인하여 동류항끼리 계산하고 차수가 높은 항부터 알파벳순으로 정리합니다.
   - $-4a^2 + 2ab + 10ab - 5b^2$에는 동류항이 있습니까? $2ab$와 $10ab$가 동류항입니다.
   - 따라서 답은 $-4a^2 + 12ab - 5b^2$입니다.

3 (함께 풀어 보는 문제 3을 가리키며) $(4x - 3y)(5x + y)$를 전개해 봅시다.

1. 다항식과 다항식의 곱셈을 전개할 때 가장 먼저 무엇을 합니까? "**처음부터**" 먼저 각 다항식의 첫째 항과 둘째 항을 확인한 후, 각 다항식의 **첫째 항끼리** 곱셈합니다.
   - 첫 번째 다항식 $(4x - 3y)$의 첫째 항과 둘째 항은 각각 무엇입니까? 첫째 항은 $4x$이고, 둘째 항은 $-3y$입니다.
   - 두 번째 다항식 $(5x + y)$의 첫째 항과 둘째 항은 각각 무엇입니까? 첫째 항은 $5x$이고, 둘째 항은 y입니다.
   - 첫 번째 다항식의 첫째 항 $4x$와 두 번째 다항식의 첫째 항인 $5x$를 곱하면 $4x \times 5x = 20x^2$입니다.

2. 다음은 무엇을 합니까? "**안**" 두 다항식의 곱에서 **안쪽**에 위치한 두 항을 곱합니다.
   - 주어진 문제에서 안쪽에 위치한 항은 무엇입니까? $-3y$와 $5x$입니다.
   - 이 두 항을 곱하면 $-3y \times 5x = -15xy$입니다.

3. 다음은 무엇을 합니까? "**밖**" 두 다항식의 곱에서 **바깥쪽**으로 위치한 두 항을 곱합니다.
   - 주어진 문제에서 바깥쪽으로 위치한 항은 무엇입니까? $4x$와 y입니다.
   - 이 두 항을 곱하면 $4x \times y = 4xy$입니다.

4. 다음은 무엇을 합니까? "**두루두루**" 각 다항식의 **둘째 항끼리** 곱셈합니다.
   - 첫 번째 다항식의 둘째 항은 무엇입니까? 첫 번째 다항식의 둘째 항은 $-3y$입니다.
   - 두 번째 다항식의 둘째 항은 무엇입니까? 두 번째 다항식의 둘째 항은 y입니다.
   - 둘째 항끼리 곱하면 $-3y \times y = -3y^2$입니다.

5. 이제 1단계에서 4단계까지 구한 항들의 곱을 덧셈합니다.

→ $20x^2 - 15xy + 4xy - 3y^2$

6. 다음은 무엇을 합니까? 마지막으로, **동류항**이 있는지 확인하여 동류항끼리 계산하고 차수가 높은 항부터 알파벳순으로 정리합니다.

- $20x^2 - 15xy + 4xy - 3y^2$에는 동류항이 있습니까? $-15xy$와 $4xy$가 동류항이므로 계산하면 $-15xy + 4xy = -11xy$입니다.
- 차수가 큰 항부터 정리하면 답은 $20x^2 - 11xy - 3y^2$입니다.

아 그렇구나!

👉 **혼동되는 문제 다시 풀기**
👉 **최다 오류를 반례로 제시하여 개념 및 기술 획득 강화**

✎ 아 그렇구나! 에서는 다항식과 다항식의 곱셈을 전개하여 간단히 나타낼 때 우리가 자주 혼동하는 문제를 함께 풀어 봅니다. 다음 문제를 풀 때 왜 실수가 많은지 그 이유를 함께 생각해 봅시다.

1 (아 그렇구나! 문제 1을 가리키며) $(-3a + b)(-3c + d)$를 전개할 때 혼동되는 점은 무엇입니까?

⇨ 주어진 문제에 포함된 두 다항식 간에는 공통된 문자가 없습니다. 이런 경우, 다항식과 다항식의 곱셈 절차를 신중히 따르지 않으면 어떤 항들의 곱은 곱셈 과정에서 누락되는 경우가 발생합니다. "처음(첫째 항끼리 곱셈)부터 안(안에 위치한 항끼리 곱셈)과 밖(바깥쪽으로 위치한 항끼리 곱셈)을 두루두루(둘째 항끼리 곱셈) 살펴봐!" 암기법을 이용하여 다항식과 다항식의 곱셈 절차를 기억하고 빼먹지 않도록 주의해야 합니다.

$\rightarrow (-3a + b)(-3c + d) = 9ac - 3bc - 3ad + bd$

2 (아 그렇구나! 문제 2를 가리키며) $(a + 1)(a - 1)$을 전개할 때 혼동되는 점은 무엇입니까?

⇨ 주어진 문제는 다항식과 다항식의 곱셈 전개 절차를 따라 곱셈식을 전개한 후 동류항을 계산하면 일차항이 0이 되고 이차항과 상수항만 남게 됩니다.

$\rightarrow (a + 1)(a - 1) = a^2 + a - a - 1 = a^2 - 1$

두 다항식의 곱을 전개하면 대부분 3개의 항을 가진 다항식이 되는데, 이 경우에는 2개 항을 가진 다항식이 됨으로 당황하는 경우가 있습니다. 두 다항식의 첫째 항이 같고 둘째 항은 부호만 다른 경우에는 곱셈의 결과에 이차항과 일차항만 남습니다 [예: $(x + 4)(x - 4) = x^2 + 4x - 4x - 16 = x^2 - 16$].

배움 체크하기

(배움 체크 리스트 를 가리키며) 오늘 우리가 함께 공부한 것을 혼자서도 할 수 있는지 체크해 봅시다. 혼자서도 할 수 있으면 , 선생님의 도움이 더 필요하다면 ?에 동그라미로 표시하세요.

배움 체크 리스트		?
1. 다항식에서 항을 찾을 수 있습니다.		
2. 지수법칙을 적용하여 문자의 곱셈을 할 수 있습니다.		
3. 다항식과 단항식의 곱셈 방법을 이해하고 적용할 수 있습니다.		
4. 다항식과 다항식의 곱셈의 결과는 두 다항식의 첫째 항들의 곱, 곱셈식의 안쪽에 위치한 항들의 곱, 곱셈식의 바깥쪽에 위치한 항들의 곱 그리고 두 다항식의 둘째 항들의 곱을 덧셈하여 구할 수 있음을 이해하고 적용할 수 있습니다.		
5. 다항식과 다항식의 곱셈식을 전개한 후, 동류항끼리 계산하여 차수가 큰 항부터 알파벳 순서대로 답을 표시한다는 것을 이해하고 적용할 수 있습니다.		
6. 문자가 포함된 항들 간의 곱셈은 숫자는 숫자끼리, 문자는 문자끼리 지수법칙을 적용하여 정리한다는 것을 이해하고 적용할 수 있습니다.		
7. 다항식에 포함된 문자나 숫자가 바뀌어도 다항식과 다항식의 곱셈식 전개 방법은 동일하다는 것을 이해하며 적용할 수 있습니다.		

혼자 풀기

(혼자 풀어 보는 문제 1~7을 제시하며) 오늘 배운 것을 기억하면서 문제를 혼자 풀어 보는 시간입니다. 내비게이션 3.13 을 사용하면 도움이 됩니다.

다음 식을 간단히 하시오.

1. $2a \times (5a - b)$

2. $(3x + 4) \times -3x$

3. $(2x - 4)(y + 3)$

4. $(-a + 2b)(3c + d)$

5. $(3x - 5)(3x + 4)$

6. $(4x - 5y)(-2x - 2y)$

7. $(-5a + 6b)(2a - 3b)$

채점 및 오답 분석

학생이 쓴 답을 기재하고, 오답인 경우 중재 결정표 에서 가능한 오류 원인을 1~8 중에서 골라 번호로 기재합니다. 기타 원인 때문에 오답이 발생했을 경우, 구체적으로 어떤 이유인지 기재합니다. 가능한 오답의 원인을 모두 기재합니다.

혼자 풀어 보는 문제	정답	학생이 쓴 답	오답 원인
1. $2a \times (5a - b)$	$10a^2 - 2ab$		
2. $(3x + 4) \times -3x$	$-9x^2 - 12x$		
3. $(2x - 4)(y + 3)$	$2xy + 6x - 4y - 12$		
4. $(-a + 2b)(3c + d)$	$-3ac + 6bc - ad + 2bd$		
5. $(3x - 5)(3x + 4)$	$9x^2 - 3x - 20$		
6. $(4x - 5y)(-2x - 2y)$	$-8x^2 + 2xy + 10y^2$		
7. $(-5a + 6b)(2a - 3b)$	$-10a^2 + 27ab - 18b^2$		
	정답 개수	/ 7	

Level 3.2
13차시

중재 결정표

오답 원인을 분석하여 차후 중재를 결정하세요.

오답 원인	발생 빈도	최다 발생 오류	중재 결정
1. 사전 지식 및 기술(다항식과 수의 곱셈, 지수법칙을 적용한 문자식의 곱셈, 유리수의 사칙연산)			
2. 용어나 문제 이해 부족(항, 동류항, 다항식, 분배법칙, 식의 전개)			
3. 다항식과 다항식의 곱셈식을 전개할 때는 두 다항식의 첫째 항들끼리 곱, 곱셈식 안쪽에 위치한 두 항들의 곱, 곱셈식 바깥쪽에 위치한 두 항들의 곱 그리고 두 다항식의 둘째 항들의 곱을 더한다는 것에 대한 이해와 적용의 어려움			
4. 다항식과 다항식의 곱셈식을 전개한 후에는 동류항을 찾아 동류항끼리 계산한다는 것에 대한 이해와 적용의 어려움			
5. 문자가 있는 항의 곱셈은 숫자는 숫자끼리, 문자는 문자끼리 곱셈한다는 것의 이해와 적용의 어려움			
6. 다항식에 포함된 문자나 숫자가 바뀌더라도 다항식과 다항식의 곱셈식의 전개 방법은 동일하다는 것의 이해와 적용의 어려움			
7. 부주의/계산 실수			
8. 기타(구체적 원인 기재하기)			

가장 흔한 오답 원인	1과 2 중 하나	3, 4, 5, 6 중 하나	7
	AND	AND	OR
오답률	오답이 2개 이상	오답이 2개 이상	오답이 2개 미만
다음 중재	브리지(Bridge)	동 차시 반복	다음 차시

브리지(Bridge) 차시

- 3.6차시
- 3.11차시

14차시

다항식의 거듭제곱 - 곱셈 공식 1

[내비게이션 3.14.A] 다항식의 제곱식을 전개하는 데 사용할 수 있는 곱셈 공식

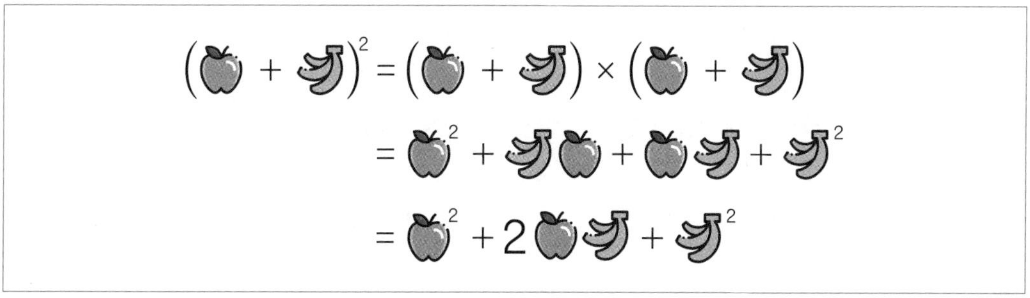

$(A+B)^2 = A^2 + 2AB + B^2$

$(A-B)^2 = A^2 - 2AB + B^2$

Memory Booster!
짜장 + 짬뽕 곱빼기 세트
= 짜장 곱빼기, 짬뽕 곱빼기,
짬짜면 두개 서비스

$(\text{짜} + \text{짬})^2 = (\text{짜}^2 + 2\text{짬짜} + \text{짬}^2)$

[내비게이션 3.14.B] 곱셈 공식을 이용한 다항식의 거듭제곱 전개

	순서	예 $(c-d)^2$
1	뺄셈식은 덧셈식으로 변경 → 뺄셈 기호는 덧셈 기호로, 둘째 항의 부호를 음의 부호로 고침	$(c-d)^2=(c+-d)^2$
2	첫째 항의 제곱	c^2
3	두 항의 곱에 2를 곱함	$c\times(-d)\times 2=-2cd$
4	둘째 항의 제곱	$(-d)^2=d^2$
5	2단계에서 4단계까지 구해진 항을 덧셈	$c^2-2cd+d^2$

차시 목표 다항식의 거듭제곱을 곱셈 공식[$(a+b)^2=a^2+2ab+b^2$, $(a-b)^2=a^2-2ab+b^2$]을 이용하여 전개할 수 있다.

사전 지식 유리수의 사칙연산, 항의 의미, 동류항의 의미, 다항식의 의미, 단항식의 의미, 단항식과 단항식의 곱셈, 다항식과 단항식의 곱셈[예: $(2a-4)\times a$], 거듭제곱의 곱셈, 분배법칙, 동류항의 덧셈과 뺄셈

준비물 3단계 14차시 학생용 교재, **내비게이션 3.14**

흔한 오류

1. 곱셈 공식을 이용하여 다항식의 거듭제곱식을 전개할 때, 일차항에 해당하는 값을 구하는 데 어려움을 보인다.
   - 오류 예: $(a+2)^2 = a^2 + 2a + 4$
2. 뺄셈식인 다항식을 거듭제곱할 때, 다항식의 둘째 항의 거듭제곱에 해당하는 항의 부호를 결정하는 데 어려움을 보인다.
   - 오류 예: $(a-3)^2 = a^2 - 6a - 9$
3. 다항식에 포함된 두 항이 모두 계수가 1이 아닌 계수를 가진 문자항일 때, 문자항의 거듭제곱이나 일차항에서 오류를 보인다.
   - 오류 예: $(2x-3y)^2 = 4x^2 - 6xy + 9y^2$
4. 다항식의 첫째 항이 음의 부호를 가졌을 때, 곱셈 공식을 적용하여 거듭제곱을 전개할 때 오류를 보인다.
   - 오류 예: $(-x+2y)^2 = -x^2 + 4yx + 4y^2$

5. $(a + b)^2 = a^2 + 2ab + b^2$이라 곱셈 공식을 외웠을 경우, 동일한 문자를 가졌으나 계수가 다른 거듭제곱식을 전개하는 데 어려움을 보인다.

- 오류 예: $(a + 3b)^2 = a^2 + 2ab + b^2$

6. 95^2이나 103^2이 다항식의 거듭제곱의 전개 방법과 같은 방법으로 풀린다는 것을 쉽게 알아차리지 못한다.

- 예: $95^2 = (100 - 5)^2 = 100^2 - 2(5)100 + 5^2 = 9025$, $103^2 = (100 + 3)^2 = 100^2 + 2(3)(100) + 3^2 = 10609$

사전평가

처음 두 문제는 가장 필수적인 사전 지식에 대한 이해를 묻고, 3번부터 7번까지는 차시 목표인 개념과 기술의 이해를 묻습니다.

다음 식을 전개하시오.

1. $(2x + 5) \times -3x$

2. $(x - 4)(2x + 5)$

3. $(a + b)^2$

4. $(2x - 5)^2$

5. $(5x - 3y)^2$

6. $(-4a + 3b)^2$

7. $(a - 3b)^2$

정 답

1. $-6x^2 - 15x$ 2. $2x^2 - 3x - 20$ 3. $a^2 + 2ab + b^2$ 4. $4x^2 - 20x + 25$

5. $25x^2 - 30xy + 9y^2$ 6. $16a^2 - 24ab + 9b^2$ 7. $a^2 - 6ab + 9b^2$

접속하기

차시 목표 및 개념 설명

오늘은 다항식의 거듭제곱식을 곱셈 공식을 사용하여 전개하는 방법을 배우려 합니다. 먼저, 이번 차시에서 많이 사용될 개념과 기술을 정리해 봅시다.

1. a^2이란 무엇입니까? a^2은 $a \times a$를 말합니다. 그렇다면 다항식의 거듭제곱 $(a + 2)^2$이란 무슨 뜻입니까? $(a + 2)^2$은 $(a + 2) \times (a + 2)$를 말합니다.

2. 다항식과 다항식의 곱셈은 어떻게 전개합니까? 지난 시간에 배웠던 "**처**음부터 **안**과 **밖**을 **두**루두루 살펴봐!" 암기법을 이용하여 기억해 봅시다. 다항식의 **첫째 항**끼리의 곱, **안쪽**에 위치한 두 항의 곱, 곱셈식 **바깥쪽**으로 위치한 두 항의 곱 그리고 다항식 **둘째 항**의 곱을 덧셈한 후, 동류항을 계산합니다. 예를 들어, $(a + 2) \times (a + 1) = a^2 + 2a + a + 2 = a^2 + 3a + 2$가 됩니다.

다항식과 다항식의 곱셈식 계산 순서
(Memory Booster! 처음부터 안과 밖까지 두루두루 살펴봐)

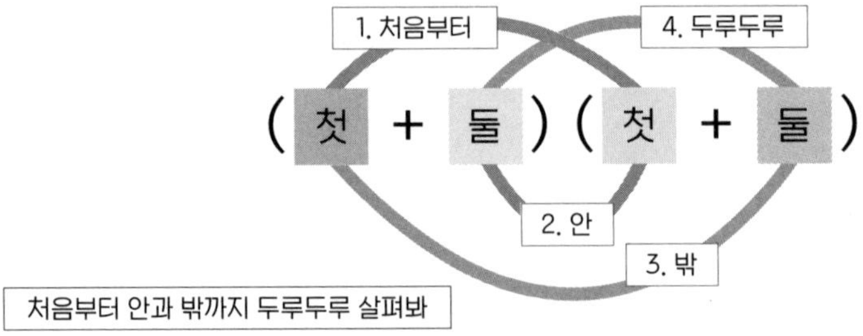

3. 다항식과 다항식의 곱셈식 전개 방법을 다항식의 거듭제곱을 전개하는 데 적용해 봅시다.
   1) $(a + 3)^2$을 곱셈식으로 나타내면 $(a + 3) \times (a + 3)$입니다. 따라서 $(a + 3)^2 = (a + 3) \times (a + 3) = a^2 + 3a + 3a + 9 = a^2 + 2(3a) + 9$가 됩니다.
   2) 같은 방법으로 $(2x - 3y)^2$을 전개해 봅시다. $(2x - 3y)^2 = (2x - 3y) \times (2x - 3y) = 4x^2 - 6xy - 6xy + 9y^2 = 4x^2 + 2(-6xy) + 9y^2$이 됩니다.

3) 다항식의 거듭제곱을 전개한 결과는 어떤 공통점이 있습니까? 다항식의 거듭제곱의 결과는 첫째 항의 제곱, 둘째 항의 제곱, 첫째 항과 둘째 항의 곱의 두 배를 더해 준 것과 같습니다.

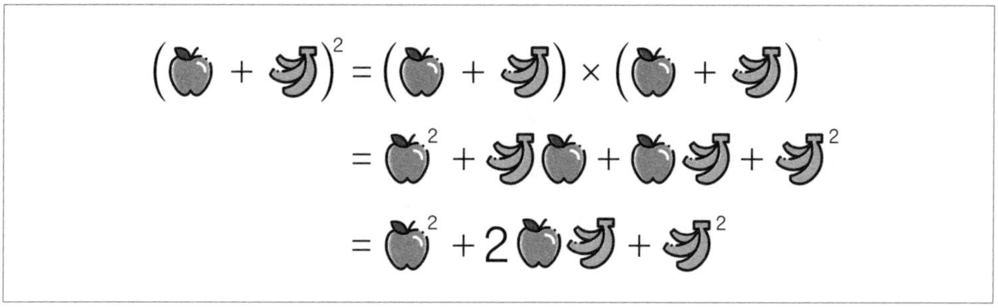

4. 이처럼 다항식의 거듭제곱의 결과에 공통적으로 나타나는 패턴을 공식으로 나타낸 것을 곱셈 공식 1이라 합니다. 내비게이션 3.14 는 다항식의 거듭제곱을 전개할 때 적용할 수 있는 곱셈 공식 1과 그 적용 절차 그리고 곱셈 공식을 암기하는 데 도움이 되는 암기법을 제시하고 있습니다. 다음 곱셈 공식을 이해하고 암기할 수 있도록 합시다.

다항식의 제곱식을 전개하는 데 사용할 수 있는 곱셈 공식

$(A + B)^2 = A^2 + 2AB + B^2$

$(A - B)^2 = A^2 - 2AB + B^2$

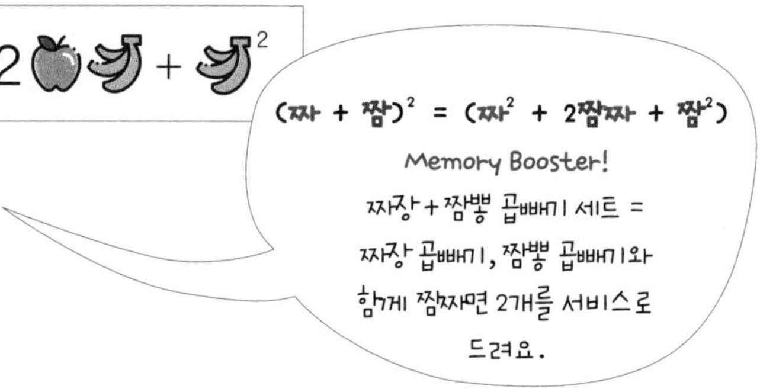

예를 들어, $(c-d)^2$을 곱셈 공식을 이용하여 전개하려면,

1) 뺄셈이 있는 다항식은 뺄셈 기호를 덧셈으로 바꾸고, 둘째 항의 부호를 음의 부호로 바꿉니다.

$\rightarrow (c-d)^2 = (c+-d)^2$

2) 첫째 항의 제곱을 구합니다. 첫째 항은 c이므로 c^2을 구합니다.

$\rightarrow c^2$

Level 3.2
14차시

3) 다음은 두 항의 곱에 2를 곱합니다. 첫째 항 c와 둘째 항 $-d$의 곱은 $-cd$이고, 이의 2배수는 $-2cd$

4) 둘째 항의 제곱을 구합니다. 둘째 항은 $-d$이므로 $(-d)^2$을 구합니다.

$\rightarrow d^2$

5) 2단계에서 4단계까지 구한 결과를 덧셈합니다.

$\rightarrow c^2 - 2cd + d^2$

보여 주기

개념 및 기술 교수, 개념 및 기술 예시 제시, 보는 수학 내비게이션을 이용한 교사 모델링

(내비게이션 3.14 를 보여 주며) 문제를 풀기 전에, 먼저 다항식의 제곱에 사용되는 곱셈 공식, 짜장+짬뽕 곱빼기 세트 메뉴를 기억해 봅시다. 짜장+짬뽕 곱빼기 세트 메뉴를 시키면 짜장면 곱빼기, 짬뽕 곱빼기뿐 아니라 짬짜면 두 개를 서비스로 먹을 수 있습니다. $(\text{짜}+\text{짬})^2=(\text{짜}^2+2\text{짬짜}+\text{짬}^2)$ 공식을 기억하며 다음 식을 전개해 봅시다.

1 (보여 주는 문제 1을 보여 주며) $(a+3)^2$을 전개해 봅시다.

1. 다항식이 뺄셈식이면 뺄셈 기호를 덧셈 기호로 바꾸고 둘째 항 부호를 음의 부호로 바꿔 덧셈식으로 변경합니다.
   - 이 문제는 덧셈 문제이므로 덧셈 문제로 바꾸는 단계가 필요하지 않습니다.

2. 짜장 + 짬뽕 곱빼기 세트 메뉴를 떠올리면 일단 짜장면 곱빼기가 들어갑니다.
   - 즉, 첫째 항의 제곱을 구합니다.
   - 다항식 $(a+3)$에서 첫째 항은 a이므로 a를 제곱하면 a^2입니다.

3. 다음은 세트 메뉴에 들어가는 서비스인 짬짜면 2개를 생각해야 합니다.
   - 즉, 두 항의 곱에 2를 곱해 줍니다.
   - 다항식 $(a+3)$에서 첫째 항은 a이고 둘째 항은 3이므로 두 항을 곱하면 $3a$가 되고, $3a$에 2를 곱한 값은 $2\times 3a=6a$입니다.

4. 다음은 짜장 + 짬뽕 곱빼기 세드 메뉴에는 짬뽕 곱빼기가 들어갑니다.
   - 즉, 둘째 항의 제곱을 구합니다.
   - 둘째 항 3의 제곱은 9입니다.

5. 마지막으로, 앞에서 구한 값을 덧셈합니다.

→ a^2+6a+9

❷ (보여 주는 문제 2를 보여 주며) $(a + 3b)^2$을 간단히 전개해 봅시다.

1. 다항식이 뺄셈식이면 뺄셈 기호를 덧셈 기호로 바꾸고 둘째 항 부호를 음의 부호로 바꿔 덧셈식으로 변경합니다.
   - 이 문제는 덧셈 문제이므로 덧셈 문제로 바꾸는 단계가 필요하지 않습니다.

2. 짜장 + 짬뽕 곱빼기 세트 메뉴에는 먼저 짜장 곱빼기가 들어갑니다.
   - 즉, **첫째 항의 제곱**을 구합니다.
   - 다항식 $(a + 3b)$에서 첫째 항은 a이므로 a를 제곱하면 a^2입니다.

3. 짜장 + 짬뽕 곱빼기 세트 메뉴의 서비스 메뉴는 짬짜면 두 개입니다.
   - 즉, **두 항의 곱에 2를 곱해** 줍니다.
   - 다항식 $(a + 3b)$에서 첫째 항은 a이고 둘째 항은 $3b$이므로 두 항을 곱하면 $a \times 3b = 3ab$가 되고, $3ab$에 2를 곱한 값은 $2 \times 3ab = 6ab$입니다.

4. 짜장 + 짬뽕 곱빼기 세트 메뉴의 짬뽕 곱빼기를 구할 차례입니다.
   - **둘째 항의 제곱**을 구합니다.
   - 둘째 항 $3b$의 제곱은 $(3b)^2 = 3^2b^2 = 9b^2$입니다.

5. 마지막으로, 앞에서 구한 값을 덧셈합니다.

   → $a^2 + 6ab + 9b^2$

❸ (보여 주는 문제 3을 보여 주며) $(x - y)^2$을 전개해 봅시다.

1. 다항식이 뺄셈식이면 뺄셈 기호를 덧셈 기호로 바꾸고 둘째 항 부호를 음의 부호로 바꿔 덧셈식으로 변경합니다.

- 이 문제는 뺄셈 문제이므로 뺄셈 기호를 덧셈 기호로 바꾸고 둘째 항의 부호를 음의 부호로 변경하면 $(x - y)^2 = (x + -y)^2$이 됩니다.

2. 다음은 짜장면 곱빼기, **첫째 항의 제곱**을 구합니다.
   - 다항식 $(x + -y)$에서 첫째 항은 x이므로 x를 제곱하면 x^2입니다.

3. 다음은 짬짜면 2개, **두 항과 2를 곱해** 줍니다.
   - 다항식 $(x + -y)$에서 첫째 항은 x이고 둘째 항은 $-y$이므로 두 항을 곱하면 $x \times -y = -xy$가 되고, $-xy$에 2를 곱한 값은 $2 \times -xy = -2xy$입니다.

4. 다음은 짬뽕 곱빼기, **둘째 항의 제곱**을 구합니다.
   - 둘째 항 $-y$의 제곱은 $(-y)^2 = (-1)^2y^2 = y^2$입니다.

5. 마지막으로, 앞에서 구한 값을 **덧셈**합니다.

→ $\boxed{x^2 - 2xy + y^2}$

Level 3.2
14차시

함께 풀기

(내비게이션 3.14를 보여 주며) 곱셈 공식을 적용하여 다항식의 제곱식을 전개하는 방법을 다시 한번 정리해 봅시다. 짜장+짬뽕 곱빼기 세트 메뉴[(짜+짬)^2=(짜^2+2짬짜+짬^2)]를 기억해 봅시다. 짜장+짬뽕 곱빼기 세트 메뉴는 어떻게 구성되어 있습니까? 짜장 곱빼기, 짬뽕 곱빼기 그리고 짬짜면 두 그릇이 서비스입니다. 마찬가지로, 다항식의 제곱을 계산할 때는 다항식의 첫째 항과 둘째 항을 각각 제곱하고, 두 항의 곱에 2를 곱한 후 모두 덧셈합니다.

$(A+B)^2=A^2+2AB+B^2$

$(A-B)^2=A^2-2AB+B^2$

내비게이션 3.14를 보면서 다음 문제를 함께 풀어 봅시다.

1 (함께 풀어 보는 문제 1을 가리키며) $(2a+3)^2$을 전개해 봅시다.

1. 곱셈 공식을 적용하여 다항식의 제곱을 전개하려면 어떻게 해야 합니까? 먼저, 다항식이 뺄셈식인지 확인합니다.
   - 뺄셈식인 다항식은 어떻게 해야 합니까? 다항식이 뺄셈식이면 뺄셈 기호를 덧셈 기호로 바꾸고 둘째 항 부호를 음의 부호로 바꿔 덧셈식으로 변경합니다.
   - 이 문제의 다항식 $(2a+3)$은 덧셈 문제입니까? 뺄셈 문제입니까? 이 문제는 덧셈 문제이므로 덧셈식으로 바꾸는 단계가 필요하지 않습니다.

2. 다음은 무엇을 합니까? 짜장 + 짬뽕 곱빼기 세트 메뉴를 떠올리면 일단 짜장면 곱빼기가 들어갑니다.
   - 즉, 첫째 항의 제곱을 구합니다.
   - 다항식 $(2a+3)$에서 첫째 항은 무엇입니까? 첫째 항은 $2a$입니다.
   - $2a$를 제곱하면 $(2a)^2=4a^2$입니다.

3. 다음은 무엇을 합니까? 짬짜면 두 개에 해당하는 항을 구할 차례입니다.
   - 즉, 두 항과 2를 곱해 줍니다.

- 다항식 $(2a + 3)$에서 첫째 항과 둘째 항은 각각 무엇입니까? 첫째 항은 $2a$이고 둘째 항은 3이므로 두 항을 곱하면 $6a$가 되고, $6a$에 2를 곱한 값은 $2 \times 6a = 12a$입니다.

4. 다음은 무엇을 합니까? 짬뽕 곱빼기에 해당하는 항을 구할 차례입니다.
   - 즉, **둘째 항의 제곱**을 구합니다.
   - 둘째 항 3의 제곱은 9입니다.

5. 다음은 무엇을 합니까? 모든 음식을 세트로 냅니다.
   - 즉, 앞에서 구한 값들을 **덧셈**합니다.

   → $\boxed{(2a + 3)^2 = 4a^2 + 12a + 9}$

❷ (함께 풀어 보는 문제 2를 가리키며) $(2a + 3b)^2$을 전개해 봅시다.

1. 곱셈 공식을 적용하여 다항식의 제곱을 전개하려면 어떻게 해야 합니까? 먼저, 다항식이 뺄셈식인지 확인합니다.
   - 뺄셈식인 다항식은 어떻게 해야 합니까? 다항식이 뺄셈식이면 뺄셈 기호를 덧셈 기호로 바꾸고 둘째 항 부호를 음의 부호로 바꿔 덧셈식으로 변경합니다.
   - 이 문제의 다항식 $(2a + 3b)$는 덧셈 문제입니까? 뺄셈 문제입니까? 이 문제는 덧셈 문제이므로 덧셈식으로 바꾸는 단계가 필요하지 않습니다.

2. 다음은 무엇을 합니까? 짜장 + 짬뽕 곱빼기 세트 메뉴를 떠올리면 일단 짜장면 곱빼기가 들어갑니다.
   - 즉, **첫째 항의 제곱**을 구합니다.
   - 다항식 $(2a + 3b)$에서 첫째 항은 무엇입니까? 첫째 항은 $2a$입니다.
   - $2a$를 제곱하면 $(2a)^2 = 4a^2$입니다.

3. 다음은 무엇을 합니까? 짝짜면 두 개에 해당하는 항을 구할 차례입니다.

- 즉, 두 항과 2를 곱해 줍니다.
- 다항식 $(2a + 3b)$에서 첫째 항과 둘째 항은 각각 무엇입니까? 첫째 항은 $2a$이고 둘째 항은 $3b$이므로 두 항을 곱하면 $6ab$가 되고, $6ab$에 2를 곱한 값은 $2 \times 6ab = 12ab$입니다.

4. 다음은 무엇을 합니까? 짬뽕 곱빼기에 해당하는 항을 구할 차례입니다.

- 즉, 둘째 항의 제곱을 구합니다.
- 둘째 항 $3b$의 제곱은 $(3b)^2 = 9b^2$입니다.

5. 다음은 무엇을 합니까? 모든 음식을 세트로 냅니다.

- 즉, 앞에서 구한 값들을 덧셈합니다.

  → $\boxed{4a^2 + 12ab + 9b^2}$

❸ (함께 풀어 보는 문제 3을 가리키며) $(4x - 3y)^2$을 전개해 봅시다.

1. 곱셈 공식을 적용하여 다항식의 제곱을 전개하려면 어떻게 해야 합니까? 먼저, 다항식이 뺄셈식인지 확인합니다.

- 뺄셈식인 다항식은 어떻게 해야 합니까? 다항식이 뺄셈식이면 뺄셈 기호를 덧셈 기호로 바꾸고 둘째 항 부호를 음의 부호로 바꿔 덧셈식으로 변경합니다.
- 이 문제에 포함된 다항식 $(4x - 3y)$는 덧셈 문제입니까, 뺄셈 문제입니까? 이 문제는 뺄셈 문제이므로 뺄셈 기호를 덧셈 기호로 바꿔 주고 둘째 항의 부호를 음의 부호로 바꿔 줍니다.
- 즉, $(4x - 3y)^2 = (4x + -3y)^2$

2. 다음은 무엇을 합니까? 짜장 + 짬뽕 곱빼기 세트 메뉴를 떠올리면 일단 짜장면 곱빼기가 들어갑니다.

- 즉, 첫째 항의 제곱을 구합니다.
- 다항식 $(4x + -3y)$에서 첫째 항은 무엇입니까? 첫째 항은 $4x$입니다.
- $4x$를 제곱하면 $(4x)^2 = 16x^2$입니다.

3. 다음은 무엇을 합니까? 짬짜면 두 개에 해당하는 항을 구할 차례입니다.

- 즉, 두 항의 곱에 2를 곱해 줍니다.
- 다항식 $(4x + -3y)$에서 첫째 항과 둘째 항은 각각 무엇입니까? 첫째 항은 $4x$이고 둘째 항은 $-3y$이므로 두 항을 곱하면 $-12xy$가 되고, $-12xy$에 2를 곱한 값은 $2 \times -12xy = -24xy$입니다.

4. 다음은 무엇을 합니까? 짬뽕 곱빼기에 해당하는 항을 구할 차례입니다.

- 즉, 둘째 항의 제곱을 구합니다.
- 둘째 항 $-3y$의 제곱은 $(-3y)^2 = 9y^2$입니다.

5. 다음은 무엇을 합니까? 모든 음식을 세트로 냅니다.

- 즉, 앞에서 구한 값들을 덧셈합니다.

  → $\boxed{16x^2 - 24xy + 9y^2}$

Level 3.2
14차시

아 그렇구나!

☞ **혼동되는 문제 다시 풀기**
☞ **최다 오류를 반례로 제시하여 개념 및 기술 획득 강화**

아 그렇구나! 에서는 곱셈 공식을 이용하여 다항식의 제곱을 전개할 때 우리가 자주 혼동하는 문제를 함께 풀어 봅니다. 다음 문제를 풀 때 왜 실수가 많은지 그 이유를 함께 생각해 봅시다.

1 (아 그렇구나! 문제 1을 가리키며) 곱셈 공식을 이용하여 $(-2x-5y)^2$을 전개할 때 혼동되는 점은 무엇입니까?

⇨ 지금까지 연습해 온 문제들은 다항식의 첫째 항이 양의 부호를 가지고 있었던 반면, 주어진 문제는 다항식의 첫째 항이 음의 부호를 가지고 있습니다. 이런 문제를 풀 때는 식을 전개할 때 항의 부호에 혼동을 보이는 경우가 많습니다. 예를 들어, $(-2x-5y)^2 = -4x^2 - 20xy + 25y^2$이라고 전개하는 경우가 오류가 있는 경우입니다. 짜장 + 짬뽕 곱빼기 세트 메뉴 암기법을 다시 한번 기억하며 주어진 문제를 함께 풀어 봅시다. 주어진 다항식은 뺄셈식이므로 먼저 덧셈식으로 바꿉니다.

$\rightarrow (-2x-5y)^2 = (-2x + -5y)^2$

바뀐 항에서 첫째 항은 $(-2x)$, 둘째 항은 $(-5y)$가 됩니다. 다음은 짜장 곱빼기, 즉 첫째 항의 제곱을 구합니다.

$\rightarrow (-2x)^2 = 4x^2$

다음은 서비스로 나가는 짬짜면 2개, 즉 두 항의 곱에 2를 곱합니다.

→ $2(-2x)(-5y) = 20xy$

마지막으로 짬뽕 곱빼기, 즉 둘째 항의 제곱을 구합니다.

→ $(-5y)^2 = 25y^2$

구한 값들을 모두 더하면 $4x^2 + 20xy + 25y^2$이 답입니다.

2 (아 그렇구나! 문제 2를 가리키며) 곱셈 공식을 이용하여 102^2을 전개할 때 혼동되는 점은 무엇입니까?

⇨ 주어진 문제는 $102^2 = (100 + 2)^2$이라는 것을 직관적으로 알아야 풀 수 있는 문제입니다. $102^2 = (100 + 2)^2 = 100^2 + 2 \times 100 \times 2 + 2^2 = 10000 + 400 + 4 = 10404$입니다. 이런 유형의 문제를 반복적으로 연습하여 비슷한 문제가 나오면 바로 다항식의 제곱꼴로 변형할 수 있도록 준비합시다.

3 (아 그렇구나! 문제 3을 가리키며) 곱셈 공식을 이용하여 97^2을 전개할 때 혼동되는 점은 무엇입니까?

⇨ 주어진 문제는 $97^2 = (100 - 3)^2$이라는 것을 직관적으로 알아야 풀 수 있는 문제입니다. $97^2 = (100 - 3)^2 = 100^2 + 2 \times 100 \times (-3) + (-3)^2 = 10000 - 600 + 9 = 9409$입니다. 이런 유형의 문제를 반복적으로 연습하여 비슷한 문제가 나오면 바로 다항식의 제곱꼴로 변형할 수 있도록 준비합시다.

배움 체크하기

(배움 체크 리스트 를 가리키며) 오늘 우리가 함께 공부한 것을 혼자서도 할 수 있는지 체크해 봅시다. 혼자서도 할 수 있으면 👍, 선생님의 도움이 더 필요하다면 ?에 동그라미로 표시하세요.

배움 체크 리스트	👍	?
1. 다항식에서 항을 찾을 수 있습니다.		
2. 지수법칙을 적용하여 문자의 곱셈을 할 수 있습니다.		
3. 다항식과 다항식의 곱셈 방법을 이해하고 적용할 수 있습니다.		
4. 뺄셈인 다항식의 제곱은 뺄셈 기호를 덧셈 기호로 바꾸고 둘째 항 부호를 음의 부호로 바꿔 덧셈식으로 변경한 후, 곱셈 공식을 적용한다는 것을 이해하고 적용할 수 있습니다.		
5. 다항식의 제곱식을 전개하는 곱셈 공식은 첫째 항의 제곱 그리고 두 항의 곱에 2를 곱한 수, 둘째 항의 제곱을 더한 값과 같다는 것을 이해하고 적용할 수 있습니다.		
6. 숫자와 문자가 함께 있는 항의 제곱은 숫자의 제곱과 문자의 제곱을 곱한 값과 같다는 것을 이해하고 적용할 수 있습니다[예: $(2x)^2 = 2^2x^2 = 4x^2$].		
7. 다항식에 포함된 문자나 숫자가 바뀌어도 곱셈 공식을 적용하여 다항식의 제곱식을 전개하는 방법은 동일하다는 것을 이해하며 적용할 수 있습니다.		

혼자 풀기

(혼자 풀어 보는 문제 1~7을 제시하며) 오늘 배운 것을 기억하면서 문제를 혼자 풀어 보는 시간입니다. 내비게이션 3.14 를 사용하면 도움이 됩니다.

다음 식을 간단히 하시오.

1. $(3x + 5) \times -4x$

2. $(x - 5)(3x + 4)$

3. $(a - b)^2$

4. $(3x + 2)^2$

5. $(4x - 5y)^2$

6. $(-6a + 2b)^2$

7. $(a - 5b)^2$

채점 및 오답 분석

학생이 쓴 답을 기재하고, 오답인 경우 중재 결정표 에서 가능한 오류 원인을 1~8 중에서 골라 번호로 기재합니다. 기타 원인 때문에 오답이 발생했을 경우, 구체적으로 어떤 이유인지 기재합니다. 가능한 오답의 원인을 모두 기재합니다.

혼자 풀어 보는 문제	정답	학생이 쓴 답	오답 원인
1. $(3x + 5) \times -4x$	$-12x^2 - 20x$		
2. $(x - 5)(3x + 4)$	$3x^2 - 11x - 20$		
3. $(a - b)^2$	$a^2 - 2ab + b^2$		
4. $(3x + 2)^2$	$9x^2 + 12x + 4$		
5. $(4x - 5y)^2$	$16x^2 - 40xy + 25y^2$		
6. $(-6a + 2b)^2$	$36a^2 - 24ab + 4b^2$		
7. $(a - 5b)^2$	$a^2 - 10ab + 25b^2$		
	정답 개수	/ 7	

중재 결정표

오답 원인을 분석하여 차후 중재를 결정하세요.

오답 원인	발생 빈도	최다 발생 오류	중재 결정
1. 사전 지식 및 기술(다항식과 수의 곱셈, 지수법칙을 적용한 문자식의 곱셈, 유리수의 사칙연산)			
2. 용어나 문제 이해 부족(항, 동류항, 다항식, 분배법칙, 식의 전개)			
3. 뺄셈인 다항식의 제곱을 전개할 때는 뺄셈 기호를 덧셈 기호로 바꾸고 둘째 항의 부호를 음의 부호로 바꿔 덧셈식으로 변경한 후, 곱셈 공식을 적용한다는 것에 대한 이해와 적용의 어려움			
4. 곱셈 공식을 이용하여 다항식의 제곱식을 전개할 때는 첫째 항의 제곱, 둘째 항의 제곱 그리고 두 항의 곱에 2를 곱한 수를 더해 준다는 것의 이해와 적용의 어려움			
5. 숫자와 문자가 있는 항의 거듭제곱은 숫자의 제곱과 문자의 제곱을 곱한 것과 같다는 것의 이해와 적용의 어려움			
6. 다항식에 포함된 문자나 숫자가 바뀌더라도 곱셈 공식을 적용하여 다항식의 제곱을 전개하는 방법은 동일하다는 것의 이해와 적용의 어려움			
7. 부주의/계산 실수			
8. 기타(구체적 원인 기재하기)			

가장 흔한 오답 원인	1과 2 중 하나	3, 4, 5, 6 중 하나	7
	AND	AND	OR
오답률	오답이 2개 이상	오답이 2개 이상	오답이 2개 미만
다음 중재	브리지(Bridge)	동 차시 반복	다음 차시

브리지(Bridge) 차시

- 3.6차시
- 3.11차시
- 3.13차시

15차시

둘째 항의 부호만 반대인 두 다항식의 곱 - 곱셈 공식 2

[내비게이션 3.15.A] 첫째 항은 같고 둘째 항의 부호가 반대인 두 다항식의 곱셈 - 곱셈 공식 II

$(A + B)(A - B) = A^2 - B^2$

[내비게이션 3.15.B] 곱셈 공식을 이용한 다항식의 거듭제곱 전개

	순서	예 $(a+b)(a-b)=a^2-b^2$
1	첫째 항은 같고 둘째 항의 부호가 반대인 두 다항식의 곱인지 확인	$(a + b)(a - b)$
2	첫째 항끼리 곱셈	$a \cdot a = a^2$
3	둘째 항끼리 곱셈	$(b) \times (-b) = -b^2$
4	②의 결과 + ③의 결과	$a^2 - b^2$

차시 목표 첫째 항은 같고 둘째 항의 부호가 반대인 두 다항식의 곱셈을 곱셈 공식 2[$(a+b)(a-b)=a^2-b^2$]를 이용하여 전개할 수 있다.

사전 지식 유리수의 사칙연산, 항의 의미, 동류항의 의미, 다항식의 의미, 단항식의 의미, 단항식과 단항식의 곱셈, 다항식과 단항식의 곱셈[예: $(2a-4)\times a$], 문자의 거듭제곱, 분배법칙, 동류항의 덧셈과 뺄셈

준비물 3단계 15차시 학생용 교재, **내비게이션 3.15**

흔한 오류

1. 곱셈 공식 2를 적용할 수 있는 문제 유형을 쉽게 알아차리지 못하여, 분배법칙을 사용한 다항식의 곱의 전개를 시도하지만 동류항 계산에서 오류를 보인다.
   - 오류 예: $(2x+4y)(2x-4y)=4x^2+8yx-8xy+4y^2$

2. 첫째 항이나 둘째 항에 1이 아닌 계수가 있을 때는 문자만 곱하고 계수는 곱하지 않는다.
   - 오류 예: $(a-4b)(a+4b)=a^2-4b^2$

3. 두 다항식의 첫째 항이 음의 부호일 때, 곱셈 공식 2를 적용할 수 있다는 것을 쉽게 알아차리지 못하거나 적용에 어려움을 보인다.
   - 오류 예: $(-2x-3y)(-2x+3y)=-4x^2-9y^2$

4. 두 다항식의 첫째 항의 부호가 다르고 둘째 항의 부호가 같을 때, 덧셈의 교환법칙을 적용하여 두 다항식의 첫째 항과 둘째 항의 자리를 바꾸어 곱셈 공식 2를 적용하는 데 어려움을 보인다.
   - 예: $(-2x+3y)(2x+3y)=(3y-2x)(3y+2x)=9y^2-4x^2$

5. 97×103 등의 곱셈을 곱셈 공식 2를 이용하여 계산할 수 있다는 것을 쉽게 알아차리지 못한다.

- 예: $97 \times 103 = (100 - 3)(100 + 3) = 100^2 - 3^2 = 9991$

Level 3.2
15차시

사전평가

처음 두 문제는 가장 필수적인 사전 지식에 대한 이해를 묻고, 3번부터 7번까지는 차시 목표인 개념과 기술의 이해를 묻습니다.

다음 식을 전개하시오.

1. $2x \times (-3x + 2)$

2. $(x - 4)(2x + 5)$

3. $(a + 2)(a - 2)$

4. $(2x - 3)(2x + 3)$

5. $(5x - 3y)(5x + 3y)$

6. $(-4a + 3b)(-4a - 3b)$

7. $(5 + 3b)(-5 + 3b)$

정답

1. $-6x^2+4x$
2. $2x^2-3x-20$
3. a^2-4
4. $4x^2-9$
5. $25x^2-9y^2$
6. $16a^2-9b^2$
7. $9b^2-25$

접속하기

차시 목표 및 개념 설명

오늘은 둘째 항의 부호만 반대인 두 다항식의 곱셈식을 곱셈 공식을 적용하여 전개하는 방법을 배우려 합니다. 먼저, 이번 차시에서 많이 사용될 개념과 기술을 정리해 봅시다.

1. a^2이란 무엇입니까? a^2은 $a \times a$를 말합니다. 그렇다면 다항식의 거듭제곱$(2a)^2$이란 무슨 뜻입니까? $(2a)^2$은 $(2a) \times (2a)$, 즉 $4a^2$을 말합니다.

2. 다항식과 다항식의 곱셈은 어떻게 전개합니까? 지난 시간에 배웠던 "처음부터 안과 밖을 두루두루 살펴봐!" 암기법을 이용하여 기억해 봅시다. 다항식의 첫째 항끼리의 곱, 안쪽에 위치한 두 항의 곱, 곱셈식 바깥쪽으로 위치한 두 항의 곱 그리고 다항식 둘째 항의 곱을 덧셈한 후, 동류항을 계산합니다. 예를 들어, $(a + 2) \times (a + 1) = a^2 + 2a + a + 2 = a^2 + 3a + 2$가 됩니다.

다항식과 다항식의 곱셈식 계산 순서
(Memory Booster! 처음부터 안과 밖까지 두루두루 살펴봐)

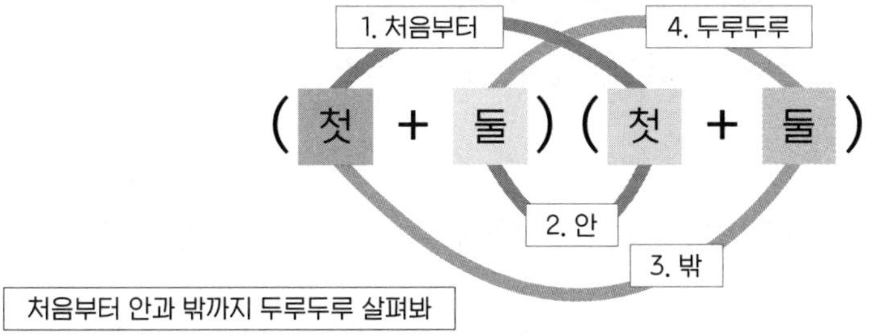

3. 다항식과 다항식의 곱셈식 중 첫째 항은 같고 둘째 항의 부호만 다른 두 다항식을 "처음부터 안과 밖까지 두루두루 살펴봐!"를 적용해 전개해 봅시다. 예를 들어, $(a + 3)(a - 3)$은 둘째 항의 부호만 다른 두 다항식의 곱셈식입니다. "처음부터 안과 밖까지 두루두루 살펴봐!"를 적용해 봅시다.

Level 3.2
15차시

→ $(a+3)(a-3) = a \times a + 3 \times a - 3 \times a - 3 \times 3 = a^2 + 3a - 3a - 9 = a^2 - 9$가 됩니다.

1) $(2x+7y)(2x-7y)$도 같은 방법으로 전개하여 봅시다. $(2x+7y)(2x-7y) = 2x \times 2x + 7y \times 2x - 7y \times 2x - 7y \times 7y = 4x^2 + 14xy - 14xy - 49y^2 = 4x^2 - 49y^2$이 됩니다.

2) 첫째 항은 부호와 값이 같고 둘째 항은 값은 같지만 부호가 반대인 두 다항식의 곱을 전개한 결과는 어떤 공통점이 있습니까? 첫째 항은 부호와 값이 같고 둘째 항은 부호만 반대인 두 다항식의 곱을 전개하면 첫째 항끼리 곱셈값과 둘째 항끼리 곱셈값의 덧셈식을 결과로 얻습니다.

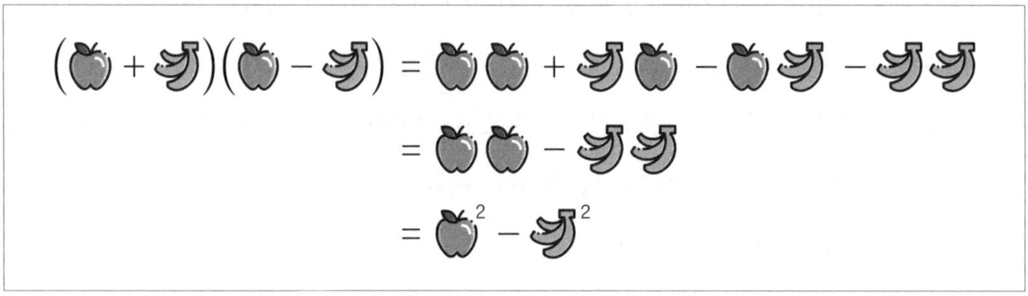

4. 이처럼 첫째 항은 같고 둘째 항의 부호만 반대인 두 다항식의 곱셈식을 전개했을 때 공통적으로 나타나는 패턴을 공식으로 나타낸 것을 곱셈 공식 2라 합니다. 내비게이션 3.15는 곱셈 공식 2와 그 적용 절차를 제시하고 있습니다. 다음 곱셈 공식을 이해하고 암기할 수 있도록 합시다.

첫째 항은 같고 둘째 항의 부호가 반대인 두 다항식의 곱셈식 전개: 곱셈 공식 2

$$(A+B)(A-B) = A^2 - B^2$$

예를 들어, $(2x-y)(2x+y)$를 곱셈 공식 2를 이용하여 전개하려면,

1) **첫째 항은 같고 둘째 항의 부호가 반대인 두 다항식의 곱셈 문제인지 확인합니다.**

$(2x - y)(2x + y)$는 첫째 항은 $2x$로 같고 둘째 항은 $-y$와 $+y$로 부호만 반대이므로 곱셈 공식 2를 적용할 수 있는 문제입니다.

2) **첫째 항끼리 곱셈값을 구합니다.** 첫째 항은 $2x$와 $2x$이므로 두 항을 곱합니다.

$\rightarrow 2x \times 2x = 4x^2$

3) **둘째 항끼리 곱셈값을 구합니다.** 둘째 항은 y와 $-y$이므로 두 항을 곱하면 $-y^2$이 됩니다.

$\rightarrow (y) \times (-y) = -y^2$

4) **첫째 항끼리 곱셈값과 둘째 항끼리 곱셈값을 덧셈합니다.**

$\rightarrow 4x^2 - y^2$

Level 3.2
15차시

보여 주기

개념 및 기술 교수, 개념 및 기술 예시 제시, 보는 수학 내비게이션을 이용한 교사 모델링

(내비게이션 3.15 을 보여 주며) 문제를 풀기 전에, 곱셈 공식 2를 다시 한번 정리해 봅시다. 곱셈 공식 2는 첫째 항은 같고 둘째 항의 부호가 반대인 두 다항식의 곱셈식을 전개할 때 사용할 수 있고, 곱셈 공식 2는 $(A+B)(A-B)=A^2-B^2$입니다. 공식을 기억하며 다음 식을 전개해 봅시다. 곱셈 공식 2를 적용하여 다음 식을 전개해 봅시다.

❶ (보여 주는 문제 1을 보여 주며) $(a+5)(a-5)$를 전개해 봅시다.

1. 가장 먼저 할 일은 주어진 곱셈식이 곱셈 공식 2를 적용할 수 있는 문제인지를 확인하는 것입니다.
   - 주어진 문제의 첫째 항은 a로 값과 부호가 같고 둘째 항은 $+5$와 -5로 부호만 다른 경우이므로 곱셈 공식 2를 적용할 수 있습니다.

2. 첫째 항끼리 곱셈값을 구합니다.
   - 첫째 항은 둘 다 a이므로 첫째 항끼리 곱하면 a^2입니다.

3. 다음은 둘째 항끼리 곱셈값을 구합니다.
   - 둘째 항은 $+5$와 -5이므로 둘째 항끼리 곱셈값은 $5\times(-5)=-25$입니다.

4. 다음은 첫째 항끼리 곱셈값과 둘째 항끼리 곱셈값을 더합니다.

   → $(a+5)(a-5)=a^2-25$

❷ (보여 주는 문제 2를 보여 주며) $(x+3y)(x-3y)$를 간단히 전개해 봅시다.

1. 가장 먼저 할 일은 주어진 곱셈식이 곱셈 공식 2를 적용할 수 있는 문제인지를 확인하는 것입니다.

- 주어진 문제의 첫째 항은 x로 값과 부호가 같고 둘째 항은 $+3y$와 $-3y$로 부호만 다른 경우이므로 곱셈 공식 2를 적용할 수 있습니다.

2. 첫째 항끼리 곱셈값을 구합니다.
   - 첫째 항은 둘 다 x이므로 첫째 항끼리 곱은 x^2입니다.

3. 다음은 둘째 항끼리 곱셈값을 구합니다.
   - 둘째 항은 $+3y$와 $-3y$이므로 둘째 항끼리 곱셈값은 $(3y) \times (-3y) = -9y^2$입니다.

4. 다음은 첫째 항끼리 곱셈값과 둘째 항끼리 곱셈값을 더합니다.

   → $(x + 3y)(x - 3y) = x^2 - 9y^2$

3 (보여 주는 문제 3을 보여 주며) $(7x + 2y)(7x - 2y)$를 전개해 봅시다.

1. 가장 먼저 할 일은 주어진 곱셈식이 곱셈 공식 2를 적용할 수 있는 문제인지를 확인하는 것입니다.
   - 주어진 문제의 첫째 항은 $7x$로 같고 둘째 항은 $+2y$와 $-2y$로 부호만 다른 경우이므로 곱셈 공식 2를 적용할 수 있습니다.

2. 첫째 항끼리 곱셈값을 구합니다.
   - 첫째 항은 둘 다 $7x$이므로 첫째 항끼리 곱셈한 결과는 $49x^2$입니다.

3. 다음은 둘째 항끼리 곱셈값을 구합니다.
   - 둘째 항은 $+2y$와 $-2y$이므로 둘째 항끼리 곱셈값은 $(2y) \times (-2y) = -4y^2$입니다.

4. 다음은 첫째 항의 제곱과 둘째 항끼리 곱셈값을 더합니다.

   → $(7x + 2y)(7x - 2y) = 49x^2 - 4y^2$

함께 풀기

(내비게이션 3.15 를 보여 주며) 곱셈 공식 2를 적용하여 첫째 항은 같고 둘째 항의 부호가 반대인 두 다항식의 곱셈을 전개하는 방법을 다시 한번 정리해 봅시다. 곱셈 공식 2는 $(A+B)(A-B)=A^2-B^2$입니다. 내비게이션 3.15 를 보면서 다음 문제를 함께 풀어 봅시다.

1 (함께 풀어 보는 문제 1을 가리키며) $(2a+3)(2a-3)$을 전개해 봅시다.

1. 곱셈 공식 2를 적용하여 다항식의 곱셈식을 전개하려면 어떻게 해야 합니까? 먼저, **첫째 항은 값과 부호가 같고 둘째 항은 부호만 반대인 두 다항식의 곱셈식인지 확인합니다.**
   - 주어진 식 $(2a+3)(2a-3)$은 곱셈 공식 2를 적용할 수 있는 유형의 문제입니까? 주어진 곱셈식에 포함된 두 다항식의 첫째 항은 $2a$로 같고, 첫 다항식의 둘째 항은 $+3$이고 둘째 다항식의 둘째 항은 -3으로 부호만 반대입니다.
   - 이 문제는 곱셈 공식 2를 적용하여 전개할 수 있는 문제입니다.

2. 다음은 무엇을 합니까? **첫째 항끼리 곱셈값을 구합니다.**
   - 두 다항식의 첫째 항은 무엇입니까? $2a$입니다.
   - $2a\times2a$는 무엇입니까? $(2a)\times(2a)=(2a)^2=4a^2$입니다.

3. 다음은 무엇을 합니까? **둘째 항끼리 곱셈값을 구합니다.**
   - 둘째 항끼리 곱셈한 결과는 얼마입니까? $(3)\times(-3)=-9$입니다.

4. 다음은 무엇을 합니까? **첫째 항의 곱셈값과 둘째 항 곱셈값을 덧셈합니다.**
   - 첫째 항끼리 곱셈값은 $4a^2$이고 둘째 항끼리 곱셈값은 -9이므로 그 합을 구하면 $4a^2-9$가 답입니다.
   - 즉, $(2a+3)(2a-3)=4a^2-9$

❷ (함께 풀어 보는 문제 2를 가리키며) $(2a + 3b)(2a - 3b)$를 전개해 봅시다.

1. 곱셈 공식 2를 적용하여 다항식의 곱셈식을 전개하려면 어떻게 해야 합니까? 먼저, **첫째 항은 값과 부호가 같고 둘째 항은 부호만 반대인 두 다항식의 곱셈식인지 확인합니다.**
   - 주어진 식 $(2a + 3b)(2a - 3b)$는 곱셈 공식 2를 적용할 수 있는 유형의 문제입니까? 주어진 곱셈식에 포함된 두 다항식의 첫째 항은 $2a$로 같고, 첫 다항식의 둘째 항은 $+3b$이고 둘째 다항식의 둘째 항은 $-3b$로 부호만 반대입니다.
   - 이 문제는 곱셈 공식 2를 적용하여 전개할 수 있는 문제입니다.

2. 다음은 무엇을 합니까? **첫째 항끼리 곱셈값**을 구합니다.
   - 두 다항식의 첫째 항은 무엇입니까? $2a$입니다.
   - $2a$끼리 곱셈값은 무엇입니까? $2a \times 2a = (2a)^2 = 4a^2$입니다.

3. 다음은 무엇을 합니까? **둘째 항끼리 곱셈값**을 구합니다.
   - 둘째 항끼리 곱셈값은 얼마입니까? $(3b) \times (-3b) = -9b^2$입니다.

4. 다음은 무엇을 합니까? **첫째 항끼리 곱과 둘째 항끼리 곱한 결과를 덧셈합니다.**
   - 첫째 항끼리 곱셈값은 $4a^2$이고 둘째 항끼리 곱셈값은 $-9b^2$이므로 그 합을 구하면 $4a^2 - 9b^2$이 답입니다.
   - 즉, $(2a + 3b)(2a - 3b) = 4a^2 - 9b^2$

❸ (함께 풀어 보는 문제 3을 가리키며) $(4x - 3y)(4x + 3y)$를 전개해 봅시다.

Level 3.2 15차시

1. 곱셈 공식 2를 적용하여 다항식의 곱셈식을 전개하려면 어떻게 해야 합니까? 먼저, **첫째 항은 값과 부호가 같고 둘째 항은 부호만 반대인 두 다항식의 곱셈식인지 확인합니다.**

- 주어진 식 $(4x - 3y)(4x + 3y)$는 곱셈 공식 2를 적용할 수 있는 유형의 문제입니까? 주어진 곱셈식에 포함된 두 다항식의 첫째 항은 $4x$로 같고, 첫 다항식의 둘째 항은 $-3y$이고 둘째 다항식의 둘째 항은 $+3y$로 부호만 반대입니다.
- 이 문제는 곱셈 공식 2를 적용하여 전개할 수 있는 문제입니다.

2. 다음은 무엇을 합니까? **첫째 항끼리 곱셈값**을 구합니다.
   - 두 다항식의 첫째 항은 무엇입니까? $4x$입니다.
   - $4x$의 제곱은 무엇입니까? $(4x)^2 = 16x^2$입니다.

3. 다음은 무엇을 합니까? **둘째 항끼리 곱셈값**을 구합니다.
   - 둘째 항인 $(3y)$와 $(-3y)$를 곱하면 얼마입니까? $(3y) \times (-3y) = -9y^2$입니다.

4. 다음은 무엇을 합니까? **첫째 항끼리 곱셈값과 둘째 항끼리 곱셈값을 덧셈**합니다.
   - 첫째 항끼리 곱셈값은 $16x^2$이고 둘째 항끼리 곱셈값은 $-9y^2$이므로 그 합을 구하면 $16x^2 - 9y^2$이 답입니다.
   - 즉, $(4x - 3y)(4x + 3y) = 16x^2 - 9y^2$

아 그렇구나!

- 혼동되는 문제 다시 풀기
- 최다 오류를 반례로 제시하여 개념 및 기술 획득 강화

[아 그렇구나!] 에서는 곱셈 공식 2를 이용하여 첫째 항은 같고 둘째 항의 부호만 반대인 두 다항식의 곱셈식을 전개할 때 우리가 자주 혼동하는 문제를 함께 풀어 봅니다. 다음 문제를 풀 때 왜 실수가 많은지 그 이유를 함께 생각해 봅시다.

1 ([아 그렇구나!] 문제 1을 가리키며) 곱셈 공식을 이용하여 $(-3x - 1)(-3x + 1)$을 전개할 때 혼동되는 점은 무엇입니까?

⇨ 지금까지 연습해 온 문제들은 다항식의 첫째 항이 양의 부호를 가지고 있었던 반면, 주어진 문제는 다항식의 첫째 항이 음의 부호를 가지고 있습니다. 하지만 주어진 곱셈식은 첫째 항이 같고 둘째 항의 부호만 반대인 경우이므로 곱셈 공식 2를 적용하여 전개할 수 있습니다. 첫째 항이 $-3x$라는 것에 주의합시다. $(-3x)^2 - 1^2 = 9x^2 - 1$이 옳은 전개식입니다. 첫째 항을 $3x$라 보고 나중에 첫째 항의 제곱에 음의 부호를 붙여 주어 $-9x^2 - 1$이라고 전개하면 틀린 전개가 됩니다.

2 ([아 그렇구나!] 문제 2를 가리키며) 곱셈 공식을 이용하여 $(-3x + 1)(3x + 1)$을 전개할 때 혼동되는 점은 무엇입니까?

⇨ 주어진 문제는 지금까지 연습해 온 문제와 달리 둘째 항이 같고 첫째 항이 부호만

반대인 두 다항식의 곱셈식입니다. 하지만 덧셈의 교환법칙을 적용하여 각 다항식에 포함된 항의 순서를 바꾸면 $(-3x + 1)(3x + 1) = (1 - 3x)(1 + 3x)$가 됩니다. 첫째 항은 같고 둘째 항의 부호만 반대인 식으로 변경되었습니다. 따라서 $(-3x + 1)(3x + 1) = (1 - 3x)(1 + 3x) = 1^2 - (3x)^2 = 1 - 9x^2$입니다.

3 (아 그렇구나! 문제 3을 가리키며) **곱셈 공식을 이용하여 102×98을 전개할 때 혼동되는 점은 무엇입니까?**

⇨ 주어진 문제는 $102 = (100 + 2)$이고 $98 = (100 - 2)$라는 것을 직관적으로 알아야 풀 수 있는 문제입니다. $102 \times 98 = (100 + 2)(100 - 2) = 100^2 - (2)^2 = 10000 - 4 = 9996$입니다. 이런 유형의 문제를 반복적으로 연습하여 비슷한 문제가 나오면 바로 둘째 항의 부호만 반대인 두 다항식의 곱셈식으로 변경할 수 있도록 준비합시다.

배움 체크하기

(배움 체크 리스트 를 가리키며) 오늘 우리가 함께 공부한 것을 혼자서도 할 수 있는지 체크해 봅시다. 혼자서도 할 수 있으면 (엄지), 선생님의 도움이 더 필요하다면 ?에 동그라미로 표시하세요.

배움 체크 리스트		?
1. 다항식에서 항을 찾을 수 있습니다.		
2. 지수법칙을 적용하여 문자의 곱셈을 할 수 있습니다.		
3. 단항식과 단항식의 곱셈 방법을 이해하고 적용할 수 있습니다.		
4. 곱셈 공식 2는 첫째 항은 같고 둘째 항의 부호만 반대인 두 다항식의 곱셈식을 전개할 때 적용할 수 있는 공식이라는 것을 이해하고 적용할 수 있습니다.		
5. 곱셈 공식 2를 적용할 때는 첫째 항끼리 곱셈값과 둘째 항끼리 곱셈값을 구한 후에 그 둘의 합을 구한다는 것을 이해하고 적용할 수 있습니다.		
6. 첫째 항이 음의 부호를 가진 경우라도, 첫째 항이 같고 둘째 항의 부호만 반대이면 곱셈 공식 2를 적용하여 전개할 수 있음을 이해하고 적용할 수 있습니다[예: $(-x+4)(-x-4)=x^2-16$].		
7. 둘째 항이 같고 첫째 항의 부호만 반대인 경우에도 교환법칙을 적용하여 첫째 항과 둘째 항의 위치를 바꾸면 곱셈 공식 2를 적용할 수 있다는 것을 이해하고 적용할 수 있습니다[예: $(-x+4)(x+4)=(4-x)(4+x)=16-x^2$].		

혼자 풀기

(혼자 풀어 보는 문제 1~7을 제시하며) 오늘 배운 것을 기억하면서 문제를 혼자 풀어 보는 시간입니다. 내비게이션 3.15 를 사용하면 도움이 됩니다.

다음 식을 간단히 하시오.

1. $x(-4x + 2)$

2. $(5x - 3)(2x + 4)$

3. $(a + 6)(a - 6)$

4. $(3x - 5)(3x + 5)$

5. $(4x - 7y)(4x + 7y)$

6. $(-3a + 2b)(-3a - 2b)$

7. $(6 + 4b)(-6 + 4b)$

채점 및 오답 분석

학생이 쓴 답을 기재하고, 오답인 경우 [중재 결정표]에서 가능한 오류 원인을 1~8 중에서 골라 번호로 기재합니다. 기타 원인 때문에 오답이 발생했을 경우, 구체적으로 어떤 이유인지 기재합니다. 가능한 오답의 원인을 모두 기재합니다.

혼자 풀어 보는 문제	정답	학생이 쓴 답	오답 원인
1. $x(-4x+2)$	$-4x^2+2x$		
2. $(5x-3)(2x+4)$	$10x^2+14x-12$		
3. $(a+6)(a-6)$	a^2-36		
4. $(3x-5)(3x+5)$	$9x^2-25$		
5. $(4x-7y)(4x+7y)$	$16x^2-49y^2$		
6. $(-3a+2b)(-3a-2b)$	$9a^2-4b^2$		
7. $(6+4b)(-6+4b)$	$16b^2-36$		
	정답 개수	/ 7	

Level 3.2
15차시

중재 결정표

☞ **오답 원인을 분석하여 차후 중재를 결정하세요.**

오답 원인	발생 빈도	최다 발생 오류	중재 결정
1. 사전 지식 및 기술(다항식과 수의 곱셈, 지수법칙을 적용한 문자식의 곱셈, 유리수의 사칙연산, 단항식과 단항식의 곱셈)			
2. 용어나 문제 이해 부족(항, 동류항, 다항식, 분배법칙, 식의 전개, 거듭제곱)			
3. 곱셈 공식 2는 첫째 항의 값과 부호가 동일하고 둘째 항은 부호만 반대인 두 다항식의 곱셈식을 전개할 때 적용할 수 있는 공식이라는 것의 이해와 적용의 어려움			
4. 곱셈 공식 2를 적용하여 두 다항식의 곱셈식을 전개할 때는 첫째 항끼리 곱셈값을 구하고, 둘째 항끼리 곱셈값을 구한 후, 두 값을 더해 준다는 것에 대한 이해와 적용의 어려움			
5. 첫째 항이 음의 부호를 가졌으나 동일하고 둘째 항의 부호만 반대인 경우에도 곱셈 공식 2를 적용할 수 있다는 것에 대한 이해와 적용의 어려움			
6. 둘째 항이 같고 첫째 항의 부호만 반대인 경우에도 교환법칙을 적용하여 다항식의 항의 순서를 바꾸면 곱셈 공식 2를 적용할 수 있다는 것에 대한 이해와 적용의 어려움			
7. 부주의/계산 실수			
8. 기타(구체적 원인 기재하기)			

가장 흔한 오답 원인	1과 2 중 하나	3, 4, 5, 6 중 하나	7
	AND	AND	OR
오답률	오답이 2개 이상	오답이 2개 이상	오답이 2개 미만
다음 중재	브리지(Bridge)	동 차시 반복	다음 차시

브리지(Bridge) 차시

- 3.6차시
- 3.11차시
- 3.13차시

16차시

두 다항식의 곱셈 - 곱셈 공식 3

[내비게이션 3.16] 계수가 1인 일차항과 상수항이 있는 두 일차식의 곱셈 - 곱셈 공식 3

일차식 × 일차식	=	2차항	+	1차항	+	상수항
$(x + a) \times (x + b)$	=	x^2	+	$(a + b)x$	+	ab
계수가 1인 일차항과 상수항이 있는 두 일차식 곱셈 전개 방법		첫 항 곱셈		$\left(\text{상수항 덧셈}\right)x$		상수항 곱셈

	곱셈 공식 3 적용 절차	예 $\{(x+3)(x+5)\}$
1	곱셈 공식 3을 적용할 수 있는 문제인지 확인 → 계수가 1인 일차항과 상수항을 포함하는 두 다항식의 곱셈식인지 확인	• 두 다항식의 일차항은 계수가 1인 일차항(x) • 두 다항식은 상수항 3 또는 5를 포함
2	이차항 구하기 → 다항식의 첫 항 곱셈	$x \times x = x^2$
3	일차항 구하기 → 상수항의 덧셈값이 일차항의 계수	$(3+5)x = 8x$
4	상수항 구하기 → 상수항 곱셈	$3 \times 5 = 15$
5	이차항 + 일차항 + 상수항으로 전개식 쓰기	$x^2 + 8x + 15$

○ 다음 그림을 참조하면서 문제를 풀어 보세요.

일차식	×	일차식	=	2차항	+	1차항	+	상수항
( )	x	( )	=		+		+	
계수가 1인 일차항과 상수항이 있는 두 일차식 곱셈 전개 방법				첫 항 곱셈		$\left(\text{상수항 덧셈}\right)x$		상수항 곱셈

차시 목표 계수가 1인 일차항과 상수항으로 이루어진 두 다항식의 곱셈식을 곱셈 공식 3[$(x+a)(x+b)=x^2+(a+b)x+ab$]을 이용하여 전개할 수 있다.

사전 지식 유리수의 사칙연산, 항의 의미, 동류항의 의미, 다항식의 의미, 단항식의 의미, 단항식과 단항식의 곱셈, 다항식과 단항식의 곱셈[예: $(2a-4)\times a$], 문자의 거듭제곱, 분배법칙, 동류항의 덧셈과 뺄셈

준비물 3단계 16차시 학생용 교재, **내비게이션 3.16**

흔한 오류

1. 다항식과 다항식의 곱셈식을 전개할 때 누락되는 항이 있다.
   - 오류 예: $(a+2)(a-3)=a^2+2a-6$
2. 부호가 다른 유리수의 곱셈에 익숙지 않은 경우, 분배법칙을 적용하여 곱셈할 때 곱셈 결과의 부호에서 오류를 보인다.
   - 오류 예: $(a-3)(a-2)=a^2+5a+6$
3. 특정 문자들을 사용해 다항식과 다항식의 곱셈식의 전개를 연습하였을 경우, 다른 문자를 사용한 다항식의 곱셈에는 동일한 절차를 사용하지 못한다.
   - 오류 예: x나 a가 포함된 다항식을 이용하여 연습했을 경우, y나 b 등 다른 문자가 들어간 다항식이 주어지면 동일한 전개 방법을 적용하지 못한다.
4. 다항식과 다항식의 곱셈 후, 동류항끼리 정리하는 과정에서 오류를 보인다.
   - 예: $(x-2)(x-3)=x^2-2x-3x+6$에서 $-2x$와 $-3x$를 정리하지 않는다.
5. 일차항과 상수항의 순서가 바뀌었을 경우, 곱셈 공식 3을 적용하는 데 어려움을 보인다.
   - 예: $(3+a)(a-2)$

6. 일차항이 음의 부호를 가진 경우, 곱셈 공식 3을 적용하는 데 어려움을 보인다.

- 예: $(-a+3)(a-2)$

사전평가

처음 두 문제는 가장 필수적인 사전 지식에 대한 이해를 묻고, 3번부터 7번까지는 차시 목표인 개념과 기술의 이해를 묻습니다.

다음 식을 전개하시오.

1. $(2x) \times (-3x + 2)$

2. $(x - 4) \times (2x)$

3. $(a + 2)(a - 5)$

4. $(x - 3)(x + 1)$

5. $(x - 2)(x - 3)$

6. $(-a + 5)(a - 3)$

7. $(5 + b)(-2 + b)$

정 답

1. $-6x^2+4x$ 2. $2x^2-8x$ 3. $a^2-3a-10$ 4. x^2-2x-3
5. x^2-5x+6 6. $-a^2+8a-15$ 7. $b^2+3b-10$

접속하기

차시 목표 및 개념 설명

오늘은 계수가 1인 일차항과 상수항으로 이루어진 두 다항식의 곱셈식을 곱셈 공식을 이용하여 전개하는 방법을 배우려 합니다. 먼저, 이번 차시에서 많이 사용될 개념과 기술을 정리해 봅시다.

1. 일차항(ax)과 일차항(bx)의 곱은 몇 차 항이 됩니까? 일차항과 일차항의 곱은 이차항이 됩니다.

   → $ax \times bx = abx^2$

2. 다항식과 다항식의 곱셈은 어떻게 전개합니까? 3.13차시에서 배웠던 "처음부터 **안**과 밖까지 두루두루 살펴봐!" 암기법을 이용하여 기억해 봅시다. 다항식의 첫째 항끼리의 곱, 안쪽에 위치한 두 항의 곱, 곱셈식 바깥쪽으로 위치한 두 항의 곱 그리고 다항식 둘째 항의 곱을 덧셈한 후, 동류항을 계산합니다. 예를 들어, $(a + 2) \times (a + 1) = a^2 + 2a + a + 2 = a^2 + 3a + 2$가 됩니다.

다항식과 다항식의 곱셈식 계산 순서
(Memory Booster! 처음부터 안과 밖까지 두루두루 살펴봐)

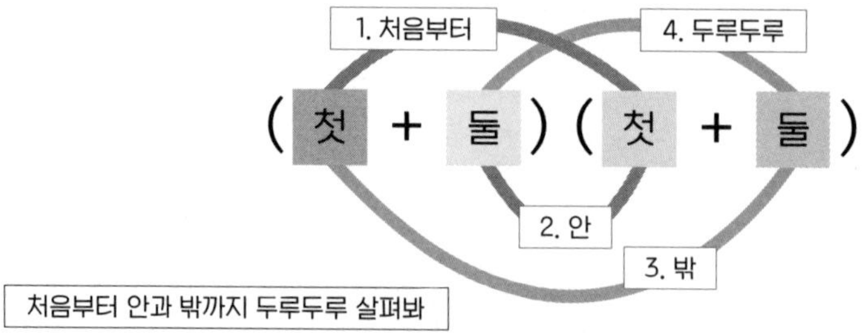

3. 다항식과 다항식의 곱셈식 중 계수가 1인 일차항과 상수항을 가지는 두 다항식의 곱셈식을 "처음부터 **안**과 밖까지 두루두루 살펴봐!"를 적용해 전개해 봅시다. 예를 들어, $(a + 3)(a - 5)$는 두 다항식 모두 일차항의 계수가 1이고 상수항을 포함하고 있는 다항식

입니다. "처음부터 **안**과 **밖**까지 두루두루 살펴봐!"를 적용해 봅시다.

1) $(a + 3)(a - 5) = a \times a + 3 \times a - 5 \times a - 3 \times 5 = a^2 + 3a - 5a - 15 = a^2 + (3 - 5)a - 15 = a^2 - 2a - 15$가 됩니다.

2) $(x + 2)(x + 1) = x \times x + 2 \times x + 1 \times x + 1 \times 2 = x^2 + 2x + x + 2 = x^2 + (2 + 1)x + 2 = x^2 + 3x + 1$이 됩니다.

3) 일차항의 계수가 1이고 상수항이 있는 두 다항식의 곱셈식을 전개한 결과에는 어떤 공통점이 있습니까? 먼저, 일차식과 일차식의 곱셈식을 전개하면 이차항, 일차항, 상수항을 포함한다는 것을 알 수 있습니다. 전개식의 이차항은 두 식의 첫째 항을 곱한 값이고, 전개식 일차항의 계수는 두 식의 상수항을 더한 값이고, 전개식 상수항은 두 식의 상수항을 곱한 값입니다.

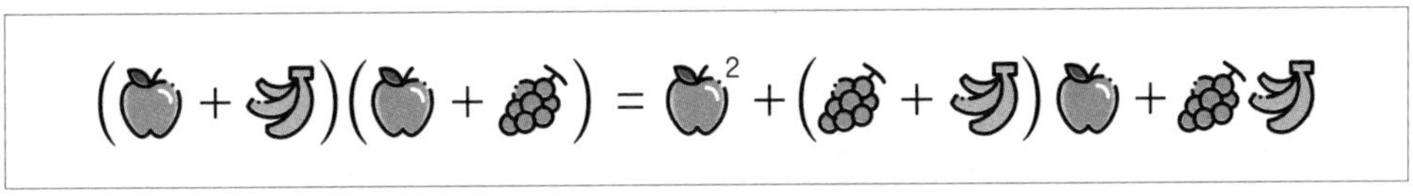

$$(x + a)(x + b) = x^2 + (a + b)x + ab$$

4. 이처럼 계수가 1인 일차항과 상수로 이루어진 두 다항식의 곱셈을 전개할 때 공통적으로 나타나는 패턴을 공식으로 나타낸 것을 곱셈 공식 3이라 합니다. 내비게이션 3.16 은 곱셈 공식 3과 그 적용 절차를 보여 주고 있습니다.

일차식 × 일차식 =	이차항	+	일차항	+	상수항
$(x + a) \times (x + b) =$	x^2	+	$(a + b)x$	+	ab
계수가 1인 일차항과 상수항이 있는 두 일차식 곱셈 전개 방법	첫째 항 곱셈		(상수항 덧셈)x		상수항 곱셈

예를 들어, $(x + 3)(x + 5)$를 곱셈 공식 3을 이용하여 전개하려면,

1) 계수가 1인 일차항과 상수항을 포함하는 두 다항식의 곱셈식인지 확인합니다. $(x + 3)(x + 5)$는 계수가 1인 일차항과 상수항을 포함하는 두 다항식의 곱셈식입니다. 따

라서 곱셈 공식 3을 적용하여 전개할 수 있는 문제입니다.

2) **첫째 항을 곱하여 전개식의 이차항**을 구합니다. 첫째 항은 x이므로 전개식의 이차항은 $x \times x = x^2$이 됩니다.

3) **두 상수항의 합을 구해 전개식 일차항의 계수**를 구합니다. 첫 다항식의 상수항은 3이고 두 번째 다항식의 상수항은 5이므로 $(3 + 5)$가 일차항의 계수가 되어 전개식의 일차항은 $8x$가 됩니다.

4) **두 상수항의 곱**을 구하여 전개식의 상수항을 구합니다. 두 상수항 3과 5의 곱은 15입니다.

5) 전개식의 **이차항, 일차항, 상수항을 덧셈**합니다.

$\rightarrow x^2 + 8x + 15$

내비게이션 3.16 에 있는 다음 그림을 참조하면 곱셈 공식 3을 적용할 때 도움이 됩니다.

일차식 × 일차식 =	이차항 +	일차항 +	상수항
( ) × ( ) =	+	+	
계수가 1인 일차항과 상수항이 있는 두 일차식 곱셈 전개 방법	첫째 항 곱셈	$\left(\text{상수항 덧셈}\right)x$	상수항 곱셈

보여 주기

개념 및 기술 교수, 개념 및 기술 예시 제시, 보는 수학 내비게이션을 이용한 교사 모델링

(내비게이션 3.16 을 보여 주며) 문제를 풀기 전에, 곱셈 공식 3을 다시 한번 정리해 봅시다. 곱셈 공식 3은 계수가 1인 일차항과 상수로 이루어진 두 다항식의 곱셈식을 전개할 때 사용할 수 있는 공식입니다. 곱셈 공식 3은 $(x+a)(x+b)=x^2+(a+b)x+ab$입니다. 공식을 기억하며 $(x+3)(x+7)$을 전개해 봅시다. 두 일차식의 곱셈식을 전개할 때, 내비게이션에 있는 것처럼 이차항, 일차항 그리고 상수항에 들어갈 값을 찾아야 한다는 것을 기억합시다.

1 (보여 주는 문제 1을 보여 주며) 곱셈 공식 3을 적용하여 $(x + 3)(x + 7)$을 전개해 봅시다.

1. 가장 먼저 할 일은 주어진 곱셈식이 곱셈 공식 3을 적용할 수 있는 문제인지를 확인하는 것입니다.
   - 주어진 문제는 계수가 1인 일차항(x)과 상수항(3과 7)으로 이루어진 두 다항식의 곱셈식이므로 곱셈 공식 3을 적용할 수 있습니다.

2. 먼저, 전개식의 이차항을 구합니다.
   - 전개식의 이차항은 첫째 항을 곱한 값입니다.
   - 두 다항식의 첫째 항은 x이므로 두 첫째 항의 곱은 $x \times x = x^2$입니다.

3. 다음은 전개식의 일차항을 구합니다.
   - 전개식의 일차항은 두 상수항의 합을 계수로 가집니다.
   - 첫 디항식의 상수항은 +3이고 두 번째 다항식의 상수항은 +7이므로 두 상수항의 합은 $3 + 7 = 10$입니다.
   - 따라서 전개식 일차항은 $10x$입니다.

4. 다음은 전개식의 상수항을 구합니다.
   - 전개식의 상수항은 두 상수항의 곱과 같습니다.
   - 두 상수항의 곱은 $3 \times 7 = 21$입니다.

5. 전개식의 이차항, 일차항, 상수항을 덧셈합니다.

   → $(x + 3)(x + 7) = x^2 + 10x + 21$

❷ (보여 주는 문제 2를 보여 주며) $(x + 10)(x - 5)$를 간단히 전개해 봅시다.

1. 가장 먼저 할 일은 주어진 곱셈식이 곱셈 공식 3을 적용할 수 있는 문제인지를 확인하는 것입니다.
   - 주어진 문제의 첫째 항은 x로 계수가 1인 일차항이며, 둘째 항은 $+10$과 -5로 상수항이므로 곱셈 공식 3을 적용할 수 있습니다.

2. 먼저, 전개식의 이차항에 들어갈 값을 구합니다.
   - 전개식의 이차항은 두 식의 첫째 항을 곱한 값입니다.
   - 두 식의 첫째 항은 x이므로 첫째 항의 곱은 $x \times x = x^2$입니다.

3. 다음은 전개식의 일차항을 구합니다.
   - 일차항의 계수는 상수항의 합과 같습니다.
   - 상수항은 $+10$과 -5이므로 상수항의 합은 $10 + (-5) = 5$입니다.
   - 따라서 일차항은 $5x$입니다.

4. 다음은 전개식의 상수항을 구합니다. 전개식의 상수항은 두 상수항의 곱과 같습니다.

   → $10 \times (-5) = -50$

5. 전개식의 이차항, 일차항, 상수항을 덧셈합니다.

→ $(x+10)(x-5) = x^2 + 5x - 50$

❸ (보여 주는 문제 3을 보여 주며) $(x-2)(x-9)$를 전개해 봅시다.

1. 가장 먼저 할 일은 주어진 곱셈식이 곱셈 공식 3을 적용할 수 있는 문제인지를 확인하는 것입니다.
   - 주어진 문제의 첫째 항은 x로 계수가 1인 일차항이며, 둘째 항은 -2와 -9로 상수항이므로 곱셈 공식 3을 적용할 수 있습니다.

2. 먼저, 전개식의 이차항에 들어갈 값을 구합니다.
   - 전개식의 이차항은 두 식의 첫째 항을 곱한 값입니다.
   - 두 식의 첫째 항은 x이므로 첫째 항의 곱은 $x \times x = x^2$입니다.

3. 다음은 전개식의 일차항을 구합니다.
   - 일차항의 계수는 상수항의 합과 같습니다.
   - 상수항은 -2와 -9이므로 상수항의 합은 $(-2) + (-9) = -11$입니다.
   - 따라서 일차항은 $-11x$입니다.

4. 다음은 전개식의 상수항을 구합니다.
   - 전개식의 상수항은 두 상수항의 곱과 같습니다.

     → $(-2) \times (-9) = 18$

5. 전개식의 이차항, 일차항, 상수항을 덧셈합니다.

→ $(x-2)(x-9) = x^2 - 11x + 18$

함께 풀기

(내비게이션 3.16 을 보여 주며) 곱셈 공식 3을 적용하여 첫째 항은 계수가 1인 일차항이고 둘째 항은 상수항인 두 다항식의 곱셈식을 전개하는 방법을 다시 한번 정리해 봅시다. 곱셈 공식 3은 $(x+a)(x+b)=x^2+(a+b)x+ab$입니다. 일차식과 일차식의 곱셈식을 전개한 식은 이차항, 일차항, 상수항을 포함하는데, 곱셈 공식 3이 적용되는 경우 전개식의 이차항은 두 첫째 항의 곱, 전개식의 일차항의 계수는 두 상수항의 합 그리고 전개식의 상수항은 두 상수항의 곱으로 구할 수 있음을 보여 줍니다. 내비게이션 3.16 을 보면서 다음 문제를 함께 풀어 봅시다.

1 (함께 풀어 보는 문제 1을 가리키며) $(a + 4)(a + 7)$을 전개해 봅시다.

1. 곱셈 공식 3을 적용하여 두 다항식의 곱셈식을 전개할 때 가장 먼저 해야 하는 일은 무엇입니까? 먼저, **곱셈식에 포함된 두 다항식이 계수가 1인 일차항과 상수항**으로 구성되었는지 확인합니다.
   - 주어진 식 $(a + 4)(a + 7)$에 포함된 두 다항식은 계수가 1인 일차항과 상수항으로 구성되어 있습니까? 두 다항식 모두 계수가 1인 일차항(a)과 상수항($+4$와 $+7$)으로 구성되어 있습니다.
   - 따라서 주어진 문제는 곱셈 공식 3을 이용하여 전개할 수 있는 문제입니다.

2. 다음은 무엇을 합니까? 내비게이션에 보이는 것처럼 일차식과 일차식의 곱셈식을 전개하면 이차항, 일차항 그리고 상수항이 포함되는데, 그중 전개식에 들어갈 **이차항을 계산**합니다.
   - 전개식에 들어갈 이차항은 어떻게 구합니까? 두 다항식의 **첫째 항끼리 곱셈**을 합니다.
   - 두 다항식의 첫째 항은 무엇입니까? 둘 다 a입니다.
   - $a \times a$는 무엇입니까? $a \times a = a^2$입니다.

3. 다음은 무엇을 합니까? 이제 **전개식의 일차항을 구해야 합니다.**

- 전개식의 일차항은 어떻게 구합니까? **두 다항식의 상수항을 덧셈하여 일차항의 계수를 구합니다.**
- 두 다항식의 상수항은 각각 무엇입니까? 첫째 다항식의 상수항은 $+4$이고, 둘째 다항식의 상수항은 $+7$입니다.
- $4 + 7 = 11$이 일차항의 계수가 됩니다.
- 따라서 일차항은 $11a$입니다.

4. 다음은 무엇을 합니까? 이제 **전개식의 상수항을 구해야 합니다.**

- 전개식의 상수항은 어떻게 구합니까? **두 다항식의 상수항을 곱셈한 값**이 전개식의 상수항입니다.
- $+4$와 $+7$의 곱은 $4 \times 7 = 28$입니다.

5. 다음은 무엇을 합니까? 내비게이션에서 보여 주는 것처럼 **전개식의 이차항, 일차항 그리고 상수항을 순서대로 더해 줍니다.**

- 따라서 $(a + 4)(a + 7) = a^2 + 11a + 28$입니다.

② (함께 풀어 보는 문제 2를 가리키며) $(a - 4)(a - 7)$을 전개해 봅시다.

1. 곱셈 공식 3을 적용하여 두 다항식의 곱셈식을 전개할 때 가장 먼저 해야 하는 일은 무엇입니까? 먼저, **곱셈식에 포함된 두 다항식이 계수가 1인 일차항과 상수항으로 구성되었는지 확인합니다.**

- 주어진 식 $(a - 4)(a - 7)$에 포함된 두 다항식은 계수가 1인 일차항과 상수항으로 구성되어 있습니까? 두 다항식 모두 계수가 1인 일차항(a)과 상수항(-4와 -7)으로 구성되어 있습니다.
- 따라서 주어진 문제는 곱셈 공식 3을 이용하여 전개할 수 있는 문제입니다.

2. 다음은 무엇을 합니까? 내비게이션에 보이는 것처럼 일차식과 일차식의 곱셈식을 전개하면 이차항, 일차항 그리고 상수항이 포함되는데, 그중 전개식에 들어갈 이차항을 계산합니다.

- 전개식에 들어갈 이차항은 어떻게 구합니까? 두 다항식의 첫째 항끼리 곱셈을 합니다.
- 두 다항식의 첫째 항은 무엇입니까? 둘 다 a입니다.
- $a \times a$는 무엇입니까? $a \times a = a^2$입니다.

3. 다음은 무엇을 합니까? 이제 전개식의 일차항을 구해야 합니다.

- 전개식의 일차항은 어떻게 구합니까? 두 다항식의 상수항을 덧셈하여 일차항의 계수를 구합니다.
- 두 다항식의 상수항은 각각 무엇입니까? 첫째 다항식의 상수항은 -4이고, 둘째 다항식의 상수항은 -7입니다.
- $-4 + -7 = -11$이 일차항의 계수가 됩니다.
- 따라서 일차항은 $-11a$입니다.

4. 다음은 무엇을 합니까? 이제 전개식의 상수항을 구해야 합니다.

- 전개식의 상수항은 어떻게 구합니까? 두 다항식의 상수항을 곱셈한 값이 전개식의 상수항입니다.
- -4와 -7의 곱은 $-4 \times -7 = 28$입니다.

5. 다음은 무엇을 합니까? 내비게이션에서 보여 주는 것처럼 전개식의 이차항, 일차항 그리고 상수항을 순서대로 더해 줍니다.

- 따라서 $(a - 4)(a - 7) = a^2 - 11a + 28$입니다.

3 (함께 풀어 보는 문제 3을 가리키며) $(x-9)(x+5)$를 전개해 봅시다.

1. 곱셈 공식 3을 적용하여 두 다항식의 곱셈식을 전개할 때 가장 먼저 해야 하는 일은 무엇입니까? 먼저, 곱셈식에 포함된 두 다항식이 계수가 1인 일차항과 상수항으로 구성되었는지 확인합니다.
   - 주어진 식 $(x-9)(x+5)$에 포함된 두 다항식은 계수가 1인 일차항과 상수항으로 구성되어 있습니까? 두 다항식 모두 계수가 1인 일차항(x)과 상수항(-9와 $+5$)으로 구성되어 있습니다.
   - 따라서 주어진 문제는 곱셈 공식 3을 이용하여 전개할 수 있는 문제입니다.

2. 다음은 무엇을 합니까? 내비게이션에 보이는 것처럼 일차식과 일차식의 곱셈식을 전개하면 이차항, 일차항 그리고 상수항이 포함되는데, 그중 전개식에 들어갈 이차항을 계산합니다.
   - 전개식에 들어갈 이차항은 어떻게 구합니까? 두 다항식의 첫째 항끼리 곱셈을 합니다.
   - 두 다항식의 첫째 항은 무엇입니까? 둘 다 x입니다.
   - $x \times x$는 무엇입니까? $x \times x = x^2$입니다.

3. 다음은 무엇을 합니까? 이제 전개식의 일차항을 구해야 합니다.
   - 전개식의 일차항은 어떻게 구합니까? 두 다항식의 상수항을 덧셈하여 일차항의 계수를 구합니다.
   - 두 다항식의 상수항은 각각 무엇입니까? 첫째 다항식의 상수항은 -9이고, 둘째 다항식의 상수항은 $+5$입니다.
   - $-9+5=-4$가 일차항의 계수가 됩니다.
   - 따라서 일차항은 $-4x$입니다.

4. 다음은 무엇을 합니까? 이제 **전개식의 상수항을 구해야 합니다.**

- 전개식의 상수항은 어떻게 구합니까? **두 다항식의 상수항을 곱셈한 값**이 전개식의 상수항입니다.
- -9와 $+5$의 곱은 $-9 \times 5 = -45$입니다.

5. 다음은 무엇을 합니까? 내비게이션에서 보여 주는 것처럼 **전개식의 이차항, 일차항 그리고 상수항을 순서대로 더해 줍니다.**

- 따라서 $(x - 9)(x + 5) = x^2 - 4x - 45$입니다.

아 그렇구나!

👉 **혼동되는 문제 다시 풀기**
👉 **최다 오류를 반례로 제시하여 개념 및 기술 획득 강화**

[아 그렇구나!] 에서는 곱셈 공식 3을 이용하여 계수가 1인 일차항과 상수항으로 구성된 두 다항식의 곱셈식을 전개할 때 우리가 자주 혼동하는 문제를 함께 풀어 봅니다. 다음 문제를 풀 때 왜 실수가 많은지 그 이유를 함께 생각해 봅시다.

1 ([아 그렇구나!] 문제 1을 가리키며) 곱셈 공식을 이용하여 $(-x-1)(x+1)$을 전개할 때 혼동되는 점은 무엇입니까?

⇨ 지금까지 연습해 온 문제들은 일차항의 계수가 1인 경우였는데, 주어진 문제는 첫 번째 다항식의 일차항의 계수가 -1인 경우입니다. 주어진 문제는 분배법칙을 사용하여 다항식 $(-x-1)$의 x계수를 먼저 1로 만든 후 $[(-x-1)=-(x+1)]$ 곱셈 공식 3을 적용합니다.

→ $(-x-1)(x+1)=-(x+1)(x+1)=-\{x^2+(1+1)x+1\}=-x^2-2x-1$

❷ (아 그렇구나! 문제 2를 가리키며) 곱셈 공식을 이용하여 $(-3+x)(x+5)$를 전개할 때 혼동되는 점은 무엇입니까?

⇨ 일차항, 상수항 순으로 구성된 다항식들의 곱셈식 전개를 연습해 왔는데, 주어진 문제의 첫 번째 다항식은 상수항, 일차항 순으로 구성되었습니다. 이런 유형의 문제를 받으면 곱셈 공식 3을 적용해서 전개할 수 있는 문제라는 것을 쉽게 알아차리지 못합니다. 이런 유형의 문제는 덧셈의 교환법칙을 적용하여 첫 번째 다항식의 순서를 일차항, 상수항 순으로 바꾼 후, 곱셈 공식을 적용해서 전개할 수 있습니다. 즉, $(-3+x)(x+5)=(x-3)(x+5)$이므로 $(x-3)(x+5)$를 전개합니다.

→ $(x-3)(x+5)=x^2+(-3+5)x-15=x^2+2x-15$

배움 체크하기

(배움 체크 리스트 를 가리키며) 오늘 우리가 함께 공부한 것을 혼자서도 할 수 있는지 체크해 봅시다. 혼자서도 할 수 있으면 👍, 선생님의 도움이 더 필요하다면 ?에 동그라미로 표시하세요.

배움 체크 리스트	👍	?
1. 다항식에서 항을 찾을 수 있습니다.		
2. 단항식과 단항식의 곱셈 방법을 이해하고 적용할 수 있습니다.		
3. 일차식과 상수로 구성된 두 다항식의 곱셈식을 전개하면 이차항, 일차항 그리고 상수항이 나온다는 것을 이해하고 적용할 수 있습니다.		
4. 곱셈 공식 3은 계수가 1인 일차항과 상수항으로 이루어진 두 일차식의 곱을 전개할 때 사용할 수 있음을 이해하고 적용할 수 있습니다.		
5. 곱셈 공식 3을 적용하여 일차식과 일차식의 곱셈식을 전개할 때, 전개식의 이차항은 두 일차항의 곱, 전개식의 일차항은 두 상수항의 합을 계수로 갖는 일차항, 전개식의 상수항은 두 상수항의 곱으로 구할 수 있음을 이해하고 적용할 수 있습니다.		
6. 일차항의 계수가 −1인 경우에는 분배법칙을 사용하여 괄호 밖으로 음의 부호를 빼 주어 괄호 안의 일차항의 계수를 1로 만든 후, 곱셈 공식 3을 사용한다는 것을 이해하고 적용할 수 있습니다[예: $(-x+4)(x-6) = -(x-4)(x-6) = -x^2+10x-24$].		
7. 곱셈식에 포함된 일차식이 일차항+상수항 순서로 되어 있지 않고 상수항 + 일차항으로 되어 있을 때는 교환법칙을 이용하여 일차항 + 상수항 순서로 항의 순서를 바꾼 후, 곱셈 공식 3을 사용한다는 것을 이해하고 적용할 수 있습니다[예: $(-4+x)(x+6) = (x-4)(x+6) = x^2+2x-24$].		

Level 3.2
16차시

혼자 풀기

(혼자 풀어 보는 문제 1~7을 제시하며) 오늘 배운 것을 기억하면서 문제를 혼자 풀어 보는 시간입니다. 내비게이션 3.16 을 사용하면 도움이 됩니다.

다음 식을 전개하시오.

1. $x \times (-4x + 2)$

2. $(5x - 3) \times (2x)$

3. $(a + 6)(a - 3)$

4. $(x - 5)(x + 2)$

5. $(x - 7)(x - 5)$

6. $(-a + 2)(a - 5)$

7. $(6 + b)(-4 + b)$

채점 및 오답 분석

학생이 쓴 답을 기재하고, 오답인 경우 중재 결정표 에서 가능한 오류 원인을 1~8 중에서 골라 번호로 기재합니다. 기타 원인 때문에 오답이 발생했을 경우, 구체적으로 어떤 이유인지 기재합니다. 가능한 오답의 원인을 모두 기재합니다.

혼자 풀어 보는 문제	정답	학생이 쓴 답	오답 원인
1. $x \times (-4x + 2)$	$-4x^2 + 2x$		
2. $(5x - 3) \times (2x)$	$10x^2 - 6x$		
3. $(a + 6)(a - 3)$	$a^2 + 3a - 18$		
4. $(x - 5)(x + 2)$	$x^2 - 3x - 10$		
5. $(x - 7)(x - 5)$	$x^2 - 12x + 35$		
6. $(-a + 2)(a - 5)$	$-a^2 + 7a - 10$		
7. $(6 + b)(-4 + b)$	$b^2 + 2b - 24$		
	정답 개수	/ 7	

중재 결정표

오답 원인을 분석하여 차후 중재를 결정하세요.

오답 원인	발생 빈도	최다 발생 오류	중재 결정
1. 사전 지식 및 기술(다항식과 수의 곱셈, 지수법칙을 적용한 문자식의 곱셈, 유리수의 사칙연산, 단항식과 단항식의 곱셈)			
2. 용어나 문제 이해 부족(항, 일차항, 동류항, 일차식, 다항식, 분배법칙, 식의 전개, 거듭제곱)			
3. 곱셈 공식 3은 계수가 1인 일차항과 상수항으로 구성된 두 일차식의 곱셈식 전개에 사용할 수 있는 공식이라는 것의 이해와 적용의 어려움			
4. 곱셈 공식 3을 적용하여 두 다항식의 곱셈식을 전개할 때는 첫 항의 곱을 구하여 전개식의 이차항을 구하고, 두 상수항의 합을 구하여 전개식 일차항의 계수를 구하고, 두 상수항의 곱을 구하여 전개식의 상수항을 구한다는 것에 대한 이해와 적용의 어려움			
5. 일차항의 계수가 −1인 경우에는 분배법칙을 사용하여 음의 부호를 괄호 밖으로 빼내어 괄호 안 일차항의 계수를 +1로 바꾼 후, 곱셈 공식 3을 적용한다는 것에 대한 이해와 적용의 어려움			
6. 일차식이 상수항 + 일차항 순으로 되었을 경우에는 교환법칙을 사용하여 일차식 순서를 일차항 + 상수항 순으로 바꾼 후, 곱셈 공식 3을 적용한다는 것에 대한 이해와 적용의 어려움			
7. 부주의/계산 실수			
8. 기타(구체적 원인 기재하기)			

가장 흔한 오답 원인	1과 2 중 하나	3, 4, 5, 6 중 하나	7
	AND	AND	OR
오답률	오답이 2개 이상	오답이 2개 이상	오답이 2개 미만
다음 중재	브리지(Bridge)	동 차시 반복	다음 차시

브리지(Bridge) 차시

- 3.6차시
- 3.11차시
- 3.13차시

17차시

두 다항식의 곱셈 - 곱셈 공식 4

[내비게이션 3.17] 곱셈 기호를 생략하고 문자식 간단히 나타내기

다항식	×	다항식	=	첫째 항	+	둘째 항	+	셋째 항
(A + B)	x	(C + D)	=	AC	+	(BC + AD)	+	BD
항이 두 개인 두 다항식의 곱셈 전개 방법				첫째 항 곱셈		(안쪽 곱셈 + 바깥쪽 곱셈)		둘째 항 곱셈

	곱셈 공식 4 적용 절차	예 $(2x-y)(x+3y)$
1	곱셈 공식 4를 적용할 수 있는 문제인지 확인 → 항이 2개인 두 다항식의 곱셈식인지 확인	• $2x-y$는 두 일차항(x에 대한 일차항과 y에 대한 일차항)으로 이루어진 다항식 • $x+3y$는 두 일차항(x에 대한 일차항과 y에 대한 일차항)으로 이루어진 다항식
2	전개식의 첫째 항 구하기 → 두 다항식의 첫째 항 곱셈	$2x \times x = 2x^2$
3	전개식의 둘째 항 구하기 → 곱셈식 안쪽 항 곱셈 + 곱셈식 바깥쪽 항 곱셈	• 안쪽 항 곱셈: $(-y) \times x = -xy$ • 바깥쪽 항 곱셈: $2x \times 3y = 6xy$ • $-xy + 6xy = 5xy$
4	전개식의 셋째 항 구하기 → 두 다항식 둘째 항 곱셈	$-y \times 3y = -3y^2$
5	첫째 항 + 둘째 항 + 셋째 항으로 전개식 쓰기	$2x^2 + 5xy - 3y^2$

○ 다음 그림을 참조하면서 문제를 풀어 보세요.

다항식 × 다항식	=	첫째 항	+	둘째 항	+	셋째 항
( ) × ( )	=		+		+	
항이 두 개인 두 다항식의 곱셈 전개 방법		첫째 항 곱셈		(안쪽 곱셈 + 바깥쪽 곱셈)		둘째 항 곱셈

차시 목표 두 다항식의 곱셈식을 곱셈 공식 4[$(ax+b)(cx+d)=acx^2+(bc+ad)x+bd$]를 이용하여 전개할 수 있다.

사전 지식 유리수의 사칙연산, 항, 일차항, 동류항, 일차식, 다항식의 의미, 단항식의 의미, 단항식과 단항식의 곱셈, 다항식과 단항식의 곱셈[예: $(2a-4)\times a$], 문자의 거듭제곱, 분배법칙, 동류항의 덧셈과 뺄셈

준비물 3단계 17차시 학생용 교재, **내비게이션 3.17**

흔한 오류

1. 다항식과 다항식의 곱셈식을 전개할 때, 누락되는 항이 있다.
   - 오류 예: $(2a+2b)(a-2b)=2a^2-4ab-4b^2$
2. 부호가 다른 유리수의 곱셈에 익숙지 않은 경우, 분배법칙을 적용하여 곱셈할 때 곱셈 결과의 부호에서 오류를 보인다.
   - 오류 예: $(2a-3b)(a-2b)=2a^2-7ab-6b^2$
3. 특정 문자들을 사용해 다항식과 다항식의 곱셈의 전개를 연습하였을 경우, 다른 문자를 사용한 다항식의 곱셈에는 동일한 절차를 사용하지 못한다.
   - 오류 예: x나 a가 포함된 다항식을 이용하여 연습했을 경우, y나 b 등 다른 문자가 들어간 다항식이 주어지면 동일한 전개 방법을 적용하지 못한다.
4. 다항식과 다항식의 곱셈 후, 동류항끼리 정리하는 과정에서 오류를 보인다.
   - 예: $(x-2y)(2x-3y)=2x^2-4yx-3xy+6y^2$에서 $-4yx$와 $-3xy$를 정리하지 않는다.
5. 일차항과 상수항의 순서가 바뀌었을 경우, 곱셈 공식 4를 적용하는 데 어려움을 보인다.
   - 예: $(3+2a)(-4+a)$

6. 일차항인 첫째 항이 음의 부호를 가진 경우, 곱셈 공식 4를 적용하는 데 어려움을 보인다.

- 예: $(-2a+3b)(a-2b)$

사전평가

처음 두 문제는 가장 필수적인 사전 지식에 대한 이해를 묻고, 3번부터 7번까지는 차시 목표인 개념과 기술의 이해를 묻습니다.

다음 식을 전개하시오.

1. $(3x)\times(-2x+5)$

2. $(-x-4)\times(-2x)$

3. $(2a+5)(4a-1)$

4. $(5x+y)(2x+5y)$

5. $(3x-2y)(5x-4y)$

6. $(-2b+5)(3b-2)$

7. $(5a-b)(-2a+5b)$

정 답

1. $-6x^2+15x$ 2. $2x^2+8x$ 3. $8a^2+18a-5$ 4. $10x^2+27xy+5y^2$

5. $15x^2-22xy+8y^2$ 6. $-6b^2+19b-10$ 7. $-10a^2+27ab-5b^2$

접속하기

차시 목표 및 개념 설명

오늘은 항이 두 개인 두 다항식의 곱셈식을 전개할 때 일반적으로 적용할 수 있는 곱셈 공식을 배우려 합니다. 먼저, 이번 차시에서 많이 사용될 개념과 기술을 정리해 봅시다.

1. 항이란 무엇입니까? 항은 식에 있는 수, 변수, 수와 변수의 곱을 말합니다. 예를 들어, $3, x, 5x$ 등이 항입니다. $2x + 2$에서 항은 무엇입니까? $2x$는 x에 대한 일차항, 2는 상수항입니다. $-3a - b$에서 항은 무엇입니까? $-3a$는 a에 대한 일차항, $-b$는 b에 대한 일차항입니다. $-3a - b$에는 일차항이 두 개 포함되어 있습니다.

2. 일차항(ax)과 일차항(bx)의 곱은 x에 대한 몇 차항이 됩니까? 동일한 문자(x)에 대한 일차항과 일차항의 곱은 그 문자에 대한 이차항이 됩니다.

   $\rightarrow ax \times bx = abx^2$

3. 항이 두 개인 다항식과 다항식의 곱셈은 어떻게 전개합니까? "**처음부터 안**과 **밖**까지 두루두루 살펴봐!" 암기법을 이용하여 기억해 봅시다. 다항식의 **첫째 항**끼리의 곱, **안쪽**에 위치한 두 항의 곱, 곱셈식 **바깥쪽**으로 위치한 두 항의 곱 그리고 다항식 **둘째 항**의 곱을 덧셈한 후, 동류항을 계산합니다. 예를 들어, $(3a + 2b) \times (2a - b) = 6a^2 + 4ab - 3ab - 2b^2 = 6a^2 + ab - 2b^2$이 됩니다.

다항식과 다항식의 곱셈식 전개 순서
(Memory Booster! 처음부터 안과 밖까지 두루두루 살펴봐)

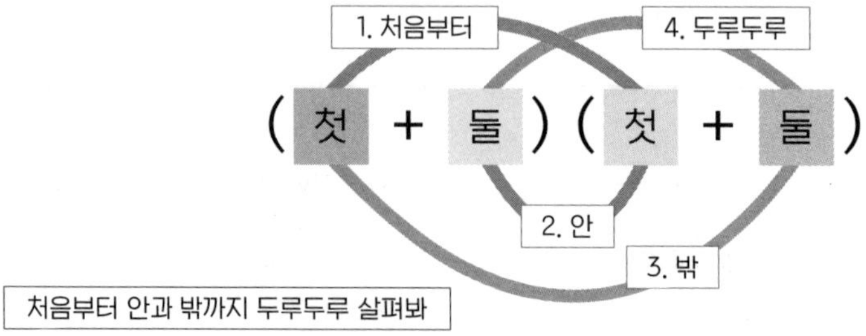

4. 항이 두 개인 다항식과 다항식의 곱셈식을 "**처**음부터 **안**과 **밖**까지 두루두루 살펴봐!"를 적용해 전개한 식에는 어떤 패턴이 있습니까? 예를 들어, $(3a + 2b) \times (2a - b) = 6a^2 + 4ab - 3ab - 2b^2 = 6a^2 + ab - 2b^2$을 살펴보면 전개식의 첫째 항은 두 다항식의 첫째 항을 곱셈한 값이고, 전개식의 둘째 항은 곱셈식 안쪽에 위치한 항들의 곱과 바깥쪽으로 위치한 항들의 곱을 더한 값입니다. 전개식의 셋째 항은 두 다항식의 둘째 항을 곱셈한 값입니다.

$\rightarrow (ax + by)(cx + dy) = axcx + bycx + axdy + bydy$

$= acx^2 + (bc+ad)xy + bdy^2$

5. 이처럼 **항이 두 개인 두 다항식의 곱셈식을 전개**할 때 공통적으로 나타나는 패턴을 공식으로 나타낸 것을 곱셈 공식 4라 합니다. 내비게이션 3.17 은 곱셈 공식 4와 그 적용 절차를 보여 주고 있습니다.

다항식	×	다항식	=	첫째 항	+	둘째 항	+	셋째 항
(A + B)	×	(C + D)	=	AC	+	(BC + AD)	+	BD
항이 두 개인 두 다항식의 곱셈 전개 방법				첫째 항 곱셈		(안쪽 곱셈 + 바깥쪽 곱셈)		둘째 항 곱셈

예를 들어, $(2x - y)(x + 3y)$를 곱셈 공식 4를 이용하여 전개하려면,

1) 주어진 식이 두 일차항이나 일차항과 상수항으로 이루어진 다항식의 곱셈식인지 확인합니다. 첫째 다항식 $2x - y$는 두 일차항(x에 대한 일차항과 y에 대한 일차항)으로 이루어진 다항식이고, 두 번째 다항식 $x + 3y$도 두 일차항으로 이루어진 다항식입니다. 곱셈 공식 4를 적용할 수 있는 문제입니다.

2) **첫째 항의 곱을** 구합니다. 첫째 항은 $2x$와 x이므로 $2x \times x$를 구합니다. $2x^2$

3) **안쪽에 위치한 두 항의 곱과 바깥 쪽으로 위치한 두 항의 곱을 덧셈합니다.**

① 안쪽에 위치한 두 항은 $-y$와 x이므로 안쪽 항의 곱은 $-y \times x = -xy$입니다.

② 바깥쪽으로 위치한 두 항은 $2x$와 $3y$이므로 두 항의 곱은 $2x \times 3y = 6xy$입니다.

③ 두 곱셈 결과를 덧셈하면 $-xy + 6xy = 5xy$입니다.

4) **둘째 항의 곱을** 구합니다. 둘째 항 $-y$와 $3y$의 곱은 $-y \times 3y = -3y^2$입니다.

5) 2단계에서 4단계까지 구한 값을 **덧셈**합니다. $2x^2 + 5xy - 3y^2$

내비게이션 3.17 에 있는 다음 그림을 참조하면 곱셈 공식 4를 적용할 때 도움이 됩니다.

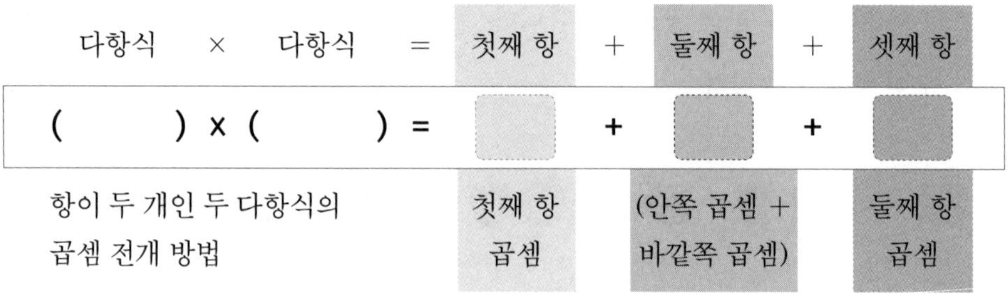

보여 주기

개념 및 기술 교수, 개념 및 기술 예시 제시, 보는 수학 내비게이션을 이용한 교사 모델링

(내비게이션 3.17 을 보여 주며) 문제를 풀기 전에, 곱셈 공식 4를 다시 한번 정리해 봅시다. 곱셈 공식 4는 항이 2개인 다항식 두 개의 곱셈식을 전개할 때 사용할 수 있는 공식입니다. 곱셈 공식 4는 $(A+B)(C+D)=AC+(BC+AD)+BD$입니다. 공식을 기억하며 $(2x+3y)(3x+5y)$를 전개해 봅시다. 두 다항식의 곱셈식을 전개할 때, 내비게이션 3.17 에 있는 것처럼 첫째 항의 곱셈, 안쪽 항의 곱셈 + 바깥쪽 항 곱셈 그리고 둘째 항의 곱셈을 구해야 한다는 것을 기억합시다.

❶ (보여 주는 문제 1을 보여 주며) $(2x + 3y)(3x + 5y)$를 전개해 봅시다.

1. 가장 먼저 할 일은 주어진 곱셈식이 곱셈 공식 4를 적용할 수 있는 문제인지를 확인하는 것입니다.
   - 첫 번째 다항식은 x에 대한 일차항$(2x)$과 y에 대한 일차항$(3y)$으로 구성되었고, 두 번째 다항식은 x에 대한 일차항 $(3x)$과 y에 대한 일차항$(5y)$으로 구성되어 있으므로 곱셈 공식 4를 적용할 수 있습니다.

2. 먼저, 전개식의 첫째 항을 구합니다.
   - 전개식의 첫째 항은 두 다항식의 첫째 항을 곱한 값입니다.
   - 두 다항식의 첫째 항은 $2x$와 $3x$이므로 두 첫째 항의 곱은 $2x \times 3x = 6x^2$입니다.

3. 다음은 전개식의 둘째 항을 구합니다.
   - 전개식의 둘째 항은 곱셈식의 안쪽에 위치한 두 항의 곱과 곱셈식의 바깥쪽에 위치한 두 항의 곱을 더한 값입니다.
   - 곱셈식의 안쪽에 위치한 항은 $3y$와 $3x$이므로 이 둘의 곱은 $3y \times 3x = 9xy$입니다.
   - 곱셈식의 바깥쪽에 위치한 항은 $2x$와 $5y$이므로 이 둘의 곱은 $2x \times 5y = 10xy$입니다.

- 안쪽에 위치한 항의 곱과 바깥쪽에 위치한 항의 곱을 더하면 $9xy + 10xy = 19xy$ 입니다.

4. 다음은 전개식의 셋째 항을 구합니다.
   - 전개식의 셋째 항은 **다항식의 둘째 항의 곱**과 같습니다.
   - 두 다항식의 둘째 항의 곱은 $3y \times 5y = 15y^2$입니다.

5. 내비게이션 3.17 을 참조하여 전개식의 첫째 항, 둘째 항, 셋째 항을 덧셈합니다.

→ $(2x + 3y)(3x + 5y) = 6x^2 + 19xy + 15y^2$

2 (보여 주는 문제 2를 보여 주며) $(3x + 5)(2x - 5)$를 간단히 전개해 봅시다.

1. 가장 먼저 할 일은 주어진 곱셈식이 곱셈 공식 4를 적용할 수 있는 문제인지를 확인하는 것입니다.
   - 첫 번째 다항식은 x에 대한 일차항$(3x)$과 상수항(5)으로 구성되었고, 두 번째 다항식은 x에 대한 일차항$(2x)$과 상수항(-5)으로 구성되어 있으므로 곱셈 공식 4를 적용할 수 있습니다.

2. 먼저, 전개식의 첫째 항을 구합니다.
   - 전개식의 첫째 항은 **두 다항식의 첫째 항을 곱한 값**입니다.
   - 두 다항식의 첫째 항은 $3x$와 $2x$이므로 두 첫째 항의 곱은 $3x \times 2x = 6x^2$입니다.

3. 다음은 전개식의 둘째 항을 구합니다.
   - 전개식의 둘째 항은 **곱셈식의 안쪽에 위치한 두 항의 곱과 곱셈식의 바깥쪽에 위치한 두 항의 곱을 더한 값**입니다.
   - 곱셈식의 안쪽에 위치한 항은 5와 $2x$이므로 이 둘의 곱은 $5 \times 2x = 10x$입니다.

- 곱셈식의 바깥쪽에 위치한 항은 $3x$와 (-5)이므로 이 둘의 곱은 $3x \times (-5) = -15x$ 입니다.
- 안쪽에 위치한 항의 곱과 바깥쪽에 위치한 항의 곱을 더하면 $10x - 15x = -5x$입니다.

4. 다음은 전개식의 셋째 항을 구합니다.

- 전개식의 셋째 항은 다항식의 둘째 항의 곱과 같습니다.
- 두 다항식의 둘째 항의 곱은 $5 \times -5 = -25$입니다.

5. 전개식의 첫째 항, 둘째 항, 셋째 항을 덧셈합니다.

→ $(3x + 5)(2x - 5) = 6x^2 - 5x - 25$

3 (보여 주는 문제 3을 보여 주며) $(2x - 4y)(5x - 9y)$를 전개해 봅시다.

1. 가장 먼저 할 일은 주어진 곱셈식이 곱셈 공식 4를 적용할 수 있는 문제인지를 확인하는 것입니다.

- 첫 번째 다항식은 x에 대한 일차항$(2x)$과 y에 대한 일차항$(-4y)$으로 구성되었고, 두 번째 다항식은 x에 대한 일차항$(5x)$과 y에 대한 일차항$(-9y)$으로 구성되어 있으므로 곱셈 공식 4를 적용할 수 있습니다.

2. 먼저, 전개식의 첫째 항을 구합니다.

- 전개식의 첫째 항은 두 다항식의 첫째 항을 곱한 값입니다.
- 두 다항식의 첫째 항은 $2x$와 $5x$이므로 두 첫째 항의 곱은 $2x \times 5x = 10x^2$입니다.

3. 다음은 전개식의 둘째 항을 구합니다.

- 전개식의 둘째 항은 곱셈식의 안쪽에 위치한 두 항의 곱과 곱셈식의 바깥쪽에 위치

한 두 항의 곱을 더한 값입니다.

- 곱셈식의 안쪽에 위치한 항은 $-4y$와 $5x$이므로 이 둘의 곱은 $-4y \times 5x = -20xy$입니다.
- 곱셈식의 바깥쪽에 위치한 항은 $2x$와 $-9y$이므로 이 둘의 곱은 $2x \times -9y = -18xy$입니다.
- 안쪽에 위치한 항의 곱과 바깥쪽에 위치한 항의 곱을 더하면 $-20xy - 18xy = -38xy$입니다.

4. 다음은 전개식의 셋째 항을 구합니다.

- 전개식의 셋째 항은 **다항식의 둘째 항의 곱과** 같습니다.
- 두 다항식의 둘째 항의 곱은 $-4y \times -9y = 36y^2$입니다.

5. 전개식의 **첫째 항, 둘째 항, 셋째 항을 덧셈**합니다.

→ $(2x - 4y)(5x - 9y) = 10x^2 - 38xy + 36y^2$

함께 풀기

(내비게이션 3.17 을 보여 주며) 곱셈 공식 4를 적용하여 항이 두 개인 두 다항식의 곱셈식을 전개하는 방법을 정리해 봅시다. 곱셈 공식 4는 (A + B)(C + D) = AC + (BC + AD) + BD입니다. 내비게이션 3.17 을 보면서 다음 문제를 함께 풀어 봅시다.

❶ (함께 풀어 보는 문제 1을 가리키며) $(a + 4)(3a + 7)$을 전개해 봅시다.

1. 곱셈 공식 4를 적용하여 항을 2개 가진 두 다항식의 곱셈식을 전개할 때, 가장 먼저 해야 할 일은 무엇입니까? 가장 먼저 할 일은 주어진 곱셈식이 곱셈 공식 4를 적용할 수 있는 문제인지를 확인하는 것입니다.
   - 주어진 곱셈식에 포함된 두 다항식은 항이 2개인 다항식입니까? 첫 번째 다항식은 a에 대한 일차항(a)과 상수항(4)으로 구성되었고, 두 번째 다항식은 a에 대한 일차항($3a$)과 상수항(7)으로 구성되어 있으므로 곱셈 공식 4를 적용할 수 있습니다.

2. 다음은 무엇을 합니까? 전개식의 첫째 항을 구합니다.
   - 전개식의 첫째 항은 어떻게 구합니까? 전개식의 첫째 항은 두 다항식의 첫째 항을 곱한 값입니다.
   - 첫 번째 다항식의 첫째 항은 무엇입니까? 첫 번째 다항식의 첫째 항은 a입니다.
   - 두 번째 다항식의 첫째 항은 무엇입니까? 두 번째 다항식의 첫째 항은 $3a$입니다.
   - 두 다항식의 첫째 항은 a와 $3a$이므로 두 첫째 항의 곱은 $a \times 3a = 3a^2$입니다.

3. 다음은 무엇을 합니까? 전개식의 둘째 항을 구합니다.
   - 전개식의 둘째 항은 어떻게 구합니까? 곱셈식의 안쪽에 위치한 두 항의 곱과 곱셈식의 바깥쪽에서 위치한 두 항의 곱을 더한 값입니다.
   - 곱셈식의 안쪽에 위치한 항은 무엇 무엇입니까? 4와 $3a$입니다. 이 둘의 곱은 $4 \times$

$3a = 12a$입니다.

- 곱셈식의 바깥쪽에 위치한 항은 무엇 무엇입니까? a와 7입니다. 이 둘의 곱은 $a \times 7 = 7a$입니다.
- 안쪽에 위치한 두 항의 곱과 바깥쪽에 위치한 두 항의 곱을 구한 후엔 무엇을 합니까? 이 둘을 덧셈합니다. 안쪽에 위치한 항의 곱과 바깥쪽에 위치한 항의 곱을 더하면 $12a + 7a = 19a$입니다.

4. 다음은 무엇을 합니까? 다음은 **전개식의 셋째 항**을 구합니다.
    - 전개식의 셋째 항은 어떻게 구합니까? 전개식의 셋째 항은 **두 다항식의 둘째 항의 곱**과 같습니다.
    - 두 다항식의 둘째 항은 각각 무엇입니까? 첫 번째 다항식의 둘째 항은 4, 두 번째 다항식의 둘째 항은 7입니다.
    - 둘째 항을 곱하면 얼마입니까? 둘째 항을 곱하면 $4 \times 7 = 28$입니다.

5. 내비게이션 3.17 을 참조하여, 전개식의 **첫째 항, 둘째 항, 셋째 항을 덧셈**합니다.
   → $(a + 4)(3a + 7) = 3a^2 + 19a + 28$

❷ (함께 풀어 보는 문제 2를 가리키며) $(4a - b)(a + 5b)$를 전개해 봅시다.

1. 곱셈 공식 4를 적용하여 항을 2개 가진 두 다항식의 곱셈식을 전개할 때, 가장 먼저 해야 할 일은 무엇입니까? 가장 먼저 할 일은 주어진 곱셈식이 곱셈 공식 4를 적용할 수 있는 문제인지를 확인하는 것입니다.
    - 주어진 곱셈식에 포함된 두 다항식은 항이 2개인 다항식입니까? 첫 번째 다항식은 a에 대한 일차항($4a$)과 b에 대한 일차항($-b$)으로 구성되었고, 두 번째 다항식은 a에 대한 일차항(a)과 b에 대한 일차항($5b$)으로 구성되어 있으므로 곱셈 공식 4를 적용할 수 있습니다.

2. 다음은 무엇을 합니까? **전개식의 첫째 항을 구합니다.**
   - 전개식의 첫째 항은 어떻게 구합니까? 전개식의 첫째 항은 **두 다항식의 첫째 항을 곱한 값**입니다.
   - 첫 번째 다항식의 첫째 항은 무엇입니까? 첫 번째 다항식의 첫째 항은 $4a$입니다.
   - 두 번째 다항식의 첫째 항은 무엇입니까? 두 번째 다항식의 첫째 항은 a입니다.
   - 두 다항식의 첫째 항은 $4a$와 a이므로 두 첫째 항의 곱은 $4a \times a = 4a^2$입니다.

3. 다음은 무엇을 합니까? **전개식의 둘째 항을 구합니다.**
   - 전개식의 둘째 항은 어떻게 구합니까? **곱셈식의 안쪽에 위치한 두 항의 곱과 곱셈식의 바깥쪽에 위치한 두 항의 곱을 더한 값**입니다.
   - 곱셈식의 안쪽에 위치한 항은 무엇 무엇입니까? $-b$와 a입니다. 이 둘의 곱은 $-b \times a = -ab$입니다.
   - 곱셈식의 바깥쪽에 위치한 항은 무엇 무엇입니까? $4a$와 $5b$입니다. 이 둘의 곱은 $4a \times 5b = 20ab$입니다.
   - 안쪽에 위치한 두 항의 곱과 바깥쪽에 위치한 두 항의 곱을 구한 후엔 무엇을 합니까? 이 둘을 덧셈합니다. 안쪽에 위치한 항의 곱과 바깥쪽에 위치한 항의 곱을 더하면 $-ab + 20ab = 19ab$입니다.

4. 다음은 무엇을 합니까? 다음은 **전개식의 셋째 항**을 구합니다.
   - 전개식의 셋째 항은 어떻게 구합니까? 전개식의 셋째 항은 **두 다항식의 둘째 항의 곱**과 같습니다.
   - 두 다항식의 둘째 항은 각각 무엇입니까? 첫 번째 다항식의 둘째 항은 $-b$, 두 번째 다항식의 둘째 항은 $5b$입니다.
   - 둘째 항을 곱하면 얼마입니까? 둘째 항을 곱하면 $-b \times 5b = -5b^2$입니다.

5. 전개식의 **첫째 항, 둘째 항, 셋째 항을 덧셈**합니다.

   → $(4a - b)(a + 5b) = 4a^2 + 19ab - 5b^2$

❸ (함께 풀어 보는 문제 3을 가리키며) $(2x-y)(3x-y)$를 전개해 봅시다.

1. 곱셈 공식 4를 적용하여 항을 2개 가진 두 다항식의 곱셈식을 전개할 때, 가장 먼저 해야 할 일은 무엇입니까? 가장 먼저 할 일은 주어진 곱셈식이 곱셈 공식 4를 적용할 수 있는 문제인지를 확인하는 것입니다.
   - 주어진 곱셈식에 포함된 두 다항식은 항이 2개인 다항식입니까? 첫 번째 다항식은 x에 대한 일차항$(2x)$과 y에 대한 일차항$(-y)$으로 구성되었고, 두 번째 다항식은 x에 대한 일차항$(3x)$과 y에 대한 일차항$(-y)$으로 구성되어 있으므로 곱셈 공식 4를 적용할 수 있습니다.

2. 다음은 무엇을 합니까? 전개식의 첫째 항을 구합니다.
   - 전개식의 첫째 항은 어떻게 구합니까? 전개식의 첫째 항은 두 다항식의 첫째 항을 곱한 값입니다.
   - 첫 번째 다항식의 첫째 항은 무엇입니까? 첫 번째 다항식의 첫째 항은 $2x$입니다.
   - 두 번째 다항식의 첫째 항은 무엇입니까? 두 번째 다항식의 첫째 항은 $3x$입니다.
   - 두 다항식의 첫째 항은 $2x$와 $3x$이므로 두 첫째 항의 곱은 $2x \times 3x = 6x^2$입니다.

3. 다음은 무엇을 합니까? 전개식의 둘째 항을 구합니다.
   - 전개식의 둘째 항은 어떻게 구합니까? 곱셈식의 안쪽에 위치한 두 항의 곱과 곱셈식의 바깥쪽에 위치한 두 항의 곱을 더한 값입니다.
   - 곱셈식의 안쪽에 위치한 항은 무엇 무엇입니까? $-y$와 $3x$입니다. 이 둘의 곱은 $-y \times 3x = -3xy$입니다.
   - 곱셈식의 바깥쪽에 위치한 항은 무엇 무엇입니까? $2x$와 $-y$입니다. 이 둘의 곱은 $2x \times -y = -2xy$입니다.
   - 안쪽에 위치한 두 항의 곱과 바깥쪽에 위치한 두 항의 곱을 구한 후엔 무엇을 합니까? 이 둘을 덧셈합니다. 안쪽에 위치한 항의 곱과 바깥쪽에 위치한 항의 곱을 더하면 $-3xy-2xy=-5xy$입니다.

4. 다음은 무엇을 합니까? 다음은 전개식의 셋째 항을 구합니다.

- 전개식의 셋째 항은 어떻게 구합니까? 전개식의 셋째 항은 두 다항식의 둘째 항의 곱과 같습니다.
- 두 다항식의 둘째 항은 각각 무엇입니까? 첫 번째 다항식의 둘째 항은 $-y$, 두 번째 다항식의 둘째 항은 $-y$입니다.
- 둘째 항을 곱하면 얼마입니까? 둘째 항을 곱하면 $-y \times -y = y^2$입니다.

5. 전개식의 첫째 항, 둘째 항, 셋째 항을 덧셈합니다.

→ $\boxed{(2x-y)(3x-y) = 6x^2 - 5xy + y^2}$

아 그렇구나!

혼동되는 문제 다시 풀기
최다 오류를 반례로 제시하여 개념 및 기술 획득 강화

아 그렇구나! 에서는 곱셈 공식 4를 이용하여 항이 2개인 두 다항식의 곱셈식을 전개할 때 우리가 자주 혼동하는 문제를 함께 풀어 봅니다. 다음 문제를 풀 때 왜 실수가 많은지 그 이유를 함께 생각해 봅시다.

1 (아 그렇구나! 문제 1을 가리키며) 곱셈 공식 4를 이용하여 $(-2x - y)(x + 3y)$를 전개할 때 혼동되는 점은 무엇입니까?

⇨ 지금까지 연습해 온 문제들은 각 다항식의 첫째 항이 양의 값이었는데, 주어진 문제는 첫 번째 다항식의 첫째 항이 음의 부호를 가진 경우입니다. 부호가 다르다고 당황하지 말고 곱셈 공식 4의 절차를 차근차근 적용해 봅시다. 전개식의 첫째 항인 두 다항식의 첫째 항의 곱($-2x \times x = -2x^2$), 전개식의 둘째 항인 안쪽에 위치한 두 항의 곱과 바깥쪽에 위치한 두 항의 곱의 합($-xy - 6xy = -7xy$), 전개식의 셋째 항인 두 다항식의 둘째 항의 곱($-3y^2$)을 구한 후 모두 더해 줍니다.

$\rightarrow (-2x - y)(x + 3y) = -2x^2 - 7xy - 3y^2$

2 (아 그렇구나! 문제 2를 가리키며) 곱셈 공식 4를 이용하여 $(-3y+2x)(3x+5y)$를 전개할 때 혼동되는 점은 무엇입니까?

⇨ 지금까지 연습해 온 문제들은 두 다항식에 포함된 항의 순서가 동일한 경우였는데, 주어진 문제는 두 다항식에 포함된 두 항의 순서가 다른 경우입니다. 첫 다항식은 y항 다음에 x항이 왔고, 둘째 다항식은 x항 다음에 y항이 온 경우입니다. 이런 경우에는 덧셈의 교환법칙을 적용하여 두 다항식 중 한 다항식의 항의 순서를 바꿔서 두 다항식의 항의 순서를 동일하게 한 후 전개하는 것이 좋습니다. 즉, $(-3y+2x)(3x+5y)=(2x-3y)(3x+5y)$이므로 $(2x-3y)(3x+5y)$를 전개합니다.

$\rightarrow (2x-3y)(3x+5y)=6x^2+(-9+10)xy-15y^2=6x^2+xy-15y^2$

배움 체크하기

(배움 체크 리스트 를 가리키며) 오늘 우리가 함께 공부한 것을 혼자서도 할 수 있는지 체크해 봅시다. 혼자서도 할 수 있으면 , 선생님의 도움이 더 필요하다면 ?에 동그라미로 표시하세요.

배움 체크 리스트		?
1. 다항식에서 차수와 문자에 따라 항을 분류할 수 있습니다.		
2. 단항식과 단항식의 곱셈 방법을 이해하고 적용할 수 있습니다.		
3. 동류항을 찾아 계산할 수 있습니다.		
4. 곱셈 공식 4는 항이 2개인 다항식의 곱셈식을 전개할 때 일반적으로 적용할 수 있는 공식임을 이해하고 적용할 수 있습니다.		
5. 곱셈 공식 4를 적용하여 다항식과 다항식의 곱셈식을 전개할 때, 전개식의 첫째 항은 다항식의 두 첫째 항의 곱, 전개식의 둘째 항은 곱셈식의 안쪽에 있는 두 항의 곱과 곱셈식 바깥쪽에 위치한 두 항의 곱을 더한 값, 전개식의 셋째 항은 다항식의 둘째 항들의 곱과 같다는 것을 이해하고 적용할 수 있습니다.		
6. 다항식 첫 항의 계수가 음수인 경우에도 곱셈 공식 4를 동일하게 적용할 수 있음을 이해하고 적용할 수 있습니다[예: $(-2x + 4)(3x - 6)$].		
7. 항의 순서가 다른 두 다항식의 곱셈식을 전개해야 할 경우, 덧셈의 교환법칙을 적용하여 항의 순서를 동일하게 한 후 곱셈식을 전개할 수 있다는 것을 이해하고 적용할 수 있습니다[예: $(-4 + 2x)(3x + 6) = (2x - 4)(3x + 6) = 6x^2 - 24$].		

혼자 풀기

(혼자 풀어 보는 문제 1~7을 제시하며) 오늘 배운 것을 기억하면서 문제를 혼자 풀어 보는 시간입니다. 내비게이션 3.17 을 사용하면 도움이 됩니다.

다음 식을 전개하시오.

1. $(5x) \times (-3x + 5)$

2. $(-2x - 3) \times (-3x)$

3. $(3a + 4)(2a - 3)$

4. $(4x + y)(3x + 5y)$

5. $(5x - 3y)(3x - 5y)$

6. $(-3b + 5)(4b - 3)$

7. $(4b - a)(-3a + 5b)$

채점 및 오답 분석

학생이 쓴 답을 기재하고, 오답인 경우 중재 결정표 에서 가능한 오류 원인을 1~8 중에서 골라 번호로 기재합니다. 기타 원인 때문에 오답이 발생했을 경우, 구체적으로 어떤 이유인지 기재합니다. 가능한 오답의 원인을 모두 기재합니다.

혼자 풀어 보는 문제	정답	학생이 쓴 답	오답 원인
1. $5x \times (-3x + 5)$	$-15x^2 + 25x$		
2. $(-2x - 3) \times (-3x)$	$6x^2 + 9x$		
3. $(3a + 4)(2a - 3)$	$6a^2 - a - 12$		
4. $(4x + y)(3x + 5y)$	$12x^2 + 23xy + 5y^2$		
5. $(5x - 3y)(3x - 5y)$	$15x^2 - 34xy + 15y^2$		
6. $(-3b + 5)(4b - 3)$	$-12b^2 + 29b - 15$		
7. $(4b - a)(-3a + 5b)$	$3a^2 - 17ab + 20b^2$		
	정답 개수	/ 7	

중재 결정표

오답 원인을 분석하여 차후 중재를 결정하세요.

오답 원인	발생 빈도	최다 발생 오류	중재 결정
1. 사전 지식 및 기술(다항식과 수의 곱셈, 지수법칙을 적용한 문자식의 곱셈, 유리수의 사칙연산, 단항식과 단항식의 곱셈, 동류항의 계산)			
2. 용어나 문제 이해 부족(항, 일차항, 동류항, 일차식, 다항식, 분배법칙, 식의 전개, 거듭제곱, 다항식)			
3. 곱셈 공식 4는 항이 2개인 두 다항식의 곱셈식을 전개할 때 적용할 수 있는 공식이라는 것의 이해와 적용의 어려움			
4. 곱셈 공식 4를 적용하여 두 다항식의 곱셈식을 전개할 때는 두 다항식의 첫째 항의 곱을 구하여 전개식의 첫째 항을 구하고, 곱셈식 안쪽의 두 항의 곱과 곱셈식 바깥쪽의 두 항의 곱을 덧셈하여 둘째 항을 구하고, 두 다항식의 둘째 항을 곱하여 전개식의 셋째 항을 구한다는 것에 대한 이해와 적용의 어려움			
5. 다항식 첫째 항의 계수가 음수인 경우에도 곱셈 공식 4를 동일하게 적용할 수 있다는 것에 대한 이해와 적용의 어려움			
6. 다항식에 포함된 항의 순서가 다른 경우, 교환법칙을 적용하여 항의 순서를 동일하게 바꾼 후에 곱셈 공식 4를 적용한다는 것에 대한 이해와 적용의 어려움			
7. 부주의/계산 실수			
8. 기타(구체적 원인 기재하기)			

가장 흔한 오답 원인	1과 2 중 하나	3, 4, 5, 6 중 하나	7
	AND	AND	OR
오답률	오답이 2개 이상	오답이 2개 이상	오답이 2개 미만
다음 중재	브리지(Bridge)	동 차시 반복	다음 차시

브리지(Bridge) 차시
- 3.6차시
- 3.11차시
- 3.13차시
- 3.16차시

18차시

주어진 식의 문자에 다른 식 대입하기

[내비게이션 3.18] 주어진 식을 어떤 문자에 대한 식으로 나타내기

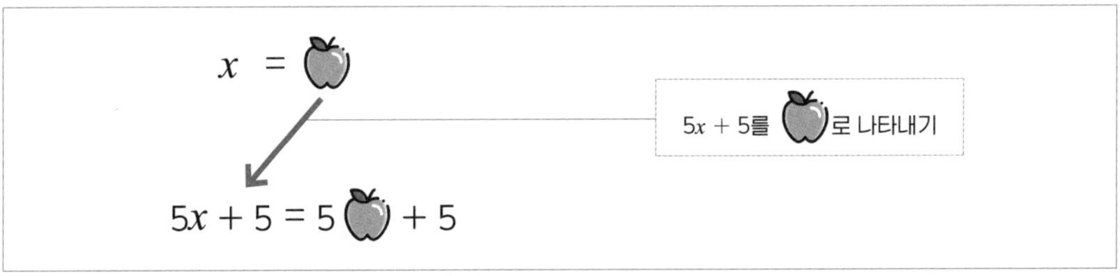

	주어진 식을 어떤 문자에 대한 식으로 나타내는 절차	예 ($y=x+2$일 때, 주어진 식 $x-3y$를 문자 x에 대한 식으로 나타내기)
1	주어진 식 확인 후 정리	• $x-3y$가 주어진 식 • 더 간단히 정리될 수 없는 식
2	제거할 문자 확인 → 주어진 식에 포함된 문자 중 식을 나타내야 할 문자를 제외한 다른 문자들	• x에 대한 식으로 나타내야 함 • y가 제거할 식($x-3y$)
3	대입할 식 확인	$y=x+2$
4	제거할 문자에 대입할 식 대입	$x-3y=x-3(x+2)$
5	전개 후 동류항 계산	$x-3(x+2)=x-3x-6$ $=-2x-6$

차시 목표 주어진 식의 문자에 다른 식을 대입할 수 있다.

사전 지식 유리수의 사칙연산, 항, 일차항, 동류항, 일차식, 동류항의 덧셈과 뺄셈, 식의 대입, 식의 문자에 수 대입, 단항식과 다항식의 곱셈

준비물 3단계 18차시 학생용 교재, **내비게이션 3.18**

흔한 오류

1. 'x에 대한 식으로 나타낸다'는 표현이 식을 정리하여 문자 x만 남기라는 뜻임을 이해하지 못하고 'x에 대하여 푼다'와 혼동한다.
   - 오류 예: '$y = x + 3$일 때, $2x + y$를 x에 대한 식으로 나타내라'에 대하여 $x = y - 3$이라 답한다.

2. 어떤 식이 주어진 식이고, 어떤 식이 대입해야 할 식인지 혼동한다.
   - 오류 예: '$y = x + 3$일 때, $2x + y$를 x에 대한 식으로 나타내라'에 대하여 $y = -2x$를 $y = x + 3$에 대입하여 $-2x = x + 3$이라 답한다.

3. 'x에 대한 식으로 나타낸다'는 것은 y값에 x에 대한 식을 대입한다는 뜻인데, x값과 y값 둘 다에 대입한다.
   - 오류 예: '$y = x + 3$일 때, $2x + y$를 x에 대한 식으로 나타내라'에 대하여 $y = x + 3$을 식 $2x + y$의 x, y값에 대입한다.

     $\rightarrow 2(x + 3) + (x + 3) = 3x + 9$

4. 단항식과 다항식의 곱셈식을 분배법칙을 적용하여 전개하는 과정이나 동류항 계산에서 오류를 보인다.

- 오류 예: '$y = x + 3$일 때, $-x - 2y$를 x에 대한 식으로 나타내라'에 대하여 $-x - 2(x + 3)$ $= -x - 2x + 6 = -3x + 6$

5. 주어진 식의 두 개의 문자 대신 다른 두 식을 대입하여 다른 문자에 대한 식으로 나타내야 하는 경우, 포함된 문자가 많아 혼동한다.

- 예: $x = a + b$, $y = -a + 2b$일 때, $2x + y - (3x - 2y)$를 a, b에 대한 식으로 나타내라.

6. 식을 대입하기 전에 식의 정리가 필요한 경우, 주어진 식을 정리해야 한다는 것을 알아차리지 못하고 먼저 문자 대신 식을 대입하여 동류항을 정리하는 과정에서 혼동한다.

- 오류 예: $y = -x + 2$일 때, $2x + y - (3x - 2y)$를 x에 대한 식으로 나타내기 위하여 먼저 주어진 식을 간단히 정리하지 않고 $y = -x + 2$를 바로 주어진 식에 대입하여 계산하다가 오류를 보인다.

사전평가

처음 두 문제는 가장 필수적인 사전 지식에 대한 이해를 묻고, 3번부터 7번까지는 차시 목표인 개념과 기술의 이해를 묻습니다.

다음 문제에 답하시오.

1. $(-3x) \times (-2x + 5)$를 전개하시오.

2. $x = 4$일 때, $-2x + 5$의 값을 구하시오.

3. $y = 2x - 3$일 때, $3x + 2y + 5$를 x에 대한 식으로 나타내시오.

4. $y = 3x + 2$일 때, $5x - 2y - 3$을 x에 대한 식으로 나타내시오.

5. $x = -3y + 5$일 때, $-5x + y - 7$을 y에 대한 식으로 나타내시오.

6. $x = 3a - 2b$, $y = 2a + 7b$일 때, $x - y$를 a, b에 대한 식으로 나타내시오.

7. $a = 3x - y$, $b = x + y$일 때, $3a - 2b$를 x, y에 대한 식으로 나타내시오.

정 답

1. $-6x^2 - 15x$ 2. -3 3. $7x - 1$ 4. $-x - 7$
5. $16y - 32$ 6. $a - 9b$ 7. $7x - 5y$

접속하기

차시 목표 및 개념 설명

오늘은 주어진 식을 간단히 정리한 후 주어진 식의 문자에 그 문자를 나타내는 다른 식을 대입하여 주어진 식을 어떤 문자에 대한 식으로 나타내는 방법을 배우려 합니다. 먼저, 이번 차시에서 많이 사용될 개념과 기술을 정리해 봅시다.

1. 대입이란 무엇입니까? 대입이란 문자가 있는 식에 특정 문자 대신 그 문자를 나타내는 식이나 수를 넣는 것을 말합니다. 예를 들어, $x = 3$일 때 $2x + 5$의 식의 값을 구하라는 문제는 $2x + 5$의 x 대신 x를 나타내는 수인 3을 넣어 그 값($2 \times 3 + 5 = 10$)을 구해야 하는 문제입니다.

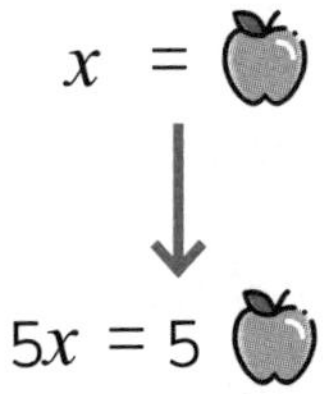

2. 마찬가지로, 주어진 식의 특정 문자에 수 대신 그 문자 값을 나타내는 다른 식을 대입할 수도 있습니다. 예를 들어, $x = a + 3$일 때 주어진 식 $2x + 5$를 문자 a에 대한 식으로 나타내라는 문제는 주어진 식 $2x + 5$에 x를 나타내는 식인 $x = a + 3$을 넣어 x를 없애고 a를 포함하는 식으로 나타내라는 의미입니다[$2x + 5 = 2(a + 3) + 5 = 2a + 11$].

3. 어떤 문자에 대한 식으로 나타낸다는 것은 무슨 뜻입니까? 식을 정리하여 다른 문자는 다 제거하고, 그 특정 문자만 정리된 식에 남긴다는 뜻입니다. 예를 들어, $y = x + 2$일 때 주어진 식 $x - 3y$를 문자 x에 대한 식으로 나타내라는 문제는 주어진 식 $x - 3y$에 y를 나타내는 식인 $y = x + 2$를 넣어 y를 없애고 x를 포함하는 식으로 나타내라는 의미입니다[$x - 3y = x - 3(x + 2) = -2x - 6$].

4. 내비게이션 3.18 은 주어진 식을 어떤 문자에 대한 식으로 나타내는 절차를 보여 주고 있습니다.

예를 들어, $y = 2x + 3$일 때 $x + 3y$를 x에 대한 식으로 나타내려면,

1) 어떤 문자에 대한 식으로 나타낼 **주어진 식을** 확인하고 정리합니다.

   주어진 식은 $x + 3y$이며 간단히 정리된 식입니다.

2) 어떤 문자가 **제거할 문자**인지 확인합니다. 주어진 식에 포함된 문자 중 식을 나타낼 문자를 제외한 문자들이 제거할 문자입니다. $x + 3y$를 x에 대한 식으로 나타내야 하므로 y가 제거해야 할 문자입니다.

3) 제거해야 할 문자에 **대입할 식**을 확인합니다. y에 대입할 식은 $y = 2x + 3$입니다.

4) 주어진 식에 제거할 문자 대신 **대입할 식을 대입**합니다. $x + 3y$에 y 대신 $y = 2x + 3$을 대입합니다.

   $\rightarrow x + 3y = x + 3(2x + 3)$

5) **식을 전개한 후 동류항끼리 계산**합니다.

   $\rightarrow x + 3(2x + 3) = x + 6x + 9 = 7x + 9$

보여 주기

개념 및 기술 교수, 개념 및 기술 예시 제시, 보는 수학 내비게이션을 이용한 교사 모델링

(내비게이션 3.18 을 보여 주며) 문제를 풀기 전에, 주어진 식을 어떤 문자에 대하여 나타내는 방법을 정리해 봅시다. 먼저, 주어진 식을 확인하고 전개나 동류항 계산을 통해 식을 정리합니다. 다음은 제거할 문자를 확인한 후, 제거할 문자를 나타내는 식을 주어진 식에 대입합니다. 동류항끼리 계산하여 주어진 식을 정리합니다. 주어진 식을 어떤 문자에 대하여 나타내는 절차를 기억하며, $y=2x-5$일 때 $3x-y+4$를 x에 대한 식으로 나타내 봅시다.

1 (보여 주는 문제 1을 보여 주며) $y = 2x - 5$**일 때,** $3x - y + 4$**를** x**에 대한 식으로 나타내시오.**

1. 가장 먼저 할 일은 어떤 문자에 대한 식으로 나타낼 **주어진 식을** 확인하고 정리합니다.
   - 이 문제에서 주어진 식은 $3x - y + 4$이고, 더 이상 간단히 정리할 수 없는 식입니다.

2. 다음은 어떤 문자가 **제거할 문자**인지 확인합니다.
   - 주어진 식에 포함된 문자 중 식을 나타낼 문자를 제외한 문자가 제거할 문자입니다.
   - 주어진 식 $3x - y + 4$를 x에 대한 식으로 나타내야 하므로 y가 제거해야 할 문자입니다.

3. 다음은 제거해야 할 문자에 **대입할 식을** 확인합니다.
   - 제거해야 할 문자 y에 대입할 식은 $y = 2x - 5$입니다.

4. 다음은 주어진 식에 제거할 문자 대신 **대입할 식을 대입**합니다.
   - $3x - y + 4$에 y 대신 $y = 2x - 5$를 대입합니다.

     $\rightarrow 3x - y + 4 = 3x - (2x - 5) + 4$

5. 마지막으로, 식을 전개한 후 동류항끼리 계산합니다.

→ $3x - (2x - 5) + 4 = 3x - 2x + 5 + 4 = x + 9$

❷ (보여 주는 문제 2를 보여 주며) $x = 3y + 2$일 때, $-2x - 3y + 1$을 y에 대한 식으로 나타내시오.

1. 가장 먼저 할 일은 어떤 문자에 대한 식으로 나타낼 주어진 식을 확인하고 정리합니다.
   - 이 문제에서 주어진 식은 $-2x - 3y + 1$이며, 더 이상 간단히 정리할 수 없는 식입니다.

2. 다음은 어떤 문자가 제거할 문자인지 확인합니다.
   - 주어진 식에 포함된 문자 중 식을 나타낼 문자를 제외한 문자가 제거할 문자입니다.
   - 주어진 식 $-2x - 3y + 1$을 y에 대한 식으로 나타내야 하므로 x가 제거해야 할 문자입니다.

3. 다음은 제거해야 할 문자에 대입할 식을 확인합니다.
   - 제거해야 할 문자 x에 대입할 식은 $x = 3y + 2$입니다.

4. 다음은 주어진 식에 제거할 문자 대신 대입할 식을 대입합니다.
   - 주어진 식 $-2x - 3y + 1$에 x 대신 $x = 3y + 2$를 대입합니다.

   → $-2x - 3y + 1 = -2(3y + 2) - 3y + 1$

5. 마지막으로, 식을 전개한 후 동류항끼리 계산합니다.

→ $-2(3y + 2) - 3y + 1 = -6y - 4 - 3y + 1 = -9y - 3$

❸ (보여 주는 문제 3을 보여 주며) $x = a - 3b$, $y = 2a + b$일 때, $3x - y$를 a, b에 대한 식으로 나타내시오.

1. 가장 먼저 할 일은 어떤 문자에 대한 식으로 나타낼 주어진 식을 확인하고 정리합니다.
   - 이 문제에서 주어진 식은 $3x - y$이고, 더 이상 간단히 정리할 수 없는 식입니다.

2. 다음은 어떤 문자가 제거할 문자인지 확인합니다.
   - 주어진 식에 포함된 문자 중 식을 나타낼 문자를 제외한 문자가 제거할 문자입니다.
   - 주어진 식 $3x - y$를 a, b에 대한 식으로 나타내야 하므로 x, y를 둘 다 제거해야 합니다.

3. 다음은 제거해야 할 문자에 대입할 식을 확인합니다.
   - 제거해야 할 문자 x에 대입할 식은 $x = a - 3b$이고, 문자 y에 대입할 식은 $y = 2a + b$입니다.

4. 다음은 주어진 식에 제거할 문자 대신 대입할 식을 대입합니다.
   - 주어진 식 $3x - y$에 x 대신 $x = a - 3b$, y 대신 $y = 2a + b$를 대입합니다.

   → $3x - y = 3(a - 3b) - (2a + b)$

5. 마지막으로, 식을 전개한 후 동류항끼리 계산합니다.

   → $3(a - 3b) - (2a + b) = 3a - 9b - 2a - b = a - 10b$

함께 풀기

(내비게이션 3.18 을 보여 주며) 문제를 풀기 전에, 주어진 식을 어떤 문자에 대하여 나타내는 방법을 정리해 봅시다. 먼저, 주어진 식을 확인하고 제거할 문자를 확인한 후, 제거할 문자를 나타내는 식을 제거할 문자에 대입합니다. 동류항끼리 계산하여 주어진 식을 정리합니다. 주어진 식을 어떤 문자에 대하여 나타내는 절차를 기억하며, $y=2x-1$일 때 $4x-2y$를 x에 대한 식으로 나타내 봅시다.

1 (함께 풀어 보는 문제 1을 가리키며) $y = 2x - 1$일 때, $4x - 3y$를 x에 대한 식으로 나타내시오.

1. 주어진 식을 어떤 문자에 대한 식으로 나타낼 때 가장 먼저 할 일은 무엇입니까? 주어진 식을 확인하고 정리합니다.
   - 이 문제에서 어떤 문자에 대한 식으로 나타낼 주어진 식은 무엇입니까? 이 문제에서 주어진 식은 $4x - 3y$입니다.
   - 주어진 식 $4x - 3y$는 더 간단히 정리할 수 있는 식입니까? 주어진 식 $4x - 3y$는 더 이상 간단히 정리할 수 없는 식입니다.

2. 주어진 식을 확인한 후에는 무엇을 합니까? 어떤 문자가 **제거할 문자**인지 확인합니다.
   - 어떤 문자가 제거할 문자입니까? 이 문제는 주어진 식 $4x - 3y$를 x에 대한 식으로 나타내야 하므로 주어진 식에서 y를 제거해야 합니다.

3. 다음은 무엇을 합니까? 제거해야 할 문자에 **대입할** 식을 확인합니다.
   - 제거해야 할 문자 y에 대입할 식은 무엇입니까? y에 대입할 식은 $y = 2x - 1$입니다.

4. 다음은 무엇을 합니까? 주어진 식에 제거할 문자 대신 **대입할 식을 대입**합니다.

- 주어진 식 $4x - 3y$에 y 대신 대입할 식은 무엇입니까? y 대신 $y = 2x - 1$을 대입합니다.

  $\rightarrow 4x - 3y = 4x - 3(2x - 1)$

5. 다음은 무엇을 합니까? 식을 전개한 후 **동류항끼리 계산**합니다.

$\rightarrow$ $\boxed{4x - 3(2x - 1) = 4x - 6x + 3 = -2x + 3}$

2 (함께 풀어 보는 문제 2를 가리키며) $x = -y + 2$일 때, $-3x - y + 1$을 y에 대한 식으로 나타내시오.

1. 주어진 식을 어떤 문자에 대한 식으로 나타낼 때 가장 먼저 할 일은 무엇입니까? **주어진 식을 확인**하고 정리합니다.

- 이 문제에서 어떤 문자에 대한 식으로 나타낼 주어진 식은 무엇입니까? 이 문제에서 주어진 식은 $-3x - y + 1$입니다.
- 주어진 식 $-3x - y + 1$은 정리가 더 필요한 식입니까? 주어진 식 $-3x - y + 1$은 더 이상 정리할 수 없는 식입니다.

2. 주어진 식을 확인한 후에는 무엇을 합니까? 어떤 문자가 **제거할 문자**인지 확인합니다.

- 어떤 문자가 제거할 문자입니까? 이 문제는 주어진 식 $-3x - y + 1$을 y에 대한 식으로 나타내야 하므로 주어진 식에서 x를 제거해야 합니다.

3. 다음은 무엇을 합니까? 제거해야 할 문자에 **대입할 식**을 확인합니다.

- 제거해야 할 문자 x에 대입할 식은 무엇입니까? x에 대입할 식은 $x = -y + 2$입니다.

4. 다음은 무엇을 합니까? 주어진 식에 제거할 문자 대신 대입할 식을 대입합니다.

- 주어진 식 $-3x-y+1$에 x 대신 대입할 식은 무엇입니까? x 대신 $x=-y+2$를 대입합니다.

  $\rightarrow -3x-y+1=-3(-y+2)-y+1$

5. 다음은 무엇을 합니까? 식을 전개하고 동류항끼리 계산합니다.

  $\rightarrow$ $\boxed{-3(-y+2)-y+1=3y-6-y+1=2y-5}$

③ (함께 풀어 보는 문제 3을 가리키며) $x=a-2b$, $y=a+b$일 때, $x-2y$를 a, b에 대한 식으로 나타내시오.

1. 주어진 식을 어떤 문자에 대한 식으로 나타낼 때 가장 먼저 할 일은 무엇입니까? 주어진 식을 확인하고 정리합니다.

- 이 문제에서 어떤 문자에 대한 식으로 나타낼 주어진 식은 무엇입니까? 이 문제에서 주어진 식은 $x-2y$입니다.
- 주어진 식 $x-2y$는 정리가 더 필요한 식입니까? 주어진 식 $x-2y$는 더 이상 정리할 수 없는 식입니다.

2. 주어진 식을 확인한 후에는 무엇을 합니까? 어떤 문자가 제거할 문자인지 확인합니다.

- 어떤 문자가 제거할 문자입니까? 이 문제는 주어진 식 $x-2y$를 a, b에 대한 식으로 나타내야 하므로 주어진 식에서 x, y를 둘 다 제거해야 합니다.

3. 다음은 무엇을 합니까? 제거해야 할 문자에 대입할 식을 확인합니다.

- 제거해야 할 문자 x에 대입할 식은 무엇입니까? x에 대입할 식은 $x=a-2b$입니다.

- 제거해야 할 문자 y에 대입할 식은 무엇입니까? y에 대입할 식은 $y = a + b$입니다.

4. 다음은 무엇을 합니까? 주어진 식에 제거할 문자 대신 대입할 식을 대입합니다.
   - 주어진 식 $x - 2y$에 x, y 대신 각각 무엇을 대입합니까? x 대신 $x = a - 2b$, y 대신 $y = a + b$를 대입합니다.

     $\rightarrow x - 2y = (a - 2b) - 2(a + b)$

5. 다음은 무엇을 합니까? 식을 전개하고 동류항끼리 계산합니다.

   $\rightarrow \boxed{(a - 2b) - 2(a + b) = a - 2b - 2a - 2b = -a - 4b}$

아 그렇구나!

- 혼동되는 문제 다시 풀기
- 최다 오류를 반례로 제시하여 개념 및 기술 획득 강화

아 그렇구나! 에서는 주어진 식의 문자에 다른 식을 대입하여 어떤 문자에 대하여 나타낼 때 우리가 자주 혼동하는 문제를 함께 풀어 봅니다. 다음 문제를 풀 때 왜 실수가 많은지 그 이유를 함께 생각해 봅시다.

1 (아 그렇구나! 문제 1을 가리키며) $a = 2x - y$, $b = 3x + 2y$일 때, $5a - 2(a - b)$를 x, y에 대한 식으로 나타낼 때 혼동되는 점은 무엇입니까?

⇨ 지금까지 연습해 온 문제들은 주어진 식이 더 이상 정리할 수 없는 간단한 식이었는데, 이 문제는 주어진 식이 정리가 필요한 식입니다. 문제를 풀기 전에 가장 먼저 해야 할 일은 주어진 식 $5a - 2(a - b)$를 정리하여 $5a - 2(a - b) = 3a + 2b$로 간단하게 바꾸는 일입니다. 이 문제를 풀기 위해서는 또한 a, b 대신에 x와 y를 포함하는 문자식을 대입해야 합니다.

$\rightarrow 3a + 2b = 3(2x - y) + 2(3x + 2y) = 6x - 3y + 6x + 4y = 12x + y$

❷ (아 그렇구나! 문제 2를 가리키며) $x = a + b$, $y = 2a + 3b$일 때, $\frac{2x}{4} - \frac{y}{3}$를 a, b에 대한 식으로 나타낼 때 혼동되는 점은 무엇입니까?

⇨ 이 문제도 주어진 식에 x, y 값을 대입하기 전에 주어진 식을 정리해야 하는 문제입니다. 이 문제는 문자가 있는 분수식이어서 정리가 더 까다롭다고 생각할 수 있습니다. 먼저, 주어진 식을 정리하면 $\frac{2x}{4} - \frac{y}{3} = \frac{6x}{12} - \frac{4y}{12} = \frac{6x - 4y}{12}$입니다.

x, y 값을 대입하면 $\frac{6x - 4y}{12} = \frac{6(a + b) - 4(2a + 3b)}{12} = \frac{-2a - 6b}{12} = \frac{-a - 3b}{6}$입니다.

배움 체크하기

(배움 체크 리스트 를 가리키며) 오늘 우리가 함께 공부한 것을 혼자서도 할 수 있는지 체크해 봅시다. 혼자서도 할 수 있으면 , 선생님의 도움이 더 필요하다면 ?에 동그라미로 표시하세요.

배움 체크 리스트		?
1. 단항식과 다항식의 곱셈 방법을 이해하고 적용할 수 있습니다.		
2. 문자가 있는 식에 문자 대신 수를 대입하여 식의 값을 구할 수 있습니다(예: $x = 3$일 때, $2x + 4$를 구하여라).		
3. 어떤 문자에 대한 식으로 나타낸다는 것은 식을 정리하여 다른 문자는 다 제거하고, 그 특정 문자만 정리된 식에 남긴다는 뜻이라는 것을 이해하고 적용할 수 있습니다.		
4. 주어진 식을 어떤 문자에 대한 식으로 나타낼 때, 주어진 식과 대입해야 할 식을 구분할 수 있습니다.		
5. 문자 대신 식을 대입하기 전에 주어진 식을 먼저 간단히 정리해야 함을 이해하고 적용할 수 있습니다.		
6. 주어진 식을 어떤 문자에 대한 식으로 나타낼 때, 주어진 식에서 제거할 문자를 확인하여 대입할 식을 제거할 문자에 대입함을 이해하고 적용할 수 있습니다.		
7. 주어진 식의 제거할 문자에 대입할 식을 대입한 후, 식을 전개하고 동류항끼리 계산한다는 것을 이해하고 적용할 수 있습니다.		

혼자 풀기

(혼자 풀어 보는 문제 1~7을 제시하며) 오늘 배운 것을 기억하면서 문제를 혼자 풀어 보는 시간입니다. 내비게이션 3.18 을 사용하면 도움이 됩니다.

다음 문제에 답하시오.

1. $(-4x) \times (-3x - 2)$를 전개하시오.

2. $x = 3$일 때, $-5x + 3$의 값을 구하시오.

3. $y = 3x - 1$일 때, $3x + 2y + 5$를 x에 대한 식으로 나타내시오.

4. $y = 4x + 3$일 때, $5x - 2y - 3$을 x에 대한 식으로 나타내시오.

5. $x = -2y + 7$일 때, $-5x + y - 7$을 y에 대한 식으로 나타내시오.

6. $x = 2a - 5b$, $y = 7a + 3b$일 때, $x - y$를 a, b에 대한 식으로 나타내시오.

7. $a = x - 3y$, $b = 4x + y$일 때, $3a - 2b$를 x, y에 대한 식으로 나타내시오.

채점 및 오답 분석

학생이 쓴 답을 기재하고, 오답인 경우 중재 결정표 에서 가능한 오류 원인을 1~8 중에서 골라 번호로 기재합니다. 기타 원인 때문에 오답이 발생했을 경우, 구체적으로 어떤 이유인지 기재합니다. 가능한 오답의 원인을 모두 기재합니다.

혼자 풀어 보는 문제	정답	학생이 쓴 답	오답 원인
1. $(-4x) \times (-3x - 2)$	$12x^2 + 8x$		
2. $x = 3$일 때, $-5x + 3$	-12		
3. $y = 3x - 1$일 때, $3x + 2y + 5$ (x에 대한 식)	$9x + 3$		
4. $y = 4x + 3$일 때, $5x - 2y - 3$ (x에 대한 식)	$-3x - 9$		
5. $x = -2y + 7$일 때, $-5x + y - 7$ (y에 대한 식)	$11y - 42$		
6. $x = 2a - 5b$, $y = 7a + 3b$일 때, $x - y$ (a, b에 대한 식)	$-5a - 8b$		
7. $a = x - 3y$, $b = 4x + y$일 때, $3a - 2b$ (x, y에 대한 식)	$-5x - 11y$		
	정답 개수	/ 7	

중재 결정표

☞ **오답 원인을 분석하여 차후 중재를 결정하세요.**

오답 원인	발생 빈도	최다 발생 오류	중재 결정
1. 사전 지식 및 기술(다항식과 단항식의 곱셈, 식의 값 구하기, 유리수의 사칙연산, 분배법칙, 식의 전개, 동류항의 계산)			
2. 용어나 문제 이해 부족(동류항, 전개, 다항식, 분배법칙, 식의 값, 대입)			
3. 주어진 식과 대입할 식을 구분하고 적용하는 것의 어려움			
4. 문자나 식을 대입하기 전에 주어진 식을 간단히 정리해야 한다는 것에 대한 이해와 적용의 어려움			
5. 주어진 식에서 제거해야 할 문자에 문자나 식을 대입한다는 것에 대한 이해와 적용의 어려움			
6. 주어진 식에 문자나 식을 대입 후 식의 전개나 동류항 계산에 대한 이해와 적용의 어려움			
7. 부주의/계산 실수			
8. 기타(구체적 원인 기재하기)			

가장 흔한 오답 원인	1과 2 중 하나	3, 4, 5, 6 중 하나	7
	AND	AND	OR
오답률	오답이 2개 이상	오답이 2개 이상	오답이 2개 미만
다음 중재	**브리지(Bridge)**	**동 차시 반복**	**다음 차시**

브리지(Bridge) 차시
- 2.19차시
- 2.21차시
- 3.11차시

19차시

등식의 변형 - 등식을 한 문자에 대해 풀기

[내비게이션 3.19] 등식을 어떤 문자에 대해 풀기

	주어진 등식을 어떤 문자에 대해 푸는 절차	예 ($2x+6y=2+3y$를 y에 대하여 풀기)
①	어떤 문자에 대해 풀어야 하는지 확인 후 표시	$2x + 6y = 2 + 3y$
②	그 문자를 포함하는 항을 좌변에 모음 → 이항을 할 때는 항의 부호를 반대 부호로 바꿈	$2x + 6y = 2 + 3y$ $2x + 6y - 3y = 2$
③	좌변 동류항 계산	$2x + 3y = 2$
④	좌변 나머지 항은 우변으로 이항 → 이항을 할 때는 항의 부호를 반대 부호로 바꿈	$2x + 3y = 2$ $3y = 2 - 2x$ $3y = -2x + 2$
⑤	좌변 항 계수로 양변 나눔	$3y = -2x + 2$ $\frac{3y}{3} = \frac{-2x + 2}{3}$ $y = \frac{-2x + 2}{3}$

주어진 식을 어떤 문자에 대한 식으로 나타내기

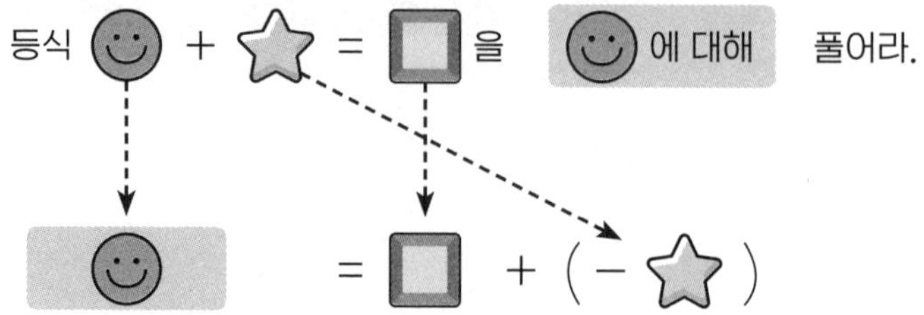

등호 건너서 이항 시 항의 부호 바뀜

○ 다음 그림을 참조하면서 문제를 풀어 보세요.

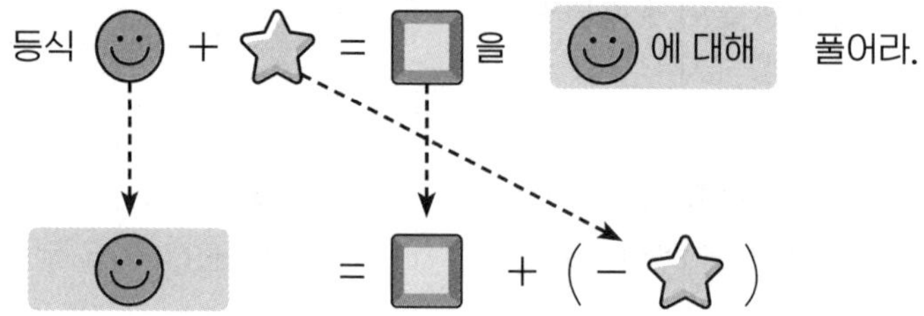

차시 목표 등식을 변형하여 한 문자에 대해 풀 수 있다.

사전 지식 유리수의 사칙연산, 역수, 항, 일차항, 등식의 의미, 이항의 의미, 좌변, 우변, 등식의 성질, 다항식과 단항식의 곱셈과 나눗셈, 분배법칙

준비물 3단계 19차시 학생용 교재, 내비게이션 3.19

흔한 오류

1. '등식 $2x + 3y = 6$을 y에 대하여 풀어라'라는 표현이 y를 좌변에, 나머지 항은 등호의 우변에 위치하도록 등식을 변형하는 것을 의미한다는 것을 이해하지 못한다.

2. 이항 후 항의 부호를 바꾸지 않는다.
   - 오류 예: $2x + 3y = 6$을 y에 대하여 풀 경우, y가 있는 항인 $3y$를 좌변에 남기고 나머지 항을 우변에 옮길 때 $2x$를 $-2x$로 바꾸지 않는다. $3y = 2x + 6$이라 답한다.

3. 이항 후 $3y$에 대한 식을 y에 대한 식으로 변경하기 위해 양변을 3으로 나눠 줘야 하는데, 좌변인 $3y$만 3으로 나누고 우변인 $-2x + 6$은 3으로 나누지 않는다.
   - 오류 예: $3y = -2x + 6$, $y = -2x + 6$

4. 이항 후 $3y$에 대한 식을 y에 대한 식으로 변경하기 위해 양변을 3으로 나눠 줘야 하는데, 우변을 3으로 나눌 때 다항식과 수의 나눗셈에서 오류를 보인다.
   - 오류 예: $3y = -2x + 6$, $y = -2x + 2$

5. $x = \frac{1}{y}$을 y에 대하여 풀 때, y값이 분수의 분모에 있어서 혼동한다.

6. 문자항의 계수가 분수인 경우, 마지막에 문자만 남기기 위해 양변을 문자항의 계수로 나눌 때 혼동한다.
   - 오류 예: $\frac{2}{3}y = 2x + 4 \Rightarrow y = \frac{2x}{3} + \frac{4}{3}$

사전평가

처음 두 문제는 가장 필수적인 사전 지식에 대한 이해를 묻고, 3번부터 7번까지는 차시 목표인 개념과 기술의 이해를 묻습니다.

다음 문제를 풀어 보시오.

1. $(-10x + 5) \div 5$를 전개하시오.

2. $\dfrac{9x - 3}{-3}$을 간단히 정리하시오.

3. $3x + 6y = 18$을 y에 대하여 풀어 보시오.

4. $-3a + 7b = 21$을 b에 대하여 풀어 보시오.

5. $5x + y = 3y + 12$를 y에 대하여 풀어 보시오.

6. $2ab - 8a + 24 = 0$을 b에 대하여 풀어 보시오.

7. $T = M(2 + RN)$일 때, N에 대하여 풀어 보시오.

정 답

1. $-2x+1$ 2. $-3x+1$ 3. $y=-\frac{1}{2}x+3$ 4. $b=\frac{3}{7}a+3$

5. $y=\frac{5}{2}x-6$ 6. $b=-\frac{12}{a}+4$ 7. $\mathrm{N}=\frac{1}{R}\,\frac{(T-2M)}{M}$ 또는 $N=\frac{1}{R}(\frac{T}{M}-2)$

접속하기

차시 목표 및 개념 설명

오늘은 주어진 등식을 한 문자에 대하여 푸는 방법에 대해 배우려 합니다. 먼저, 이번 차시에서 많이 사용될 개념과 기술을 정리해 봅시다.

1. 등식이란 무엇입니까? 등식이란 등호(=)를 사용하여 두 수 또는 두 식이 서로 같음을 나타낸 식을 말합니다. 등식에서 등호의 왼쪽 부분을 좌변, 등호의 오른쪽 부분을 우변이라 합니다. 예를 들어, 등식 $y + 2 = 2x + 5$에서 좌변은 $y + 2$, 우변은 $2x + 5$입니다.

2. 등식에는 어떤 성질이 있습니까? 등식은 양변에 같은 수를 더하거나, 빼거나, 곱하거나, 나눠도 양변이 같습니다.

   → $y + 2 = 2x + 5$면,

   1) $(y + 2) + 5 = (2x + 5) + 5$
   2) $(y + 2) - 2 = (2x + 5) - 2$
   3) $(y + 2) \times 3 = (2x + 5) \times 3$
   4) $(y + 2) \div 4 = (2x + 5) \div 4$

3. 이항이란 무엇입니까? 이항이란 등식의 성질을 이용하여 등식의 한 변에 있는 항을 부호를 바꾸어 다른 변으로 옮기는 것을 말합니다. 예를 들어, $y + 2 = 2x + 5$에서 좌변에 y만 남기기 위하여 좌변에 있는 2를 -2로 바꿔 우변으로 옮길 때, 2를 우변으로 이항했다고 합니다.

   → $y + 2 = 2x + 5$

   → $y \quad = 2x + 5 - 2$

4. 어떤 문자에 대하여 등식을 푼다는 것은 무슨 뜻입니까? 어떤 문자에 대하여 등식을 푼

다는 것은 등호의 왼쪽인 좌변에 그 문자를 포함하는 항을 이항하고, 나머지 항은 우변으로 이항하도록 등식을 변형하는 것을 말합니다. 예를 들어, $y = 2x + 3$은 등식 $y + 2 = 2x + 5$를 문자 y에 대하여 푼 것입니다.

5. 내비게이션 3.19 는 주어진 등식을 어떤 문자에 대하여 푸는 절차를 보여 주고 있습니다.

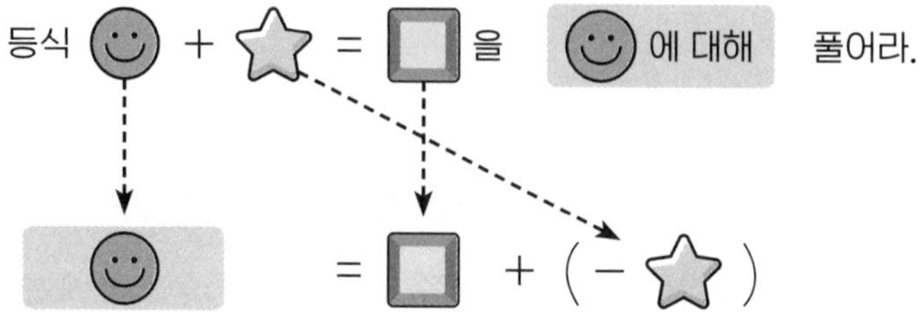

예를 들어, $2x + 6y = 2 + 3y$를 y에 대하여 풀기 위해서는,

1) 주어진 등식을 어떤 문자에 대하여 풀어야 하는지 확인하고, 그 문자를 포함하는 항에 표시를 합니다. 주어진 등식은 y에 대해 풀어야 하므로 $6y$와 $3y$에 표시를 합니다.

   → $2x + 6y = 2 + 3y$

2) 그 문자를 포함하는 항을 등호의 좌변에 위치하도록 합니다. 등호의 반대쪽으로 이항해야 할 경우에는 항의 부호를 반대 부호로 바꿉니다. 문자 y를 포함하는 항은 $6y$와 $3y$이므로, 좌변에 있는 $6y$는 그대로 두고 $3y$는 $-3y$로 바꿔 좌변으로 이항합니다.

   → $2x + 6y \quad = 2 + 3y$

   → $2x + 6y - 3y = 2$

3) 좌변의 동류항을 정리합니다. $6y$와 $-3y$가 동류항이므로 동류항끼리 계산합니다.

   → $2x + 6y - 3y = 2$

   → $2x + 3y = 2$

4) 좌변에 주어진 문자를 포함하는 항을 제외하고, 나머지 항은 우변으로 이항한 후 동류항을 정리합니다. 등호의 반대쪽으로 이항할 경우에는 항의 부호를 반대 부호로 바꿉니다. 등식 $2x + 3y = 2$에서 좌변에 있는 $2x$를 $-2x$로 바꿔 우변으로 이항합니다.

   → $2x + 3y = 2$

$$3y = -2x + 2$$

5) 좌변에 있는 항의 계수로 양변을 나눕니다. 좌변 항 $3y$의 계수는 3이므로 3으로 양변을 나눕니다.

$\rightarrow 3y = -2x + 2$

$\rightarrow \dfrac{3y}{3} = \dfrac{-2x + 2}{3}$

$\rightarrow y = \dfrac{-2x + 2}{3}$

보여 주기

개념 및 기술 교수, 개념 및 기술 예시 제시, 보는 수학 내비게이션을 이용한 교사 모델링

(내비게이션 3.19 를 보여 주며) 문제를 풀기 전에, 주어진 등식을 어떤 문자에 대하여 푸는 방법을 정리해 봅시다. 먼저, 주어진 등식을 확인하고 어떤 문자에 대하여 풀어야 하는지 확인하고, 그 문자를 가진 항은 모두 좌변으로 이항하고, 나머지 항은 우변으로 이항합니다. 다음은 양변의 동류항을 정리합니다. 마지막으로, 좌변 항의 계수로 양변을 나눕니다. 주어진 등식을 어떤 문자에 대하여 푸는 방법을 기억하며 $8x-2y-12=2y$를 y에 대하여 풀어 봅시다.

1 (보여 주는 문제 1을 보여 주며) $8x - 2y - 12 = 2y$를 y에 대하여 풀어 보시오.

1. 먼저, 주어진 등식을 어떤 문자에 대하여 풀어야 하는지 확인하고, 그 문자를 포함하는 항에 표시를 합니다.
   - 주어진 등식은 y에 대해 풀어야 하므로 $-2y$와 $2y$에 표시를 합니다.

     $\rightarrow 8x - 2y - 12 = 2y$

2. 다음은 주어진 문자를 포함하는 항을 등호의 좌변에 위치시킵니다.
   - 등호의 반대쪽으로 이항해야 할 경우에는 항의 부호를 반대 부호로 바꿉니다.
   - 문자 y를 포함하는 항은 $-2y$와 $2y$인데, $-2y$는 좌변에 있으므로 그대로 두고 우변에 있는 $2y$는 $-2y$로 바꿔 좌변으로 이항합니다.

     $\rightarrow 8x - 2y - 12 = +\ 2y$

     $8x - 2y - 2y - 12 = 0$

3. 다음은 좌변의 동류항을 정리합니다.
   - $-2y$와 $-2y$가 동류항이므로 동류항끼리 계산합니다.

     $\rightarrow 8x - 2y - 2y - 12 = 0$

     $8x - 4y - 12 = 0$

4. 식을 풀어야 하는 문자항을 제외하고 좌변에 있는 나머지 항을 우변으로 이항한 후 동류항을 정리합니다.

- 등호의 반대쪽으로 이항할 경우에는 항의 부호를 반대 부호로 바꿉니다.
- 등식 $8x - 4y - 12 = 0$에서 좌변에 있는 $8x$를 $-8x$로 바꾸고 -12를 12로 바꿔 우변으로 이항합니다.

→ $8x - 4y - 12 = 0$

$-4y = -8x + 12$

5. 마지막으로, 좌변에 있는 항의 계수로 양변을 나눕니다.

- 좌변 항 $-4y$의 계수는 -4이므로 -4로 양변을 나눕니다.

→ $-4y = -8x + 12$

$$\frac{-4y}{-4} = \frac{-8x + 12}{-4}$$

$\boxed{y = 2x - 3}$

2 (보여 주는 문제 2를 보여 주며) $6x + 3y = 18$을 y에 대하여 풀어 보시오.

1. 먼저, 주어진 등식을 어떤 문자에 대하여 풀어야 하는지 확인하고, 그 문자를 포함하는 항에 표시를 합니다.

- 주어진 등식은 y에 대해 풀어야 하므로 $3y$에 표시를 합니다.

→ $6x + 3y = 18$

2. 다음은 그 문자를 포함하는 항을 등호의 좌변에 위치하도록 합니나.

- 등호의 반대쪽으로 이항해야 할 경우에는 항의 부호를 반대 부호로 바꿉니다.
- 문자 y를 포함하는 항은 $3y$인데, $3y$가 좌변에 있으므로 그대로 둡니다.

→ $6x + 3y = 18$

3. 다음은 좌변의 동류항을 정리합니다.

- $3y$는 동류항이 없으므로 더 이상 동류항 정리가 필요하지 않습니다.

  $\rightarrow 6x + 3y = 18$

4. 식을 풀어야 하는 문자항을 제외하고 좌변에 있는 나머지 항을 우변으로 이항한 후 동류항을 정리합니다.

- 등호의 반대쪽으로 이항할 경우에는 항의 부호를 반대 부호로 바꿉니다.
- 등식 $6x + 3y = 18$에서 좌변에 있는 $6x$를 $-6x$로 바꿔 우변으로 이항합니다.

  $\rightarrow \quad 6x + 3y = 18$

  $3y = -6x + 18$

5. 마지막으로, 좌변에 있는 항의 계수로 양변을 나눕니다.

- 좌변 항 $3y$의 계수는 3이므로 3으로 양변을 나눕니다.

  $\rightarrow 3y = -6x + 18$

  $$\frac{3y}{3} = \frac{-6x + 18}{3}$$

  $\boxed{y = -2x + 6}$

3 (보여 주는 문제 3을 보여 주며) $2a + 4b = 6a + 12$를 b에 대하여 풀어 보시오.

1. 먼저, 주어진 등식을 어떤 문자에 대하여 풀어야 하는지 확인하고, 그 문자를 포함하는 항에 표시를 합니다.

- 주어진 등식은 b에 대해 풀어야 하므로 $4b$에 표시를 합니다.

  $\rightarrow 2a + 4b = 6a + 12$

2. 다음은 그 문자를 포함하는 항을 등호의 좌변에 위치하도록 합니다.

- 등호의 반대쪽으로 이항해야 할 경우에는 항의 부호를 반대 부호로 바꿉니다.

- 문자 b를 포함하는 항은 $4b$인데, $4b$는 좌변에 있으므로 이항이 필요치 않습니다.

  → $2a + 4b = 6a + 12$

3. 다음은 좌변의 동류항을 정리합니다.

   - $4b$의 동류항이 없으므로 더 이상 정리가 필요하지 않습니다.

     → $2a + 4b = 6a + 12$

4. 식을 풀어야 하는 문자항을 제외하고 좌변에 있는 나머지 항을 우변으로 이항한 후 동류항을 정리합니다.

   - 등호의 반대쪽으로 이항할 경우에는 항의 부호를 반대 부호로 바꿉니다.
   - 등식 $2a + 4b = 6a + 12$에서 좌변의 $2a$를 $-2a$로 바꿔 우변으로 이항한 후 동류항인 $6a$와 덧셈하면 $4a$가 됩니다[$6a + (-2a) = 4a$].

     → $2a + 4b = 6a + 12$

     $4b = 6a + 12 + -2a$

     $4b = 4a + 12$

5. 마지막으로, 좌변에 있는 항의 계수로 양변을 나눕니다.

   - 좌변 항 $4b$의 계수는 4이므로 4로 양변을 나눕니다.

     → $4b = 4a + 12$

     $$\frac{4b}{4} = \frac{4a + 12}{4}$$

     $\boxed{b = a + 3}$

Level 3.3
19차시

함께 풀기

(내비게이션 3.19 를 보여 주며) 문제를 풀기 전에, 주어진 식을 어떤 문자에 대하여 푸는 방법을 정리해 봅시다. 먼저, 주어진 등식을 어떤 문자에 대해서 푸는지 확인하고, 그 문자항은 좌변으로, 나머지 항들은 우변으로 이항한 후 동류항을 정리합니다. 마지막으로, 좌변 항의 계수로 양변을 나눠 줍니다.

1 (함께 풀어 보는 문제 1을 가리키며) $2x - 4 + 2y = 0$을 y에 대하여 풀어 보시오.

1. 주어진 등식을 어떤 문자에 대해 풀 때 제일 먼저 무엇을 해야 합니까? 먼저, 주어진 등식을 어떤 문자에 대하여 풀어야 하는지 확인하고, 그 문자를 포함하는 항에 표시를 합니다.

   - 이 문제는 어떤 문자에 대해 풀어야 하는 문제입니까? 주어진 등식은 y에 대해 풀어야 하므로 $2y$에 표시를 합니다.

   → $2x - 4 + 2y = 0$

2. 다음은 무엇을 합니까? 다음은 그 문자를 포함하는 항을 등호의 좌변에 위치하도록 합니다.

   - y를 포함하는 항인 $2y$는 등호의 좌변에 있습니까, 우변에 있습니까? 등호의 좌변에 있습니다.
   - 따라서 등호의 반대쪽으로 이항할 필요가 없습니다.

   → $2x - 4 + 2y = 0$

3. 다음은 무엇을 합니까? 좌변의 동류항을 정리합니다.

   - $2y$의 동류항이 좌변에 또 있습니까? $2y$는 동류항이 없습니다.

   → $2x - 4 + \ + 2y = 0$

4. 다음은 무엇을 합니까? 좌변에 있는 항 중, 식을 풀어야 하는 문자항을 제외하고 나머지 항은 우변으로 이항한 후 동류항을 정리합니다.

- 좌변에서 우변으로 이항해야 할 항은 무엇입니까? $2x$와 -4를 이항해야 합니다.
- $2x$와 -4를 우변으로 이항하려면 어떻게 해야 합니까? $2x$는 $-2x$로 -4는 4로 바꿔서 우변으로 이항합니다.

$\rightarrow 2x - 4 + 2y = 0$

$2y = -2x + 4$

5. 다음은 무엇을 합니까? y만 좌변에 두어야 하므로 양변을 $2y$의 계수인 2로 나눕니다.

- 좌변과 우변을 각각 2로 나누면 어떻게 됩니까? 좌변 $2y$는 2로 나누면 y가 되고, 우변 $-2x + 4$는 2로 나누면 $-x + 2$가 됩니다.

$\rightarrow 2y = -2x + 4$

$$\frac{2y}{2} = \frac{-2x + 4}{2}$$

$$\boxed{y = -x + 2}$$

2 (함께 풀어 보는 문제 2를 가리키며) $4x = -y + 2$를 y에 대하여 풀어 보시오.

1. 주어진 등식을 어떤 문자에 대해 풀 때 제일 먼저 무엇을 해야 합니까? 먼저, 주어진 등식을 어떤 문자에 대하여 풀어야 하는지 확인하고, 그 문자를 포함하는 항에 표시를 합니다.

- 이 문제는 어떤 문자에 대해 풀어야 하는 문제입니까? 주어진 등식은 y에 대해 풀어야 하므로 $-y$에 표시를 합니다.

$\rightarrow 4x = -y + 2$

Level 3.3
19차시

2. 다음은 무엇을 합니까? 다음은 그 문자를 포함하는 항을 등호의 좌변에 위치하도록 합니다.

- y를 포함하는 항인 $-y$는 등호의 좌변에 있습니까, 우변에 있습니까? 등호의 우변에 있습니다.
- 따라서 등호의 반대쪽으로 이항해야 합니다.
- $-y$를 이항하려면 어떻게 해야 합니까? $-y$를 y로 바꿔 좌변으로 이항합니다.

$\rightarrow 4x \quad = -y + 2$

$4x + y = 2$

3. 다음은 무엇을 합니까? 좌변의 동류항을 정리합니다.

- y의 동류항이 좌변에 또 있습니까? y는 동류항이 없으므로 동류항 정리가 필요하지 않습니다.

$\rightarrow 4x + y = 2$

4. 다음은 무엇을 합니까? 좌변에 있는 항 중, 식을 풀어야 하는 문자항을 제외하고 나머지 항을 우변으로 이항한 후 동류항을 정리합니다.

- 좌변에서 우변으로 이항해야 할 항은 무엇입니까? $4x$입니다.
- 등호의 반대쪽으로 이항하려면 어떻게 해야 합니까? 이항하는 항의 부호를 반대 부호로 바꿉니다. $4x$를 $-4x$로 바꿔서 우변으로 이항합니다.

$\rightarrow 4x + y = 2$

$y = -4x + 2$

5. 다음은 무엇을 합니까? y의 계수가 1이 아닌 경우에는 양변을 y항의 계수로 나눕니다.

- 이 문제는 y의 계수가 1이므로 이 단계가 필요하지 않습니다.

$\rightarrow \boxed{y = -4x + 2}$

3 (함께 풀어 보는 문제 3을 가리키며) $5ab - 5a + 10 = 0$을 b에 대하여 풀어 보시오.

1. 주어진 등식을 어떤 문자에 대해 풀 때 제일 먼저 무엇을 해야 합니까? 먼저, 주어진 등식을 어떤 문자에 대하여 풀어야 하는지 확인하고, 그 문자를 포함하는 항에 표시를 합니다.
   - 이 문제는 어떤 문자에 대해 풀어야 하는 문제입니까? 주어진 등식은 b에 대해 풀어야 하므로 b가 들어 있는 항인 $5ab$에 표시를 합니다.

     → $5ab - 5a + 10 = 0$

2. 다음은 무엇을 합니까? 다음은 그 문자를 포함하는 항을 등호의 좌변에 위치하도록 합니다.
   - b를 포함하는 항인 $5ab$는 등호의 좌변에 있습니까, 우변에 있습니까? 등호의 좌변에 있습니다.
   - 따라서 등호의 반대쪽으로 이항할 필요가 없습니다.

     → $5ab - 5a + 10 = 0$

3. 다음은 무엇을 합니까? 좌변의 동류항을 정리합니다.
   - b의 동류항이 좌변에 또 있습니까? 좌변에는 b항이 $5ab$밖에 없으므로 동류항 정리가 필요하지 않습니다.

     → $5ab - 5a + 10 = 0$

4. 다음은 무엇을 합니까? 좌변에 있는 항 중, 식을 풀어야 하는 문자항을 제외한 나머지 항을 우변으로 이항한 후 동류항을 정리합니다.
   - 좌변에서 우변으로 이항해야 할 항은 무엇입니까? $-5a$와 10을 이항해야 합니다.
   - 등호의 반대쪽으로 이항하려면 어떻게 해야 합니까? 이항하는 항의 부호를 반대 부호로 바꾸고 등호 반대편에 씁니다.
   - $-5a$는 $5a$로 10은 -10으로 바꿔서 우변으로 이항합니다.

$\rightarrow 5ab - 5a + 10 = 0$

$$5ab = 5a - 10$$

5. 다음은 무엇을 합니까? b만 좌변에 두어야 하므로 양변을 $5ab$에서 b를 제외한 값인 $5a$로 나눕니다.

- 좌변과 우변을 각각 $5a$로 나누면 어떻게 됩니까? 좌변 $5ab$는 $5a$로 나누면 b가 되고, 우변 $5a - 10$은 $5a$로 나누면 $1 - \frac{2}{a}$가 됩니다.

  $\rightarrow 5ab = 5a - 10$

  $$\frac{5ab}{5a} = \frac{5a - 10}{5a}$$

  $$\boxed{b = 1 - \frac{2}{a}}$$

아 그렇구나!

- 혼동되는 문제 다시 풀기
- 최다 오류를 반례로 제시하여 개념 및 기술 획득 강화

아 그렇구나! 에서는 주어진 등식을 어떤 문자에 대해 풀 때 우리가 혼동하는 문제를 함께 풀어 봅니다. 다음 문제를 풀 때 왜 실수가 많은지 그 이유를 함께 생각해 봅시다.

1 (아 그렇구나! 문제 1을 가리키며) $T = a(2 + rb)$를 r에 대하여 풀 때 혼동되는 점은 무엇입니까?

⇨ 이 문제는 r을 포함하는 항을 좌변으로 이항하기 전에 먼저 주어진 등식을 전개하여야 합니다.

$\rightarrow T = a(2 + rb) = 2a + abr$

다음은 $T = 2a + abr$을 r에 대하여 풀어야 하므로 r이 있는 항인 abr을 좌변으로 이항하고, 나머지 항들은 우변으로 이항합니다.

$\rightarrow -abr = 2a - T$

다음은 문자 r만 남기기 위해 그 항에 포함된 나머지 값으로 양변을 나눕니다.

$\rightarrow \dfrac{-abr}{-ab} = \dfrac{2a-T}{-ab},\ r = \dfrac{-2}{b} + \dfrac{T}{ab}$

❷ (아 그렇구나! 문제 2를 가리키며) $a = \frac{1}{b} - 2$를 b에 대하여 풀 때 혼동되는 점은 무엇입니까?

⇨ 이 문제는 지금까지 배운 절차를 적용한 후, 분모에 있는 b에 대해 풀기 위해 양변의 역수를 구해야 하는 문제입니다.

$$\to a = \frac{1}{b} - 2$$

$$-\frac{1}{b} = -a - 2$$

$$-\frac{1}{b} = \frac{-a-2}{1}$$

$$b = \frac{1}{a+2}$$

양변의 역수를 취한 후,
양변을 −1로 나누었다.

❸ (아 그렇구나! 문제 3을 가리키며) 원뿔의 부피를 구하는 공식 $v = \frac{1}{3}\pi r^2 h$를 h에 대하여 풀 때 혼동되는 점은 무엇입니까?

⇨ 이 문제는 주어진 등식을 h에 대해 풀기 위해 양변을 $\frac{1}{3}\pi r^2$으로 나눠야 합니다.

$$\to h = v \div \frac{1}{3}\pi r^2$$

$$h = v \times \frac{3}{\pi r^2}$$

$$= \frac{3v}{\pi r^2}$$

분수의 나눗셈을 계산하기 위해
나눗셈 기호를 곱셈 기호로 바꾸고
제수의 역수를 곱했다.

배움 체크하기

(배움 체크 리스트 를 가리키며) 오늘 우리가 함께 공부한 것을 혼자서도 할 수 있는지 체크해 봅시다. 혼자서도 할 수 있으면 👍, 선생님의 도움이 더 필요하다면 ?에 동그라미로 표시하세요.

Level 3.3

19차시

배움 체크 리스트	👍	?
1. 다항식과 단항식의 나눗셈 방법을 이해하고 적용할 수 있습니다.		
2. 단항식과 단항식 또는 단항식과 수의 나눗셈 방법을 이해하고 적용할 수 있습니다.		
3. 등식의 성질을 이해하고, 이항을 하면 항의 부호가 반대가 된다는 것을 이해하고 적용할 수 있습니다.		
4. 어떤 문자에 대하여 푼다는 것이 무슨 뜻인지 이해하고 적용할 수 있습니다.		
5. 어떤 문자에 대하여 풀 때, 어떤 문자를 가진 항들을 좌변으로 이항하여 동류항이 있으면 정리한다는 것을 이해하고 적용할 수 있습니다.		
6. 어떤 문자에 대하여 풀 때, 어떤 문자 외의 나머지 항들은 우변으로 이항하고 동류항이 있으면 정리한다는 것을 이해하고 적용할 수 있습니다.		
7. 어떤 문자에 대하여 풀 때, 우변 항과 좌변 항을 정리한 후 좌변 항의 계수로 좌변과 우변을 동시에 나눈다는 것을 이해하고 적용할 수 있습니다.		

혼자 풀기

(혼자 풀어 보는 문제 1~7을 제시하며) 오늘 배운 것을 기억하면서 문제를 혼자 풀어 보는 시간입니다. 내비게이션 3.19 를 사용하면 도움이 됩니다.

다음 문제에 답하시오.

1. $(-15x + 21) \div 3$을 간단히 정리하시오.

2. $\dfrac{7x - 28}{-7}$을 간단히 정리하시오.

3. $x + 4y = 24$를 y에 대하여 풀어 보시오.

4. $-6a + 2b = 6$을 b에 대하여 풀어 보시오.

5. $12x + 2y = 5y + 12$를 y에 대하여 풀어 보시오.

6. $3ab - 9a + 27 = 0$을 b에 대하여 풀어 보시오.

7. $S = T(3 - UR)$일 때, R에 대하여 풀어 보시오.

채점 및 오답 분석

학생이 쓴 답을 기재하고, 오답인 경우 중재 결정표 에서 가능한 오류 원인을 1~8 중에서 골라 번호로 기재합니다. 기타 원인 때문에 오답이 발생했을 경우, 구체적으로 어떤 이유인지 기재합니다. 가능한 오답의 원인을 모두 기재합니다.

혼자 풀어 보는 문제	정답	학생이 쓴 답	오답 원인
1. $(-15x + 21) \div 3$	$-5x + 7$		
2. $\dfrac{7x - 28}{-7}$	$-x + 4$		
3. $x + 4y = 24$를 y에 대하여 풀어 보시오.	$y = \dfrac{-x + 24}{4}$		
4. $-6a + 2b = 6$을 b에 대하여 풀어 보시오.	$b = 3a + 3$		
5. $12x + 2y = 5y + 12$를 y에 대하여 풀어 보시오.	$y = 4x - 4$		
6. $3ab - 9a + 27 = 0$을 b에 대하여 풀어 보시오.	$b = 3 - \dfrac{9}{a}$		
7. $S = T(3 - UR)$일 때, R에 대하여 풀어 보시오.	$R = \dfrac{3T - S}{UT}$		
	정답 개수	/ 7	

중재 결정표

오답 원인을 분석하여 차후 중재를 결정하세요.

오답 원인	발생 빈도	최다 발생 오류	중재 결정
1. 사전 지식 및 기술(다항식과 단항식의 나눗셈, 단항식과 단항식 또는 단항식과 수의 나눗셈, 유리수의 사칙연산, 분배법칙, 식의 전개, 동류항의 계산)			
2. 용어나 문제 이해 부족(동류항, 전개, 역수, 항, 다항식, 분배법칙, 이항, 등식, 등호)			
3. 어떤 문자에 대하여 푼다는 것의 의미를 이해하는 데 어려움			
4. 이항의 의미와 이항을 하면 항의 부호가 반대 부호가 된다는 것의 이해와 적용의 어려움			
5. 어떤 문자에 대하여 풀 때는 어떤 문자를 포함한 항은 좌변으로, 나머지 항들을 우변으로 이항하여 정리한다는 것의 이해와 적용의 어려움			
6. 양변을 정리한 후에는 좌변 항의 계수나 어떤 문자와 곱해진 값으로 양변을 나눈다는 것의 이해와 적용의 어려움			
7. 부주의/계산 실수			
8. 기타(구체적 원인 기재하기)			

가장 흔한 오답 원인	1과 2 중 하나	3, 4, 5, 6 중 하나	7
	AND	AND	OR
오답률	오답이 2개 이상	오답이 2개 이상	오답이 2개 미만
다음 중재	브리지(Bridge)	동 차시 반복	다음 차시

브리지(Bridge) 차시

- 2.25차시
- 2.26차시

20차시

미지수가 2개인 일차방정식의 해 구하기

[내비게이션 3.20] 표를 그려서 미지수가 2개인 방정식의 해 구하기

	미지수가 2개인 방정식의 해 구하는 절차	예 ($3x+y=12$의 해 구하기)
1	x값을 작은 수부터 왼쪽에서 오른쪽으로 씀	x가 자연수이므로 1부터 씀
2	방정식을 y에 대해 풂 → y값을 좌변에, 나머지 항을 우변에 두고, y항의 계수로 양변을 나눔	$3x + y = 12$ $y = -3x + 12$
3	각 x값을 y식에 대입하여 y값을 구함	• $x = 1$일 때, $y = -3(1) + 12 = 9$ • $x = 2$일 때, $y = -3(2) + 12 = 6$ • $x = 3$일 때, $y = -3(3) + 12 = 3$ • $x = 4$일 때, $y = -3(4) + 12 = 0$ • ....
4	x값, y값을 순서쌍으로 씀	• $(1, 9)$ • $(2, 6)$ • $(3, 3)$ • $(4, 0)$ • ....
5	주어진 수의 범위 안에 있는 순서쌍만 답으로 씀	x값, y값이 모두 자연수인 경우는 $(1, 9), (2, 6), (3, 3)$

방정식 $3x + y = 12$	[1] x →	1	2	3	4
	[2] $y = -3x + 12$ (y에 대해 푼 식과 식의 값) [3] →	$3(1)+12=9$	$-3(2)+12=6$	$-3(3)+12=3$	$-3(4)+12=0$
x, y가 자연수일 때, $3x + y = 12$의 해 [4] →		(1, 9)	(2, 6)	(3, 3)	(4, 0) [5]

y값이 자연수가 아님

○ 다음 그림을 참조하면서 문제를 풀어 보세요.

방정식 ________	[1] x →				
	[2] ________ (y에 대해 푼 식과 식의 값) [3] →				
________의 해 [4] →		(,)	(,)	(,)	(,) [5]

차시 목표 표를 그려서 미지수가 2개인 일차방정식의 해를 구할 수 있다.

사전 지식 유리수의 사칙연산, 식의 값, 등식의 변형, 방정식의 해의 의미, 일차방정식의 의미, 일차방정식의 해 구하기, 미지수, 방정식을 푼다의 의미, 이항의 의미, x와 y 값을 순서쌍으로 쓰기

준비물 3단계 20차시 학생용 교재, **내비게이션 3.20**

흔한 오류

1. 미지수가 1개인 일차방정식과는 달리, 미지수가 2개인 일차방정식은 해가 여러 개 있을 수 있다는 것을 알지 못하고 방정식을 만족시키는 해를 한 쌍만 구한다.
   - 오류 예: $2x - y = 3$의 해가 $x = 2, y = 1$만 있다고 생각한다.
2. 미지수가 2개인 일차방정식의 해를 구할 때, x값이나 y값 둘 중 하나의 값만 구한다.
   - 오류 예: $2x - y = 3$의 해는 $x = 2, x = 3, x = 4$
3. 미지수가 2개인 일차방정식의 해를 찾아야 하는 문제에서 x값, y값을 자연수에서만 찾는다.
   - 오류 예: $(1, -1)$은 $2x - y = 3$의 해가 아니라고 생각한다.

사전평가

처음 두 문제는 가장 필수적인 사전 지식에 대한 이해를 묻고, 3번부터 7번까지는 차시 목표인 개념과 기술의 이해를 묻습니다.

다음 문제를 풀어 보시오.

1. 일차방정식 $-10x - 5 = 5$를 풀어 보시오.

2. $3x + 12 = 0$의 해를 구하시오.

3. x와 y가 자연수일 때, $2x + y = 5$를 풀어 보시오.

4. a, b가 자연수일 때, $3a + 7b = 30$을 풀어 보시오.

5. x와 y가 자연수일 때, $5x + y = 12$를 풀어 보시오.

6. x와 y가 자연수일 때, $4x + y = 9$의 해를 구하시오.

7. a와 b가 자연수일 때, $2a + 5b = 22$의 해를 구하시오.

정답

1. $x = -1$
2. $x = -4$
3. $x = 1$일 때 $y = 3$; $x = 2$일 때 $y = 1$
4. $a = 3$, $b = 3$
5. $x = 1$일 때 $y = 7$; $x = 2$일 때 $y = 2$
6. $x = 1$일 때 $y = 5$; $x = 2$일 때 $y = 1$
7. $a = 1$일 때 $b = 4$; $a = 6$일 때 $b = 2$

접속하기

차시 목표 및 개념 설명

오늘은 미지수가 2개인 방정식의 해를 표를 그려서 구하는 방법에 대해 배우려 합니다. 먼저, 이번 차시에서 많이 사용될 개념과 기술을 정리해 봅시다.

1. 등식이란 무엇입니까? 등식이란 두 수나 두 식이 같다는 것을 등호(=)를 사용하여 나타낸 식을 말합니다. 예를 들어, 3 + 2는 1 + 4와 같으므로 등호를 사용하여 등식으로 나타낼 수 있습니다.

   → $3 + 2 = 1 + 4$

   등식에서 등호의 왼쪽 부분을 좌변, 등호의 오른쪽 부분을 우변이라 합니다. 예를 들어, 등식 $5 + 2 = 3 + 4$에서 좌변은 $5 + 2$, 우변은 $3 + 4$입니다.

2. 등식을 어떤 문자에 대하여 푼다는 것은 무슨 뜻입니까? 어떤 문자에 대하여 등식을 푼다는 것은 등호의 왼쪽인 좌변에 그 문자를 포함하는 항을 이항하고, 나머지 항은 우변으로 이항하도록 등식을 변형하는 것을 말합니다. 예를 들어, 등식 $y + 2 = 2x + 5$를 문자 y에 대하여 풀면 $y = 2x + 3$이 됩니다.

3. 주어진 등식을 어떤 문자에 대하여 푸는 방법을 정리해 봅시다. 먼저, 주어진 등식을 어떤 문자에 대하여 풀어야 하는지 확인하고, 그 문자를 가진 항은 모두 좌변으로 이항하고, 나머지 항은 우변으로 이항합니다. 다음은 양변의 동류항을 정리합니다. 마지막으로, 좌변 항의 계수로 양변을 나눕니다. 예를 들어, 등식 $2y + 2 = 2x + 4$를 y에 대해서 풀기 위해서는 y항을 좌변에 두고, 나머지 항들을 우변으로 이항합니다. $2y + 2 = 2x + 4$에서 y항을 좌변에 두고 나머지 항들을 우변으로 이항하면 $2y = 2x + 4 - 2$가 됩니다. 동류항을 정리한 후, 양변을 $2y$의 계수인 2로 나눕니다. $y = x + 1$이 됩니다.

4. 방정식이란 무엇입니까? 등식 중에서 변수 또는 미지수가 들어 있는 것을 방정식이라

고 합니다. 예를 들어, 등식 $3 + 2 = 1 + 4$, $3 + 2x = 5$, $3x + y = 8$은 모두 등호를 가진 등식입니다. 이 세 등식 중 변수 또는 미지수 x 또는 y를 포함하는 식은 $3 + 2x = 5$와 $3x + y = 8$입니다. $3 + 2x = 5$와 $3x + y = 8$이 등식이자 방정식입니다.

→ $3 + 2 = 1 + 4$ ← 등식

→ $3 + 2x = 5$ ← 등식이자 방정식

→ $3x + y = 8$ ← 등식이자 방정식

5. 방정식에는 $3 + 2x = 5$처럼 미지수 또는 변수가 1개인 방정식이 있지만, $3x + y = 8$ 처럼 미지수 또는 변수가 2개인 방정식도 있습니다.

6. 방정식의 해란 무엇입니까? 방정식의 해란 방정식을 참으로 만드는 변수의 값을 말합니다. 방정식의 해를 구한다는 것은 방정식의 변수에 어떤 값을 대입하였을 때, 등식이 참이 되게 하는 값을 구하는 것을 말합니다. 예를 들어, 방정식 $y + 2 = 5$를 참으로 만드는 변수 y값은 3입니다. 따라서 $y = 3$이 방정식 $y + 2 = 5$의 해입니다.

→ $k + 3 = 5$의 해는 $k = 2$

→ $2a = 6$의 해는 $a = 3$

→ $x + 1 = 5$의 해는 $x = 4$

7. 변수 또는 미지수가 1개인 일차방정식의 해는 1개입니다. 하지만 변수 또는 미지수가 2개인 방정식의 해는 여러 개가 될 수 있습니다. 예를 들어, $3x + y = 12$의 해를 자연수 범위에서 구해 보면 이 식을 만족시키는 x, y 값이 1개가 아님을 알 수 있습니다. 뿐만 아니라, x값은 y값에 따라, y값은 x값에 따라 달라진다는 것을 알 수 있습니다. 예를 들어, $3x + y = 12$의 해는 다음과 같이 여러 개입니다.

→ $3(1) + (9) = 12$ $x = 1, y = 9$

→ $3(2) + (6) = 12$ $x = 2, y = 6$

→ $3(3) + (3) = 12$ $x = 3, y = 3$

8. 미지수가 2개인 방정식의 해는 어떻게 구할 수 있습니까? 내비게이션 3.20 은 표를 사용하여 미지수가 2개인 방정식의 해를 구하는 절차와 그 예를 보여 주고 있습니다.

방정식 $3x + y = 12$					
	1 x	1	2	3	4
	2 $y = -3x + 12$ (y에 대해 푼 식과 식의 값) 3	$-3(1)+12=9$	$-3(2)+12=6$	$-3(3)+12=3$	$-3(4)+12=0$
x, y가 자연수일 때, $3x + y = 12$의 해	4	(1, 9)	(2, 6)	(3, 3)	(4, 0) 5

y값이 자연수가 아님

예를 들어, x와 y가 자연수일 때 $3x + y = 12$의 해를 표를 사용해 구하기 위해서는,

1) x값을 그 범위에 따라 가장 작은 수부터 왼쪽에서 오른쪽으로 써 줍니다.
   이 문제에서는 x의 범위가 자연수이므로 자연수 1부터 왼쪽에서 오른쪽으로 써 줍니다.

2) 주어진 방정식을 y에 대하여 풀어 그 식을 씁니다.
   주어진 등식 $3x + y = 12$를 y에 대해 풀면 $y = -3x + 12$

3) $y = -3x + 12$에 각 열의 x값을 대입하여 y값을 구합니다.
   → $x = 1$일 때, $y = -3x + 12 = -3(1) + 12 = 9$
   → $x = 2$일 때, $y = -3x + 12 = -3(2) + 12 = 6$
   → $x = 3$일 때, $y = -3x + 12 = -3(3) + 12 = 3$
   → $x = 4$일 때, $y = -3x + 12 = -3(4) + 12 = 0$

4) x, y 값을 순서쌍으로 나타내거나, 그 값을 각각 써 줍니다.
   (1, 9), (2, 6), (3, 3), (4, 0)

5) x, y가 둘 다 주어진 수의 범위에 있는 경우만 방정식의 해로 선택합니다.

→ (4, 0)은 y값이 0인 경우인데, 0은 자연수가 아닙니다. 따라서 (4, 0)은 방정식의 해가 아닙니다.

→ x와 y가 자연수일 때, $3x + y = 12$의 해는 (1, 9), (2, 6), (3, 3)입니다.

보여 주기

개념 및 기술 교수, 개념 및 기술 예시 제시, 보는 수학 내비게이션을 이용한 교사 모델링

(내비게이션 3.20 을 보여 주며) 문제를 풀기 전에, 미지수가 두 개인 일차방정식을 표를 그려 푸는 방법을 정리해 봅시다. 먼저, 주어진 표의 첫 줄에 x값을 작은 값부터 왼쪽에서 오른쪽으로 쓰고, 둘째 줄에 주어진 식을 y에 대해 풀어 씁니다. 각 x값을 y에 대해 푼 식에 대입하여 y값을 구합니다. 셋째 줄에 식을 만족시키는 x, y를 순서쌍으로 답을 쓴 후, 그중 x, y가 모두 주어진 수의 범위에 있는 값만 선택하여 주어진 방정식의 해라 답합니다. 미지수가 2개인 일차방정식을 표를 그려 푸는 방법을 기억하며 $6x+3y=5$를 풀어 봅시다.

1 (보여 주는 문제 1을 보여 주며) x, y가 자연수일 때, 방정식 $6x + 3y = 18$을 풀어 보시오. (내비게이션 3.20 의 표를 그린 후, 문제 풀이를 통해 각 칸의 완성을 보여 주기를 권합니다.)

1. 가장 먼저 할 일은 x값을 그 범위에 따라 가장 작은 수부터 표의 첫 줄 왼쪽에서 오른쪽으로 써 줍니다.
   - 이 문제에서는 x의 범위가 자연수이므로 자연수 1부터 왼쪽에서 오른쪽으로 써 줍니다.

2. 다음은 표의 둘째 줄에 주어진 방정식을 y에 대하여 풀어 그 식을 씁니다.
   - 주어진 등식 $6x + 3y = 18$을 y에 대해 풀면,

     $\rightarrow 3y = -6x + 18$

     $y = -2x + 6$

3. 다음은 $y = -2x + 6$에 각 열의 x값을 대입하여 y값을 구합니다.

   $\rightarrow x = 1$일 때, $y = -2x + 6 = -2(1) + 6 = 4$

   $\rightarrow x = 2$일 때, $y = -2x + 6 = -2(2) + 6 = 2$

   $\rightarrow x = 3$일 때, $y = -2x + 6 = -2(3) + 6 = 0$

4. 다음은 x, y값을 순서쌍으로 나타내거나, 그 값을 각각 써 줍니다.

→ (1, 4), (2, 2), (3, 0)

5. 마지막으로, x, y가 둘 다 주어진 수의 범위에 있는 경우만 방정식의 해로 선택합니다.

→ (3, 0)은 y값이 0인 경우인데, 0은 자연수가 아닙니다. 따라서 (3, 0)은 방정식의 해가 아닙니다.

→ x와 y가 자연수일 때, $6x + 3y = 18$의 해는 (1, 4), (2, 2)입니다.

방정식 $6x + 3y = 18$	1 x →	1	2	3
	2 $y = -2x + 6$ (y에 대해 푼 식과 식의 값) 3 →	$-2(1)+6=4$	$-2(2)+6=2$	$-2(3)+6=0$
x, y가 자연수일 때, $6x + 3y = 18$의 해	4 →	(1, 4)	(2, 2)	(3, 0) 5

❷ (보여 주는 문제 2를 보여 주며) x, y가 자연수일 때, $3x + y = 9$를 풀어 보시오.
(내비게이션 3.20 의 표를 그린 후, 문제 풀이를 통해 표의 완성을 보여 주기를 권합니다.)

1. 가장 먼저 할 일은 x값을 그 범위에 따라 가장 작은 수부터 표의 첫 줄 왼쪽에서 오른쪽으로 써 줍니다.

- 이 문제에서는 x의 범위가 자연수이므로 자연수 1부터 왼쪽에서 오른쪽으로 써 줍니다.

2. 다음은 표의 둘째 줄에 주어진 방정식을 y에 대하여 풀어 그 식을 씁니다.

- 주어진 등식 $3x + y = 9$를 y에 대해 풀면,

  → $y = -3x + 9$

3. 다음은 $y = -3x + 9$에 각 열의 x값을 대입하여 y값을 구합니다.

→ $x = 1$일 때, $y = -3x + 9 = -3(1) + 9 = 6$

→ $x = 2$일 때, $y = -3x + 9 = -3(2) + 9 = 3$

→ $x = 3$일 때, $y = -3x + 9 = -3(3) + 9 = 0$

4. 다음은 x값, y값을 순서쌍으로 나타내거나, 그 값을 각각 써 줍니다.

→ (1, 6), (2, 3), (3, 0)

5. 마지막으로, x, y가 둘 다 주어진 수의 범위에 있는 경우만 방정식의 해로 선택합니다.

→ (3, 0)은 y값이 0인 경우인데, 0은 자연수가 아닙니다. 따라서 (3, 0)은 방정식의 해가 아닙니다.

→ x와 y가 자연수일 때, $3x + y = 9$의 해는 (1, 6), (2, 3)입니다.

방정식 $3x + y = 9$	1 x →	1	2	3
	2 $y = -3x + 9$ 3 (y에 대해 푼 식과 식의 값) →	$-3(1)+9=6$	$-3(2)+9=3$	$-3(3)+9=0$
x, y가 자연수일 때, $3x + y = 9$의 해	4 →	(1, 6)	(2, 3)	(3, 0) 5

❸ (부여 주는 문제 3을 보여 주며) a, b가 자연수일 때, $1500a + 750b = 3000$을 풀어 보시오. (내비게이션 3.20 의 표를 그린 후, 문제 풀이를 통해 표의 완성을 보여 주기를 권합니다.)

1. 가장 먼저 할 일은 a값을 그 범위에 따라 가장 작은 수부터 표의 첫 줄 왼쪽에서 오른쪽으로 써 줍니다.

- 이 문제에서는 a의 범위가 자연수이므로 자연수 1부터 왼쪽에서 오른쪽으로 써 줍니다.

2. 다음은 표의 둘째 줄에 주어진 방정식을 b에 대하여 풀어 그 식을 씁니다.

- 주어진 등식 $1500a + 750b = 3000$을 b에 대해 풀면,

→ $750b = -1500a + 3000$

$b = -2a + 4$

3. 다음은 $b = -2a + 4$에 각 열의 a값을 대입하여 b값을 구합니다.

→ $a = 1$일 때, $b = -2a + 4 = -2(1) + 4 = 2$

→ $a = 2$일 때, $b = -2a + 4 = -2(2) + 4 = 0$

4. 다음은 a값, b값을 순서쌍으로 나타내거나, 그 값을 각각 써 줍니다.

→ (1, 2), (2, 0)

5. 마지막으로, a, b가 둘 다 주어진 수의 범위에 있는 경우만 방정식의 해로 선택합니다.

→ (2, 0)은 b값이 0인 경우인데, 0은 자연수가 아닙니다. 따라서 (2, 0)은 방정식의 해가 아닙니다.

→ a와 b가 자연수일 때, $1500a + 750b = 3000$의 해는 (1, 2)입니다.

방정식 $1500a + 750b = 3000$	**1** a →	1	2
	2 $b = -2a + 4$ (b에 대해 푼 식과 식의 값) **3** →	$-2(1)+4=2$	$-2(2)+4=0$
a, b가 자연수일 때, $1500a + 750b = 3000$의 해 **4** →		(1, 2)	(2, 0) **5**

함께 풀기

(내비게이션 3.20 을 보여 주며) 문제를 풀기 전에, 미지수가 2개인 방정식을 풀어 그 해를 구하기 위해 표를 사용하는 방법을 정리해 봅시다. 먼저, 주어진 표의 첫 줄에 x값을 작은 값부터 왼쪽에서 오른쪽으로 쓰고, 둘째 줄에 주어진 식을 y에 대해 풀어 쓴 후, y에 대해 푼 식에 각 x값을 대입하여 y값을 구합니다. 셋째 줄에 식을 만족시키는 x, y를 순서쌍으로 답을 쓴 후, 그중 x, y가 모두 주어진 수의 범위에 있는 값만 선택하여 주어진 방정식의 해라 답합니다. 미지수가 2개인 일차방정식을 표를 그려 푸는 방법을 기억하며 $2x+y=11$을 풀어 봅시다.

1 (함께 풀어 보는 문제 1을 가리키며) x, y가 자연수일 때, $2x + y = 11$을 풀어 보시오.

1. (표를 그린 후) 가장 먼저 할 일은 무엇입니까? 먼저, x값을 그 범위에 따라 가장 작은 수부터 표의 첫 줄 왼쪽에서 오른쪽으로 써 줍니다.
   - 이 문제에서는 x의 범위가 무엇입니까? x는 자연수입니다. 자연수는 1부터 시작하므로 1부터 왼쪽에서 오른쪽으로 써 줍니다.

2. 다음은 무엇을 합니까? 표의 둘째 줄에 주어진 방정식을 y에 대하여 풀어 그 식을 씁니다.
   - 주어진 등식 $2x + y = 11$을 y에 대해 풀면 어떻게 됩니까? y항만 좌변에 남기고 나머지 항을 우변으로 이항하면 $y = -2x + 11$이 됩니다.

3. 다음은 무엇을 합니까? $y = -2x + 11$에 각 열의 x값을 대입하여 y값을 구합니다. x값을 1부터 대입하면서 y값을 구합니다.

   → $x = 1$일 때, $y = -2x + 11 = -2(1) + 11 = 9$

   → $x = 2$일 때, $y = -2x + 11 = -2(2) + 11 = 7$

   → $x = 3$일 때, $y = -2x + 11 = -2(3) + 11 = 5$

   → $x = 4$일 때, $y = -2x + 11 = -2(4) + 11 = 3$

$\rightarrow x = 5$일 때, $y = -2x + 11 = -2(5) + 11 = 1$

$\rightarrow x = 6$일 때, $y = -2x + 11 = -2(6) + 11 = -1$

4. 다음은 무엇을 합니까? x값, y값을 순서쌍으로 나타내거나, 그 값을 각각 써 줍니다. x값, y값을 순서쌍으로 나타내면 (1, 9), (2, 7), (3, 5), (4, 3), (5, 1), (6, −1)입니다.

5. 다음은 무엇을 합니까? x, y가 둘 다 주어진 수의 범위에 있는 경우만 방정식의 해로 선택합니다.

- x, y는 어떤 수이어야 합니까? x, y는 자연수이어야 합니다.
- 순서쌍으로 쓴 답 중에서 x나 y 중 자연수가 아닌 수를 포함하는 순서쌍이 있습니까?
- (6, −1)은 y값이 −1인 경우인데, −1은 자연수가 아닙니다. 따라서 (6, −1)은 방정식의 해가 아닙니다.
- x와 y가 자연수일 때, $2x + y = 11$의 해는 (1, 9), (2, 7), (3, 5), (4, 3), (5, 1)입니다.

방정식 $2x+y=11$	1 x →	1	2	3	4	5	6
	2 3 $y=-2x+11$ (y에 대해 푼 식과 식의 값) →	$-2(1)+11=9$	$-2(2)+11=7$	$-2(3)+11=5$	$-2(4)+11=3$	$-2(5)+11=1$	$-2(6)+11=-1$
x, y가 자연수일 때, $2x+y=11$의 해	4 →	(1, 9)	(2, 7)	(3, 5)	(4, 3)	(5, 1)	(6, −1) 5

② (함께 풀어 보는 문제 2를 가리키며) x, y가 자연수일 때, $4x + y = 14$를 풀어 보시오.

1. (표를 그린 후) 가장 먼저 할 일은 무엇입니까? 먼저, x값을 그 범위에 따라 가장 작은 수부터 표의 첫 줄 왼쪽에서 오른쪽으로 써 줍니다.

- 이 문제에서는 x의 범위가 무엇입니까? x는 자연수입니다. 자연수는 1부터 시작하므로 1부터 왼쪽에서 오른쪽으로 써 줍니다.

2. 다음은 무엇을 합니까? 표의 둘째 줄에 주어진 방정식을 y에 대하여 풀어 그 식을 씁니다.
   - 주어진 등식 $4x + y = 14$를 y에 대해 풀면 어떻게 됩니까? y항만 좌변에 남기고 나머지 항을 우변으로 이항하면 $y = -4x + 14$가 됩니다.

3. 다음은 무엇을 합니까? $y = -4x + 14$에 각 열의 x값을 대입하여 y값을 구합니다. x값을 1부터 대입하면서 y값을 구합니다.
   - $x = 1$일 때, $y = -4x + 14 = -4(1) + 14 = 10$
   - $x = 2$일 때, $y = -4x + 14 = -4(2) + 14 = 6$
   - $x = 3$일 때, $y = -4x + 14 = -4(3) + 14 = 2$
   - $x = 4$일 때, $y = -4x + 14 = -4(4) + 14 = -2$

4. 다음은 무엇을 합니까? x, y 값을 순서쌍으로 나타내거나, 그 값을 각각 써 줍니다. x, y 값을 순서쌍으로 나타내면 (1, 10), (2, 6), (3, 2), (4, −2)입니다.

5. 다음은 무엇을 합니까? x, y가 둘 다 주어진 수의 범위에 있는 경우만 방정식의 해로 선택합니다.
   - x, y는 어떤 수이어야 합니까? x, y는 자연수이어야 합니다.
   - 순서쌍으로 쓴 답 중에서 x나 y 중 자연수가 아닌 수를 포함하는 순서쌍이 있습니까?
   - (4, −2)는 y값이 −2인 경우인데, −2는 자연수가 아닙니다. 따라서 (4, −2)는 방정식의 해가 아닙니다.
   - x와 y가 자연수일 때, $4x + y = 14$의 해는 (1, 10), (2, 6), (3, 2)입니다.

방정식 $4x + y = 14$	**1** x	1	2	3	4
	2 $y = -4x + 14$ (y에 대해 푼 식과 식의 값) **3**	$-4(1)+14=10$	$-4(2)+14=6$	$-4(3)+14=2$	$-4(4)+14=-2$
x, y가 자연수일 때, $4x + y = 14$의 해 **4**		(1, 10)	(2, 6)	(3, 2)	(4, −2) **5**

❸ (함께 풀어 보는 문제 3을 가리키며) a, b가 자연수일 때, $1500a + 1000b = 7500$을 풀어 보시오.

1. 가장 먼저 할 일은 무엇입니까? 먼저, a값을 그 범위에 따라 가장 작은 수부터 표의 첫 줄 왼쪽에서 오른쪽으로 써 줍니다.
   - 이 문제에서는 a의 범위가 무엇입니까? a는 자연수입니다. 자연수는 1부터 시작하므로 1부터 왼쪽에서 오른쪽으로 써 줍니다.

2. 다음은 무엇을 합니까? 표의 둘째 줄에 주어진 방정식을 b에 대하여 풀어 그 식을 씁니다.
   - 주어진 등식 $1500a + 1000b = 7500$을 b에 대해 풀면 어떻게 됩니까? b항만 좌변에 남기고 나머지 항을 우변으로 이항($1000b = -1500a + 7500$)한 후, b의 계수인 1000으로 양변을 나누면 $b = -1.5a + 7.5$가 됩니다.

3. 다음은 무엇을 합니까? $b = -1.5a + 7.5$에 각 열의 a값을 대입하여 b값을 구합니다.
   - a값을 1부터 대입하면서 b값을 구합니다.
   - $a = 1$일 때, $b = -1.5a + 7.5 = -1.5(1) + 7.5 = 6$
   - $a = 2$일 때, $b = -1.5a + 7.5 = -1.5(2) + 7.5 = 4.5$

- $a = 3$일 때, $b = -1.5a + 7.5 = -1.5(3) + 7.5 = 3$
- $a = 4$일 때, $b = -1.5a + 7.5 = -1.5(4) + 7.5 = 1.5$

4. 다음은 무엇을 합니까? a, b 값을 순서쌍으로 나타내거나, 그 값을 각각 써 줍니다.

- a, b 값을 순서쌍으로 나타내면 (1, 6), (2, 4.5), (3, 3), (4, 1.5)입니다.

5. 다음은 무엇을 합니까? a, b가 둘 다 주어진 수의 범위에 있는 경우만 방정식의 해로 선택합니다.

- a, b는 어떤 수이어야 합니까? a, b는 자연수이어야 합니다.
- 순서쌍으로 쓴 답 중에서 a나 b 중 자연수가 아닌 수를 포함하는 순서쌍이 있습니까?
- (2, 4.5)는 b값이 4.5인 경우인데, 4.5는 자연수가 아닙니다. 따라서 (2, 4.5)는 방정식의 해가 아닙니다.
- (4, 1.5)는 b값이 1.5인 경우인데, 1.5는 자연수가 아닙니다. 따라서 (4, 1.5)는 방정식의 해가 아닙니다.
- a와 b가 자연수일 때, $1500a + 1000b = 7500$의 해는 (1, 6), (3, 3)입니다.

방정식 $1500a + 1000b = 7500$	1 a	1	2	3	4
	2 $b = -1.5a + 5$ (b에 대해 푼 식과 식의 값) 3	$-1.5(1)+7.5=6$	$-1.5(2)+7.5=4.5$	$-1.5(3)+7.5=3$	$-1.5(4)+7.5=1.5$
a, b가 자연수일 때, $1500a + 1000b = 7500$의 해 4		(1, 6)	(2, 4.5)	(3, 3)	(4, 1.5) 5

아 그렇구나!

- 혼동되는 문제 다시 풀기
- 최다 오류를 반례로 제시하여 개념 및 기술 획득 강화

아 그렇구나! 에서는 미지수가 2개인 일차방정식을 풀 때 우리가 혼동하는 문제를 함께 풀어 봅니다. 다음 문제를 풀 때 왜 실수가 많은지 그 이유를 함께 생각해 봅시다.

1 (아 그렇구나! 문제 1을 가리키며) x, y가 자연수일 때, $3x + y = 2(x + 5)$를 풀 때 혼동되는 점은 무엇입니까?

⇨ 이 문제는 y에 대해 등식을 풀기 전에 먼저 주어진 등식을 분배법칙을 적용하여 정리하여야 하는 문제입니다. $3x + y = 2(x + 5)$는 $y = -x + 10$으로 정리됩니다. 정리 후 표를 만들어 등식을 만족시키는 x, y 값을 구하면 (1, 9), (2, 8), (3, 7), (4, 6), (5, 5), (6, 4), (7, 3), (8, 2), (9, 1)입니다.

2 (아 그렇구나! 문제 2를 가리키며) 지수가 바닐라 맛 아이스크림 x개와 민트 맛 아이스크림 y개를 합하여 7개의 아이스크림을 샀을 경우, 지수가 아이스크림을 종류별로 몇 개씩 샀는지 알아보는 문제를 풀 때 혼동되는 점은 무엇입니까?

⇨ 이 문제는 x, y 값을 구하기 위해 먼저 주어진 상황을 나타내는 식을 세워야 합니다. 주어진 상황은 $x + y = 7$로 표현할 수 있습니다. 미지수가 2개인 방정식이 됩

니다. 표를 사용하여 방정식의 해를 구하면 (1, 6), (2, 5), (3, 4), (5, 2), (6, 1)입니다.

3 (아 그렇구나! 문제 3을 가리키며) x, y가 자연수일 때, $3x + 2y = 10$의 해를 구할 때 혼동되는 점은 무엇입니까?

⇨ 이 문제를 풀기 위해 주어진 등식을 y에 대해 풀면 $y = -\frac{3}{2}x + 5$가 됩니다. 표를 그려 방정식의 해를 구하기 위해 x값을 1부터 대입하면 y값이 분수나 소수가 되는 경우가 있다는 것을 알게 됩니다. 이런 경우는 x의 계수인 $-\frac{3}{2}$의 분모의 배수(2, 4, 6, 8…)를 대입하면 분수나 소수가 아닌 y값을 갖게 되어 문제 풀이 시간을 줄이고 오류 가능성을 줄일 수 있습니다. 즉, $x = 2$일 때 $y = 2$, $x = 4$일 때 $y = -1$… 최종 답을 확정하기 위해 x, y를 자세히 살펴보면, $x = 4$일 때는 $y = -1$이므로 자연수가 아닌 y를 갖게 됩니다. 따라서 등식 $3x + 2y = 10$의 자연수 해는 $x = 2$일 때 $y = 2$뿐입니다.

배움 체크하기

(배움 체크 리스트 를 가리키며) 오늘 우리가 함께 공부한 것을 혼자서도 할 수 있는지 체크해 봅시다. 혼자서도 할 수 있으면 👍, 선생님의 도움이 더 필요하다면 ?에 동그라미로 표시하세요.

배움 체크 리스트	👍	?
1. 다항식과 단항식의 나눗셈 방법을 이해하고 적용할 수 있습니다.		
2. 문자에 어떤 값을 대입하여 식의 값을 구할 수 있습니다.		
3. 어떤 문자에 대하여 푼다는 것이 무슨 뜻인지 이해하고 적용할 수 있습니다.		
4. 미지수가 2개인 일차방정식의 해인 x, y가 여러 개일 수 있다는 것을 이해하고 적용할 수 있습니다.		
5. 미지수가 2개인 일차방정식을 풀 때, 등식을 문자 y에 대해 푼 후 x값을 가장 작은 수부터 대입하여 y값을 구한다는 것을 이해하고 적용할 수 있습니다.		
6. 미지수가 2개인 일차방정식의 해는 순서쌍(x, y)으로 나타낼 수 있음을 이해하고 적용할 수 있습니다.		
7. 등식을 만족시키는 해를 구한 후, 주어진 수의 범위(예: x와 y 모두 자연수)에 있는 x, y 순서쌍만 최종 답으로 선택한다는 것을 이해하고 적용할 수 있습니다.		

혼자 풀기

(혼자 풀어 보는 문제 1~7을 제시하며) 오늘 배운 것을 기억하면서 문제를 혼자 풀어 보는 시간입니다. 내비게이션 3.20 을 사용하면 도움이 됩니다.

다음 문제에 답하시오.

1. 일차방정식 $-5x - 10 = 5$를 풀어 보시오.

2. $3x + 15 = 0$의 해를 구하시오.

3. x와 y가 자연수일 때, $2x + y = 6$을 풀어 보시오.

4. a, b가 자연수일 때, $3a + 7b = 20$을 풀어 보시오.

5. x와 y가 자연수일 때, $5x + y = 12$를 풀어 보시오.

6. x와 y가 자연수일 때, $x + 2y = 13$의 해를 구하시오.

7. a와 b가 자연수일 때, $2a + 5b = 27$의 해를 구하시오.

채점 및 오답 분석

학생이 쓴 답을 기재하고, 오답인 경우 [중재 결정표]에서 가능한 오류 원인을 1~8 중에서 골라 번호로 기재합니다. 기타 원인 때문에 오답이 발생했을 경우, 구체적으로 어떤 이유인지 기재합니다. 가능한 오답의 원인을 모두 기재합니다.

혼자 풀어 보는 문제	정답	학생이 쓴 답	오답 원인
1. $-5x - 10 = 5$	-3		
2. $3x + 15 = 0$	-5		
3. x와 y가 자연수일 때, $2x + y = 6$을 풀어 보시오.	(1, 4), (2, 2)		
4. a, b가 자연수일 때, $3a + 7b = 20$을 풀어 보시오.	(2, 2)		
5. x와 y가 자연수일 때, $5x + y = 12$를 풀어 보시오.	(1, 7), (2, 2)		
6. x와 y가 자연수일 때, $x + 2y = 13$의 해를 구하시오.	(1, 6), (3, 5), (5, 4), (7, 3), (9, 2), (11, 1)		
7. a와 b가 자연수일 때, $2a + 5b = 27$의 해를 구하시오.	(1, 5), (6, 3), (11, 1)		
	정답 개수	/ 7	

중재 결정표

☞ **오답 원인을 분석하여 차후 중재를 결정하세요.**

오답 원인	발생 빈도	최다 발생 오류	중재 결정
1. 사전 지식 및 기술(다항식과 단항식의 나눗셈, 단항식과 단항식 또는 단항식과 수의 나눗셈, 유리수의 사칙연산, 분배법칙을 적용한 식의 전개, 식의 값 구하기)			
2. 용어나 문제 이해 부족(동류항, 전개, 역수, 항, 방정식, 등식, 방정식의 해, 순서쌍, 어떤 문자에 대해 푼다.)			
3. 방정식을 푼다 또는 해를 구한다는 것의 의미 이해와 적용의 어려움			
4. 미지수가 2개인 일차방정식은 x, y 해가 여러 개일 수 있다는 것의 이해와 적용의 어려움			
5. 미지수가 2개인 일차방정식을 풀 때는 등식을 y에 대해 풀고, 최소 x값부터 순서대로 대입하여 대응하는 y값을 구한다는 것에 대한 이해와 적용의 어려움			
6. 미지수가 2개인 방정식의 해는 순서쌍(x, y)으로 나타낼 수 있으며, 주어진 수의 범위 안에 있는 (x, y)만 최종 답이 된다는 것의 이해와 적용의 어려움			
7. 부주의/계산 실수			
8. 기타(구체적 원인 기재하기)			

가장 흔한 오답 원인	1과 2 중 하나	3, 4, 5, 6 중 하나	7
	AND	AND	OR
오답률	오답이 2개 이상	오답이 2개 이상	오답이 2개 미만
다음 중재	브리지(Bridge)	동 차시 반복	다음 차시

브리지(Bridge) 차시

- 2.19차시
- 3.11차시
- 3.19차시

21차시

연립방정식의 해 구하기 1 - 대입법

[내비게이션 3.21] 대입법을 사용하여 연립방정식 해 구하기

A. 연립방정식 풀이 과정

1. 미지수가 2개인 일차방정식을 미지수가 1개인 일차방정식으로 만들기	어떻게?	• 대입: 한 방정식을 어떤 문자에 대하여 풀고, 그 식을 다른 방정식의 동일한 문자에 대입 • 가감: 두 방정식을 더하거나 빼서 한 문자항을 소거한 후 다른 한 문자만 가진 식을 구함
2. 미지수가 1개인 일차방정식의 문자값을 구하기	어떻게?	• 일차방정식의 해를 구함
3. 나머지 문자값 구함	어떻게?	• 구해진 문자값을 한 방정식에 대입한 후 문자가 1개인 일차방정식을 풂

두 문자값을 구하면
연립방정식 풀이 끝!!!

B. 대입법을 적용하여 연립방정식 풀기

	대입법 적용하여 연립방정식 풀기	예 (① $x+y=3$과 ② $3x+y=5$ 해 구하기)
1	방정식 ①과 ② 정리하기 → 괄호는 풀고, 분수식은 분모의 최소공배수를 양변에 곱하고, 소수식은 10이나 10의 거듭제곱수를 곱해 정수식으로 바꿈	정리가 필요 없음
2	방정식 ①을 한 문자에 대해 풀기 → y값을 좌변에, 나머지 항을 우변에 두고, y항의 계수로 양변을 나눔	① $x+y=3$ → $y=-x+3$
3	방정식 ①을 한 문자에 대해 푼 식을 방정식 ②에 대입하기	② $3x+y=5$ → $3x+(-x+3)=5$
4	일차식 풀어서 문자값 구하기	$3x+(-x+3)=5$ $3x-x+3=5$ $2x=2$ $x=1$
5	구한 문자값 방정식 ①에 대입하여 나머지 문자값 구하기	① $x+y=3$ → $1+y=3$ $y=2$
6	참 해인지 체크하기 → 방정식 ②에 두 문자값을 넣어서 등식이 성립하는지 체크	② $3x+y=5$ → $3(1)+(2)=5$ 등식이 성립하므로 연립방정식의 해는 $x=1,\ y=2$

차시 목표 대입법을 사용해 미지수가 2개인 연립일차방정식의 해를 구할 수 있다.

사전 지식 유리수의 사칙연산, 식의 값, 등식의 변형, 방정식의 해의 의미, 일차방정식의 해 구하기, 미지수, 방정식을 푼다의 의미, 이항의 의미, 미지수가 2개인 일차방정식의 의미와 해 구하기

준비물 3단계 21차시 학생용 교재, **내비게이션 3.21**

흔한 오류

1. 미지수가 2개인 연립일차방정식의 해는 x, y 값의 범위에 따라 달라질 수 있다는 것을 알지 못한다.
   - 오류 예: x, y 범위가 자연수일 때, 연립방정식 $x + y = 3$, $3x + y = 6$을 푸는 과정에서 두 식을 공통으로 만족시키는 x, y를 구하면 $x = \frac{3}{2}$, $y = \frac{3}{2}$이다. 그러나 x, y가 자연수이어야 하므로 연립방정식의 해가 없음에도 불구하고 $x = \frac{3}{2}$, $y = \frac{3}{2}$이라 답한다.

2. 미지수가 2개인 연립일차방정식의 해는 두 일차식을 동시에 만족시키는 공통의 해라 생각지 않고, 각 일차식을 만족시키는 x, y 값 쌍을 합한 것이라 생각한다.
   - 오류 예: 연립방정식 $x + y = 3$, $3x + y = 6$의 해는 $x + y = 3$의 해인 $(1, 2)$, $(2, 1)$과 $3x + y = 6$의 해 $(1, 3)$을 합하여 $(1, 2)$, $(2, 1)$, $(1, 3)$이라 답한다.

3. 대입하는 식을 괄호 안에 넣지 않고 대입한다.
   - 오류 예: $y = -x + 3$을 $3x - y = 6$에 대입할 때, $3x - (-x) + 3 = 6$이라 대입한다.

4. 괄호가 있는 식은 분배법칙을 적용하여 괄호를 풀고 동류항을 정리한 후 연립방정식을 풀어야 한다는 것을 알지 못한다.
   - 예: $3(x - 1) - 2(y + 3) = -4$, $2x + y = 1$의 해를 구하여라.

5. 계수에 소수가 있을 경우, 양변에 10이나 10의 제곱수를 곱하여 계수를 모두 정수로 고친 후 연립방정식을 풀어야 한다는 것을 알지 못한다.

- 예: $0.5x + 0.2y = 1.4$, $0.3x + 0.4y = 1.1$의 해를 구하여라.

6. 대입의 의미를 이해하지 못한 경우, 한 문자를 없애고 그 문자를 다른 문자로 나타낸 식을 대입하여 나타내지 않고, 그 문자를 다른 문자로 나타낸 등식을 대입한다.

- 오류 예: $y = -x + 3$을 $3x + y = 5$에 대입할 때, $3x + (y = -3x + 3) = 5$라 답한다.

사전평가

처음 두 문제는 가장 필수적인 사전 지식에 대한 이해를 묻고, 3번부터 7번까지는 차시 목표인 개념과 기술의 이해를 묻습니다.

다음 문제를 풀어 보시오.

1. x와 y가 자연수일 때, $2x + y = 5$를 풀어 보시오.

2. x와 y가 자연수일 때, $5x + y = 12$를 풀어 보시오.

3. x와 y가 자연수일 때, 연립방정식 $\begin{cases} x + y = 5 \\ x - y = 1 \end{cases}$ 을 대입법을 사용해 풀어 보시오.

4. x와 y가 자연수일 때, 연립방정식 $\begin{cases} x + 2y = 7 \\ x - y = 1 \end{cases}$ 을 대입법을 사용해 풀어 보시오.

5. 연립방정식 $\begin{cases} x = y - 1 \\ x + 2y = 5 \end{cases}$ 를 대입법을 사용해 풀어 보시오.

6. 연립방정식 $\begin{cases} 3(x - 2) = 4(y - 3) \\ 2x - y = 1 \end{cases}$ 을 대입법을 사용해 풀어 보시오.

7. 연립방정식 $\begin{cases} 0.2y = 0.4x - 0.2 \\ x - 3y = -7 \end{cases}$ 을 대입법을 사용해 풀어 보시오.

정 답

1. $x=1$일 때 $y=3$; $x=2$일 때 $y=1$ **2.** $x=1$일 때 $y=7$; $x=2$일 때 $y=2$ **3.** $x=3, y=2$

4. $x=3, y=2$ **5.** $x=1, y=2$ **6.** $x=2, y=3$ **7.** $x=2, y=3$

접속하기

차시 목표 및 개념 설명

오늘은 미지수가 2개인 연립일차방정식의 해를 대입법을 이용해 구하는 방법에 대해 배우려 합니다. 먼저, 이번 차시에서 많이 사용될 개념과 기술을 정리해 봅시다.

1. 방정식이란 무엇입니까? 방정식은 등식 중에서 변수 또는 미지수가 들어 있는 것을 방정식이라고 합니다. 방정식에는 $3 + 2x = 5$처럼 미지수 또는 변수가 1개인 방정식이 있지만, $3x + y = 8$처럼 미지수 또는 변수가 2개인 방정식도 있습니다.

2. 방정식의 해란 무엇입니까? 방정식의 해란 방정식을 참으로 만드는 변수의 값을 말합니다. 방정식의 해를 구한다는 것은 방정식의 변수에 어떤 값을 대입하였을 때, 등식이 참이 되게 하는 값을 구하는 것을 말합니다. 변수 또는 미지수가 1개인 일차방정식의 해는 1개인 반면, 미지수가 2개인 방정식의 해는 여러 개가 될 수 있습니다. 예를 들어, $3x + y = 12$의 해는 다음과 같이 여러 개입니다.

   → $3(1) + (9) = 12$ $x = 1,\ y = 9$

   → $3(2) + (6) = 12$ $x = 2,\ y = 6$

   → $3(3) + (3) = 12$ $x = 3,\ y = 3$

3. 미지수가 2개인 방정식의 해는 어떻게 구할 수 있습니까? 방정식을 y에 대해 푼 후, x값의 범위 중 가장 작은 수부터 차례대로 대입하여 등식을 만족시키는 x, y 중 주어진 수의 범위 내에 있는 x, y를 구해 순서쌍으로 표시합니다.

4. 미지수가 2개인 연립일차방정식이란 무엇입니까? 미지수가 2개인 연립일차방정식 또는 연립방정식은 미지수가 2개인 일차방정식 2개를 한 쌍으로 묶어서 나타낸 것을 말합니다. 연립일차방정식의 해를 구한다는 것은 두 일차방정식을 동시에 참이 되게 하는 x, y의 값을 구한다는 것입니다.

5. 연립일차방정식의 해란 두 일차방정식을 동시에 만족시키는 x, y 값임을 이용하여 연립방정식의 해를 구해 봅시다. x, y가 자연수일 때, 연립방정식 $x + y = 3$과 $3x + y = 5$의 해를 구해 보면,

→ 먼저, 방정식 $x + y = 3$을 만족시키는 해는 아래 표에서처럼 (1, 2), (2, 1)이고,

방정식 $x + y = 3$				
	1 x	1	2	3
	2 $y = -x + 3$ (y에 대해 푼 식과 식의 값) **3**	$-(1)+3=2$	$-(2)+3=1$	$-1(3)+3=0$
x, y가 자연수일 때, $x + y = 3$의 해	**4**	(1, 2)	(2, 1)	(3, 0) **5**

→ $3x + y = 5$의 해는 (1, 2)입니다.

방정식 $3x + y = 5$			
	1 x	1	2
	2 $y = -3x + 5$ (y에 대해 푼 식과 식의 값) **3**	$-3(1)+5=2$	$-3(2)+5=-1$
x, y가 자연수일 때, $3x + y = 5$의 해	**4**	(1, 2)	(3, 0) **5**

→ 두 일차방정식의 공통해는 (1, 2)이므로 $x = 1$, $y = 2$가 연립방정식의 해입니다.

6. 우리가 연립일차방정식을 푸는 목적은 미지수가 2개인 두 일차방정식을 이용하여 두 미지수의 값, 즉 두 문자의 값을 구하는 것입니다. 미지수가 1개인 일차방정식은 등식의 성질을 이용하여 미지수값, 즉 해를 구할 수 있습니다. 따라서 연립일차방정식을 푸는 과정에는 미지수가 2개인 일차방정식을 미지수가 1개인 일차방정식으로 만드는 과정이 필요합니다.

→ 한 방정식을 어떤 문자에 대해 푼 식을 다른 방정식에 대입하여 그 문자를 제거하고 나

머지 한 문자만 남기는 방법(대입법)이나,

→ 두 방정식을 덧셈 혹은 뺄셈하여 한 문자 항을 소거하고 다른 한 문자만 갖는 일차식을 얻는 방법(가감법)이 있습니다.

일단 한 문자가 있는 일차방정식이 되면 등식의 성질을 이용하여 그 문자값을 구합니다. 구해진 문자값을 두 방정식 중 한 방정식에 대입하여 나머지 문자값을 구하면 연립일차방정식 풀이 과정이 끝납니다. 내비게이션 3.21 은 연립일차방정식을 푸는 과정을 간략하게 요약하여 보여 주고 있습니다.

1. 미지수가 2개인 일차방정식을 미지수가 1개인 일차방정식으로 만들기	어떻게?	• 대입: 한 방정식을 어떤 문자에 대하여 풀고, 그 식을 다른 방정식의 동일한 문자에 대입 • 가감: 두 방정식을 더하거나 빼서 한 문자항을 소거한 후 다른 한 문자만 가진 식을 구함
2. 미지수가 1개인 일차방정식의 문자값을 구하기	어떻게?	• 일차방정식의 해를 구함
3. 나머지 문자값 구함	어떻게?	• 구해진 문자값을 한 방정식에 대입한 후 문자가 1개인 일차방정식을 풂

두 문자값을 구하면
연립방정식 풀이 끝!!!

7. 연립일차방정식의 해를 구하는 방법 중에서 오늘은 대입법에 대해 배우려 합니다. 대입법이란, 두 일차방정식 중 한 방정식을 어떤 문자에 대해 풀고, 그 식을 다른 일차방정식에 있는 같은 문자에 대입하여 연립일차방정식의 해를 구하는 방법입니다.

예를 들어, x, y가 자연수일 때 연립방정식 $x + y = 3$과 $3x + y = 5$의 해를 대입법을 사용해 구해 보면,

1) 먼저, 두 일차방정식 중 괄호가 있거나 계수가 분수 또는 소수인 경우엔 식을 정리합니다.

① 괄호가 있는 식 → 분배법칙 적용하여 괄호를 풀어 주고 동류항을 계산합니다.

② 분수식 또는 소수식 → 분수식일 때는 분모의 최소공배수를 양변에 곱해 주고, 소수식인 경우에는 10이나 100 등 10의 거듭제곱수를 곱하여 정수식으로 바꿔 줍니다.

주어진 방정식들은 정리가 필요치 않습니다.

2) 두 일차방정식 중 한 방정식을 어떤 문자에 대해 풉니다. 어떤 문자에 대해 풀었을 때, 일차식의 계수나 상수항이 정수가 되는 경우가 문제 풀이에 도움이 됩니다. 주어진 문제에서는 $x + y = 3$을 문자 y에 대하여 풀면 $y = -x + 3$이 됩니다.

3) 어떤 문자에 대해 푼 식을 다른 일차방정식의 어떤 문자에 대입합니다. 대입할 때는 등식 우변에 있는 식을 괄호로 묶어 대입해야 합니다.

주어진 문제에서는 $y = -x + 3$을 $3x + y = 5$의 y 대신 대입합니다.

$3x + (-x + 3) = 5$

4) 어떤 문자를 대신할 식을 대입한 일차방정식을 풉니다.

$3x + (-x + 3) = 5$

$3x - x + 3 = 5$

$2x = 2$

$x = 1$

5) 구한 미지수값을 첫 번째 일차방정식에 대입하여 나머지 문자값을 구합니다.

$x = 1$을 $x + y = 3$에 대입하면 $1 + y = +3$이므로 $y = 2$입니다.

6) 구해진 해를 두 번째 일차방정식에 대입했을 때, 등식이 참이 되면 구해진 해가 정답입니다.

$x = 1, y = 2$를 $3x + y = 5$에 대입하면 $3(1) + 2 = 5$로 등식이 참이 됩니다. 따라서 이 연립방정식의 해는 $x = 1, y = 2$입니다.

내비게이션 3.21 은 대입법을 사용하여 연립일차방정식의 해를 구하는 방법을 보여 줍니다.

보여 주기

개념 및 기술 교수, 개념 및 기술 예시 제시, 보는 수학 내비게이션을 이용한 교사 모델링

(내비게이션 3.21 을 보여 주며) 문제를 풀기 전에, 대입법을 사용하여 미지수가 두 개인 연립일차 방정식의 해를 구하는 방법을 정리해 봅시다. 먼저, 둘 중 한 일차방정식을 어떤 문자에 대해 풀고, 그 식을 다른 식에 있는 동일한 문자에 대입하여 미지수가 1개인 일차방정식을 만들어 미지수값을 구한 후, 그 미지수값을 첫 번째 식에 넣어 나머지 문자값을 구하여 두 일차방정식을 만족시키는 x, y값을 구합니다. 미지수가 2개인 연립일차방정식의 해를 대입법을 사용하여 구하는 방법을 기억하며 연립방정식 $y=x+3$, $-x+3y=7$을 풀어 봅시다.

❶ (보여 주는 문제 1을 보여 주며) **연립방정식** $\begin{cases} y = x + 3 \\ -x + 3y = 7 \end{cases}$ **을 대입법을 사용해 풀어 보시오.**

1. 먼저, 두 일차방정식을 정리합니다.
   - 괄호가 있는 식이라면 분배법칙을 적용한 후 동류항을 계산합니다.
   - 분수식일 때는 분모의 최소공배수를 양변에 곱해 주고, 소수식인 경우에는 10이나 100 등 10의 거듭제곱수를 곱하여 문자의 계수를 정수로 바꿔 줍니다.
   - 주어진 방정식들 $y = x + 3$, $-x + 3y = 7$은 정리가 필요하지 않습니다.

2. 둘 중 한 방정식을 어떤 문자에 대해 풉니다.
   - 주어진 문제에는 $y = x + 3$, 즉 y에 대하여 푼 식이 있으므로 $y = x + 3$을 사용합니다.

3. 어떤 문자에 대하여 푼 식을 나머지 일차방정식의 동일한 문자에 대입합니다.
   - 대입할 때는 등식 우변에 있는 식을 괄호로 묶어 대입해야 합니다.
   - 주어진 문제에서는 $y = x + 3$을 $-x + 3y = 7$의 y 대신 대입합니다.

     $\rightarrow -x + 3(x + 3) = 7$

4. 대입한 식을 풀어 미지수(문자값)를 구합니다.

→ $-x + 3(x + 3) = 7$

$-x + 3x + 9 = 7$

$2x = -2$

$x = -1$

5. 미지수의 값을 첫 번째 일차방정식에 대입하여 나머지 문자값을 구합니다.

- 첫째 방정식 $y = x + 3$에 $x = -1$을 대입하면 $y = (-1) + 3 = 2$

Level 3.3
21차시

6. 해를 두 번째 방정식에 대입해서 해가 참인지 체크합니다.

- $x = -1, y = 2$를 $-x + 3y = 7$에 대입하면 $-(-1) + 3(2) = 7$로 등식이 참이 됩니다.
- 연립방정식의 해는 $x = -1, y = 2$ 입니다.

2 (보여 주는 문제 2를 보여 주며) 연립방정식 $\begin{cases} 2(x + y) = 12 \\ x + 2y = 10 \end{cases}$을 대입법을 사용해 풀어 보시오.

1. 먼저, 두 일차방정식을 정리합니다.

- 괄호가 있는 식이라면 분배법칙을 적용하여 괄호를 풀어 주고 동류항을 계산합니다.
- 분수식일 때는 분모의 최소공배수를 양변에 곱해 주고, 소수식인 경우에는 10이나 100 등 10의 거듭제곱수를 곱하여 문자의 계수를 정수로 바꿔 줍니다.
- 주어진 방정식 $2(x + y) = 12$는 괄호가 있으므로 괄호를 풀면,

→ $2(x + y) = 12$

$2x + 2y = 12$

2. 둘 중 한 방정식을 **어떤 문자에 대해 풉니다.**

- $2x + 2y = 12$를 y에 대하여 풀면,

  $\rightarrow 2y = -2x + 12$

- $y = -x + 6$입니다.

3. 어떤 문자에 대하여 푼 식을 나머지 일차방정식의 **동일한 문자에 대입합니다.**

- 대입할 때는 등식 우변에 있는 식을 괄호로 묶어 대입해야 합니다.
- y에 대하여 푼 식 $y = -x + 6$을 $x + 2y = 10$의 y 자리에 대입합니다.

  $\rightarrow x + 2(-x + 6) = 10$

4. 대입한 식을 풀어 **미지수(문자값)를 구합니다.**

$\rightarrow x + 2(-x + 6) = 10$

$x - 2x + 12 = 10$

$-x = -2$

$x = 2$

5. 미지수의 값을 첫 번째 일차방정식에 대입하여 **나머지 문자값을 구합니다.**

- 첫째 방정식 $y = -x + 6$에 $x = 2$를 대입하면 $y = -(2) + 6 = 4$

6. 해를 두 번째 방정식에 대입해서 **해가 참인지 체크합니다.**

- $x = 2, y = 4$를 $x + 2y = 10$에 대입하면 $(2) + 2(4) = 10$으로 등식이 참이 됩니다.
- 연립방정식의 해는 $x = 2, y = 4$입니다.

3 (보여 주는 문제 3을 보여 주며) **연립방정식** $\begin{cases} x - 2y = -5 \\ -x + y = 1 \end{cases}$ **을 대입법을 사용해 풀어 보시오.**

1. 먼저, 두 **일차방정식을 정리**합니다.

- 괄호가 있는 식이라면 분배법칙을 적용하여 괄호를 풀어 주고 동류항을 계산합니다.
- 분수식일 때는 분모의 최소공배수를 양변에 곱해 주고, 소수식인 경우에는 10이나 100 등 10의 거듭제곱수를 곱하여 계수를 정수로 바꿔 줍니다.
- 주어진 방정식 $x - 2y = -5$, $-x + y = 1$은 정리가 필요하지 않습니다.

2. 둘 중 한 방정식을 **어떤 문자에 대해 풉**니다.

- $x - 2y = -5$를 x에 대하여 풀면,

  $\rightarrow x = 2y - 5$
- $x = 2y - 5$입니다.

Level 3.3
21차시

3. 어떤 문자에 대하여 푼 식을 나머지 일차방정식의 **동일한 문자에 대입**합니다.

- 대입할 때는 등식 우변에 있는 식을 괄호로 묶어 대입해야 합니다.
- x에 대하여 푼 식 $x = 2y - 5$를 $-x + y = 1$의 x 자리에 대입합니다.

  $\rightarrow -(2y - 5) + y = 1$

4. 대입한 식을 풀어 **미지수(문자값)를 구합**니다.

$\rightarrow -(2y - 5) + y = 1$

$-2y + 5 + y = 1$

$-y = -4$

$y = 4$

5. 미지수의 값을 첫 번째 일차방정식에 대입하여 **나머지 문자값을 구합**니다.

- 첫째 방정식 $x = 2y - 5$에 $y = 4$를 대입하면, $x = 2(4) - 5 = 3$

6. 해를 두 번째 방정식에 대입해서 **해가 참인지 체크합**니다.

- $x = 3, y = 4$를 $-x + y = 1$에 대입하면 $-(3) + (4) = 1$로 등식이 참이 됩니다.
- 연립방정식의 해는 $x = 3, y = 4$입니다.

함께 풀기

(내비게이션 3.21 을 보여 주며) 문제를 풀기 전에, 미지수가 2개인 연립일차방정식을 대입법을 사용하여 그 해를 구하는 방법을 정리해 봅시다. 둘 중 한 방정식을 어떤 문자에 대해 푼 식을 나머지 방정식의 동일한 문자에 넣어 미지수가 1개인 일차방정식으로 만들어 미지수를 구합니다. 이때 구한 미지수값을 첫 번째 방정식에 대입하여 나머지 문자값을 구합니다. 두 문자값을 두 번째 방정식에 대입하여 등식이 참이 되면 구해진 해가 정답입니다. 대입법을 적용하는 절차를 참고하면서 다음 연립방정식을 풀어 봅시다.

1 (함께 풀어 보는 문제 1을 가리키며) **연립방정식** $\begin{cases} y = x + 5 \\ -x + 3y = 9 \end{cases}$ **를 대입법을 사용해 풀어 보시오.**

1. 미지수가 2개인 연립일차방정식을 풀 때는 제일 먼저 무엇을 합니까? **두 일차방정식을 정리**합니다.

- 방정식이 어떤 경우에 정리를 해야 합니까? 괄호가 있는 식이라면 분배법칙을 적용하여 괄호를 풀어 주고 동류항을 계산합니다.
- 분수식일 때는 분모의 최소공배수를 양변에 곱해 주고, 소수식인 경우에는 10이나 100 등 10의 거듭제곱수를 곱하여 계수를 정수로 바꿔 줍니다.
- 주어진 방정식 $y = x + 5$, $-x + 3y = 9$는 정리가 필요한 식입니까? 이 두 방정식은 괄호도 없고 계수도 정수이므로 정리가 필요하지 않습니다.

2. 다음은 무엇을 합니까? 둘 중 한 방정식을 **어떤 문자에 대해 풉니다**.

- 주어진 두 방정식 중 이미 어떤 문자에 대해 풀어 놓은 식이 있습니까? $y = x + 5$는 이미 y에 대해 풀어 놓은 식입니다. 따라서 $y = x + 5$를 그대로 사용합니다.

3. 다음은 무엇을 합니까? 어떤 문자에 대하여 푼 식을 나머지 일차방정식의 **동일한 문자에 대입**합니다.

- 문자 y에 대해 풀어 놓은 식 $y = x + 5$를 어디에 대입합니까? 방정식 $-x + 3y$

$= 9$의 y 자리에 y를 대신하여 대입합니다.

- 대입할 때 주의해야 하는 점은 무엇입니까? y를 나타내는 식 $x + 5$를 괄호로 묶어서 방정식 $-x + 3y = 9$의 y 자리에 넣어 줍니다.
- y에 대하여 푼 식 $y = x + 5$를 $-x + 3y = 9$의 y 자리에 대입하면 어떻게 됩니까? $-x + 3(x + 5) = 9$가 됩니다.

4. 다음은 무엇을 합니까? 대입한 식을 풀어 **미지수(문자값)를 구합**니다.
   - 대입한 식의 미지수는 무엇입니까? y 대신 $x + 5$를 대입한 식의 미지수는 x입니다.
   - 식을 풀어 미지수 x를 구하면 어떻게 됩니까?

   $\rightarrow -x + 3(x + 5) = 9$

   $-x + 3x + 15 = 9$

   $2x = -6$

   $x = -3$

5. 미지수값, $x = -3$을 구한 후 무엇을 합니까? 미지수의 값을 첫 번째 일차방정식에 대입하여 **나머지 문자값을 구합니다.**
   - 값을 구해야 할 나머지 문자는 무엇입니까? y입니다.
   - 첫 번째 방정식에 $x = -3$을 대입하면 어떻게 됩니까? $y = x + 5$에 $x = -3$을 대입하면 $y = (-3) + 5 = 2$, 즉 $y = 2$가 됩니다.

6. 이제 무엇을 합니까? 구한 해가 **연립방정식의 참 해인지를 체크합니다.**
   - 해의 체크는 어떻게 합니까? 구한 해를 두 번째 방정식에 대입해서 등식이 성립하면, 구해진 해를 연립방정식의 해라고 답할 수 있습니다.
   - $x = -3, y = 2$를 $-x + 3y = 9$에 대입하면 $-(-3) + 3(2) = 9$로 등식이 성립합니다.
   - 따라서 연립방정식의 해는 $x = -3, y = 2$입니다.

❷ (함께 풀어 보는 문제 2를 가리키며) **연립방정식** $\begin{cases} x - 2y = -5 \\ -x + y = 3 \end{cases}$ **을 대입법을 사용해 풀어 보시오.**

1. 미지수가 2개인 연립일차방정식을 풀 때는 제일 먼저 무엇을 합니까? **두 일차방정식을 정리**합니다.

- 방정식이 어떤 경우에 정리를 해야 합니까? 괄호가 있는 식이라면 분배법칙을 적용하여 괄호를 풀어 주고 동류항을 계산합니다.
- 분수식일 때는 분모의 최소공배수를 양변에 곱해 주고, 소수식인 경우에는 10이나 100 등 10의 거듭제곱수를 곱하여 계수를 정수로 바꿔 줍니다.
- 주어진 방정식 $x - 2y = -5$, $-x + y = 3$은 정리가 필요한 식입니까? 이 두 방정식은 괄호도 없고 계수도 정수이므로 정리가 필요하지 않습니다.

2. 다음은 무엇을 합니까? 둘 중 한 방정식을 **어떤 문자에 대해 풉니다.**

- 주어진 두 방정식 중 이미 어떤 문자에 대해 풀어 놓은 식이 있습니까? 주어진 연립방정식에는 x나 y에 대해 풀어 놓은 식이 없습니다. 따라서 둘 중 한 방정식을 x나 y에 대해 풀어야 합니다.
- 첫 번째 방정식을 한 문자에 대해 풀어 봅시다. $x - 2y = -5$를 어떤 문자에 대해 풀어 봅시다. 어떤 문자에 대해 푸는 것이 더 쉽습니까? x에 대해 푸는 것이 쉽습니다. x에 대해 풀기 위해서는 나머지 항을 우변으로 이항만 하면 되는데, y에 대해 풀기 위해서는 나머지 항을 이항한 후 양변을 -2로 나눠 주는 절차가 더 필요합니다.
- $x - 2y = -5$를 x에 대해 풀면 어떻게 됩니까? x를 제외하고 나머지를 다 우변으로 옮기면 $x = 2y - 5$가 됩니다.

3. 다음은 무엇을 합니까? 어떤 문자에 대하여 푼 식을 나머지 일차방정식의 **동일한 문자에 대입**합니다.

- 문자 x에 대해 풀어 놓은 식 $x = 2y - 5$를 어디에 대입합니까? 방정식 $-x + y = 3$의 x 자리에 x를 대신하여 넣어 줍니다.

- 대입할 때 주의해야 하는 점은 무엇입니까? x를 나타내는 식 $2y - 5$를 괄호로 묶어서 둘째 방정식 x 자리에 넣어 줍니다.
- x에 대하여 푼 식 $x = 2y - 5$를 $-x + y = 3$의 x 자리에 대입하면 어떻게 됩니까?

  → $-x + y = 3$

  $-(2y - 5) + y = 3$이 됩니다.

4. 다음은 무엇을 합니까? 대입한 식을 풀어 **미지수, 즉 문자값을 구합**니다.
   - 대입한 식의 미지수는 무엇입니까? x 대신 $2y + 5$를 대입한 식의 미지수는 y입니다.
   - 식을 풀어 미지수 y를 구하면 어떻게 됩니까?

     → $-(2y - 5) + y = 3$

     $-2y + 5 + y = 3$

     $-y = -2$

     $y = 2$

5. 미지수값, $y = 2$를 구한 후 무엇을 합니까? 미지수값을 첫 번째 일차방정식에 대입하여 **나머지 문자값을 구합니다**.
   - 값을 구해야 할 나머지 문자는 무엇입니까? y를 구했으니 이제 x를 구해야 합니다.
   - 첫 번째 방정식(원식, $x - 2y = -5$ 또는 x에 대해 푼 식, $x = 2y - 5$)에 $y = 2$를 대입하면 어떻게 됩니까? $x = 2y - 5$에 $y = 2$를 대입하면 $x = 2(2) - 5 = -1$, 즉 $x = -1$이 됩니다.

6. 이제 무엇을 합니까? 구한 해가 **연립방정식의 참 해인지를 체크**합니다.
   - 해의 체크는 어떻게 합니까? 구한 해를 두 번째 방정식에 대입해서 등식이 성립하면 구해진 해를 연립방정식의 해라고 답할 수 있습니다.
   - $x = -1, y = 2$를 둘째 방정식 $-x + y = 3$에 대입하면 $-(-1) + (2) = 3$으로 등식이 성립합니다.
   - 따라서 연립방정식의 해는 $x = -1, y = 2$입니다.

Level 3.3
21차시

❸ (함께 풀어 보는 문제 3을 가리키며) 연립방정식 $\begin{cases} 2x - y = 0 \\ 4x - 10 = 3(x + y) \end{cases}$ 를 대입법을 사용해 풀어 보시오.

1. 미지수가 2개인 연립일차방정식을 풀 때는 제일 먼저 무엇을 합니까? **두 일차방정식을 정리**합니다.
   - 방정식이 어떤 경우에 정리를 해야 합니까? 괄호가 있는 식이라면 분배법칙을 적용하여 괄호를 풀어 주고 동류항을 계산합니다.
   - 분수식일 때는 분모의 최소공배수를 양변에 곱해 주고, 소수식인 경우에는 10이나 100 등 10의 거듭제곱수를 곱하여 계수를 정수로 바꿔 줍니다.
   - 주어진 방정식 $y = 2x$, $4x - 10 = 3(x + y)$는 정리가 필요한 식입니까? 두 번째 식 $4x - 10 = 3(x + y)$가 괄호가 있으므로 전개하여 동류항을 정리합니다.
   - $4x - 10 = 3(x + y)$를 전개하여 정리하면 어떻게 됩니까?

     → $4x - 10 = 3(x + y)$

     $4x - 10 = 3x + 3y$

     $x - 3y = 10$
   - 이제 두 일차방정식 $2x - y = 0$, $x - 3y = 10$의 연립방정식을 풀면 됩니다.

2. 다음은 무엇을 합니까? 둘 중 한 방정식을 **어떤 문자에 대해 풉니다.**
   - 주어진 두 방정식 중 이미 어떤 문자에 대해 풀어 놓은 식이 있습니까? 두 방정식 중 어떤 문자에 대해 풀어 놓은 식이 없으므로 둘 중 한 방정식을 x나 y에 대해 풀어야 합니다.
   - 첫 번째 방정식 $2x - y = 0$을 한 문자에 대해 풀어 봅시다. $2x - y = 0$을 어떤 문자에 대해 푸는 것이 더 쉽습니까? y에 대해 푸는 것이 더 쉽습니다. y에 대해 풀기 위해서는 나머지 항을 우변으로 이항만 하면 되는데, x에 대해 풀기 위해서는 나머지 항을 이항한 후 양변을 2로 나눠 주는 절차가 더 필요합니다.
   - $2x - y = 0$을 y에 대해 풀면 어떻게 됩니까? y를 제외하고 나머지를 다 우변으로 옮기면 $-y = -2x$가 됩니다. y항 계수를 1로 만들기 위해 양변에 -1을 곱하면

$y = 2x$가 됩니다.

3. 다음은 무엇을 합니까? 어떤 문자에 대하여 푼 식을 나머지 일차방정식의 **동일한 문자에 대입**합니다.
   - 문자 y에 대해 풀어 놓은 식 $y = 2x$를 어디에 대입합니까? 나머지 방정식 $x - 3y = 10$의 y 자리에 y를 대신하여 넣어 줍니다.
   - 대입할 때 주의해야 하는 점은 무엇입니까? y를 나타내는 식 $2x$를 괄호로 묶어서 둘째 방정식 y 자리에 넣어 줍니다.
   - y에 대하여 푼 식 $y = 2x$를 $x - 3y = 10$의 y 자리에 대입하면 어떻게 됩니까?

   → $x - 3y = 10$

   $x - 3(2x) = 10$이 됩니다.

4. 다음은 무엇을 합니까? 대입한 식을 풀어 **미지수, 즉 문자값을 구합**니다.
   - 대입한 식의 미지수는 무엇입니까? y 대신 $2x$를 대입한 식의 미지수는 x입니다.
   - 식을 풀어 미지수 x를 구하면 어떻게 됩니까?

   → $x - 3(2x) = 10$

   $x - 6x = 10$

   $-5x = 10$

   $x = -2$

5. 미지수값, $x = -2$를 구한 후 무엇을 합니까? 미지수값을 첫 번째 일차방정식에 대입하여 **나머지 문자값을 구합니다.**
   - 값을 구해야 할 나머지 문자는 무엇입니까? x를 구했으니 이제 y를 구해야 합니다.
   - 첫 번째 방정식(원식, $2x - y = 0$ 또는 y에 대해 푼 식, $y = 2x$)에 $x = -2$를 대입하면 어떻게 됩니까? $y = 2x$에 $x = -2$를 대입하면 $y = 2(-2)$, 즉 $y = -4$가 됩니다.

Level 3.3
21차시

6. 이제 무엇을 합니까? 구한 해가 **연립방정식의 참 해인지를 체크**합니다.

- 해의 체크는 어떻게 합니까? 구한 해를 두 번째 방정식에 대입해서 등식이 성립하면, 구해진 해를 연립방정식의 해라고 답할 수 있습니다.
- $x = -2, y = -4$를 둘째 방정식 $x - 3y = 10$에 대입하면 $(-2) - 3(-4) = 10$으로 등식이 성립합니다.
- 따라서 연립방정식의 해는 $x = -2, y = -4$입니다.

아 그렇구나!

👉 혼동되는 문제 다시 풀기

👉 최다 오류를 반례로 제시하여 개념 및 기술 획득 강화

✎ 아 그렇구나! 에서는 대입법을 이용하여 연립방정식의 해를 구할 때 우리가 혼동하는 문제를 함께 풀어 봅니다. 다음 문제를 풀 때 왜 실수가 많은지 그 이유를 함께 생각해 봅시다.

1 (아 그렇구나! 문제 1을 가리키며) $x - 2y = 5x + 2y = 3$을 풀 때 혼동되는 점은 무엇입니까?

⇨ 연립일차방정식 문제는 2개의 일차방정식을 주고 두 방정식의 공통의 해를 구하게 하는 문제인데, 얼핏 보기에 주어진 문제에는 방정식이 하나인 것처럼 보입니다. 이 문제는 먼저 주어진 방정식을 2개의 일차방정식으로 분리한 후, 대입법을 적용하여 연립방정식의 해를 구하면 됩니다. A = B = C이면 A = C도 참이고 B = C도 참입니다. 같은 방법으로 주어진 방정식을 분리하면 $x - 2y = 3$과 $5x + 2y = 3$이 됩니다. 대입법을 적용하여 문제를 풀면 $x = 1, y = -1$이 연립방정식의 해입니다.

❷ (아 그렇구나! 문제 2를 가리키며) 연립방정식 $\begin{cases} 0.6y = 1.2x + 1.8 \\ 0.4x - 0.3y = 0.1 \end{cases}$ 을 풀 때 혼동되는 점은 무엇입니까?

⇨ 주어진 문제는 두 방정식 모두 소수식인 경우입니다. 소수를 포함하는 방정식은 방정식의 해를 구하기 전에 먼저 양변에 10이나 10의 거듭제곱수를 곱해 소수식을 정수식으로 바꿔 주어야 합니다. 두 식의 양변에 10을 곱하면 두 식은 $6y = 12x + 18$과 $4x - 3y = 1$이 됩니다. 대입법을 적용하여 문제를 풀면 $x = -5$, $y = -7$이 연립방정식의 해입니다.

배움 체크하기

(배움 체크 리스트 를 가리키며) 오늘 우리가 함께 공부한 것을 혼자서도 할 수 있는지 체크해 봅시다. 혼자서도 할 수 있으면 👍, 선생님의 도움이 더 필요하다면 ?에 동그라미로 표시하세요.

배움 체크 리스트	👍	?
1. 어떤 문자에 그 문자를 나타내는 식을 대입하여 등식을 변형할 수 있습니다.		
2. 어떤 문자에 대해 푼다는 것의 의미와 절차를 이해하고 적용할 수 있습니다.		
3. 미지수가 2개인 일차방정식을 푸는 방법을 이해하고 적용할 수 있습니다.		
4. 연립일차방정식은 미지수가 2개인 2개의 일차방정식이 공통적으로 갖는 해를 구해야 하는 문제임을 이해하고 적용할 수 있습니다.		
5. 대입법을 적용하여 연립일차방정식의 해를 구할 때는 먼저 두 식 중 한 식을 어떤 특정 문자에 대해 푼다는 것을 이해하고 적용할 수 있습니다.		
6. 한 방정식을 어떤 문자에 대해 푼 후에는 나머지 방정식에 포함된 동일한 문자를 제거하고, 그 대신 그 문자에 대해 푼 식을 대입한다는 것을 이해하고 적용할 수 있습니다.		
7. 식의 대입을 통해 미지수의 값을 구한 후에 그 미지수값을 첫 번째 방정식에 대입하여 나머지 문자값을 구한다는 것을 이해하고 적용할 수 있습니다.		

혼자 풀기

(혼자 풀어 보는 문제 1~7을 제시하며) 오늘 배운 것을 기억하면서 문제를 혼자 풀어 보는 시간입니다. 내비게이션 3.21 을 사용하면 도움이 됩니다.

다음 문제에 답하시오.

1. x와 y가 자연수일 때, $2x + y = 6$을 풀어 보시오.

2. x와 y가 자연수일 때, $3x + 2y = 14$를 풀어 보시오.

3. x와 y가 자연수일 때, 연립방정식 $\begin{cases} x + y = 8 \\ x - y = 2 \end{cases}$를 대입법을 사용해 풀어 보시오.

4. x와 y가 자연수일 때, 연립방정식 $\begin{cases} x + 3y = 9 \\ x - y = 1 \end{cases}$을 대입법을 사용해 풀어 보시오.

5. 연립방정식 $\begin{cases} x = y - 3 \\ x + 2y = 9 \end{cases}$를 대입법을 사용해 풀어 보시오.

6. 연립방정식 $\begin{cases} 3(x - 2) = 2(y - 3) \\ 4x - 2y = 2 \end{cases}$를 대입법을 사용해 풀어 보시오.

7. 연립방정식 $\begin{cases} 0.4y = 0.8x - 0.4 \\ x - 2y = -4 \end{cases}$를 대입법을 사용해 풀어 보시오.

채점 및 오답 분석

학생이 쓴 답을 기재하고, 오답인 경우 [중재 결정표]에서 가능한 오류 원인을 1~8 중에서 골라 번호로 기재합니다. 기타 원인 때문에 오답이 발생했을 경우, 구체적으로 어떤 이유인지 기재합니다. 가능한 오답의 원인을 모두 기재합니다.

혼자 풀어 보는 문제	정답	학생이 쓴 답	오답 원인
1. $2x + y = 6$을 풀어 보시오.	(1, 4), (2, 2)		
2. $3x + 2y = 14$를 풀어 보시오.	(2, 4), (4, 1)		
3. $\begin{cases} x + y = 8 \\ x - y = 2 \end{cases}$를 풀어 보시오.	$x = 5$, $y = 3$		
4. $\begin{cases} x + 3y = 9 \\ x - y = 1 \end{cases}$을 풀어 보시오.	$x = 3$, $y = 2$		
5. $\begin{cases} x = y - 3 \\ x + 2y = 9 \end{cases}$를 풀어 보시오.	$x = 1$, $y = 4$		
6. $\begin{cases} 3(x - 2) = 2(y - 3) \\ 4x - 2y = 2 \end{cases}$를 풀어 보시오.	$x = 2$, $y = 3$		
7. $\begin{cases} 0.4y = 0.8x - 0.4 \\ x - 2y = -4 \end{cases}$를 풀어 보시오.	$x = 2$, $y = 3$		
	정답 개수	/ 7	

중재 결정표

☞ **오답 원인을 분석하여 차후 중재를 결정하세요.**

오답 원인	발생 빈도	최다 발생 오류	중재 결정
1. 사전 지식 및 기술(유리수의 사칙연산, 식의 대입을 통한 등식의 변형, 분배법칙을 적용한 식의 전개, 식의 값 구하기, 미지수가 2개인 일차방정식의 해 구하기)			
2. 용어나 문제 이해 부족(동류항, 대입, 순서쌍, 등식, 방정식의 해, 어떤 문자에 대해 푼다.)			
3. 연립방정식을 푼다 또는 해를 구한다는 것의 의미 이해와 적용의 어려움			
4. 대입법을 사용하기 위해서 두 일차방정식 중 한 방정식을 어떤 문자에 대해 푸는 절차의 이해와 적용의 어려움			
5. 한 방정식을 어떤 문자에 대해 푼 식을 다른 방정식의 동일한 문자 자리에 대신 대입하여 그 문자를 소거하고 나머지 문자의 값을 구하는 절차의 이해와 적용의 어려움			
6. 한 문자값(미지수)을 구한 후, 그 값을 두 식 중 한 식에 대입하여 다른 문자의 값을 구하는 절차의 이해와 적용의 어려움			
7. 부주의/계산 실수			
8. 기타(구체적 원인 기재하기)			

가장 흔한 오답 원인	1과 2 중 하나	3, 4, 5, 6 중 하나	7
	AND	AND	OR
오답률	오답이 2개 이상	오답이 2개 이상	오답이 2개 미만
다음 중재	브리지(Bridge)	동 차시 반복	다음 차시

브리지(Bridge) 차시

- 2.19차시
- 2.25차시
- 3.11차시
- 3.18차시
- 3.19차시
- 3.20차시

22차시

연립방정식의 해 구하기 2 - 가감법

[내비게이션 3.22] 가감법을 사용하여 연립방정식 해 구하기

A. 연립방정식 풀이 과정

1. **미지수가 2개인** 일차방정식을 미지수가 1개인 일차방정식으로 만들기	어떻게?	• 대입: 한 방정식을 어떤 문자에 대하여 풀고, 그 식을 다른 방정식의 동일한 문자에 대입 • 가감: 두 방정식을 더하거나 빼서 한 문자항을 소거한 후 다른 한 문자만 가진 식을 구함
2. **미지수가 1개인** 일차방정식의 문자값을 구하기	어떻게?	• 일차방정식의 해를 구함
3. 나머지 문자값 구함	어떻게?	• 구해진 문자값을 한 방정식에 대입한 후, 문자가 1개인 일차방정식을 풂

두 문자값을 구하면
연립방정식 풀이 끝!!!

B. 가감법을 적용하여 연립방정식 풀기

	가감법 적용하여 연립방정식 풀기	예 (① $x+y=3$과 ② $3x+y=5$ 해 구하기)
❶	방정식 ①과 ② 정리하기 → 괄호는 풀고, 분수식은 분모의 최소공배수를 양변에 곱하고, 소수식은 100이나 10의 거듭제곱수를 곱해 정수식으로 바꿈	괄호도 없고 분수나 소수가 계수도 아니므로 방정식 ①과 ②를 그대로 사용
❷	소거할 항 정하기 → 계수의 절댓값이 같은 항이나 상대적으로 계수가 작은 항을 소거함	$x + y = 3$ $3x + y = 5$
❸	소거할 항의 계수의 절댓값을 동일하게 만들기 → 각 방정식의 소거할 항의 계수를 다른 방정식의 양변에 곱함	y항 계수의 절댓값이 동일함으로 그대로 사용
❹	덧셈이나 뺄셈으로 미지수가 1개인 일차식 만들기 → 계수의 부호와 절댓값이 같으면 뺄셈, 계수의 절댓값은 같으나 부호가 다르면 덧셈	계수의 부호와 절댓값이 동일하므로 뺄셈 $x + y = 3$ $-)\ 3x + y = 5$ $-2x = -2$
❺	일차식 풀어 미지수 구하기	$-2x = -2$ $x = 1$
❻	구한 미지수값 대입하여 나머지 미지수값 구하기	$x = 1$을 $x + y = 3$에 대입하면 $1 + y = 3$ $y = 2$
❼	참 해인지 체크하기 → 나머지 방정식에 두 문자값을 넣어서 등식이 성립하는지 체크	$x = 1, y = 2$를 $3x + y = 5$에 대입하면 $3x + y = 5$ $3(1) + (2) = 5$가 성립하므로 방정식의 해는 $x = 1,\ y = 2$

차시 목표 가감법을 사용해 미지수가 2개인 연립일차방정식의 해를 구할 수 있다.

사전 지식 유리수의 사칙연산, 식의 값, 등식의 변형, 방정식의 해의 의미, 일차방정식의 해 구하기, 다항식과 단항식 또는 수의 곱셈, 미지수, 방정식을 푼다의 의미, 이항의 의미, 미지수가 2개인 일차방정식의 의미와 해 구하기

준비물 3단계 22차시 학생용 교재, **내비게이션 3.22**

Level 3.3
22차시

흔한 오류

1. 가감법을 사용하는 것이 더 효율적인 경우에도 대입법을 적용하다가 복잡한 계산 때문에 오류를 범한다.
    - 오류 예: 연립방정식 $3x + 4y = 5$, $3x + 2y = 6$의 해는 가감법을 사용해서 두 식을 빼면 $2y = -1(y = -\frac{1}{2})$을 쉽게 얻을 수 있음에도 불구하고 $3x + 4y = 5$를 y에 대해 풀어 $3x + 2y = 6$에 대입하다가 복잡한 계산에서 실수한다.

2. 대입하는 식을 괄호에 넣어 대입하지 않는다.
    - 오류 예: $y = -x + 3$을 $3x - y = 6$에 대입할 때, $3x - (-x) + 3 = 6$이라 대입한다.

3. 괄호가 있는 식은 분배법칙을 적용하여 괄호를 풀고 동류항을 정리한 후 연립방정식을 풀어야 한다는 것을 알지 못한다.
    - 예: $3(x - 1) - 2(y + 3) = -4$, $2x + y = 1$의 해를 구하여라.

4. 계수에 소수가 있을 경우, 양변에 10이나 10의 제곱수를 곱하여 계수를 모두 정수로 고친 후 연립방정식을 풀어야 한다는 것을 알지 못한다.
    - 예: $0.5x + 0.2y = 1.4$, $0.3x + 0.4y = 1.1$의 해를 구하여라.

5. 계수에 분수가 있을 경우, 공통분모가 되는 분모의 최소공배수를 곱하여 계수를 모두 정수로 고친 후 연립방정식을 풀어야 한다는 것을 이해하지 못한다.

사전평가

처음 두 문제는 가장 필수적인 사전 지식에 대한 이해를 묻고, 3번부터 7번까지는 차시 목표인 개념과 기술의 이해를 묻습니다.

다음 문제를 풀어 보시오.

1. $2x + y = 5$를 x에 대해 풀어 보시오.

2. x와 y가 자연수일 때, $5x + y = 12$를 풀어 보시오.

3. 연립방정식 $\begin{cases} 3x - 2y = 7 \\ x + 2y = 5 \end{cases}$를 가감법을 사용해 풀어 보시오.

4. 연립방정식 $\begin{cases} 2x - 5y = 3 \\ -3x - 5y = 8 \end{cases}$을 가감법을 사용해 풀어 보시오.

5. 연립방정식 $\begin{cases} 5x - 4y = 3 \\ 3x + 2y = 4 \end{cases}$를 가감법을 사용해 풀어 보시오.

6. 연립방정식 $\begin{cases} 4(x - y) - 3x = -9 \\ -2x + 5(x + y) = 24 \end{cases}$를 가감법을 사용해 풀어 보시오.

7. 연립방정식 $\begin{cases} \dfrac{x}{2} + \dfrac{y}{5} = 3 \\ \dfrac{x}{4} - \dfrac{y}{6} = \dfrac{1}{6} \end{cases}$을 가감법을 사용해 풀어 보시오.

정답

1. $x = 1$일 때 $y = 3$; $x = 2$일 때 $y = 1$ 2. $x = 1$일 때 $y = 7$; $x = 2$일 때 $y = 2$ 3. $x = 3, y = 1$

4. $x = -1, y = -1$ 5. $x = 1, y = \frac{1}{2}$ 6. $x = 3, y = 3$ 7. $x = 4, y = 5$

접속하기

차시 목표 및 개념 설명

오늘은 가감법을 사용해서 연립일차방정식의 해를 구하는 방법에 대해 배우려 합니다. 먼저, 이번 차시에서 많이 사용될 개념과 기술을 정리해 봅시다.

1. 등식이란 무엇입니까? 등식이란 등호(=)를 사용하여 두 수 또는 두 식이 서로 같음을 나타낸 식을 말합니다. 등식에서 등호의 왼쪽 부분을 좌변, 등호의 오른쪽 부분을 우변이라 합니다. 예를 들어, 등식 $y + 2 = 2x + 5$에서 좌변은 $y + 2$, 우변은 $2x + 5$입니다.

2. 등식에는 어떤 성질이 있습니까? 등식은 양변에 같은 수를 더하거나, 빼거나, 곱하거나, 나눠도 양변이 같습니다.

   $y + 2 = 2x + 5$이면,

   1) $(y + 2) + 5 = (2x + 5) + 5$

   2) $(y + 2) - 2 = (2x + 5) - 2$

   3) $(y + 2) \times 3 = (2x + 5) \times 3$

   4) $(y + 2) \div 4 = (2x + 5) \div 4$

3. 미지수가 두 개인 연립일차방정식이란 무엇입니까? 미지수가 2개인 연립일차방정식 또는 연립방정식은 미지수가 2개인 일차방정식 2개를 한 쌍으로 묶어서 나타낸 것을 말합니다. 연립일차방정식의 해를 구한다는 것은 두 일차방정식을 동시에 참이 되게 하는 x, y의 값을 구한다는 것입니다.

4. 우리가 연립일차방정식을 푸는 목적은 미지수가 2개인 두 일차방정식을 이용하여 두 미지수의 값, 즉 두 문자의 값을 구하는 것입니다. 미지수가 1개인 일차방정식은 등식의 성질을 이용하여 미지수값, 즉 해를 구할 수 있습니다. 따라서 연립일차방정식을 푸

는 과정에는 미지수가 2개인 일차방정식을 미지수가 1개인 일차방정식으로 만드는 과정이 필요합니다.

미지수가 2개인 일차방정식을 미지수가 1개인 일차방정식으로 만드는 방법에는,

① 한 방정식을 어떤 문자에 대해 푼 식을 다른 방정식에 대입하여 그 문자를 제거하고 나머지 한 문자만 남기는 방법(대입법)이나,

② 두 방정식을 덧셈 혹은 뺄셈하여 한 문자항을 소거하고 다른 한 문자만 갖는 일차식을 얻는 방법(가감법)이 있습니다.

일단 한 문자가 있는 일차방정식이 되면 등식의 성질을 이용하여 그 문자값을 구합니다. 구해진 문자값을 두 방정식 중 한 방정식에 대입하여 나머지 문자값을 구하면 연립일차방정식 풀이 과정이 끝납니다. 내비게이션 3.21 은 연립일차방정식을 푸는 과정을 간략하게 요약하여 보여 주고 있습니다.

1. 미지수가 2개인 일차방정식을 미지수가 1개인 일차방정식으로 만들기	어떻게?	• 대입: 한 방정식을 어떤 문자에 대하여 풀고, 그 식을 다른 방정식의 동일한 문자에 대입 • 가감: 두 방정식을 더하거나 빼서 한 문자항을 소거한 후, 다른 한 문자만 가진 식을 구함
2. 미지수가 1개인 일차방정식의 문자값을 구하기	어떻게?	• 일차방정식의 해를 구함
3. 나머지 문자값 구함	어떻게?	• 구해진 문자값을 한 방정식에 대입한 후 문자가 1개인 일차방정식을 풂

두 문자값을 구하면
연립방정식 풀이 끝!!!

5. 연립일차방정식의 해를 구하는 방법 중에서 오늘은 가감법에 대해 배우려 합니다. 가감법이란, 연립방정식을 풀 때 미지수가 2개인 두 방정식을 동류항끼리 더하거나 빼어서 한 미지수(문자)를 없애고 미지수가 1개인 일차방정식을 만들어 연립방정식의 해를

구하는 방법입니다. 한 미지수값을 구한 후에는 그 값을 두 방정식 중 간단한 방정식에 대입하여 다른 미지수값을 구합니다.

예를 들어, x, y가 자연수일 때 연립방정식 $x + y = 3$과 $3x + y = 5$의 해를 가감법을 사용해 구하려면,

1) **방정식을 정리**합니다.

① 괄호가 있는 식 → 분배법칙을 적용하여 괄호를 풀어 주고 동류항을 계산합니다.

② 분수식 또는 소수식 → 분수식일 때는 분모의 최소공배수를 양변에 곱해 주고, 소수식인 경우에는 10이나 100 등 10의 거듭제곱수를 곱하여 정수식으로 바꿔 줍니다.

주어진 연립방정식은 정리가 필요하지 않습니다.

2) **소거할 항**을 정합니다.

① 두 방정식에 있는 미지수항 중 계수의 절댓값이 서로 같은 항

② 상대적으로 계수가 작은 미지수항

두 방정식의 y항의 계수가 1로 동일하므로 y항을 소거하기로 결정합니다.

3) **소거할 항의 계수의 절댓값을 동일하게** 만듭니다.

한 방정식의 소거할 항의 계수의 절댓값을 다른 방정식의 양변에 곱해 줍니다.

두 방정식의 y항의 계수가 1로 동일하므로 이 단계는 필요치 않습니다.

4) **두 방정식을 덧셈 또는 뺄셈**하여 미지수가 1개인 일차식을 구합니다.

① 뺄셈-계수가 부호가 같고 절댓값이 같을 때

② 덧셈-계수가 부호는 다르지만 절댓값이 같을 때

두 방정식의 y항의 계수가 1로 부호도 같고 절댓값도 같으므로 두 식을 뺄셈합니다.

$$\begin{array}{rl} & x + y = 3 \\ -) & 3x + y = 5 \\ \hline & -2x \quad = -2 \end{array}$$

5) 일차방정식을 풀어 한 **미지수값**을 구합니다.

$-2x = -2$

$x = 1$

6) 먼저 구한 미지수값을 둘 중 더 간단한 방정식에 대입하여 다른 미지수값을 구합니다.

$x = 1$을 $x + y = 3$에 대입하면 $1 + y = +3$이므로 $y = 2$입니다.

7) 정답인지 체크하려면 구해진 해를 두 번째 일차방정식에 대입했을 때, 등식이 참이 되는지 확인하면 됩니다.

$x = 1, y = 2$를 $3x + y = 5$에 대입하면 $3(1) + 2 = 5$로 등식이 참이 됩니다. 따라서 이 연립방정식의 해는 $x = 1, y = 2$ 입니다.

내비게이션 3.22 는 가감법을 사용하여 연립일차방정식의 해를 구하는 방법을 보여 줍니다.

보여 주기

개념 및 기술 교수, 개념 및 기술 예시 제시, 보는 수학 내비게이션을 이용한 교사 모델링

(내비게이션 3.22 를 보여 주며) 문제를 풀기 전에, 가감법을 사용하여 미지수가 2개인 연립일차 방정식의 해를 구하는 방법을 정리해 봅시다. 먼저, 두 식을 정리한 후, 두 방정식에서 소거될 항이 같은 계수를 갖도록 만듭니다. 다음은 두 방정식을 동류항끼리 더하거나 빼서 한 미지수(문자)를 소거하고 미지수가 1개인 일차방정식을 풀어 미지수의 값을 구합니다. 마지막으로, 먼저 구한 미지수를 두 식 중 간단한 방정식에 대입하여 나머지 미지수값을 구합니다. 미지수가 2개인 연립일차방정식의 해를 가감법을 사용하여 구하는 방법을 기억하며 연립방정식 $x+y=4$, $x-y=2$를 풀어 봅시다.

❶ (보여 주는 문제 1을 보여 주며) 연립방정식 $\begin{cases} x+y=4 \\ x-y=2 \end{cases}$ 를 가감법을 사용해 풀어 보시오.

1. 먼저, 일차방정식을 정리합니다.
   - 괄호가 있는 식이나 분수 또는 소수식은 정리가 필요한데, 주어진 방정식은 정리가 필요하지 않습니다.

2. 다음은 덧셈이나 뺄셈을 통해 없앨 소거할 항을 정합니다.
   - x항의 계수는 1로 동일하고, y항의 계수는 절댓값이 같고 부호만 다르므로 둘 다 쉽게 소거될 수 있습니다.
   - x, y 항 중 이번에는 y를 소거합니다.

3. 다음은 소거할 항의 계수의 절댓값을 동일하게 만듭니다.
   - 두 방정식의 y항의 계수의 절댓값이 1로 동일하므로 이 단계는 필요치 않습니다.

4. 두 방정식을 덧셈 또는 뺄셈하여 미지수가 1개인 일차식을 구합니다.
   - 두 방정식의 y항의 계수가 절댓값은 같으나 부호가 다르므로 두 식을 덧셈합니다.

$$
\begin{array}{rl}
\rightarrow & x + y = 4 \\
+ \big) & x - y = 2 \\
\hline
& 2x \quad\ = 6
\end{array}
$$

5. 일차방정식을 풀어 한 **미지수값**을 구합니다.

$\rightarrow 2x = 6$

$x = 3$

6. 먼저, 구한 미지수값을 둘 중 더 간단한 방정식에 대입하여 **나머지 미지수값**을 구합니다.

- $x = 3$을 $x + y = 4$에 대입하면 $3 + y = 4$이므로 $y = 1$입니다.

7. 마지막으로, **구한 두 미지수값이 정답인지 체크**하려면 구한 값을 두 번째 일차방정식에 대입했을 때 등식이 참이 되는지 확인하면 됩니다.

- $x = 3, y = 1$을 $x - y = 2$에 대입하면, $(3) - (1) = 2$로 등식이 참이 됩니다. 따라서 이 연립방정식의 해는 $x = 3, y = 1$입니다.

② (보여 주는 문제 2를 보여 주며) **연립방정식 $\begin{cases} 2(x + 3y) = -6 \\ x - 3y = 9 \end{cases}$를 가감법을 사용해 풀어 보시오.**

1. 연립방정식을 풀 때는 먼저 **일차방정식을 정리**합니다.

- 괄호가 있는 식이나 분수 또는 소수식은 정리가 필요한데, 첫 번째 방정식에 괄호식이 있으므로 괄호 식을 정리합니다.

$\rightarrow 2(x + 3y) = -6$

$2x + 6y = -6$

2. 다음은 덧셈이나 뺄셈을 통해 **소거할 항**을 정합니다.

- 방정식 $2x + 6y = -6$과 $x - 3y = 9$ 간에 계수의 절댓값이 같은 미지수항이 없으므로 계수가 상대적으로 작은 항을 소거합니다.
- 이 문제에서는 x의 계수가 y의 계수보다 상대적으로 작으므로 x를 소거합니다.

3. 다음은 소거할 항의 **계수의 절댓값을 동일하게** 만듭니다.

- 두 방정식의 x항의 계수를 같게 만들려면 각 방정식의 양변에 다른 방정식의 x항의 계수의 절댓값을 곱해 줍니다.
- 첫 번째 방정식인 $2x + 6y = -6$엔 두 번째 방정식의 x항의 계수의 절댓값 1을 곱해 주고, 두 번째 방정식인 $x - 3y = 9$엔 첫 번째 방정식의 x항의 계수의 절댓값 2를 곱해 줍니다.
- 양변에 동일한 수를 곱해 주어야 한다는 것을 기억합시다.
- 식 1: $(2x + 6y) \times 1 = -6 \times 1$

  $2x + 6y = -6$
- 식 2: $(1x - 3y) \times 2 = 9 \times 2$

  $2x - 6y = 18$

4. 두 방정식을 **덧셈 또는 뺄셈**하여 미지수가 1개인 일차식을 구합니다.

- 두 방정식의 x항의 계수는 2이며 부호도 같고 절댓값도 같으므로 두 식을 뺄셈합니다.

$$\begin{array}{rr} \rightarrow & 2x + 6y = -6 \\ -) & 2x - 6y = 18 \\ \hline & 12y = -24 \end{array}$$

5. 일차방정식을 풀어 **미지수값**을 구합니다.

$\rightarrow 12y = -24$

$y = -2$

6. 다음은 먼저 구한 미지수값을 둘 중 더 간단한 방정식에 대입하여 나머지 미지수값을 구합니다.

- $y = -2$를 $x - 3y = 9$에 대입하면 $x - 3(-2) = 9$이므로 $x = 3$입니다.

7. 마지막으로, 구한 미지수값이 정답인지 체크하려면 구한 값을 나머지 일차방정식에 대입했을 때 등식이 참이 되는지 확인하면 됩니다.

- $x = 3, y = -2$를 $2x + 6y = -6$에 대입하면 $2(3) + 6(-2) = -6$으로 등식이 참이 됩니다. 따라서 이 연립방정식의 해는 $x = 3, y = -2$입니다.

③ (보여 주는 문제 3을 보여 주며) 연립방정식 $\begin{cases} 4x + 3y = 6 \\ -(x + y) + 2x = 12 \end{cases}$ 를 가감법을 사용해 풀어 보시오.

1. 연립방정식을 풀 때는 먼저 일차방정식을 정리합니다.

- 괄호가 있는 식이나 분수 또는 소수식은 정리가 필요한데, 두 번째 방정식에 괄호식이 있으므로 괄호 식을 정리합니다.

  $\rightarrow -(x + y) + 2x = 12$

  $x - y = 12$

2. 다음은 덧셈이나 뺄셈을 통해 소거할 항을 정합니다.

- 방정식 $4x + 3y = 6$과 $x - y = 12$ 간에 계수의 절댓값이 같은 미지수항이 없으므로 소거할 항을 선택합니다.
- 가능하면 계수가 작은 항을 소거하는 것이 좋습니다.
- y항의 계수가 x항의 계수보다 작으므로 y를 소거합니다.

3. 다음은 소거할 항의 계수의 절댓값을 동일하게 만듭니다.

- 두 방정식의 y항의 계수를 같게 만들려면 각 방정식의 양변에 다른 방정식의 y항의 계수의 절댓값만큼 곱해 줍니다.
- 첫 번째 방정식인 $4x + 3y = 6$엔 두 번째 방정식의 y항의 계수의 절댓값인 1을 곱해 주고, 두 번째 방정식인 $x - y = 12$엔 첫 번째 방정식의 y항의 계수의 절댓값인 3을 곱해 줍니다.
- 양변에 동일한 수를 곱해 주어야 한다는 것을 기억합시다.
- 식 1: $(4x + 3y) \times 1 = 6 \times 1$

  $4x + 3y = 6$
- 식 2: $(x - 1y) \times 3 = 12 \times 3$

  $3x - 3y = 36$

4. 두 방정식을 덧셈 또는 뺄셈하여 미지수가 1개인 일차식을 구합니다.

- 두 방정식의 y항의 계수가 3과 −3으로 절댓값은 같지만 부호가 다르므로 두 식을 덧셈합니다.

$$\begin{array}{rr} \rightarrow & 4x + 3y = 6 \\ + & 3x - 3y = 36 \\ \hline & 7x \qquad = 42 \end{array}$$

5. 일차방정식을 풀어 미지수값을 구합니다.

$\rightarrow 7x = 42$

$x = 6$

6. 다음은 먼저 구한 미지수값을 둘 중 더 간단한 방정식에 대입하여 나머지 미지수값을 구합니다.

- $x = 6$을 $x - y = 12$에 대입하면 $(6) - y = 12$이므로 $y = -6$입니다.

Level 3.3
22차시

7. 마지막으로, 구한 미지수값이 정답인지 체크하려면 구한 값을 나머지 일차방정식에 대입했을 때 등식이 참이 되는지 확인하면 됩니다.

- $x = 6, y = -6$을 $4x + 3y = 6$에 대입하면 $4(6) + 3(-6) = 6$으로 등식이 참이 됩니다.
- 따라서 이 연립방정식의 해는 $x = 6, y = -6$입니다.

함께 풀기

(내비게이션 3.22 를 보여 주며) 문제를 풀기 전에, 연립일차방정식을 가감법을 사용하여 그 해를 구하는 방법을 정리해 봅시다. 먼저, 두 식을 정리한 후, 두 방정식에서 소거될 항의 계수가 같아지도록 만듭니다. 다음은 두 방정식을 동류항끼리 더하거나 빼서 한 미지수(문자)를 소거하고 미지수가 1개인 일차방정식을 풀어 그 미지수의 값을 구합니다. 마지막으로, 먼저 구한 미지수를 두 식 중 간단한 방정식에 대입하여 나머지 미지수값을 구합니다. 가감법을 적용하는 절차를 참고하면서 다음 연립방정식을 풀어 봅시다.

❶ (함께 풀어 보는 문제 1을 가리키며) 연립방정식 $\begin{cases} 5x + 4y = 23 \\ -x - 4y = -11 \end{cases}$ 을 가감법을 사용해 풀어 보시오.

1. 미지수가 2개인 연립일차방정식을 풀 때는 제일 먼저 무엇을 합니까? **두 일차방정식을 정리**합니다.
   - 방정식이 어떤 경우에 정리를 해야 합니까? 괄호가 있는 식이라면 분배법칙을 적용하여 괄호를 풀어 주고 동류항을 계산합니다.
   - 분수식일 때는 분모의 최소공배수를 양변에 곱해 주고, 소수식인 경우에는 10이나 100 등 10의 거듭제곱수를 곱하여 계수를 정수로 바꿔 줍니다.
   - 주어진 방정식 $5x + 4y = 23$, $-x - 4y = -11$은 정리가 필요한 식입니까? 이 두 방정식은 괄호도 없고 계수도 정수이므로 정리가 필요하지 않습니다.

2. 다음은 무엇을 합니까? 두 미지수 중 **소거할 항을 찾습니다.**
   - 어떤 항을 소거할 항으로 정합니까? 두 방정식에 있는 미지수항 중 계수의 절댓값이 서로 같은 항이 있으면 그 항을 소거하는 게 가장 쉬운 방법입니다. 그렇지 않으면 계수의 절댓값이 작은 항을 소거할 항으로 정하면 됩니다.
   - 주어진 두 방정식의 미지수항 중 계수의 절댓값이 서로 같은 항이 있습니까? 첫 식 $5x + 4y = 23$의 $4y$와 둘째 식 $-x - 4y = -11$의 $-4y$는 계수의 절댓값은 같고

부호만 다른 경우입니다. 따라서 y항을 소거합니다.

3. 다음은 무엇을 합니까? 소거할 항의 계수의 절댓값을 동일하게 만듭니다.
   - 주어진 두 방정식의 소거할 항의 계수는 각각 무엇입니까? y항의 계수는 각각 4와 −4입니다.
   - 이 둘의 절댓값은 각각 무엇입니까? 4와 −4의 절댓값은 모두 4로 동일하므로 이 문제에서는 계수의 절댓값을 동일하게 만드는 과정이 필요하지 않습니다.

4. 다음은 무엇을 합니까? 두 방정식을 덧셈 또는 뺄셈(가감)하여 미지수가 1개인 일차식을 구합니다.
   - 덧셈을 할지 뺄셈을 할지는 어떻게 결정합니까? 계수의 부호와 절댓값이 모두 같을 때는 뺄셈을 하고, 계수의 절댓값은 같으나 부호가 다를 때는 덧셈을 합니다.
   - 주어진 방정식에서 소거할 항인 y항의 계수는 각각 4와 −4입니다. 어떤 연산을 사용해야 합니까? 덧셈을 합니다. 덧셈하면 $4y + -4y = 0$이 되어 y항이 소거됩니다. 두 방정식을 덧셈하면,

$$\begin{array}{rl} \rightarrow & 5x + 4y = 23 \\ +) & -x - 4y = -11 \\ \hline & 4x \quad\quad = 12 \end{array}$$

5. 다음은 무엇을 합니까? 위에서 구한 일차방정식을 풀어 미지수값을 구합니다.

$\rightarrow 4x = 12$

$\rightarrow x = 3$

6. 다음은 무엇을 합니까? 먼저 구한 미지수값, $x = 3$을 두 식 중 간단한 방정식에 대입하여 나머지 미지수값을 구합니다.
   - 두 방정식 중 더 간단해 보이는 방정식이 있습니까? 상대적으로 더 간단해 보이는 방정식이 없을 때는 둘 중 한 방정식을 선택하여 미지수값을 대입하면 됩니다.

- $x = 3$을 $5x + 4y = 23$에 대입합니다.

  → $5(3) + 4y = 23$

- $15 + 4y = 23$을 풀면 y값이 무엇입니까? $y = 2$입니다.

7. 이제 무엇을 합니까? 구한 x, y값이 연립방정식의 참 해인지 체크합니다.
   - 구한 해가 참인지는 어떻게 체크합니까? 구한 미지수값을 나머지 방정식(6단계에서 사용하지 않은 방정식)에 대입하여 등식이 참이 되는지 확인하면 됩니다.
   - $x = 3, y = 2$를 $-x - 4y = -11$에 대입하면 $-(3) - 4(2) = -11$로 등식이 성립하므로 주어진 연립방정식의 해는 $x = 3, y = 2$입니다.

Level 3.3
22차시

❷ (함께 풀어 보는 문제 2를 가리키며) 연립방정식 $\begin{cases} 3x + 2y = 8 \\ 4x - 3y = 5 \end{cases}$ 를 가감법을 사용해 풀어 보시오.

1. 미지수가 2개인 연립일차방정식을 풀 때는 제일 먼저 무엇을 합니까? 두 일차방정식을 정리합니다.
   - 방정식이 어떤 경우에 정리를 해야 합니까? 괄호가 있는 식이라면 분배법칙 적용하여 괄호를 풀어 주고 동류항을 계산합니다.
   - 분수식일 때는 분모의 최소공배수를 양변에 곱해 주고, 소수식인 경우에는 10이나 100 등 10의 거듭제곱수를 곱하여 계수를 정수로 바꿔 줍니다.
   - 주어진 방정식 $3x + 2y = 8$, $4x - 3y = -5$는 정리가 필요한 식입니까? 이 두 방정식은 괄호도 없고 계수도 정수이므로 정리가 필요하지 않습니다.

2. 다음은 무엇을 합니까? 두 미지수 중 소거할 항을 찾습니다.
   - 주로 어떤 항을 소거할 항으로 정합니까? 두 방정식에 있는 미지수항 중 계수의 절댓값이 서로 같은 항이 있으면 그 항을 소거하는 게 가장 쉬운 방법입니다. 그렇지

않으면 계수의 절댓값이 작은 항을 소거할 항으로 정하면 됩니다.

- 주어진 두 방정식의 미지수항 중 계수의 절댓값이 서로 같은 항이 있습니까? 그렇지 않습니다.
- 두 방정식 $3x + 2y = 8$, $4x - 3y = -5$의 미지수항 중 어떤 항을 소거하는 것이 좋습니까? 두 미지수 중 어느 것을 선택해도 되지만 y항의 계수들이 x항의 계수들보다 절댓값이 작으므로 y항을 소거하기로 합니다.

3. 다음은 무엇을 합니까? **소거할 항의 계수의 절댓값을 동일하게** 만듭니다.
   - 소거할 항의 계수의 절댓값을 같게 만들려면 어떻게 해야 합니까? 각 방정식의 양변에 다른 방정식에서 소거될 항의 계수를 곱해 줍니다.
   - 주어진 두 방정식에서 소거될 항의 계수는 각각 무엇입니까? 첫 식의 y항의 계수는 2, 둘째 식의 y항의 계수는 -3입니다.
   - 첫 식에는 무엇을 곱합니까? -3의 절댓값인 3입니다.
   - 둘째 식에는 무엇을 곱합니까? 2입니다.
   - 이제 y항의 계수는 각각 6과 -6이 됩니다.
   - 식 1: $(3x + 2y) \times 3 = 8 \times 3$

     $9x + 6y = 24$
   - 식 2: $(4x - 3y) \times 2 = 5 \times 2$

     → $8x - 6y = 10$

4. 다음은 무엇을 합니까? **두 방정식을 덧셈 또는 뺄셈**(가감)하여 미지수가 1개인 일차식을 구합니다.
   - 덧셈을 할지 뺄셈을 할지는 어떻게 결정합니까? 계수의 부호와 절댓값이 모두 같을 때는 뺄셈을 하고, 계수의 절댓값은 같으나 부호가 다를 때는 덧셈을 합니다.
   - 주어진 방정식에서 소거할 항인 y항의 계수는 각각 6과 -6입니다. 어떤 연산을 사용해야 합니까? 덧셈을 합니다.

- 덧셈하면 $6y + -6y = 0$이 되어 y항이 소거됩니다.
- 두 방정식을 덧셈하면,

$$\begin{array}{rl} \rightarrow & 9x + 6y = 24 \\ +) & 8x - 6y = 10 \\ \hline & 17x \quad\quad = 34 \end{array}$$

5. 다음은 무엇을 합니까? 위에서 구한 일차방정식을 풀어 **미지수값**을 구합니다.

$\rightarrow 17x = 34$

$\rightarrow x = 2$

6. 다음은 무엇을 합니까? 먼저 구한 미지수값, $x = 2$를 두 식 중 간단한 방정식에 대입하여 **나머지 미지수값**을 구합니다.

- 두 방정식 중 더 간단해 보이는 방정식이 있습니까? 상대적으로 더 간단해 보이는 방정식이 없을 때는 둘 중 한 방정식을 선택하여 미지수값을 대입하면 됩니다. $x = 2$를 첫 방정식 $3x + 2y = 8$에 대입합니다.

  $\rightarrow 3(2) + 2y = 8$
- $6 + 2y = 8$을 풀면 y값이 무엇입니까? $y = 1$입니다.

7. 이제 무엇을 합니까? 구한 x, y 값이 연립방정식의 참 해인지 체크합니다.

- 구한 해가 참인지는 어떻게 체크합니까? 구한 미지수값을 나머지 방정식(6단계에서 사용하지 않은 방정식)에 대입하여 등식이 참이 되는지 확인하면 됩니다.
- $x = 2, y = 1$을 $4x - 3y = 5$에 대입하면 $4(2) - 3(1) = 5$로 등식이 성립하므로 주어진 연립방정식의 해는 $x = 2, y = 1$입니다.

3 (함께 풀어 보는 문제 3을 가리키며) 연립방정식 $\begin{cases} x + y = 5 \\ \frac{x}{3} + \frac{y}{6} = 1 \end{cases}$ 을 가감법을 사용해 풀어 보시오.

1. 미지수가 2개인 연립일차방정식을 풀 때는 제일 먼저 무엇을 합니까? **두 일차방정식을 정리**합니다.
   - 방정식이 어떤 경우에 정리를 해야 합니까? 괄호가 있는 식이라면 분배법칙 적용하여 괄호를 풀어 주고 동류항을 계산합니다.
   - 분수식일 때는 분모의 최소공배수를 양변에 곱해 주고, 소수식인 경우에는 10이나 100 등 10의 거듭제곱수를 곱하여 계수를 정수로 바꿔 줍니다.
   - 주어진 방정식 $x + y = 5$, $\frac{x}{3} + \frac{y}{6} = 1$은 정리가 필요한 식입니까? 두 번째 식이 분수식이므로 양변에 분모의 최소공배수를 곱하여 정수식으로 바꿔 줍니다.
   - 분수식의 분모 3과 6의 최소공배수는 얼마입니까? 6입니다.
   - 6을 분수식의 양변(각 항)에 곱해 줍니다. 두 번째 식이 $2x + y = 6$이 됩니다.

     $\rightarrow (\frac{x}{3} + \frac{y}{6}) \times 6 = 1 \times 6$

     $2x + y = 6$

2. 다음은 무엇을 합니까? 두 미지수 중 **소거할 항을 찾습니다.**
   - 주로 어떤 항을 소거할 항으로 정합니까? 두 방정식에 있는 미지수항 중 계수의 절댓값이 서로 같은 항이 있으면 그 항을 소거하는 게 가장 쉬운 방법입니다. 그렇지 않으면 계수의 절댓값이 작은 항을 소거할 항으로 정하면 됩니다.
   - 주어진 두 방정식의 미지수항 중 계수의 절댓값이 서로 같은 항이 있습니까? 첫 식 $x + y = 5$의 y와 둘째 식을 변형한 식 $2x + y = 6$의 y는 계수의 부호와 절댓값이 모두 같은 경우입니다. 따라서 y항을 소거합니다.

3. 다음은 무엇을 합니까? 소거할 항의 **계수의 절댓값을 동일하게** 만듭니다.
   - 소거할 항의 계수의 절댓값을 같게 만들려면 어떻게 해야 합니까? 각 방정식에 다

른 방정식의 소거할 항의 계수의 절댓값을 양변에 곱해 줍니다.

- 주어진 두 방정식의 소거할 항의 계수의 절댓값은 각각 무엇입니까? y항의 계수의 절댓값은 모두 1로 동일하므로 이 문제에서는 계수의 절댓값을 동일하게 만드는 과정이 필요하지 않습니다.

4. 다음은 무엇을 합니까? **두 방정식을 덧셈 또는 뺄셈(가감)**하여 미지수가 1개인 일차식을 구합니다.

- 덧셈을 할지 뺄셈을 할지는 어떻게 결정합니까? 계수의 부호와 절댓값이 모두 같을 때는 뺄셈을 하고, 계수의 절댓값은 같으나 부호가 다를 때는 덧셈을 합니다.
- 주어진 방정식에서 소거할 항인 y항의 계수는 둘 다 1입니다. 어떤 연산을 사용해야 합니까? 뺄셈을 하면 $y - y = 0$이 되어 y항이 소거됩니다. 두 방정식을 뺄셈하면,

$$\begin{array}{rr} & x + y = 5 \\ -) & 2x + y = 6 \\ \hline & -x \quad = -1 \end{array}$$

5. 다음은 무엇을 합니까? 위에서 구한 일차방정식을 풀어 **미지수값**을 구합니다.

→ $-x = -1$

→ $x = 1$

6. 다음은 무엇을 합니까? 먼저 구한 미지수값, $x = 1$을 두 식 중 간단한 방정식에 대입하여 **나머지 미지수값**을 구합니다.

- 두 방정식 중 더 간단해 보이는 방정식이 있습니까? $x + y = 5$가 상대적으로 더 간단해 보이는 방정식입니다. $x = 1$을 $x + y = 5$에 대입하면,

  → $(1) + y = 5$

- $1 + y = 5$를 풀면 y값이 무엇입니까? $y = 4$입니다.

Level 3.3
22차시

7. 이제 무엇을 합니까? 구한 x, y 값이 연립방정식의 참 해인지 체크합니다.

- 구한 해가 참인지는 어떻게 체크합니까? 구한 미지수값을 나머지 방정식(6단계에서 사용하지 않은 방정식)에 대입하여 등식이 참이 되는지 확인하면 됩니다.
- $x = 1, y = 4$를 $2x + y = 6$에 대입하면 $2(1) + (4) = 6$으로 등식이 성립하므로 주어진 연립방정식의 해는 $x = 1, y = 4$입니다.

아 그렇구나!

- 혼동되는 문제 다시 풀기
- 최다 오류를 반례로 제시하여 개념 및 기술 획득 강화

아 그렇구나! 에서는 가감법을 이용하여 연립방정식의 해를 구할 때 우리가 혼동하는 문제를 함께 풀어 봅니다. 다음 문제를 풀 때 왜 실수가 많은지 그 이유를 함께 생각해 봅시다.

1 (아 그렇구나! 문제 1을 가리키며) **연립방정식** $\begin{cases} \dfrac{x}{2} + \dfrac{y}{3} = \dfrac{1}{6} \\ 0.4x + 0.5y = 1.3 \end{cases}$ **을 풀 때 혼동되는 점은 무엇입니까?**

⇨ 주어진 연립방정식은 두 방정식을 모두 정리한 후에 방정식의 해를 구해야 하는데, 첫 식은 분수식이고 둘째 식은 소수식이라 정리 방법이 서로 다른 경우입니다. 첫 식은 양변에 6을 곱해 변경합니다. $3x + 2y = 1$이 됩니다. 둘째 식은 양변에 10을 곱해 변경합니다. $4x + 5y = 13$입니다. 가감법을 사용하여 연립일차방정식을 풀면 $x = -3, y = 5$가 연립방정식의 해입니다.

❷ (아 그렇구나! 문제 2를 가리키며) 연립방정식 $\begin{cases} 0.4x + 0.3y = 1 \\ 0.25x - 0.5y = -0.75 \end{cases}$ 를 풀 때 혼동되는 점은 무엇입니까?

⇨ 주어진 문제는 두 방정식 모두 소수식인 경우입니다. 소수를 포함하는 방정식은 방정식의 해를 구하기 전에 먼저 양변에 10이나 10의 거듭제곱수를 곱해 소수식을 정수식으로 바꿔 주어야 합니다. 하지만 이 문제는 첫 번째 식은 10을 곱해야 하고 두 번째 식은 100을 곱해야 정수식이 되기 때문에 오류를 범할 가능성이 있습니다. 첫 번째 식에 10을 곱하면 $4x + 3y = 10$이 되고, 두 번째 식에 100을 곱하면 $25x - 50y = -75$입니다. 가감법을 적용하여 문제를 풀면 $x = 1$, $y = 2$가 연립방정식의 해입니다.

배움 체크하기

(배움 체크 리스트 를 가리키며) 오늘 우리가 함께 공부한 것을 혼자서도 할 수 있는지 체크해 봅시다. 혼자서도 할 수 있으면 , 선생님의 도움이 더 필요하다면 ?에 동그라미로 표시하세요.

배움 체크 리스트		?
1. 2개의 미지수항이 있는 괄호 식을 전개하여 동류항끼리 계산할 수 있습니다.		
2. 미지수항의 계수가 분수나 소수인 일차식을 변형하여 계수가 정수인 일차식으로 바꿀 수 있습니다.		
3. 미지수의 의미를 이해하고 일차식에서 미지수를 구할 수 있습니다.		
4. 가감법을 적용해 연립일차방정식을 풀기 위해 소거할 항을 정하고 소거하는 절차를 이해하고 적용할 수 있습니다.		
5. 가감법을 적용하여 한 미지수항을 소거할 때는 미지수의 계수의 절댓값을 동일하게 만든 후 두 방정식을 덧셈하거나 뺄셈한다는 것을 이해하고 적용할 수 있습니다.		
6. 미지수값 1개를 구한 후에는 그 값을 두 방정식 중 상대적으로 간단한 방정식에 대입하여 나머지 미지수값을 구한다는 것을 이해하고 적용할 수 있습니나.		
7. 구한 미지수값을 사용하지 않은 나머지 방정식에 대입하여 등식이 성립하는지를 알아보아 구한 값이 참 해인지 확인할 수 있다는 것을 이해하고 적용할 수 있습니다.		

혼자 풀기

(혼자 풀어 보는 문제 1~7을 제시하며) 오늘 배운 것을 기억하면서 문제를 혼자 풀어 보는 시간입니다. 내비게이션 3.22 를 사용하면 도움이 됩니다.

다음 문제에 답하시오.

1. $3x + y = 6$을 x에 대해 풀어 보시오.

2. x와 y가 자연수일 때, $5x + 2y = 17$을 풀어 보시오.

3. 연립방정식 $\begin{cases} 3x - 2y = 7 \\ x + 2y = 5 \end{cases}$ 를 가감법을 사용해 풀어 보시오.

4. 연립방정식 $\begin{cases} 2x - 5y = 3 \\ -3x - 5y = 8 \end{cases}$ 을 가감법을 사용해 풀어 보시오.

5. 연립방정식 $\begin{cases} 4(x - y) - 3x = -9 \\ -2x + 5(x + y) = 24 \end{cases}$ 를 가감법을 사용해 풀어 보시오.

6. 연립방정식 $\begin{cases} \dfrac{x}{2} + \dfrac{y}{5} = 3 \\ \dfrac{x}{4} - \dfrac{y}{6} = \dfrac{1}{6} \end{cases}$ 을 가감법을 사용해 풀어 보시오.

7. 연립방정식 $\begin{cases} 0.4y = 0.8x - 0.4 \\ x - 2y = -4 \end{cases}$ 를 가감법을 사용해 풀어 보시오.

채점 및 오답 분석

학생이 쓴 답을 기재하고, 오답인 경우 중재 결정표 에서 가능한 오류 원인을 1~8 중에서 골라 번호로 기재합니다. 기타 원인 때문에 오답이 발생했을 경우, 구체적으로 어떤 이유인지 기재합니다. 가능한 오답의 원인을 모두 기재합니다.

혼자 풀어 보는 문제	정답	학생이 쓴 답	오답 원인
1. $3x + y = 6$을 x에 대해 풀어 보시오.	$x = \frac{6-y}{3}$		
2. $5x + 2y = 17$을 풀어 보시오.	$(1, 6), (3, 1)$		
3. $\begin{cases} 3x - 2y = 7 \\ x + 2y = 5 \end{cases}$를 풀어 보시오.	$x = 3$, $y = 1$		
4. $\begin{cases} 2x - 5y = 3 \\ -3x - 5y = 8 \end{cases}$을 풀어 보시오.	$x = -1$, $y = -1$		
5. $\begin{cases} 4(x - y) - 3x = -9 \\ -2x + 5(x + y) = 24 \end{cases}$를 풀어 보시오.	$x = 3$, $y = 3$		
6. $\begin{cases} \frac{x}{2} + \frac{y}{5} = 3 \\ \frac{x}{4} - \frac{y}{6} = \frac{1}{6} \end{cases}$을 풀어 보시오.	$x = 4$, $y = 5$		
7. $\begin{cases} 0.4y = 0.8x - 0.4 \\ x - 2y = -4 \end{cases}$를 풀어 보시오.	$x = 2$, $y = 3$		
	정답 개수	/ 7	

Level 3.3
22차시

중재 결정표

☞ **오답 원인을 분석하여 차후 중재를 결정하세요.**

오답 원인	발생 빈도	최다 발생 오류	중재 결정
1. 사전 지식 및 기술(유리수의 사칙연산, 식의 대입을 통한 등식의 변형, 분배법칙을 적용한 식의 전개, 식의 값 구하기, 미지수가 2개인 일차방정식의 해 구하기)			
2. 용어나 문제 이해 부족(동류항, 대입, 등식, 방정식의 해, 어떤 문자에 대해 푼다.)			
3. 가감법을 사용하기 위해 소거할 항을 찾는 절차에 대한 이해와 적용의 어려움			
4. 소거할 항의 계수를 동일하게 만드는 절차에 대한 이해와 적용의 어려움			
5. 덧셈이나 뺄셈으로 항을 소거하는 절차의 이해와 적용의 어려움			
6. 한 문자값(미지수)을 구한 후, 그 값을 나머지 방정식에 대입하여 나머지 미지수의 값을 구하는 절차의 이해와 적용의 어려움			
7. 부주의/계산 실수			
8. 기타(구체적 원인 기재하기)			

가장 흔한 오답 원인	1과 2 중 하나	3, 4, 5, 6 중 하나	7
	AND	AND	OR
오답률	오답이 2개 이상	오답이 2개 이상	오답이 2개 미만
다음 중재	브리지(Bridge)	동 차시 반복	다음 차시

브리지(Bridge) 차시

- 2.19차시
- 3.11차시
- 3.19차시
- 3.21차시

23차시

주어진 수 대입하여 부등식의 해 구하기

[내비게이션 3.23] 주어진 수 대입하여 부등식의 해 구하기

A. 주어진 수를 대입하여 부등식의 해 구하기

	주어진 수를 대입하여 부등식의 해 구하는 절차	예 (x가 자연수일 때, 부등식 $2x+1 < 5$의 해를 구하기)
❶	주어진 조건을 만족시키는 수 찾아 나열하기(표 1열)	x가 자연수이므로 1, 2, 3, 4… 차례대로 대입
❷	각 x값을 좌변과 우변에 대입하여 좌변값과 우변값 구하기 (표 2열과 3열)	$x = 1$일 때, 좌변값 $2(1) + 1 = 3$, 우변값 5 $x = 2$일 때, 좌변값 $2(2) + 1 = 5$, 우변값 5 $x = 3$일 때, 좌변값 $2(3) + 1 = 7$, 우변값 5
❸	부등호를 이용하여 좌변값과 우변값 대소 비교하기(표 4열)	$x = 1$일 때, $2(1) + 1 = 3 < 5$ $x = 2$일 때, $2(2) + 1 = 5 = 5$ $x = 3$일 때, $2(3) + 1 = 7 > 5$
❹	x값을 대입한 후 좌우 변값 부등호의 방향과 주어진 부등식의 부등호의 방향이 같으면 x를 주어진 부등식의 해라 결정하기 (표 5열과 6열)	부등식 $2x + 1 < 5$와 동일하게 대소비교가 된 경우는, $x = 1$일 때 $2(1) + 1 < 5$이므로 부등식의 해는 $x = 1$

1	주어진 부등식($2x + 1 < 5$)에 미지수 대입			5	6
	2	3	4		
주어진 수	좌변 ($2x + 1$)	우변 (5)	좌변과 우변 비교	부등식 부등호와 일치 (일치/불일치)	부등식의 해 - 5에서 '일치' 일 때 x값
$x = 1$	$2(1) + 1 = 3$	5	$<$	일치	$x = 1$
$x = 2$	$2(2) + 1 = 5$	5	$=$	불일치	

B. 주어진 수 대입하여 부등식의 해 구할 때 도움되는 표

1	주어진 부등식( )에 미지수 대입			5	6
	2	3	4		
주어진 수	좌변 ( )	우변 ( )	좌변과 우변 비교	부등식 부등호와 일치 (일치/불일치)	부등식의 해 - 5에서 '일치' 일 때 x값
$x =$					
$x =$					
$x =$					
$x =$					

차시 목표 주어진 수를 대입하여 부등식의 해를 구할 수 있다.

사전 지식 유리수의 사칙연산, 미지수의 의미, 대소 관계의 이해와 표현, 부등호, 역수, 이항의 의미, 좌변, 우변, 등식의 의미와 성질, 다항식과 단항식의 곱셈과 나눗셈, 분배법칙, 방정식의 의미 이해와 해 구하기, 다양한 상황을 부등호를 사용하여 부등식으로 나타내기

준비물 3단계 23차시 학생용 교재, **내비게이션 3.23**

흔한 오류

1. 부등식을 등식처럼 푼다.
   - 오류 예: $x + 1 < 6$에 $x = 5$가 답이라고 대답한다.

2. $x \geq a$는 $x > a$ 또는 $x = a$로, $x > a$와 $x = a$ 중 하나만 성립하여도 참이 되는데, $x > a$ 또는 $x = a$ 중 어느 하나만 성립할 경우, 부등식이 참이 아니라고 생각한다.
   - 오류 예: $x + 1 \leq 6$에 대해 $x = 5$라는 해가 주어졌을 경우, 부등식이 거짓이라 생각한다.

3. 일차부등식의 해가 하나 이상이 될 수 있다는 것을 이해하지 못한 경우, 부등식을 만족시키는 해를 1개 구한 후에는 다른 값도 해가 될 수 있는지 알아보려 시도하지 않는다.
   - 오류 예: 자연수 x에 대하여 부등식 $x + 1 \leq 6$를 풀 때, $x = 3$을 얻은 후 다른 값도 해가 될 수 있는지 찾아보지 않는다.

4. 등식의 해를 등식 기호를 사용하여 대답하듯(예: $x + 1 = 6$의 해는 $x = 5$), 부등식의 해를 부등식 기호를 사용하여 대답하려 한다.
   - 오류 예: $x + 1 \leq 6$에 대해 $x = 3$이 부등식이 참이 되게 한다는 것을 알아낸 후, $x \leq 3$라 대답한다.

사전평가

처음 두 문제는 가장 필수적인 사전 지식에 대한 이해를 묻고, 3번부터 7번까지는 차시 목표인 개념과 기술의 이해를 묻습니다.

다음 문제를 풀어 보시오.

1. '어떤 수의 2배에서 3을 뺀 수는 8보다 크다'를 부등식으로 나타내시오.

2. '500원짜리 연필 한 자루와 x원짜리 노트 세 권을 사고 5,000원을 내고 거스름돈을 돌려받았다'를 부등식으로 나타내시오.

3. x값이 0, 1, 2, 3, 4, 5일 때, 부등식 $x + 3 < 8$의 해를 구하시오.

4. x값이 0, 1, 2, 3, 4, 5일 때, 부등식 $3x - 1 \geq 8$의 해를 구하시오.

5. x값이 0, 1, 2, 3, 4, 5일 때, 부등식 $2x + 3 < x + 7$의 해를 구하시오.

6. x값이 0, 1, 2, 3, 4, 5일 때, 부등식 $x + 6 \leq 4x$의 해를 구하시오.

7. x가 자연수일 때, 부등식 $3x + 2 < 14$의 해를 구하시오.

정 답

1. $2x-3>8$ **2.** $5000-(500\times1+3x)>0$ **3.** $x=0, 1, 2, 3, 4$

4. $x=3, 4, 5$ **5.** $x=0, 1, 2, 3$ **6.** $x=2, 3, 4, 5$ **7.** $x=1, 2, 3$

접속하기

차시 목표 및 개념 설명

오늘은 주어진 수를 대입하여 부등식의 해를 구하는 방법에 대해 배우려 합니다. 먼저, 이번 차시에서 많이 사용될 개념과 기술을 정리해 봅시다.

1. 등식이란 무엇입니까? 등식이란 등호(=)를 사용하여 두 수 또는 두 식이 서로 같음을 나타낸 식을 말합니다. 등식에서 등호의 왼쪽 부분을 좌변, 등호의 오른쪽 부분을 우변이라 합니다. 예를 들어, 등식 $y + 2 = 2x + 5$에서 좌변은 $y + 2$, 우변은 $2x + 5$입니다.

2. 양변이 같은 식을 등호를 사용하여 등식으로 표현한다면, 식의 양변이 같지 않을 때는 어떻게 나타냅니까? 양변이 같지 않은 식은 부등호($<$, $>$, $\leq$, $\geq$)를 이용하여 부등식으로 나타냅니다. $2 + 3 < 4$나 $x + 3 \geq 5$처럼 부등호를 사용하여 수 또는 식의 대소를 나타낸 식을 부등식이라고 합니다.

3. 부등호의 의미를 기억해 봅시다. 좌변 $>$ 우변은 좌변이 우변보다 크다는 뜻이고, 좌변 $<$ 우변은 우변이 좌변보다 크다는 뜻입니다. 그렇다면, 좌변 $\geq$ 우변, 좌변 $\leq$ 우변은 어떻게 이해해야 합니까? 좌변 $\geq$ 우변은, 1) 좌변 $>$ 우변이거나, 2) 좌변 $=$ 우변 중 둘 중 하나가 만족되면 참입니다. 좌변 $\leq$ 우변은, 1) 좌변 $<$ 우변이거나, 2) 좌변 $=$ 우변 중 둘 중 하나가 만족되면 참입니다. 예를 들어, 부등식 $3 + 2 \leq 5$는 참인데 그 이유는 $3 + 2 < 5$는 참이 아니지만 $3 + 2 = 5$가 참이기 때문입니다. 마찬가지로 $3 + 2 \geq 5$도 참인데, 그 이유는 $3 + 2 > 5$는 거짓이지만 $3 + 2 = 5$가 참이기 때문입니다.

4. 부등식의 해란 무엇입니까? 부등식의 해란 주어진 수 중에서 부등식을 참이 되게 하는 수를 말합니다. 다시 말해, 주어진 수 중에서 어떤 수를 부등식의 미지수 자리에 대입한 후 좌변과 우변 값의 크기 비교를 했을 때, 부등식에 사용된 부등호가 참이 되게 하는 수를 말합니다. 예를 들어, x값이 1, 2, 3, 4일 때 $x + 3 \leq 4$의 해는 1입니다. 1을 부

등식의 미지수에 대입했을 때, $1 + 3 = 4$로 $x + 3 \le 4$가 성립합니다.

5. 부등식의 해를 구하는 방법을 정리해 봅시다. 표를 그려 문제 풀이를 하면 오류를 줄이는 데 도움이 될 수 있습니다. 내비게이션 3.23 은 부등식의 해를 구하는 방법을 간단히 보여 주고 있습니다.

주어진 수를 대입하여 부등식의 해를 구할 때는,

1) 먼저, 주어진 조건에 해당하는 수의 값을 나열합니다. 빠지는 수가 없도록 주의합시다(표 1열).

2) 다음은 주어진 조건에 해당하는 각 수를 부등식의 양변에 있는 해당하는 미지수에 대입하여 좌변값, 우변값을 구합니다(표 2열과 3열).

3) 각 수를 부등식에 대입했을 때 좌변값, 우변값을 부등호를 이용하여 대소 비교를 합니다(표 4열).

4) 마지막으로, 주어진 부등식과 동일하게 대소 비교가 된 경우의 x값을 부등식의 해라 답합니다(표 5열과 6열).

예를 들어, x가 자연수일 때 부등식 $2x + 1 < 5$의 해를 구하기 위해서는,

1) 먼저, 주어진 조건을 만족시키는 수를 나열합니다. 수의 조건은 자연수이므로 표의 1열에 1, 2, 3, 4, 5… 등을 나열합니다.

2) 다음은 주어진 조건에 해당하는 각 수를 부등식의 양변에 대입한 값을 각각 표의 2열과 3열에 기입합니다.

$x = 1$일 때, 좌변값 $2(1) + 1 = 3$, 우변값 5

$x = 2$일 때, 좌변값 $2(2) + 1 = 5$, 우변값 5

$x = 3$일 때, 좌변값 $2(3) + 1 = 7$, 우변값 5

4) 각 수를 부등식에 대입했을 때 좌변값, 우변값을 부등호를 이용하여 대소 비교를 합니다(표 4열).

$x = 1$일 때, $2(1) + 1 = 3 < 5$

$x = 2$일 때, $2(2) + 1 = 5 = 5$

$x = 3$일 때, $2(3) + 1 = 7 > 5$

5) 마지막으로, 주어진 부등식과 동일하게 대소 비교가 된 경우의 x값을 부등식의 해라 답합니다(표 5열과 6열).

부등식 $2x + 1 < 5$와 동일하게 대소 비교가 된 경우는 $x = 1$일 때 $2(1) + 1 < 5$이므로 주어진 부등식의 해는 $x = 1$입니다.

1 주어진 수	주어진 부등식($2x + 1 < 5$)에 미지수 대입 2 좌변 ($2x + 1$)	3 우변 (5)	4 좌변과 우변 비교	5 부등식 부등호와 일치 (일치/불일치)	6 부등식의 해 - 5에서 '일치' 일 때 x값
$x = 1$	$2(1) + 1 = 3$	5	$<$	일치	$x = 1$
$x = 2$	$2(2) + 1 = 5$	5	$=$	불일치	

Level 3.3
23차시

보여 주기

개념 및 기술 교수, 개념 및 기술 예시 제시, 보는 수학 내비게이션을 이용한 교사 모델링

(내비게이션 3.23 을 보여 주며) 문제를 풀기 전에, 주어진 수를 대입하여 부등식의 해를 구하는 절차를 정리해 봅시다. 먼저, 주어진 수의 조건을 확인하고, 표의 1열에 조건을 만족하는 수, 즉 미지수값(x)을 나열합니다. 다음은 표의 2열과 3열에 등식의 좌변과 우변에 미지수를 대입한 값을 각각 기입합니다. 다음은 표의 4열에 부등호를 사용하여 미지수값을 대입한 좌변값과 우변값의 크기를 비교합니다. 마지막으로, 4열에 있는 부등호와 주어진 부등식의 부등호와 일치하는 때의 미지수값(x)을 부등식의 해라 답합니다. 부등식의 해는 1개 이상인 경우도 많다는 사실을 기억하십시오. 주어진 수를 대입하여 부등식의 해를 구하는 절차를 기억하면서 부등식 $2+x \leq 5$의 해를 구해 봅시다.

1 (보여 주는 문제 1을 보여 주며) x가 자연수일 때, 부등식 $2 + x \leq 5$의 해를 구하시오. (내비게이션 3.23.B를 그리거나 복사한 후 표를 이용한 문제 풀이 과정을 보여 주기를 권합니다.)

1. 먼저, 주어진 조건을 만족시키는 수를 나열합니다.
   - 수의 조건은 자연수이므로 표의 1열에 1, 2, 3, 4, 5⋯ 등을 나열합니다.

2. 다음은 주어진 조건에 해당하는 각 수를 부등식의 좌변과 우변에 대입한 결과를 표의 2열과 3열에 각각 기입합니다.
   - $x = 1$일 때, 좌변값 $2 + (1) = 3$, 우변값 5
   - $x = 2$일 때, 좌변값 $2 + (2) = 4$, 우변값 5
   - $x = 3$일 때, 좌변값 $2 + (3) = 5$, 우변값 5
   - $x = 4$일 때, 좌변값 $2 + (4) = 6$, 우변값 5

3. 부등호를 사용하여 각 수를 부등식에 대입했을 때, 좌변값과 우변값의 대소를 비교합니다(표 4열).
   - $x = 1$일 때, $3 < 5$

- $x = 2$일 때, $4 < 5$
- $x = 3$일 때, $5 = 5$
- $x = 4$일 때, $6 > 5$

4. 마지막으로, 주어진 부등식과 동일한 방향으로 대소 비교가 된 경우의 x값을 찾아 부등식의 해라 답합니다(표 5열과 6열).
   - 부등식 $2 + x \leq 5$와 동일한 방향으로 대소 비교가 된 경우는 $x = 1$일 때 $2 + 1 < 5$, $x = 2$일 때 $2 + 2 < 5$, $x = 3$일 때 $2 + 3 = 5$이므로 주어진 부등식의 해는 $x = 1, 2, 3$입니다.

1 주어진 수	주어진 부등식($2 + x \leq 5$)에 미지수 대입 2 좌변 $(2 + x)$	3 우변 (5)	4 좌변과 우변 비교	5 부등식 부등호와 일치 (일치/불일치)	6 부등식의 해 - 5에서 '일치'일 때 x값
$x = 1$	$2 + 1 = 3$	5	$<$	일치	$x = 1, 2, 3$
$x = 2$	$2 + 2 = 4$	5	$<$	일치	
$x = 3$	$2 + 3 = 5$	5	$=$	일치	
$x = 4$	$2 + 4 = 6$	5	$>$	불일치	

Level 3.3
23차시

2 (보여 주는 문제 2를 보여 주며) x가 $-1, 0, 1, 2, 3$일 때, 부등식 $3x - 2 > 1$의 해를 구하시오. (내비게이션 3.23.B를 그리거나 복사한 후 표를 이용한 문제 풀이 과정을 보여 주기를 권합니다.)

1. 먼저, 주어진 조건을 만족시키는 수를 나열합니다.
   - 주어진 수 $-1, 0, 1, 2, 3$을 표의 1열에 기입합니다.

2. 다음은 주어진 조건에 해당하는 각 수를 부등식의 좌변과 우변에 대입한 결과를 표의 2열과 3열에 각각 기입합니다.

- $x = -1$일 때, 좌변값 $3(-1) - 2 = -5$, 우변값 1
- $x = 0$일 때, 좌변값 $3(0) - 2 = -2$, 우변값 1
- $x = 1$일 때, 좌변값 $3(1) - 2 = 1$, 우변값 1
- $x = 2$일 때, 좌변값 $3(2) - 2 = 4$, 우변값 1
- $x = 3$일 때, 좌변값 $3(3) - 2 = 7$, 우변값 1

3. 부등호를 사용하여 각 수를 부등식에 대입했을 때, 좌변값과 우변값의 대소를 비교합니다(표 4열).

- $x = -1$일 때, $-5 < 1$
- $x = 0$일 때, $-2 < 1$
- $x = 1$일 때, $1 = 1$
- $x = 2$일 때, $4 > 1$
- $x = 3$일 때, $7 > 1$

4. 마지막으로, 주어진 부등식과 동일한 방향으로 대소 비교가 된 경우의 x값을 찾아 부등식의 해라 답합니다(표 5열과 6열).

- 부등식 $3x - 2 > 1$과 동일하게 대소 비교가 된 경우는 $x = 2$일 때 $4 > 1$, $x = 3$일 때 $7 > 1$이므로 주어진 부등식의 해는 $x = 2, 3$입니다.

1	주어진 부등식($3x-2>1$)에 미지수 대입			5	6
주어진 수	2 좌변 ($3x-2$)	3 우변 (1)	4 좌변과 우변 비교	부등식 부등호와 일치 (일치/불일치)	부등식의 해 - 5에서 '일치'일 때 x값
$x=-1$	$3(-1)-2=-5$	1	$<$	불일치	$x=2, 3$
$x=0$	$3(0)-2=-2$	1	$<$	불일치	
$x=1$	$3(1)-2=1$	1	$=$	불일치	
$x=2$	$3(2)-2=4$	1	$>$	일치	
$x=3$	$3(3)-2=7$	1	$>$	일치	

3 (보여 주는 문제 3을 보여 주며) x의 값이 $-2, -1, 0, 1, 2, 3$일 때, 부등식 $6-x \leq 4$의 해를 구하시오. (내비게이션 3.23.B를 그리거나 복사한 후 표를 이용한 문제 풀이 과정을 보여 주기를 권합니다.)

1. 먼저, 주어진 조건을 만족시키는 수를 나열합니다.
   - 표의 1열에 x값 $-2, -1, 0, 1, 2, 3$을 나열합니다.

2. 다음은 주어진 조건에 해당하는 각 수를 부등식의 좌변과 우변에 대입한 결과를 표의 2열과 3열에 각각 기입합니다.
   - $x=-2$일 때, 좌변값 $6-(-2)=8$, 우변값 4
   - $x=-1$일 때, 좌변값 $6-(-1)=7$, 우변값 4
   - $x=0$일 때, 좌변값 $6-(0)=6$, 우변값 4
   - $x=1$일 때, 좌변값 $6-(1)=5$, 우변값 4
   - $x=2$일 때, 좌변값 $6-(2)=4$, 우변값 4
   - $x=3$일 때, 좌변값 $6-(3)=3$, 우변값 4

3. 부등호를 사용하여 각 수를 부등식에 대입했을 때, 좌변값과 우변값의 대소를 비교합니다(표 4열).

- $x = -2$일 때, $8 > 4$
- $x = -1$일 때, $7 > 4$
- $x = 0$일 때, $6 > 4$
- $x = 1$일 때, $5 > 4$
- $x = 2$일 때, $4 = 4$
- $x = 3$일 때, $3 < 4$

4. 마지막으로, 주어진 부등식과 동일한 방향으로 대소 비교가 된 경우의 x값을 찾아 부등식의 해라 답합니다(표 5열과 6열).

- 부등식 $6 - x \leq 4$와 동일하게 대소 비교가 된 경우는 $x = 2$일 때 $4 = 4$, $x = 3$일 때 $3 < 4$이므로 주어진 부등식의 해는 $x = 2, 3$입니다.

1 주어진 수	주어진 부등식($6 - x \leq 4$)에 미지수 대입 2 좌변 $(6 - x)$	3 우변 (4)	4 좌변과 우변 비교	5 부등식 부등호와 일치 (일치/불일치)	6 부등식의 해 - 5에서 '일치' 일 때 x값
$x = -2$	$6 - (-2) = 8$	4	$>$	불일치	$x = 2, 3$
$x = -1$	$6 - (-1) = 7$	4	$>$	불일치	
$x = 0$	$6 - (0) = 6$	4	$>$	불일치	
$x = 1$	$6 - (1) = 5$	4	$>$	불일치	
$x = 2$	$6 - (2) = 4$	4	$=$	일치	
$x = 3$	$6 - (3) = 3$	4	$<$	일치	

함께 풀기

(내비게이션 3.23 을 보여 주며) 문제를 풀기 전에, 표를 그려서 주어진 수를 대입하여 부등식의 해를 구하는 방법을 정리해 봅시다. 먼저, 주어진 조건을 만족시키는 수를 1열에 쓰고, 2열과 3열에는 각 수를 좌변과 우변에 대입한 값을 씁니다. 4열에서는 부등호를 사용하여 좌변값과 우변값을 비교하고, 마지막으로 좌변과 우변을 비교한 부등호가 주어진 부등식의 부등호와 동일한지를 확인하여 부등식을 참으로 하는 해를 구합니다.

1 (함께 풀어 보는 문제 1을 가리키며) x의 값이 $-2, -1, 0, 1, 2, 3$일 때, 부등식 $x + 3 \leq 5$의 해를 구하시오. (내비게이션 3.23.B의 표를 그리거나 복사하여 표를 사용한 문제 풀이 과정을 보여 주길 권합니다.)

1. 주어진 부등식의 해를 구할 때는 가장 먼저 무엇을 해야 합니까? 먼저, 주어진 조건을 만족시키는 수를 나열합니다.
   - 주어진 문제의 수의 조건은 무엇입니까? x값이 $-2, -1, 0, 1, 2, 3$이므로 표의 1열에 $-2, -1, 0, 1, 2, 3$을 기입합니다.

2. 다음은 무엇을 합니까? 표의 2열에 부등식의 좌변에 x값을 대입한 값을 씁니다.
   - 표 3열에는 무엇을 씁니까? 부등식 우변에 x값을 대입한 값을 씁니다.
   - 부등식의 좌변에는 무엇이 있습니까? $x + 3$이 있습니다. 부등식의 우변에는 무엇이 있습니까? 5가 있습니다.
   - $x = -2$부터 차례대로 좌변 항, 우변 항에 대입하면,
     - □ $x = -2$일 때, 좌변값 $(-2) + 3 = 1$, 우변값 5
     - □ $x = -1$일 때, 좌변값 $(-1) + 3 = 2$, 우변값 5
     - □ $x = 0$일 때, 좌변값 $(0) + 3 = 3$, 우변값 5
     - □ $x = 1$일 때, 좌변값 $(1) + 3 = 4$, 우변값 5
     - □ $x = 2$일 때, 좌변값 $(2) + 3 = 5$, 우변값 5

□ $x = 3$일 때, 좌변값 $(3) + 3 = 6$, 우변값 5

3. 다음은 무엇을 합니까? 부등호를 사용하여 각 수를 부등식에 대입했을 때, 좌변값과 우변값의 대소를 비교합니다(표 4열).

- $x = -2$일 때, $1 < 5$
- $x = -1$일 때, $2 < 5$
- $x = 0$일 때, $3 < 5$
- $x = 1$일 때, $4 < 5$
- $x = 2$일 때, $5 = 5$
- $x = 3$일 때, $6 > 5$

4. 다음은 무엇을 합니까? 마지막으로, 주어진 부등식과 동일한 방향으로 대소 비교가 된 경우의 x값을 찾아 부등식의 해라 답합니다(표 5열과 6열).

- 부등식 $x + 3 \leq 5$와 동일하게 대소 비교가 된 경우는 x값이 얼마일 때입니까? 좌변이 우변보다 작거나 같은 때는 $x = -2, -1, 0, 1, 2$일 때입니다.
- 따라서 주어진 부등식의 해는 $x = -2, -1, 0, 1, 2$입니다.

1 주어진 수	주어진 부등식($x + 3 \leq 5$)에 미지수 대입			5 부등식 부등호와 일치 (일치/불일치)	6 부등식의 해 - 5에서 '일치' 일 때 x값
	2 좌변 $(x + 3)$	3 우변 (5)	4 좌변과 우변 비교		
$x = -2$	$(-2) + 3 = 1$	5	$<$	일치	$x = -2, -1, 0, 1, 2$
$x = -1$	$(-1) + 3 = 2$	5	$<$	일치	
$x = 0$	$(0) + 3 = 3$	5	$<$	일치	
$x = 1$	$(1) + 3 = 4$	5	$<$	일치	
$x = 2$	$(2) + 3 = 5$	5	$=$	일치	
$x = 3$	$(3) + 3 = 6$	5	$>$	불일치	

2 (함께 풀어 보는 문제 2를 가리키며) x의 값이 자연수일 때, 부등식 $4x \le 2x + 4$의 해를 구하시오. (내비게이션 3.23.B의 표를 그리거나 복사하여 표를 사용한 문제 풀이 과정을 보여 주길 권합니다.)

1. 주어진 부등식의 해를 구할 때는 가장 먼저 무엇을 해야 합니까? 먼저, 주어진 조건을 만족시키는 수를 나열합니다.

- 주어진 문제의 수의 조건은 무엇입니까? 자연수입니다.
- 따라서 표의 1열에 x값 1, 2, 3, 4… 등을 기입합니다.

2. 다음은 무엇을 합니까? 표의 2열에 부등식의 좌변에 x값을 대입한 값을 쓰고 표의 3열에는 부등식의 우변에 x값을 대입한 값을 씁니다.

- 부등식의 좌변에는 무엇이 있습니까? $4x$가 있습니다.
- 부등식의 우변에는 무엇이 있습니까? $2x + 4$가 있습니다.
- $x = 1$부터 차례대로 좌변 항, 우변 항에 대입하면,
  - □ $x = 1$일 때, 좌변값 $4(1) = 4$, 우변값 $2(1) + 4 = 6$
  - □ $x = 2$일 때, 좌변값 $4(2) = 8$, 우변값 $2(2) + 4 = 8$
  - □ $x = 3$일 때, 좌변값 $4(3) = 12$, 우변값 $2(3) + 4 = 10$

3. 다음은 무엇을 합니까? 부등호를 사용하여 각 수를 부등식에 대입했을 때, 좌변값과 우변값의 대소를 비교합니다. (표 4열)

- $x = 1$일 때, $4 < 6$
- $x = 2$일 때, $8 = 8$
- $x = 3$일 때, $12 > 10$

4. 다음은 무엇을 합니까? 마지막으로 주어진 부등식과 동일한 방향으로 대소 비교가 된 경우의 x값을 찾아 부등식의 해라 답합니다. (표 5열과 6열)

- 부등식 $4x \le 2x + 4$와 동일하게 대소 비교가 된 경우는 x값이 얼마일 때입니까? $x = 1, 2$일 때입니다.

- 따라서 주어진 부등식의 해는 $x = 1, 2$입니다.

1	주어진 부등식($4x \leq 2x + 4$)에 미지수 대입			5	6
주어진 수	2 좌변 $4x$	3 우변 $(2x + 4)$	4 좌변과 우변 비교	부등식 부등호와 일치 (일치/불일치)	부등식의 해 - 5에서 '일치' 일 때 x값
$x = 1$	$4(1) = 4$	$2(1) + 4 = 6$	$<$	일치	$x = 1, 2$
$x = 2$	$4(1) = 8$	$2(2) + 4 = 8$	$=$	일치	
$x = 3$	$4(1) = 12$	$2(3) + 4 = 10$	$>$	불일치	

3 (함께 풀어 보는 문제 3을 가리키며) x의 값이 0, 1, 2, 3일 때, 부등식 $2x + 4 \leq 4x - 2$의 해를 구하시오. (내비게이션 3.23.B의 표를 그리거나 복사하여 표를 사용한 문제풀이 과정을 보여 주길 권합니다.)

1. 주어진 부등식의 해를 구할 때는 가장 먼저 무엇을 해야 합니까? 먼저, 주어진 조건을 만족시키는 수를 나열합니다.
   - 주어진 문제의 수의 조건은 무엇입니까? x값이 0, 1, 2, 3이므로 표의 1열에 0, 1, 2, 3을 기입합니다.

2. 다음은 무엇을 합니까? 표의 2열에 부등식의 좌변에 x값을 대입한 값을 씁니다.
   - 표 3열에는 무엇을 씁니까? 부등식 우변에 x값을 대입한 값을 씁니다.
   - 부등식의 좌변에는 무엇이 있습니까? $2x + 4$가 있습니다.
   - 부등식의 우변에는 무엇이 있습니까? $4x - 2$가 있습니다.
   - $x = 0$부터 차례대로 좌변 항, 우변 항에 대입하면,
     - □ $x = 0$일 때, 좌변값 $2(0) + 4 = 4$, 우변값 $4(0) - 2 = -2$
     - □ $x = 1$일 때, 좌변값 $2(1) + 4 = 6$, 우변값 $4(1) - 2 = 2$

□ $x = 2$일 때, 좌변값 $2(2) + 4 = 8$, 우변값 $4(2) - 2 = 6$

□ $x = 3$일 때, 좌변값 $2(3) + 4 = 10$, 우변값 $4(3) - 2 = 10$

3. 다음은 무엇을 합니까? 부등호를 사용하여 각 수를 부등식에 대입했을 때, 좌변값과 우변값의 대소를 비교합니다. (표 4열)

- $x = 0$일 때, $4 > -2$
- $x = 1$일 때, $6 > 2$
- $x = 2$일 때, $8 > 6$
- $x = 3$일 때, $10 = 10$

4. 다음은 무엇을 합니까? 마지막으로 주어진 부등식과 동일한 방향으로 대소 비교가 된 경우의 x값을 찾아 부등식의 해라 답합니다(표 5열과 6열).

부등식 $2x + 4 \leq 4x - 2$와 동일하게 대소 비교가 된 경우는 x값이 얼마일 때입니까? $x = 3$일 때 등호가 성립합니다. 따라서 주어진 부등식의 해는 $x = 3$입니다.

1 주어진 수	주어진 부등식($2x + 4 \leq 4x - 2$)에 미지수 대입 2 좌변 ($2x + 4$)	3 우변 ($4x - 2$)	4 좌변과 우변 비교	5 부등식 부등호와 일치 (일치/불일치)	6 부등식의 해 - 5에서 '일치' 일 때 x값
$x = 0$	$2(0) + 4 = 4$	$4(0) - 2 = -2$	$>$	불일치	
$x = 1$	$2(1) + 4 = 6$	$4(1) - 2 = 2$	$>$	불일치	
$x = 2$	$2(2) + 4 = 8$	$4(2) - 2 = 6$	$>$	불일치	
$x = 3$	$2(3) + 4 = 10$	$4(3) - 2 = 10$	$=$	일치	$x = 3$

아 그렇구나!

- 혼동되는 문제 다시 풀기
- 최다 오류를 반례로 제시하여 개념 및 기술 획득 강화

아 그렇구나! 에서는 부등식의 해를 구할 때 우리가 혼동하는 문제를 함께 풀어 봅니다. 다음 문제를 풀 때 왜 실수가 많은지 그 이유를 함께 생각해 봅시다.

1 (아 그렇구나! 문제 1을 가리키며) x가 0, 1, 2, 3일 때, $-3x - 2 > -4x - 1$의 해를 구할 때 혼동되는 점은 무엇입니까?

⇨ 이 문제는 x값에 자연수를 대입했을 때, 양변의 값이 음의 정수가 됩니다. 음의 정수 크기를 비교하는 데 어려움을 겪는 경우에는 주어진 부등식의 해를 구할 때 혼동할 수 있습니다. 예를 들어, $x = 2$일 때 부등식의 좌변은 -8, 우변은 -9가 되는데, 양의 정수에서처럼 -9가 -8보다 크다고 생각하는 경우에는 오답을 내게 됩니다. -9는 -8보다 작으므로 $x = 2$일 때 $-3x - 2 > -4x - 1$이 참이 됩니다. $x = 3$일 때도 좌변은 -11로 우변 -13보다 커서 부등식 $-3x - 2 > -4x - 1$이 참이 됩니다. 따라서 주어진 부등식의 해는 2, 3입니다.

❷ (아 그렇구나! 문제 2를 가리키며) x는 자연수일 때, $2x - 4 \leq -3(x - 2)$의 해를 구할 때 혼동되는 점은 무엇입니까?

⇨ 이 문제는 부등식의 좌변과 우변의 크기를 비교하기 전에, 먼저 부등식에 포함된 괄호를 풀어 양변을 정리해 주어야 하는 문제입니다. 괄호 앞 정수가 음수이므로 분배법칙을 적용하는 데 익숙지 않은 경우, 문제 풀이 중에 오류를 범할 가능성이 있습니다. $2x - 4 \leq -3(x - 2)$의 양변을 정리하면 $2x - 4 \leq -3x + 6$이고, 자연수 1, 2, 3, 4…를 대입하여 양변의 값을 구한 후 양변의 크기를 비교하면 $x = 1$일 때와 $x = 2$일 때 부등식이 참이 된다는 것을 알 수 있습니다. 따라서 주어진 부등식의 해는 1과 2입니다.

배움 체크하기

(배움 체크 리스트 를 가리키며) 오늘 우리가 함께 공부한 것을 혼자서도 할 수 있는지 체크해 봅시다. 혼자서도 할 수 있으면 👍, 선생님의 도움이 더 필요하다면 ?에 동그라미로 표시하세요.

배움 체크 리스트	👍	?
1. 다양한 상황을 부등호를 이용하여 부등식으로 나타낼 수 있습니다.		
2. 부등호의 뜻을 이해하고 값의 크기를 부등호를 사용하여 비교할 수 있습니다.		
3. 일차식의 미지수에 수를 대입하여 식의 값을 구할 수 있습니다.		
4. 부등식의 해를 구할 때, 주어진 수의 조건을 만족시키는 수를 찾아 기입하는 것을 이해하고 적용할 수 있습니다.		
5. 부등식의 해를 구할 때, 주어진 수의 조건을 만족시키는 수를 각각 좌변 항과 우변 항에 대입한 후 부등호를 사용하여 그 값을 비교해야 한다는 것을 이해하고 적용할 수 있습니다.		
6. 좌변 항과 우변 항에 어떤 수의 값을 대입한 후, 그 값을 비교한 결과가 주어진 부등식의 부등호와 같을 때, 그 수를 부등식의 해라 답한다는 것을 이해하고 적용할 수 있습니다.		
7. 부등호 '≤'는 '<'와 '=' 둘 중에 하나를 만족시키는 경우 참이 된다는 것을 이해하고 적용할 수 있습니다.		

혼자 풀기

(혼자 풀어 보는 문제 1~7을 제시하며) 오늘 배운 것을 기억하면서 문제를 혼자 풀어 보는 시간입니다. 내비게이션 3.23 을 사용하면 도움이 됩니다.

다음 문제를 풀어 보시오.

1. '어떤 수의 3배에서 6을 뺀 수는 7보다 크다'를 부등식으로 나타내시오.

2. '400원짜리 연필 한 자루와 x원짜리 노트 네 권을 사고 5,000원을 내고 거스름돈을 돌려받았다'를 부등식으로 나타내시오.

3. x값이 0, 1, 2, 3, 4, 5일 때, 부등식 $x + 5 < 7$의 해를 구하시오.

4. x값이 0, 1, 2, 3, 4, 5일 때, 부등식 $3x - 4 \geq 8$의 해를 구하시오.

5. x값이 0, 1, 2, 3, 4, 5일 때, 부등식 $2x + 2 < x + 5$의 해를 구하시오.

6. x값이 0, 1, 2, 3, 4, 5일 때, 부등식 $x + 8 \leq 5x$의 해를 구하시오.

7. x가 자연수일 때, 부등식 $3x + 3 < 12$의 해를 구하시오.

채점 및 오답 분석

학생이 쓴 답을 기재하고, 오답인 경우 [중재 결정표]에서 가능한 오류 원인을 1~8 중에서 골라 번호로 기재합니다. 기타 원인 때문에 오답이 발생했을 경우, 구체적으로 어떤 이유인지 기재합니다. 가능한 오답의 원인을 모두 기재합니다.

혼자 풀어 보는 문제	정답	학생이 쓴 답	오답 원인
1. 어떤 수의 3배에서 6을 뺀 수는 7보다 크다.	$3x - 6 > 7$		
2. 400원짜리 연필 한 자루와 x원짜리 노트 네 권을 사고 5,000원을 내고 거스름돈을 돌려받았다.	$4x + 400 < 5000$		
3. x값이 0, 1, 2, 3, 4, 5일 때, 부등식 $x + 5 < 7$의 해	$x = 0, 1$		
4. x값이 0, 1, 2, 3, 4, 5일 때, 부등식 $3x - 4 \geq 8$의 해	$x = 4, 5$		
5. x값이 0, 1, 2, 3, 4, 5일 때, 부등식 $2x + 2 < x + 5$의 해	$x = 0, 1, 2$		
6. x값이 0, 1, 2, 3, 4, 5일 때, 부등식 $x + 8 \leq 5x$의 해	$x = 2, 3, 4, 5$		
7. x가 자연수일 때, 부등식 $3x + 3 < 12$의 해	$x = 1, 2$		
	정답 개수	/ 7	

중재 결정표

☞ **오답 원인을 분석하여 차후 중재를 결정하세요.**

오답 원인	발생 빈도	최다 발생 오류	중재 결정
1. 사전 지식 및 기술(다항식과 단항식의 곱셈과 나눗셈, 유리수의 사칙연산, 분배법칙, 식의 전개, 동류항의 계산, 식의 대입, 방정식의 해 구하기, 주어진 상황을 부등호를 사용하여 부등식으로 나타내기)			
2. 용어나 문제 이해 부족(동류항, 항, 좌변, 우변, 부등호, 부등식, 식의 대입, 방정식, 등식)			
3. 부등호 '≤'는 '<'와 '=' 둘 중에 하나를 만족시키면 부등식이 참이 된다는 것에 대한 이해와 적용의 어려움			
4. 부등식의 해를 구할 때는 주어진 수의 조건을 만족시키는 수를 확인하고 나열한다는 것에 대한 이해와 적용의 어려움			
5. 부등식의 해를 구할 때는 주어진 수의 조건을 만족시키는 각각의 수를 부등식의 좌변과 우변의 미지수 자리에 대입한 후 좌변값과 우변값의 크기를 비교해야 한다는 것에 대한 이해와 적용의 어려움			
6. 어떤 수를 대입한 후 좌변값과 우변값의 크기를 부등호를 사용하여 비교한 결과가 주어진 부등식의 부등호와 그 방향이 동일할 때, 그 수가 부등식의 해가 된다는 것에 대한 이해와 적용의 어려움			
7. 부주의/계산 실수			
8. 기타(구체적 원인 기재하기)			

가장 흔한 오답 원인	1과 2 중 하나	3, 4, 5, 6 중 하나	7
	AND	AND	OR
오답률	오답이 2개 이상	오답이 2개 이상	오답이 2개 미만
다음 중재	브리지(Bridge)	동 차시 반복	다음 차시

브리지(Bridge) 차시

- 2.19차시
- 2.20차시
- 2.21차시
- 3.11차시
- 3.12차시

24차시

일차부등식의 풀이

[내비게이션 3.24] 일차부등식의 풀이

	일차부등식의 해 구하는 절차	예 [부등식 $x+2 < 2(x+2)$의 해 구하기]
1	괄호식 정리하기	$x + 2 < 2(x + 2)$ $x + 2 < 2x + 4$
2	우변의 x항을 좌변으로 이항한 후 정리하기 → 이항 시 항의 부호가 반대가 됨	$x + 2 < 2x + 4$ $x + 2 - 2x < 4$ $-x + 2 < 4$
3	좌변의 상수항을 우변으로 이항한 후 정리하기 → 이항 시 항의 부호가 반대가 됨	$-x + 2 < 4$ $-x < 4 - 2$ $-x < 2$
4	좌변의 x항 계수로 양변 나누기	x항 계수인 -1로 양변 나눔 $-x < 2$ $\frac{-x}{-1} < \frac{2}{-1}$ $x < -2$
5	부등호의 방향 결정하기 → 양변을 나눈 x항 계수가 음수이면 부등호를 반대 방향으로 바꿈	x항 계수가 음수이므로 부등호 방향 바꿈 $x > -2$

차시 목표 이항과 부등식의 성질을 이용하여 부등식을 풀 수 있다.

사전 지식 유리수의 사칙연산, 미지수의 의미, 대소 관계의 이해와 표현, 부등호, 역수, 이항, 좌변, 우변, 등식의 의미와 성질, 다항식과 단항식의 곱셈과 나눗셈, 분배법칙

준비물 3단계 24차시 학생용 교재, **내비게이션 3.24**

흔한 오류

1. 부등식 기호의 뜻을 이해하지 못한다.
   - 오류 예: $x + 1 < 6$에 $x = 5$가 답이라고 대답한다.

2. $x \geq a$는 $x > a$ 또는 $x = a$로 $x > a$와 $x = a$ 둘 다라고 답해야 하는데, $x > a$ 또는 $x = a$라 답한다.
   - 오류 예: $x + 1 \leq 6$에 대해 $x = 6$은 답이 아니라고 생각한다.

3. 부등식의 양변에 같은 음수를 곱했을 경우, 부등호의 방향이 바뀐다는 것을 이해하거나 적용하지 못한다.
   - 오류 예: $-\frac{1}{3}x \leq 6$의 해를 구하기 위해 -3을 양변에 곱할 때, 부등호 방향을 바꾸지 않고 $x \leq -18$라 답한다.

4. 부등식의 양변을 같은 음수로 나눴을 경우, 부등호의 방향이 바뀐다는 것을 이해하지 못한다.
   - 오류 예: $-2x \leq 6$의 해를 구하기 위해 -2로 양변을 나눌 때 부등호 방향을 바꾸지 않고 $x \leq -3$라 답한다.

5. 방정식에서와 마찬가지로 부등식에서도 이항이 성립된다는 것을 이해하지 못한다.

6. 음의 부호를 가진 항을 이항할 때, 음수로 양변을 나눌 때처럼 부등호의 방향을 바꾸려 한다.

- 오류 예: $4x \le -2x + 6$를 풀 때, 우변의 $-2x$를 좌변으로 이항하면서 부등호 방향을 바꿔 $4x + 2x \ge 6$, $6x \ge 6$라 푼다.

7. 계수에 소수나 분수가 있는 일차부등식을 풀 때, 양변에 적당한 수를 곱해서 소수나 분수를 없애는 과정에서 계산이나 적용의 오류를 보인다.

- 오류 예: $0.3x + 0.5 \le 0.5x - 0.8$의 계수를 정수로 만들기 위해 양변에 10을 곱하는 경우, 10을 x항에만 곱해 준다. $3x + 0.5 \le 5x - 0.8$

8. 괄호가 있는 부등식의 정리 과정에서 오류를 보인다.

- 오류 예: $2(x - 3) \le -2x + 6$를 $2x - 3 \le -2x + 6$라 푼다.

사전평가

처음 두 문제는 가장 필수적인 사전 지식에 대한 이해를 묻고, 3번부터 7번까지는 차시 목표인 개념과 기술의 이해를 묻습니다.

다음 문제를 풀어 보시오.

1. $a \le b$일 때, 밑줄 위에 알맞은 부등호를 써넣으시오.

   $a + 3$ ______ $b + 3$

2. $a \le b$일 때, 밑줄 위에 알맞은 부등호를 써넣으시오.

   $2a - 5$ ______ $2b - 5$

3. 이항과 부등식의 성질을 이용하여 $3x - 4 > x$를 풀어 보시오.

4. 이항과 부등식의 성질을 이용하여 $-2x - 8 < 2x + 4$를 풀어 보시오.

5. 이항과 부등식의 성질을 이용하여 $x + 2 \ge -4x + 12$를 풀어 보시오.

6. 이항과 부등식의 성질을 이용하여 $-2(3x + 1) > -x - 7$를 풀어 보시오.

7. 이항과 부등식의 성질을 이용하여 $x + 3(2x - 2) > x$를 풀어 보시오.

정답

1. $a+3<b+3$　2. $2a-5\le 2b-5$　3. $x>2$　4. $x>-3$

5. $x\ge 2$　6. $x<-1$　7. $x>1$

접속하기

차시 목표 및 개념 설명

오늘은 이항과 부등식의 성질을 이용하여 부등식의 해를 구하는 방법에 대해 배우려 합니다. 먼저, 이번 차시에서 많이 사용될 개념과 기술을 정리해 봅시다.

1. 등식이란 무엇입니까? 등식이란 등호(=)를 사용하여 두 수 또는 두 식이 서로 같음을 나타낸 식을 말합니다. 등식에서 등호의 왼쪽 부분을 좌변, 등호의 오른쪽 부분을 우변이라 합니다. 예를 들어, 등식 $y + 2 = 2x + 5$에서 좌변은 $y + 2$, 우변은 $2x + 5$입니다.

2. 이항이란 무엇입니까? 좌변이나 우변에 있는 항을 부호를 바꾸어 등호 반대쪽인 변으로 옮기는 것을 말합니다. 예를 들어, $x + 2 = 2x$의 해를 구하기 위해서는 우변에 있는 미지수항 $2x$를 좌변으로, 좌변에 있는 상수항 $+2$를 우변으로 옮기는데, 이때 $2x$는 $-2x$로 $+2$는 -2로 바꾸어 줍니다.

$\rightarrow x + 2 = 2x$

$\rightarrow x - 2x = -2$

3. 양변이 같은 식을 등호를 사용하여 등식으로 표현한다면, 식의 양변이 같지 않을 때는 어떻게 나타냅니까? 양변이 같지 않은 식은 부등호($<$, $>$, $\leq$, $\geq$)를 이용하여 부등식으로 나타냅니다. $2 + 3 < 4$나 $x + 3 \geq 5$처럼 부등호를 사용하여 수 또는 식의 대소를 나타낸 식을 부등식이라고 합니다.

4. 부등식은 기본적으로 어떤 성질이 있습니까?

1) 부등식의 양변에 **같은 수를 더하거나** 양변에서 **같은 수를 빼도 부등호의 방향은 바뀌지 않습니다.**

2) 부등식의 양변에 **양수인 같은 수를 곱하거나** 양변을 **양수인 같은 수로 나누어도 부등호의 방향은 바뀌지 않습니다.**

3) 부등식의 양변에 **음수인 같은 수를 곱하거나** 양변을 **음수인 같은 수로 나누면 부등호의 방향이 바뀝니다.**

5. 일차부등식이란 무엇입니까? 일차부등식이란 모든 항을 이항하여 좌변으로 옮겼을 때, 좌변은 일차식이 되고 우변은 0이 되는 부등식을 말합니다. 예를 들어, $2x - 4 > 6$는 우변 항인 6을 좌변으로 옮기면 $2x - 10 > 0$이 됩니다. 좌변인 $2x - 10$은 일차식이고 우변은 0이 되므로 주어진 부등식은 일차부등식입니다. 일차부등식은 다음 중 하나의 꼴로 나타낼 수 있습니다.

1) (일차식) > 0

2) (일차식) < 0

3) (일차식) ≤ 0

4) (일차식) ≥ 0

6. 일차부등식의 해는 어떻게 구합니까? 일차방정식의 해를 구할 때처럼, 미지수를 포함한 항은 모두 좌변으로 이항하고, 나머지 항은 모두 우변으로 이항한 후 양변을 정리하고 양변을 미지수항(좌변 항)의 계수로 나눕니다. 이때 미지수항의 계수가 음수인 경우에는 양변을 음수인 계수로 나눈 후 부등호의 방향도 바꿔 주어야 합니다. 내비게이션 3.24 는 이항과 부등식의 성질을 이용하여 일차부등식의 해를 구하는 절차를 정리하여 보여 주고 있습니다.

예를 들어, $x + 2 < 2x$의 해를 구하기 위해서는

1) 먼저, 괄호식을 정리합니다.

주어진 부등식에는 괄호식이 포함되어 있지 않으므로 정리가 필요하지 않습니다.

2) 다음은 미지수항을 모두 좌변으로 이항하고 좌변을 정리합니다. 이항할 때는 부호를 반대 부호로 바꿔 줍니다.

우변에 있는 미지수항 $2x$를 $-2x$로 바꿔 좌변으로 이항한 후, 동류항 계산을 합니다.

$\rightarrow x + 2 < 2x$

$\rightarrow x - 2x + 2 < 0$

$\rightarrow -x + 2 < 0$

3) 다음은 상수항을 우변으로 이항하고 우변을 정리합니다. 이항할 때는 부호를 반대 부호로 바꿔 줍니다.

좌변에 있는 상수항 $+2$를 -2로 바꾸어 우변으로 옮긴 후, 동류항 계산을 합니다.

$\rightarrow -x + 2 < 0$

$\rightarrow -x < -2$

4) 다음은 좌변 항, 즉 미지수를 포함한 항의 계수로 양변을 나눠 줍니다.

$-x$의 계수는 -1이므로 양변을 -1로 나누어 줍니다.

$\rightarrow -x < -2$

$\rightarrow \frac{-x}{-1} < \frac{-2}{-1}$

$\rightarrow x < 2$

5) 마지막으로, 부등호의 방향을 결정합니다. 양변을 나눈 계수가 음수이면 부등호의 방향을 반대로 바꿔 주고, 계수가 양수이면 부등호 방향을 바꾸지 않습니다.

주어진 부등식에서는 양변을 -1로 나눴으므로 부등호의 방향을 바꿔야 합니다.

$\rightarrow \therefore x > 2$

Level 3.3
24차시

보여 주기

개념 및 기술 교수, 개념 및 기술 예시 제시, 보는 수학 내비게이션을 이용한 교사 모델링

(내비게이션 3.24 를 보여 주며) 문제를 풀기 전에, 이항과 부등식의 성질을 이용하여 일차부등식의 해를 구하는 방법을 정리해 봅시다. 먼저, 주어진 부등식에 괄호가 포함되어 있다면 괄호를 풀어 식을 정리합니다. 다음은 미지수항은 모두 좌변으로 상수항은 우변으로 이항한 후 정리합니다. 다음은 미지수항의 계수로 양변을 나눠 줍니다. 마지막으로, 미지수항의 계수가 음수인 경우에는 부등호의 방향을 바꿔 줍니다. 일차부등식을 푸는 방법을 기억하며 부등식 $2x-4\leq6$를 풀어 봅시다.

❶ (보여 주는 문제 1을 보여 주며) 부등식 $2x - 4 \leq 6$를 풀어 보시오.

1. 먼저, 괄호가 포함된 식이면 괄호식을 풀어 정리합니다.
   - 주어진 부등식에는 괄호식이 포함되지 않았으므로 정리가 필요하지 않습니다.

2. 다음은 미지수 x를 포함하는 항을 좌변으로 이항하고 정리합니다.
   - 이항할 때는 항의 부호를 반대 부호로 바꿔 줍니다.
   - 주어진 부등식의 우변에는 미지수항이 없으므로 미지수항의 이항이 필요하지 않습니다.

3. 다음은 상수항을 우변으로 이항하고 정리합니다.
   - 이항할 때는 항의 부호를 반대 부호로 바꿔 줍니다.
   - 부등식 $2x - 4 \leq 6$의 좌변에 있는 상수항 -4를 $+4$로 바꿔 우변으로 이항합니다.

   $\rightarrow 2x - 4 \leq 6$

   $2x \leq 6 + 4$

   $2x \leq 10$

4. 다음은 좌변 미지수항의 계수로 양변을 나눕니다.
   - 좌변 미지수항 $2x$의 계수는 2이므로 양변을 2로 나눕니다.

$$\rightarrow \frac{2x}{2} \leq \frac{10}{2}$$

$$x \leq 5$$

5. 마지막으로, 부등호의 방향을 결정합니다.

- 양변을 나눈 미지수항의 계수가 음수라면 부등호의 방향을 반대로 바꿔 줍니다.
- 부등식의 양변을 나눈 x항의 계수는 2로 양수이므로 부등호의 방향을 바꾸지 않습니다.

$\rightarrow$ $\boxed{\therefore x \leq 5}$

② (보여 주는 문제 2를 보여 주며) 부등식 $-3x - 4 \leq -(x - 2)$를 풀어 보시오.

Level 3.3
24차시

1. 먼저, 괄호가 포함된 식이면 괄호식을 풀어 정리합니다.

- 우변의 괄호식 $-(x - 2)$를 정리하여 부등식을 다시 쓰면 $-3x - 4 \leq -x + 2$가 됩니다.

2. 다음은 미지수 x를 포함하는 항을 좌변으로 이항하고 정리합니다.

- 이항할 때는 항의 부호를 반대 부호로 바꿔 줍니다.
- 우변 미지수항인 $-x$를 $+x$로 바꿔 좌변으로 이항합니다.

$$\rightarrow -3x - 4 \leq -x + 2$$

$$-3x + x - 4 \leq 2$$

$$-2x - 4 \leq 2$$

3. 다음은 상수항을 우변으로 이항하고 정리합니다.

- 이항할 때는 항의 부호를 반대 부호로 바꿔 줍니다.
- 부등식 $-2x - 4 \leq 2$의 좌변에 있는 상수항 -4를 $+4$로 바꿔 우변으로 이항해야 합니다.

$\rightarrow -2x - 4 \leq 2$

$-2x \leq 2 + 4$

$-2x \leq 6$

4. 다음은 좌변에 있는 **미지수항의 계수로 양변을 나눕니다.**

- 좌변 미지수항 $-2x$의 계수는 -2이므로 양변을 -2로 나눕니다.

$\rightarrow \frac{-2x}{2} \leq \frac{6}{-2}$

$x \leq -3$

5. 마지막으로, **부등호의 방향을 결정**합니다.

- 양변을 나눈 미지수항의 계수가 음수라면 부등호의 방향을 반대로 바꿔 줍니다.
- 부등식의 양변을 나눈 x항의 계수는 -2로 음수이므로 부등호의 방향을 반대로 바꿉니다.

$\rightarrow \boxed{\therefore x \geq -3}$

3 (보여 주는 문제 3을 보여 주며) 부등식 $-2x + 3(2 - x) \geq -4x - 3$를 풀어 보시오.

1. 먼저, 괄호가 포함된 식이면 **괄호식**을 풀어 정리합니다.

- 좌변의 괄호식 $3(2 - x)$를 풀어 좌변을 정리하여 부등식을 다시 씁니다.

$\rightarrow -2x + 3(2 - x) \geq -4x - 3$

$-2x + 6 - 3x \geq -4x - 3$

$-5x + 6 \geq -4x - 3$

2. 다음은 **미지수 x를 포함하는 항을 좌변으로 이항**하고 정리합니다.

- 이항할 때는 항의 부호를 반대 부호로 바꿔 줍니다.
- 정리된 부등식 $-5x + 6 \geq -4x - 3$의 우변에 있는 미지수항인 $-4x$를 $+4x$로 바

꿔 좌변으로 이항합니다.

→ $-5x + 6 \geq -4x - 3$

$-5x + 4x + 6 \geq -3$

$-x + 6 \geq -3$

3. 다음은 상수항을 우변으로 이항하고 정리합니다.

- 이항할 때는 항의 부호를 반대 부호로 바꿔 줍니다.
- 부등식 $-x + 6 \geq -3$의 좌변 상수항 6을 -6으로 바꿔 우변으로 이항합니다.

→ $-x + 6 \geq -3$

$-x \geq -3 - 6$

$-x \geq -9$

4. 다음은 좌변 미지수항의 계수로 양변을 나눕니다.

- 좌변 미지수항 $-x$의 계수는 -1이므로 양변을 -1로 나눕니다.

→ $\frac{-x}{-1} \geq \frac{-9}{-1}$

$x \geq 9$

5. 마지막으로, 부등호의 방향을 결정합니다.

- 양변을 나눈 미지수항의 계수가 음수라면 부등호의 방향을 반대로 바꿔 줍니다.
- 부등식의 양변을 나눈 x항의 계수는 -1로 음수이므로 부등호의 방향을 반대로 바꿉니다.

→ $\boxed{\therefore x \leq 9}$

함께 풀기

(내비게이션 3.24 를 보여 주며) 문제를 풀기 전에, 일차부등식의 해를 구하는 방법을 정리해 봅시다. 먼저, 괄호를 풀어 식을 정리한 후, 미지수항은 모두 좌변으로, 상수항은 우변으로 이항한 후 정리합니다. 좌변 미지수항의 계수로 양변을 나눠 주는데, 미지수항의 계수가 음수이면 부등호 방향을 바꿔 줍니다.

1 (함께 풀어 보는 문제 1을 가리키며) 부등식 $5x - 12 \le 8x$를 풀어 보시오.

1. 일차부등식의 해를 구할 때 가장 먼저 할 일은 무엇입니까? 먼저, 괄호가 포함된 식이면 괄호식을 풀어 정리합니다.
   - 주어진 부등식 $5x - 12 \le 8x$에는 정리할 괄호식이 있습니까? 주어진 부등식은 괄호가 없으므로 정리가 필요하지 않습니다.

2. 괄호를 풀어 부등식을 정리한 다음엔 무엇을 합니까? 미지수 x를 포함하는 항을 좌변으로 이항하고 정리합니다.
   - 우변에 있는 항 중 좌변으로 이항할 미지수항은 무엇입니까? $8x$입니다. $8x$를 좌변으로 이항해야 합니다.
   - 등호 반대쪽으로 옮겨 갈 때, 즉 이항할 때 $8x$는 어떻게 바뀝니까? 우변의 $8x$를 이항하면 좌변에서 $-8x$가 됩니다.

   $\rightarrow 5x - 12 \le 8x$

   $5x - 8x - 12 \le 0$

   $-3x - 12 \le 0$

3. 미지수항을 좌변으로 이동하여 정리한 후엔 무엇을 합니까? 이번엔 좌변의 상수항을 우변으로 이항하고 정리합니다.
   - 우변으로 이항할 상수항은 무엇입니까? -12입니다.

- 좌변에 있는 -12는 우변으로 이항하면 어떻게 바뀝니까? 좌변의 -12는 우변으로 이항하면 $+12$가 됩니다.

→ $-3x - 12 \leq 0$

$-3x \leq 0 + 12$

$-3x \leq 12$

4. 상수항을 우변으로 이동하여 정리한 다음엔 무엇을 합니까? 좌변 **미지수항의 계수로 양변을 나눕니다.**
   - 미지수항의 계수는 얼마입니까? $-3x$의 계수는 -3이므로 양변을 -3으로 나눕니다.

→ $\frac{-3x}{-3} \leq \frac{12}{-3}$

$x \leq -4$

Level 3.3
24차시

5. 다음은 무엇을 합니까? **부등호 방향을 결정**합니다.
   - 부등호 방향은 어떻게 결정합니까? 양변을 나눈 미지수항의 계수가 음수이면 부등호의 방향을 반대로 바꿔 주고, 미지수항의 계수가 양수이면 부등호를 바꾸지 않습니다.
   - x항의 계수가 양수입니까, 음수입니까? x항의 계수는 -3으로 음수이므로 부등호의 방향을 반대로 바꿔 줍니다.

→ $\boxed{\therefore x \geq -4}$

❷ (함께 풀어 보는 문제 2를 가리키며) 부등식 $-3x - 4 \geq 2(2x + 5)$를 풀어 보시오.

1. 일차부등식의 해를 구할 때 가장 먼저 할 일은 무엇입니까? 먼저, 괄호가 포함된 식이면 **괄호식을 풀어 정리**합니다.
   - 주어진 부등식 $-3x - 4 \geq 2(2x + 5)$에는 정리할 괄호식이 있습니까? 우변에 괄호식과 숫자의 곱셈식이 있으므로 분배법칙을 적용해 정리해 주어야 합니다.

$\rightarrow -3x - 4 \geq 2(2x + 5)$

$-3x - 4 \geq 4x + 10$

2. 괄호를 풀어 부등식을 정리한 다음엔 무엇을 합니까? **미지수 x를 포함하는 항을 좌변으로 이항**하고 정리합니다.

- 우변에 있는 항 중 좌변으로 이항할 미지수항은 무엇입니까? $4x$입니다. $4x$를 좌변으로 이항해야 합니다.
- 등호 반대쪽으로 옮겨 갈 때, 즉 이항할 때 $4x$는 어떻게 바뀝니까? 우변의 $4x$를 이항하면 좌변에서 $-4x$가 됩니다.

$\rightarrow -3x - 4 \geq 4x + 10$

$-3x - 4 - 4x \geq 10$

$-7x - 4 \geq 10$

3. 미지수항을 좌변으로 이동하여 정리한 후엔 무엇을 합니까? 이번엔 좌변의 **상수항을 우변으로 이항**하고 정리합니다.

- 우변으로 이항할 상수항은 무엇입니까? -4입니다.
- 좌변에 있는 -4는 우변으로 이항하면 어떻게 바뀝니까? 좌변의 -4는 우변으로 이항하면 $+4$가 됩니다.

$\rightarrow -7x - 4 \geq 10$

$-7x \geq 10 + 4$

$-7x \geq 14$

4. 상수항을 우변으로 이동하여 정리한 다음엔 무엇을 합니까? 좌변 **미지수항의 계수로 양변을 나눕니다.**

- 미지수항 계수는 얼마입니까? $-7x$의 계수는 -7이므로 양변을 -7로 나눕니다.

$\rightarrow \frac{-7x}{-7} \geq \frac{14}{-7}$

$x \geq -2$

5. 다음은 무엇을 합니까? **부등호 방향을 결정**합니다.

- 부등호 방향은 어떻게 결정합니까? 양변을 나눈 미지수항의 계수가 음수이면 부등호의 방향을 반대로 바꿔 주고, 미지수항의 계수가 양수이면 부등호를 바꾸지 않습니다.
- x항의 계수가 양수입니까, 음수입니까? x항의 계수는 -7로 음수이므로 부등호의 방향을 반대로 바꿔 줍니다.

→ $\boxed{\therefore x \leq -2}$

3 (함께 풀어 보는 문제 3을 가리키며) **부등식 $7 - 2(x - 4) \leq -x + 3(1 - x)$를 풀어 보시오.**

Level 3.3
24차시

1. 일차부등식의 해를 구할 때 가장 먼저 할 일은 무엇입니까? 먼저 괄호가 포함된 식이면 **괄호식을 풀어 정리**합니다.

- 주어진 부등식 $7 - 2(x - 4) \leq -x + 3(1 - x)$에는 정리할 괄호식이 있습니까? 좌변과 우변에 괄호식과 숫자의 곱셈식이 있으므로 분배법칙을 적용해 정리해 주어야 합니다.

→ $7 - 2(x - 4) \leq -x + 3(1 - x)$

$7 - 2x + 8 \leq -x + 3 - 3x$

$-2x + 15 \leq -4x + 3$

2. 괄호를 풀이 부등식을 정리한 다음엔 무엇을 합니까? **미지수 x를 포함하는 항을 좌변으로 이항**하고 정리합니다.

- 우변에 있는 항 중 좌변으로 이항할 미지수항은 무엇입니까? $-4x$입니다. $-4x$를 좌변으로 이항해야 합니다.
- 등호 반대쪽으로 옮겨 갈 때, 즉 이항할 때 $-4x$는 어떻게 바뀝니까? 우변의 $-4x$

를 이항하면 좌변에서 $+4x$가 됩니다.

$\rightarrow -2x + 15 \leq -4x + 3$

$-2x + 15 + 4x \leq 3$

$2x + 15 \leq 3$

3. 미지수항을 좌변으로 이동하여 정리한 후엔 무엇을 합니까? 이번엔 좌변의 상수항을 우변으로 이항하고 정리합니다.
   - 우변으로 이항할 상수항은 무엇입니까? 15입니다.
   - 좌변에 있는 15는 우변으로 이항하면 어떻게 바뀝니까? 좌변의 15는 우변으로 이항하면 -15가 됩니다.

   $\rightarrow 2x + 15 \leq 3$

   $2x \leq 3 - 15$

   $2x \leq -12$

4. 상수항을 우변으로 이동하여 정리한 다음엔 무엇을 합니까? 좌변 미지수항의 계수로 양변을 나눕니다.
   - 미지수항의 계수는 얼마입니까? $2x$의 계수는 2이므로 양변을 2로 나눕니다.

   $\rightarrow \frac{2x}{2} \leq \frac{-12}{2}$

   $x \leq -6$

5. 다음은 무엇을 합니까? 부등호 방향을 결정합니다.
   - 부등호 방향은 어떻게 결정합니까? 양변을 나눈 미지수항의 계수가 음수이면 부등호의 방향을 반대로 바꿔 주고, 미지수항의 계수가 양수이면 부등호를 바꾸지 않습니다.
   - x항의 계수가 양수입니까, 음수입니까? x항의 계수는 2로 양수이므로 부등호의 방향을 바꾸지 않습니다.

   $\rightarrow \boxed{\therefore x \leq -6}$

아 그렇구나!

👉 **혼동되는 문제 다시 풀기**
👉 **최다 오류를 반례로 제시하여 개념 및 기술 획득 강화**

아 그렇구나! 에서는 이항과 부등식의 성질을 이용하여 일차부등식의 해를 구할 때 우리가 혼동하는 문제를 함께 풀어 봅니다. 다음 문제를 풀 때 왜 실수가 많은지 그 이유를 함께 생각해 봅시다.

1 (아 그렇구나! 문제 1을 가리키며) **부등식 $1.4x - 1.1 \ge 0.3x - 5.5$를 풀 때 혼동되는 점은 무엇입니까?**

⇨ 이 문제는 부등식에 포함된 계수와 상수항이 소수를 포함하고 있으므로, 배운 방법을 통해 부등식을 풀기 전에 먼저 양변에 10이나 10의 거듭제곱수(100, 1000⋯) 등을 곱해 소수를 정수로 바꿔 주어야 합니다. 양변에 포함된 소수들의 소수점 이하 자릿수가 한 자릿수이므로 $10^1 = 10$을 양변에 곱하면 주어진 부등식은 $14x - 11 \ge 3x - 55$로 바뀝니다. 좌변으로 미지수항을 이항하고 우변으로 상수항을 이항한 후, 미지수항의 계수로 양변을 나눠 주고 부등호 방향을 결정합니다. 양변을 나눈 미지수항의 계수가 11로 양수이므로 부등호 방향은 변하지 않습니다.

→ $14x - 11 \ge 3x - 55$

$14x - 3x \ge -55 + 11$

$11x \ge -44$

$\therefore x \ge -4$

❷ (아 그렇구나! 문제 2를 가리키며) 일차부등식 $\frac{2}{5}x - 3 < \frac{x-6}{2}$를 풀 때 혼동되는 점은 무엇입니까?

⇨ 이 문제는 부등식에 포함된 미지수항의 계수와 상수항이 분수를 포함하고 있으므로, 지금까지 배운 절차를 적용하여 일차부등식을 풀기 전에 먼저 분모들의 최소공배수를 양변에 곱해 주어 분수식을 정수식으로 바꿔야 합니다. 분모 5와 2의 최소공배수는 10이므로 양변에 10을 곱하면 부등식은 $4x - 30 < 5x - 30$가 됩니다. 이항과 부등식의 성질을 이용해서 부등식을 풀면 부등식의 해는 $x > 0$입니다.

→ $4x - 30 < 5x - 30$

$4x - 5x < -30 + 30$

$-x < 0$

$\therefore x > 0$

배움 체크하기

(배움 체크 리스트 를 가리키며) 오늘 우리가 함께 공부한 것을 혼자서도 할 수 있는지 체크해 봅시다. 혼자서도 할 수 있으면 👍, 선생님의 도움이 더 필요하다면 ?에 동그라미로 표시하세요.

배움 체크 리스트	👍	?
1. 분배법칙을 적용하여 다항식과 단항식의 곱셈식을 전개할 수 있습니다.		
2. 부등식의 양변에 같은 수를 더하거나 빼면 부등호 방향이 변하지 않는다는 것을 이해하고 적용할 수 있습니다.		
3. 부등식의 양변에 같은 양수를 곱하거나 나눠도 부등호 방향이 변하지 않는다는 것을 이해하고 적용할 수 있습니다.		
4. 부등식의 양변에 같은 음수를 곱하거나 나누면 부등호 방향이 반대로 바뀐다는 것을 이해하고 적용할 수 있습니다.		
5. 일차부등식의 풀이는 괄호를 전개한 후 미지수항을 좌변으로, 상수항을 우변으로 이항시켜서 푼다는 것을 이해하고 적용할 수 있습니다.		
6. 좌변의 미지수항의 계수가 1이 아닌 다른 수인 경우, 미지수항의 계수로 양변을 나누어서 부등식의 해를 구한다는 것을 이해하고 적용할 수 있습니다.		
7. x의 계수로 양변을 나눌 때, 계수가 음수이면 부등호의 방향을 반대로 바꾼다는 것을 이해하고 적용할 수 있습니다.		

혼자 풀기

(혼자 풀어 보는 문제 1~7을 제시하며) 오늘 배운 것을 기억하면서 문제를 혼자 풀어 보는 시간입니다. 내비게이션 3.24 를 사용하면 도움이 됩니다.

다음 문제에 답하시오.

1. $a \le b$일 때, 밑줄 위에 알맞은 부등호를 써넣으시오.

   $a - 3$ ______ $b - 3$

2. $a \le b$일 때, 밑줄 위에 알맞은 부등호를 써넣으시오.

   $3a - 7$ ______ $3b - 7$

3. 이항과 부등식의 성질을 이용하여 $5x - 9 \le 2x$를 풀어 보시오.

4. 이항과 부등식의 성질을 이용하여 $-2x - 6 > 2x + 6$를 풀어 보시오.

5. 이항과 부등식의 성질을 이용하여 $x - 3 \ge -4x + 17$를 풀어 보시오.

6. 이항과 부등식의 성질을 이용하여 $-3(3x + 5) > -x + 1$를 풀어 보시오.

7. 이항과 부등식의 성질을 이용하여 $x + 3(2x - 5) \ge 2x$를 풀어 보시오.

채점 및 오답 분석

학생이 쓴 답을 기재하고, 오답인 경우 중재 결정표 에서 가능한 오류 원인을 1~8 중에서 골라 번호로 기재합니다. 기타 원인 때문에 오답이 발생했을 경우, 구체적으로 어떤 이유인지 기재합니다. 가능한 오답의 원인을 모두 기재합니다.

혼자 풀어 보는 문제	정답	학생이 쓴 답	오답 원인
1. $a \le b$일 때, $a-3$ ____ $b-3$	$\le$		
2. $a \le b$일 때, $3a-7$ ____ $3b-7$	$\le$		
3. $5x - 9 \le 2x$의 해	$x \le 3$		
4. $-2x - 6 > 2x + 6$의 해	$x < -3$		
5. $x - 3 \ge -4x + 17$의 해	$x \ge 4$		
6. $-3(3x + 5) > -x + 1$의 해	$x < -2$		
7. $x + 3(2x - 5) \ge 2x$의 해	$x \ge 3$		
	정답 개수	/ 7	

Level 3.3
24차시

중재 결정표

👉 **오답 원인을 분석하여 차후 중재를 결정하세요.**

오답 원인	발생 빈도	최다 발생 오류	중재 결정
1. 사전 지식 및 기술(다항식과 단항식의 곱셈, 단항식과 수의 나눗셈, 유리수의 사칙연산, 분배법칙, 식의 전개, 동류항의 계산, 이항, 부등식의 성질)			
2. 용어나 문제 이해 부족(등식, 분배법칙, 이항, 부등식, 부등호, 일차부등식, 해)			
3. 부등식의 성질(양변에 같은 수 덧셈, 뺄셈, 양수 곱셈과 나눗셈은 부등호의 방향에 영향을 주지 않지만, 양변에 음수를 곱하거나 양변을 음수로 나누면 부등호 방향이 반대가 된다)의 이해와 적용의 어려움			
4. 일차부등식을 풀 때는 괄호식을 정리한 후 미지수항은 좌변으로, 상수항은 우변으로 이항하여 정리한다는 것의 이해와 적용의 어려움			
5. 좌변과 우변을 정리한 후 양변을 미지수항의 계수로 나눠 부등식의 해를 구한다는 것의 이해와 적용의 어려움			
6. 양변을 나눈 미지수항의 계수가 음수일 때는 부등호 방향을 반대로 바꾼다는 것의 이해와 적용의 어려움			
7. 부주의/계산 실수			
8. 기타(구체적 원인 기재하기)			

가장 흔한 오답 원인	1과 2 중 하나	3, 4, 5, 6 중 하나	7
	AND	AND	OR
오답률	오답이 2개 이상	오답이 2개 이상	오답이 2개 미만
다음 중재	브리지(Bridge)	동 차시 반복	다음 차시

브리지(Bridge) 차시

- 2.25차시
- 2.26차시
- 3.19차시

25차시

연립일차부등식의 풀이

[내비게이션 3.25] 연립일차부등식의 풀이

	연립일차부등식의 해 구하는 절차	예 [연립부등식 $x+2<2x$, $3(x+1)\leq 18$ 해 구하기]
❶	첫 번째 부등식의 해 구하기 • 괄호식 정리 • x항은 좌변으로, 상수항은 우변으로 이항하여 양변 정리 • x항 계수로 양변 나눔 • 부등호 방향 결정: x항 계수가 음수이면 부등호를 반대 방향으로 바꿈	$x+2<2x$ $x-2x<-2$ $-x<-2$ $\therefore x>2$
❷	두 번째 부등식의 해 구하기 • 괄호식 정리 • x항은 좌변으로, 상수항은 우변으로 이항하여 양변 정리 • x항 계수로 양변 나눔 • 부등호 방향 결정: x항 계수가 음수이면 부등호를 반대 방향으로 바꿈	$3(x+1)\leq 18$ $3x+3\leq 18$ $3x\leq 18-3$ $3x\leq 15$ $x\leq 5$ $\therefore x\leq 5$

3	각 부등식의 해를 수직선에 나타내기 • x항이 어떤 수보다 크거나 같으면($x \geq$ 어떤 수), 어떤 수와 그 오른쪽을 색칠함 • x항이 어떤 수보다 작거나 같으면($x \leq$ 어떤 수), 어떤 수와 그 왼쪽을 색칠함	 $x > 2$ $x \leq 5$ 
4	두 부등식의 해 중 공통적인 부분을 연립부등식의 해로 답하기	 $\therefore 2 < x \leq 5$

차시 목표 수직선을 이용하여 연립일차부등식의 해를 구할 수 있다.

사전 지식 유리수의 사칙연산, 미지수의 의미, 대소 관계의 이해와 표현, 부등호, 역수, 이항, 좌변, 우변, 등식의 의미와 성질, 다항식과 단항식의 곱셈과 나눗셈, 분배법칙, 부등식의 해를 수직선에 나타내기

준비물 3단계 25차시 학생용 교재, **내비게이션 3.25**

흔한 오류

1. 연립일차부등식의 의미를 이해하지 못한 경우, 두 부등식의 해를 각각 따로 써 준다.

2. 연립일차부등식의 해가 없는 경우(두 부등식을 동시에 만족시키는 해가 없는 경우), 두 부등식의 해를 모두(합집합) 써 준다.

3. 연립일차부등식의 해는 일반적으로 x값의 범위로 나타내기 때문에, 연립일차부등식의 해가 1개의 유리수인 경우 해를 찾지 못한다.

4. 한 부등식은 이상과 이하를 나타내는 부등호를 포함하고 다른 부등식은 미만과 초과를 나타내는 부등호를 포함할 경우, 연립부등식의 해를 답할 때 부등호 결정에 오류를 보인다.

5. A < B < C로 문제가 주어졌을 때, 주어진 문제를 2개의 부등식으로 분리하여 정리하는 데 어려움을 보인다.
   - 오류 예: A < B < C를 A < B와 A < C로 나눈다.

6. 부등식의 양변에 같은 음수를 곱했을 경우나 음수로 나눴을 경우, 부등호의 방향이 바뀐다는 것을 이해하거나 적용하지 못한다.

- 오류 예: $-\frac{1}{3}x \le 6$의 해를 구하기 위해 -3을 양변에 곱할 때, 부등호 방향을 바꾸지 않고 $x \le -18$라 답한다.

7. 방정식에서와 마찬가지로 부등식에서도 이항이 성립된다는 것을 이해하지 못한다.

8. 음의 부호를 가진 항을 이항할 때, 음수로 양변을 나눌 때처럼 부등호의 방향을 바꾸려 한다.

- 오류 예: $4x \le -2x + 6$를 풀 때, 우변의 $-2x$를 좌변으로 이항하면서 부등호 방향을 바꿔 $4x + 2x \ge 6$, $6x \ge 6$라 푼다.

9. 계수에 소수나 분수가 있는 일차부등식을 풀 때, 양변에 적당한 수를 곱해서 소수나 분수를 없애는 과정에서 계산이나 적용의 오류를 보인다.

- 오류 예: $0.3x + 0,5 \le 0.5x - 0.8$의 계수를 정수로 만들기 위해 양변에 10을 곱하는 경우, 10을 x항에만 곱해 준다.

  $\rightarrow 3x + 0,5 \le 5x - 0.8$

10. 괄호가 있는 부등식을 풀 때, 식을 전개하고 정리하는 과정에서 오류를 보인다.

- 오류 예: $2(x - 3) \le -2x + 6$를 $(2x - 3) \le -2x + 6$라 푼다.

사전평가

처음 두 문제는 가장 필수적인 사전 지식에 대한 이해를 묻고, 3번부터 7번까지는 차시 목표인 개념과 기술의 이해를 묻습니다.

다음 문제를 풀어 보시오.

1. 부등식 $3x - 4 > x$를 풀고, 그 해를 수직선에 나타내시오.

2. 부등식 $-2x - 8 < 2x + 4$를 풀고, 그 해를 수직선에 나타내시오.

3. 연립부등식 $\begin{cases} 2x + 5 < 9 \\ 3x + 5 > -1 \end{cases}$ 를 풀어 보시오.

4. 연립부등식 $\begin{cases} 3x + 4 > x - 2 \\ -2x + 5 \geq x + 2 \end{cases}$ 를 풀어 보시오.

5. 연립부등식 $\begin{cases} 5x > 4(2x - 3) \\ 2x + 2 \leq 3x + 1 \end{cases}$ 를 풀어 보시오.

6. 연립부등식 $\begin{cases} 4(x - 1) > 2(x - 4) \\ -2x + 5 \leq x - 1 \end{cases}$ 를 풀어 보시오.

7. 연립부등식 $\begin{cases} 3x + 3 > x - 3 \\ -(3x - 1) < -4(x + 1) \end{cases}$ 를 풀어 보시오.

정 답

1. $x>2$　　2. $x>-3$　　3. $-2<x<2$　　4. $-3<x\leq 1$

5. $1\leq x<4$　　6. $x\geq 2$　　7. 해가 없다.

접속하기

차시 목표 및 개념 설명

오늘은 수직선을 사용해서 연립일차부등식의 해를 구하는 방법에 대해 배우려 합니다. 먼저, 이번 차시에서 많이 사용될 개념과 기술을 정리해 봅시다.

1. 부등식이란 무엇입니까? $2 + 3 > 4$나 $x + 3 \le 5$처럼 부등호를 사용하여 수 또는 식의 대소를 나타낸 식을 부등식이라고 합니다.

2. 부등식은 기본적으로 어떤 성질이 있습니까?

1) 부등식의 양변에 같은 수를 더하거나 양변에서 같은 수를 빼도 부등호의 방향은 바뀌지 않습니다.

2) 부등식의 양변에 양수인 같은 수를 곱하거나 양변을 양수인 같은 수로 나누어도 부등호의 방향은 바뀌지 않습니다.

3) 부등식의 양변에 음수인 같은 수를 곱하거나 양변을 음수인 같은 수로 나누면 부등호의 방향이 바뀝니다.

3. 일차부등식이란 무엇입니까? 일차부등식이란 모든 항을 이항하여 좌변으로 옮겼을 때, 좌변은 일차식이 되고 우변은 0이 되는 부등식을 말합니다. 예를 들어, $2x - 4 > 6$는 우변 항인 6을 좌변으로 옮기면 $2x - 10 > 0$가 됩니다. 좌변인 $2x - 10$은 일차식이고 우변은 0이 되므로 주어진 부등식은 일차부등식입니다.

4. 일차부등식의 해는 어떻게 구합니까?

1) 미지수를 포함한 항은 모두 좌변으로 이항하고,

2) 상수항은 모두 우변으로 이항한 후 양변을 정리하고,

3) 양변을 미지수항(x항)의 계수로 나눕니다.

4) 부등호의 방향을 결정합니다. 양변을 나눈 x항 계수가 음수인 경우에는 부등호의 방

향을 바꿉니다.

5. 부등식의 해를 수직선에 어떻게 나타내는지 기억해 봅시다.

1) x와 비교되는 기준값(예: $x > 3$에서 3)을 수직선 위에 작은 동그라미로 표시합니다. 부등호가 ≥나 ≤처럼 등호를 포함하면 동그라미 안을 색칠해서 채우고(●) 부등호가 >나 <면 동그라미 안을 채우지 않습니다(○).

2) x가 어떤 수보다 **큰 경우 또는 크거나 같은 경우**(예: $x > a$ 또는 $x \geq a$), 어떤 수의 **오른쪽으로 화살표를 그립니다.**

$x \geq -2$

3) x가 어떤 수보다 **작은 경우 또는 작거나 같은 경우**(예: $x < a$ 또는 $x \leq a$), 어떤 수의 **왼쪽을 표시합니다.**

$x < -2$

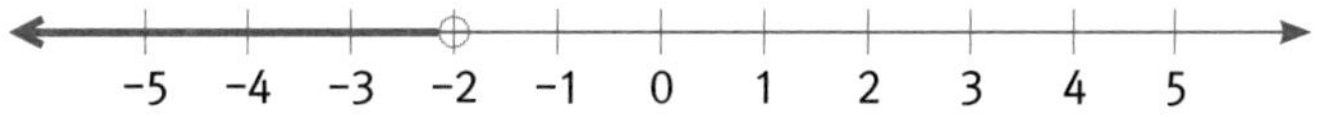

6. 연립부등식이란 무엇입니까? 2개 이상의 일차부등식을 한 쌍으로 묶어서 나타낸 것을 말합니다. 연립부등식의 해란 두 부등식을 동시에 만족시키는 미지수의 값을 말하며, 연립부등식의 모든 해를 구하는 것을 연립부등식을 푼다고 합니다.

7. 연립부등식의 해를 구하기 위해서는 각 부등식의 해를 각각 구하여 수직선 위에 나타낸 후, 두 부등식 해의 공통부분을 찾아야 합니다.

예를 들어, 연립부등식 $x + 2 < 2x$와 $3(x + 1) \leq 18$의 해를 구하기 위해서는,

1) 3.24차시에서 배운 일차부등식의 해를 구하는 절차를 따라 첫 번째 부등식의 해를 구합니다.

① 먼저, 괄호식을 정리합니다. 부등식 $x + 2 < 2x$에는 괄호가 없습니다.

② 다음은 미지수항을 모두 좌변으로 이항하고 좌변을 정리합니다.

$\rightarrow x + 2 < 2x$

$\rightarrow x - 2x + 2 < 0$

$\rightarrow -x + 2 < 0$

③ 다음은 상수항을 우변으로 이항하고 우변을 정리합니다.

$\rightarrow -x + 2 < 0$

$\rightarrow -x < -2$

④ 다음은 좌변 항, 즉 미지수를 포함한 항의 계수로 양변을 나눠 줍니다.

$\rightarrow -x < -2$

$\rightarrow \frac{-x}{-1} < \frac{-2}{-1}$

$\rightarrow x < 2$

⑤ 마지막으로, 부등호의 방향을 결정합니다. 양변을 나눈 계수가 음수이면 부등호의 방향을 반대로 바꿔 주고, 계수가 양수이면 부등호 방향을 바꾸지 않습니다. x의 계수가 음수이므로 부등호의 방향을 바꿉니다.

$\rightarrow \therefore x > 2$

2) 같은 절차를 따라 두 번째 부등식의 해를 구합니다.

① 먼저, 괄호식을 정리합니다. 부등식 $3(x + 1) \leq 18$의 괄호를 정리하면 $3x + 3 \leq 18$가 됩니다.

② 다음은 미지수항을 모두 좌변으로 이항하고 좌변을 정리합니다. 이항해서 정리할 미지수항이 없습니다.

③ 다음은 상수항을 우변으로 이항하고 우변을 정리합니다.

$\rightarrow 3x + 3 \leq 18$

$\rightarrow 3x \leq 18 - 3$

$\rightarrow 3x \leq 15$

④ 다음은 좌변 항, 즉 미지수를 포함한 항의 계수로 양변을 나눠 줍니다.

$\rightarrow 3x \leq 15$

$\rightarrow \frac{3x}{3} \leq \frac{15}{3}$

$\rightarrow x \leq 5$

⑤ 마지막으로, 부등호의 방향을 결정합니다. 계수가 양수이므로 부등호 방향을 바꾸지 않습니다.

$\rightarrow \therefore x \leq 5$

3) 두 부등식의 해를 수직선에 그립니다.

① 첫 부등식의 해($x > 2$)를 수직선에 그리면,

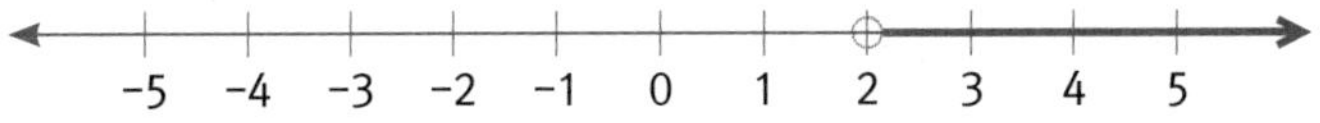

② 두 번째 부등식의 해($x \leq 5$)를 수직선에 그리면,

4) 공통된 부분을 찾아 등호나 부등호를 써서 답을 표시합니다. 공통된 부분은 $2 < x \leq 5$입니다.

Level 3.3
25차시

내비게이션 3.25 는 연립부등식의 해를 구하는 방법을 정리하여 보여 주고 있습니다.

보여 주기

개념 및 기술 교수, 개념 및 기술 예시 제시, 보는 수학 내비게이션을 이용한 교사 모델링

(내비게이션 3.25 를 보여 주며) 문제를 풀기 전에, 연립부등식의 해를 구하는 방법을 다시 한번 정리해 봅시다. 먼저, 각 부등식의 해를 구합니다. 각 부등식의 해를 구할 때는 괄호식을 정리한 후, x항은 좌변으로, 상수항은 우변으로 이항하여 정리하고, x항 계수로 양변을 나누고, x항 계수가 음수일 때만 부등호의 방향을 바꿉니다. 다음은 각 부등식의 해를 수직선에 나타냅니다. 마지막으로, 수직선 위에 두 부등식의 해가 겹치는 부분이 있는지 확인하여 등호나 부등호를 사용하여 답을 써 줍니다. 연립부등식의 해를 구하는 방법을 기억하며 연립방정식 $3x-7<8$, $-3x+4 \leq x+8$를 풀어 봅시다.

1 (보여 주는 문제 1을 보여 주며) 연립부등식 $\begin{cases} 3x - 7 < 8 \\ -3x + 4 \leq x + 8 \end{cases}$ 를 풀어 보시오.

1. 먼저, 첫 번째 부등식의 해를 구합니다.

→ $3x - 7 < 8$

$3x < 8 + 7$ ← 미지수항 좌변, 상수항 우변으로 이항

$3x < 15$

$x < 5$ ← 미지수항 계수로 양변 나눔

$\therefore x < 5$ ← 미지수항 계수가 양수이므로 부등호 방향 바꾸지 않음

2. 다음은 두 번째 부등식의 해를 구합니다.

→ $-3x + 4 \leq x + 8$

$-3x - x \leq 8 - 4$ ← 미지수항 좌변, 상수항 우변으로 이항

$-4x \leq 4$

$x \leq -1$ ← 미지수항 계수로 양변 나눔

$\therefore x \geq -1$ ← 계수가 음수이므로 부등호 방향 바꿈

3. 다음은 각 부등식의 해를 수직선에 나타냅니다.

- $x < 5$

- $x \geq -1$

4. 마지막으로, 두 부등식의 해가 수직선에서 겹치는 부분을 찾아 연립부등식의 해라 답합니다.

- 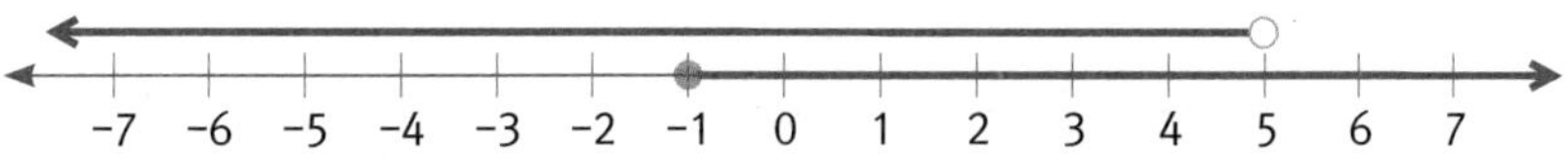

- 연립부등식의 해는 $-1 \leq x < 5$입니다.

❷ (보여 주는 문제 2를 보여 주며) 연립부등식 $\begin{cases} -2(x+5) \geq 3x \\ 3(3-2x) \geq -(6+x) \end{cases}$ 를 풀어 보시오.

1. 연립부등식을 풀 때는, 먼저 첫 번째 부등식의 해를 구합니다.

→ $-2(x+5) \geq 3x$

$-2x - 10 \geq 3x$ ← 괄호식 정리

$-2x - 3x \geq 10$ ← 미지수항 좌변, 상수항 우변으로 이항

$-5x \geq -10$

$x \geq -2$ ← 미지수항 계수로 양변 나눔

$\therefore\ x \leq -2$ ← 미지수항 계수가 음수이므로 부등호 방향 바꿈

2. 다음은 두 번째 부등식의 해를 구합니다.

→ $3(3-2x) \geq -(6+x)$

$9-6x \geq -6-x$ ← 괄호식 정리

$-6x+x \geq -6-9$ ← 미지수항 좌변, 상수항 우변으로 이항

$-5x \geq -15$

$x \geq 3$ ← 미지수항 계수로 양변 나눔

$\therefore x \leq 3$ ← 미지수항 계수가 음수이므로 부등호 방향 바꿈

3. 다음은 각 부등식의 해를 수직선에 나타냅니다.

- $x \leq -2$

$x \leq 3$

- 

4. 마지막으로, 두 부등식의 해가 수직선에서 겹치는 부분을 찾아 연립부등식의 해라 답합니다.

- 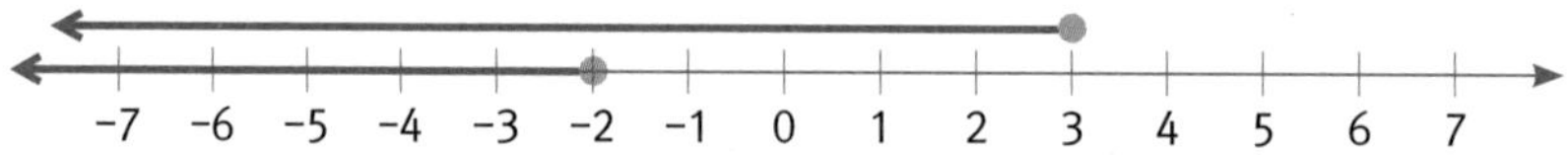

- 연립부등식의 해는 $x \leq -2$ 입니다.

3 (보여 주는 문제 3을 보여 주며) 연립부등식 $\begin{cases} 4x+4 \geq 3(x+2) \\ -4(x-2) \geq 4-2x \end{cases}$ 를 풀어 보시오.

1. 첫 번째 부등식의 해를 구합니다.

→ $4x+4 \geq 3(x+2)$

$4x + 4 \geq 3x + 6$ ← 괄호식 정리

$4x - 3x \geq 6 - 4$ ← 미지수항 좌변, 상수항 우변으로 이항

$x \geq 2$

$x \geq 2$ ← 미지수항 계수로 양변 나눔

$\therefore x \geq 2$ ← 미지수항 계수가 양수이므로 부등호 방향 바꾸지 않음

2. 다음은 두 번째 부등식의 해를 구합니다.

→ $-4(x - 2) \geq 4 - 2x$

$-4x + 8 \geq 4 - 2x$ ← 괄호식 정리

$-4x + 2x \geq 4 - 8$ ← 미지수항 좌변, 상수항 우변으로 이항

$-2x \geq -4$

$x \geq 2$ ← 미지수항 계수로 양변 나눔

$\therefore x \leq 2$ ← 미지수항 계수가 음수이므로 부등호 방향 바꿈

3. 다음은 각 부등식의 해를 수직선에 나타냅니다.

- $x \geq 2$

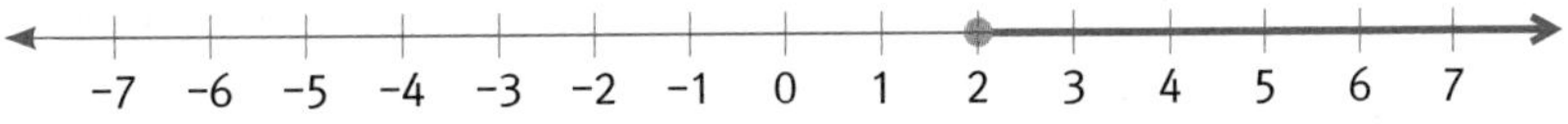

- $x \leq 2$

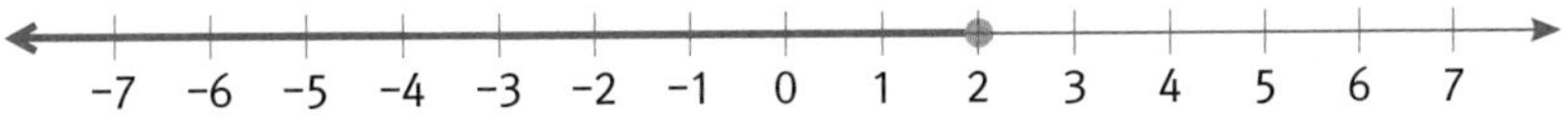

4. 마지막으로, 두 부등식의 해가 수직선에서 겹치는 부분을 찾아 연립부등식의 해라 답합니다.

- 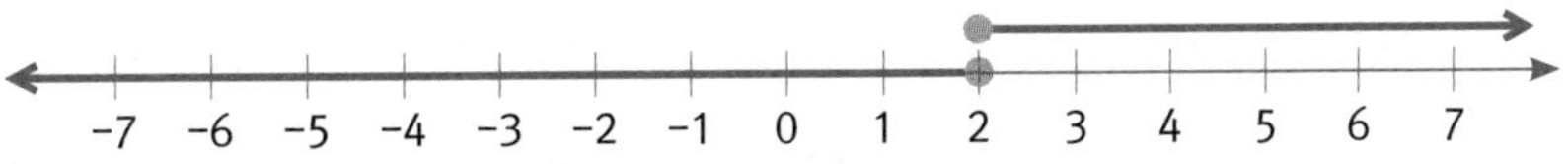

- 연립부등식의 해는 $x = 2$ 입니다.

함께 풀기

(내비게이션 3.25 를 보여 주며) 문제를 풀기 전에, 연립부등식의 해를 구하는 방법을 다시 한번 정리해 봅시다. 먼저, 각 부등식의 해를 구합니다. 각 부등식의 해를 구할 때는 괄호식을 정리한 후, x항은 좌변으로, 상수항은 우변으로 이항하여 정리하고, x항 계수로 양변을 나누고, x항 계수가 음수일 때만 부등호의 방향을 바꿉니다. 다음은 각 부등식의 해를 수직선에 나타냅니다. 마지막으로, 수직선 위에 두 부등식의 해가 겹치는 부분이 있는지 확인하여 등호나 부등호를 사용하여 답을 써 줍니다. 내비게이션 3.25 를 참고하면서 다음 연립부등식을 함께 풀어 봅시다.

1 (함께 풀어 보는 문제 1을 가리키며) 연립부등식 $\begin{cases} 6x+5 > 4x-5 \\ -x+5 \geq -5x-3 \end{cases}$ 를 풀어 보시오.

1. 연립부등식을 풀 때는 먼저 무엇을 합니까? 각 부등식의 해를 구합니다. 먼저, 첫 번째 부등식의 해를 구해 봅시다.
   - $6x+5 > 4x-5$는 괄호식 정리가 필요합니까? 괄호가 없으므로 괄호식을 정리할 필요가 없습니다.
   - 미지수항을 좌변에, 상수항을 우변에 이항하여 정리하면 어떻게 됩니까?

     → $6x+5 > 4x-5$

     $6x-4x > -5-5$

     $2x > -10$입니다.
   - 이제 무엇을 합니까? 양변을 x항의 계수로 나눕니다.
   - x항의 계수는 무엇입니까? x항의 계수는 2입니다. 따라서 $x > -5$가 됩니다.
   - 다음은 무엇을 합니까? 부등호의 방향을 결정합니다.
   - 부등호의 방향을 바꾸어야 할 때는 언제입니까? x항의 계수가 음수일 때입니다.
   - $2x$의 계수는 음수입니까? $2x$의 계수는 2, 양수이므로 부등호 방향은 바뀌지 않습니다.
   - 따라서 첫 번째 부등식의 해는 $x > -5$입니다.

2. 이제 두 번째 부등식의 해를 구해 봅시다.

- $-x + 5 \geq -5x - 3$는 괄호식 정리가 필요합니까? 괄호가 없으므로 괄호식을 정리할 필요가 없습니다.
- 미지수항을 좌변에, 상수항을 우변에 이항하여 정리하면 어떻게 됩니까?

  $\rightarrow -x + 5 \geq -5x - 3$

  $-x + 5x \geq -3 - 5$
- $4x \geq -8$입니다.
- 이제 무엇을 합니까? 양변을 x항의 계수로 나눕니다.
- x항의 계수는 무엇입니까? x항의 계수는 4입니다. 따라서 $x \geq -2$가 됩니다.
- 다음은 무엇을 합니까? 부등호의 방향을 결정합니다.
- 부등호의 방향을 바꾸어야 할 때는 언제입니까? x항의 계수가 음수일 때입니다.
- $4x$의 계수는 음수입니까? $4x$의 계수인 4는 양수입니다.
- 따라서 두 번째 부등식의 해는 $x \geq -2$입니다.

3. 다음은 무엇을 합니까? 각 부등식의 해를 수직선에 나타냅니다.

- $x > -5$는 x가 -5보다 크다는 것을 의미하므로 -5의 오른쪽에 색칠합니다.

- $x \geq -2$는 x가 -2보다 크거나 같다는 것을 의미하므로 -2와 그 오른쪽에 색칠합니다.

4. 다음은 무엇을 합니까? 두 부등식의 해가 수직선에서 겹치는 부분을 찾아 연립부등식의 해라 답합니다.

- 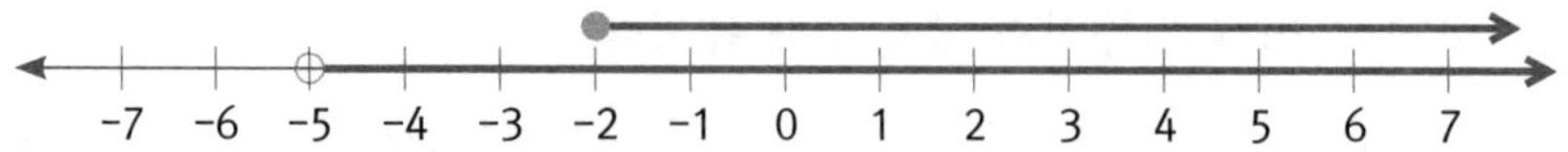

- 두 부등식의 해는 어디에서 겹칩니까? 수직선상의 선이 겹치는 부분은 $x \geq -2$입니다.
- 따라서 이 연립부등식의 해는 $x \geq -2$입니다.

❷ (함께 풀어 보는 문제 2를 가리키며) **연립부등식** $\begin{cases} 9 \leq 12 - x \\ 13 - 6x \geq 5(1 - 2x) \end{cases}$ **를 풀어 보시오.**

1. 연립부등식을 풀 때는 먼저 무엇을 합니까? 각 부등식의 해를 구합니다. 먼저, 첫 번째 부등식의 해를 구해 봅시다.
   - $9 \leq 12 - x$는 괄호식 정리가 필요합니까? 괄호가 없으므로 괄호식을 정리할 필요가 없습니다.
   - 미지수항을 좌변에, 상수항을 우변에 이항하여 정리하면 어떻게 됩니까?

     $\rightarrow 9 \leq 12 - x$

     $x \leq 12 - 9$

     $x \leq 3$입니다.
   - 이제 무엇을 합니까? 양변을 x항의 계수로 나눕니다. x항의 계수는 무엇입니까? x항의 계수는 1입니다.

     양변을 1로 나누면 $x \leq 3$가 됩니다.
   - 다음은 무엇을 합니까? 부등호의 방향을 결정합니다.
   - 부등호의 방향을 바꾸어야 할 때는 언제입니까? x항의 계수가 음수일 때입니다.
   - x의 계수는 음수입니까? x의 계수 1은 양수이므로 부등호 방향은 바뀌지 않습니다.
   - 따라서 첫 번째 부등식의 해는 $x \leq 3$입니다.

2. **같은 방법으로 두 번째 부등식의 해를 구해 봅시다.**

- $13 - 6x \geq 5(1 - 2x)$는 괄호식 정리가 필요합니까? 괄호가 있으므로 괄호식을 풀어야 합니다.

  $\rightarrow 13 - 6x \geq 5(1 - 2x)$

  $13 - 6x \geq 5 - 10x$

- 다음은 무엇을 합니까? 미지수항을 좌변에 상수항을 우변에 이항하여 정리합니다.

  $\rightarrow 13 - 6x \geq 5 - 10x$

  $-6x + 10x \geq 5 - 13$

  $4x \geq -8$입니다.

- 이제 무엇을 합니까? 양변을 x항의 계수로 나눕니다.
- x항의 계수는 무엇입니까? x항의 계수는 4입니다. 따라서 $x \geq -2$가 됩니다.
- 다음은 무엇을 합니까? 부등호의 방향을 결정합니다.
- 부등호의 방향을 바꾸어야 할 때는 언제입니까? x항의 계수가 음수일 때입니다.
- $4x$의 계수는 음수입니까? $4x$의 계수 4는 양수입니다.
- 따라서 두 번째 부등식의 해는 $x \geq -2$입니다.

3. **다음은 무엇을 합니까? 각 부등식의 해를 수직선에 나타냅니다.**

- $x \leq 3$는 x가 3보다 작거나 같다는 것을 의미하므로 3과 그 왼쪽에 색칠합니다.

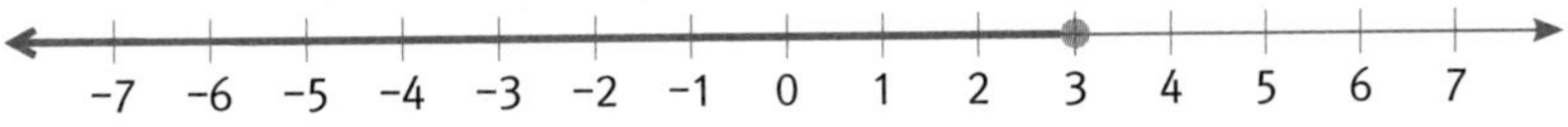

- $x \geq -2$는 x가 -2보다 크거나 같다는 것을 의미하므로 -2와 그 오른쪽에 색칠합니다.

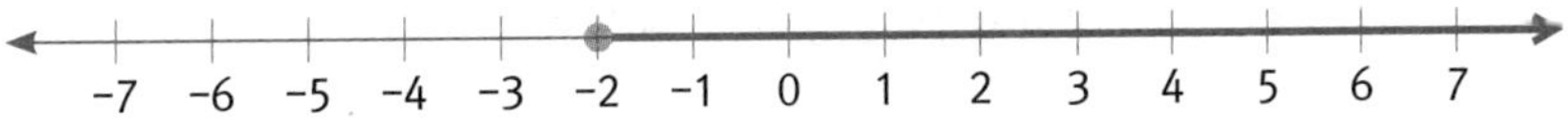

4. 다음은 무엇을 합니까? 두 부등식의 해가 수직선에서 겹치는 부분을 찾아 연립부등식의 해라 답합니다.

- 

- 두 부등식의 해는 어디에서 겹칩니까? 수직선상의 선이 겹치는 부분은 $-2 \le x \le 3$입니다.
- 따라서 이 연립부등식의 해는 $-2 \le x \le 3$입니다.

❸ (함께 풀어 보는 문제 3을 가리키며) 연립부등식 $\begin{cases} 2(x-1) \le x+4 \\ 2(x+4) \le 4(x-1) \end{cases}$ 를 풀어 보시오.

1. 연립부등식을 풀 때는 먼저 무엇을 합니까? 각 부등식의 해를 구합니다. 먼저, 첫 번째 부등식의 해를 구해 봅시다.

- $2(x-1) \le x+4$는 괄호식 정리가 필요합니까? 괄호가 있으므로 괄호식을 정리해야 합니다.

  → $2(x-1) \le x+4$

  $2x-2 \le x+4$

- 다음은 무엇을 합니까? 미지수항을 좌변에, 상수항을 우변에 이항하여 정리합니다.

  → $2x-2 \le x+4$

  $2x-x \le 4+2$

  $x \le 6$입니다.

- 이제 무엇을 합니까? 양변을 x항의 계수로 나눕니다.
- x항의 계수는 무엇입니까? x항의 계수는 1입니다. 양변을 1로 나누면 $x \le 6$가 됩니다.
- 다음은 무엇을 합니까? 부등호의 방향을 결정합니다.
- 부등호의 방향을 바꾸어야 할 때는 언제입니까? x항의 계수가 음수일 때입니다.

- x의 계수는 음수입니까? x의 계수 1은 양수이므로 부등호 방향은 바뀌지 않습니다.
- 따라서 첫 번째 부등식의 해는 $x \le 6$입니다.

2. **이제 두 번째 부등식의 해를 구해 봅시다.**

- $2(x + 4) \le 4(x - 1)$는 괄호식 정리가 필요합니까? 괄호가 있으므로 괄호식을 풀어야 합니다.

  → $2(x + 4) \le 4(x - 1)$

  $2x + 8 \le 4x - 4$
- 다음은 무엇을 합니까? 미지수항을 좌변에 상수항을 우변에 이항하여 정리합니다.

  → $2x + 8 \le 4x - 4$

  $2x - 4x \le -4 - 8$

  $-2x \le -12$입니다.
- 이제 무엇을 합니까? 양변을 x항의 계수로 나눕니다.
- x항의 계수는 무엇입니까? x항의 계수는 -2입니다. 따라서 -2로 양변을 나누면 $x \le 6$가 됩니다.
- 다음은 무엇을 합니까? 부등호의 방향을 결정합니다.
- 부등호의 방향을 바꾸어야 할 때는 언제입니까? x항의 계수가 음수일 때입니다.
- $-2x$의 계수는 음수입니까? $-2x$의 계수 -2는 음수이므로 부등호의 방향을 바꾸어야 합니다.
- 따라서 두 번째 부등식의 해는 $x \ge 6$입니다.

3. **다음은 무엇을 합니까? 각 부등식의 해를 수직선에 나타냅니다.**

- $x \le 6$는 x가 6보다 작거나 같다는 것을 의미하므로 6과 그 왼쪽에 색칠합니다.

- $x \geq 6$는 x가 6보다 크거나 같다는 것을 의미하므로 6과 그 오른쪽에 색칠합니다.

4. 다음은 무엇을 합니까? 두 부등식의 해가 수직선에서 **겹치는 부분을 찾아 연립부등식의 해라 답합니다.**

- 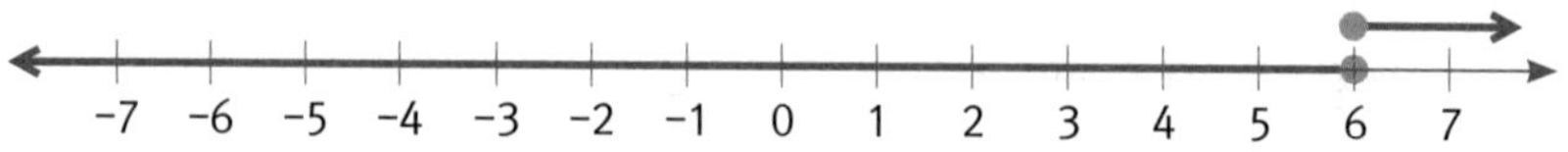

- 두 부등식의 해는 어디에서 겹칩니까? 수직선상의 선이 겹치는 부분은 $x = 6$일 때 뿐입니다.
- 따라서 이 연립부등식의 해는 $x = 6$입니다.

아 그렇구나!

혼동되는 문제 다시 풀기

최다 오류를 반례로 제시하여 개념 및 기술 획득 강화

아 그렇구나! 에서는 수직선을 이용하여 연립일차부등식의 해를 구할 때 우리가 혼동하는 문제를 함께 풀어 봅니다. 다음 문제를 풀 때 왜 실수가 많은지 그 이유를 함께 생각해 봅시다.

1 (아 그렇구나! 문제 1을 가리키며) 연립일차부등식 $-13 < 5x + 2 < 12$를 풀 때 혼동되는 점은 무엇입니까?

⇨ 주어진 부등식을 풀려면 $-13 < 5x + 2 < 12$가 $-13 < 5x + 2$와 $5x + 2 < 12$의 연립부등식을 한꺼번에 나타낸 것임을 이해해야 합니다. 두 부등식을 각각 풀고, 두 부등식을 동시에 만족시키는 범위를 구하면 주어진 연립일차부등식의 해를 구할 수 있습니다. $-13 < 5x + 2$의 해는 $x > -3$이고, $5x + 2 < 12$의 해는 $x < 2$이므로 두 부등식을 동시에 만족시키는 해는 $-3 < x < 2$입니다.

❷ (아 그렇구나! 문제 2를 가리키며) 연립부등식 $\begin{cases} 2x - 8 > -2x \\ 2x + 2 \leq -2x - 2 \end{cases}$ 를 풀 때 혼동되는 점은 무엇입니까?

⇨ 주어진 문제는 두 부등식을 동시에 만족시키는 공통해가 없는 경우입니다. 이런 경우 구하는 해가 없다고 대답하면 되는데, 각 부등식의 해를 각각 따로 쓰거나 합집합을 구하는 경우가 있습니다. 첫 부등식 $2x - 8 > -2x$를 풀면 $x > 2$가 해이고, 두 번째 부등식 $2x + 2 \leq -2x - 2$를 풀면 $x \leq -1$이 부등식의 해입니다. 수직선에 두 부등식의 해를 나타냈을 때, 두 부등식의 해가 겹치는 부분이 없으므로 주어진 연립일차부등식은 해가 없습니다.

❸ (아 그렇구나! 문제 3을 가리키며) 연립부등식 $\begin{cases} 3x - 4 < 5 \\ \frac{4x+4}{3} \geq \frac{x-2}{2} - \frac{x}{3} \end{cases}$ 를 풀 때 혼동되는 점은 무엇입니까?

⇨ 주어진 문제는 연립부등식을 풀기 전에 계수와 상수를 정수로 만드는 절차가 필요합니다. 두 번째 부등식 $\frac{4x+4}{3} \geq \frac{x-2}{2} - \frac{x}{3}$는 계수와 상수에 분수를 포함하고 있으므로 양변에 분모(2와 3)의 최소공배수 6을 곱하여 주어진 부등식을 정수식으로 바꿔 줍니다. 양변에 6을 곱하면 $\frac{4x+4}{3} \geq \frac{x-2}{2} - \frac{x}{3}$는 $2(4x + 4) \geq 3(x - 2) - 2x$가 됩니다. $2(4x + 4) \geq 3(x - 2) -2x$를 괄호를 풀어 정리하면 $7x + 8 \geq -6$이 됩니다. $7x + 8 \geq -6$의 해는 $x \geq -2$이고 $3x - 4 < 5$의 해는 $x < 3$이므로, 두 부등식을 동시에 만족시키는 해를 구하면 $-2 \leq x < 3$입니다.

배움 체크하기

(배움 체크 리스트 를 가리키며) 오늘 우리가 함께 공부한 것을 혼자서도 할 수 있는지 체크해 봅시다. 혼자서도 할 수 있으면 , 선생님의 도움이 더 필요하다면 ?에 동그라미로 표시하세요.

배움 체크 리스트		?
1. 괄호 안에 있는 다항식과 상수항의 곱셈을 분배법칙을 적용하여 전개하고 동류항을 정리할 수 있습니다.		
2. 부등식의 해를 수직선 위에 나타낼 수 있습니다.		
3. 부등식의 항들을 등호 반대편으로 이항할 때는 항의 부호가 반대가 된다는 것을 이해하고 적용할 수 있습니다.		
4. 일반적으로 연립부등식의 해는 x의 범위로 나타내지만, 공통해가 없는 경우도 있고 어떤 1개의 수가 연립부등식의 해가 될 수 있다는 것을 이해하고 적용할 수 있습니다.		
5. 연립부등식의 해를 구할 때는 먼저 괄호식을 정리한 후 각 부등식의 해를 구한다는 것을 이해하고 적용할 수 있습니다.		
6. 각 부등식의 해를 구할 때, 미지수 x항은 좌변으로 이항하여 정리하고 상수항은 우변으로 이항하여 정리한 후 미지수항의 계수로 양변을 나누며, 미지수항의 계수가 음수일 경우에는 부등호의 방향도 바뀐다는 것을 이해하고 적용할 수 있습니다.		
7. 연립부등식의 해를 구할 때는 각 부등식의 해를 구해 수직선에 나타낸 후 공통인 부분을 찾아 답한다는 것을 이해하고 적용할 수 있습니다.		

혼자 풀기

(혼자 풀어 보는 문제 1~7을 제시하며) 오늘 배운 것을 기억하면서 문제를 혼자 풀어 보는 시간입니다. 내비게이션 3.25 를 사용하면 도움이 됩니다.

다음 문제에 답하시오.

1. 부등식 $x - 4 > -x$를 풀고, 그 해를 수직선에 나타내시오.

2. 부등식 $-3x - 7 < x + 5$를 풀고, 그 해를 수직선에 나타내시오.

3. 연립부등식 $\begin{cases} 2x + 4 < 8 \\ 3x + 3 > -3 \end{cases}$ 를 풀어 보시오.

4. 연립부등식 $\begin{cases} 4x + 3 > 2x - 3 \\ -4x + 5 \geq -2x + 3 \end{cases}$ 를 풀어 보시오.

5. 연립부등식 $\begin{cases} 5x > 2(4x - 6) \\ 2x + 3 \leq 3x + 2 \end{cases}$ 를 풀어 보시오.

6. 연립부등식 $\begin{cases} 4(x - 2) > 3(x - 3) \\ -5x + 5 \leq -2x - 1 \end{cases}$ 를 풀어 보시오.

7. 연립부등식 $\begin{cases} 5x + 5 > 3x - 1 \\ -(3x - 1) < -4(x + 1) \end{cases}$ 을 풀어 보시오.

채점 및 오답 분석

학생이 쓴 답을 기재하고, 오답인 경우 [중재 결정표]에서 가능한 오류 원인을 1~8 중에서 골라 번호로 기재합니다. 기타 원인 때문에 오답이 발생했을 경우, 구체적으로 어떤 이유인지 기재합니다. 가능한 오답의 원인을 모두 기재합니다.

혼자 풀어 보는 문제	정답	학생이 쓴 답	오답 원인
1. $x - 4 > -x$	$x > 2$ 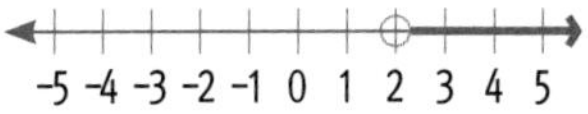		
2. $-3x - 7 < x + 5$	$x > -3$ 		
3. $\begin{cases} 2x + 4 < 8 \\ 3x + 3 > -3 \end{cases}$	$-2 < x < 2$		
4. $\begin{cases} 4x + 3 > 2x - 3 \\ -4x + 5 \geq -2x + 3 \end{cases}$	$-3 < x \leq 1$		
5. $\begin{cases} 5x > 2(4x - 6) \\ 2x + 3 \leq 3x + 2 \end{cases}$	$1 \leq x < 4$		
6. $\begin{cases} 4(x - 2) > 3(x - 3) \\ -5x + 5 \leq -2x - 1 \end{cases}$	$x \geq 2$		
7. $\begin{cases} 5x + 5 > 3x - 1 \\ -(3x - 1) < -4(x + 1) \end{cases}$	답이 없다.		
	정답 개수	/ 7	

중재 결정표

오답 원인을 분석하여 차후 중재를 결정하세요.

오답 원인	발생 빈도	최다 발생 오류	중재 결정
1. 사전 지식 및 기술(이항, 부등식의 성질, 유리수의 사칙연산, 다항식과 단항식의 곱셈, 분배법칙, 수직선에 부등식의 해 나타내기, 동류항 계산)			
2. 용어나 문제 이해 부족(동류항, 연립부등식, 연립부등식의 해, 부등호)			
3. 부등식의 성질의 이해와 부등식에서의 이항에 대한 이해와 적용의 어려움			
4. 분배법칙을 적용해 부등식에 포함된 괄호식을 전개하고 정리하는 것에 대한 이해와 적용의 어려움			
5. 각 부등식을 풀 때 미지수항은 좌변으로, 상수항은 우변으로 이항한 후 미지수항의 계수로 좌우변을 나누고, 계수가 음수일 때는 부등호의 방향을 바꾼다는 것의 이해와 적용의 어려움			
6. 각 부등식의 해를 수직선에 나타내고 공통 범위를 구해 연립부등식의 해를 구하는 과정에 대한 이해와 적용의 어려움			
7. 부주의/계산 실수			
8. 기타(구체적 원인 기재하기)			

가장 흔한 오답 원인	1과 2 중 하나	3, 4, 5, 6 중 하나	7
	AND	AND	OR
오답률	오답이 2개 이상	오답이 2개 이상	오답이 2개 미만
다음 중재	브리지(Bridge)	동 차시 반복	다음 차시

브리지(Bridge) 차시

- 2.26차시
- 3.24차시

저자 소개

김선아(Kim, Sun A)

서울대학교 심리학과 학사, 석사

오스틴 텍사스 주립대학(University of Texas at Austin)
특수교육 박사(수학 학습장애 전공)

Meadow Center for Preventing Educational Risk,
Post-Doctoral 연구원

현 미국 뉴욕 시립대학교 퀸즈 칼리지 특수교육 대학원 교수
(City University of New York, Queens College,
Graduate Programs in Special Education)

교사용 **Level 3**

기초학력 향상을 위한
눈으로 보는 수학

2022년 5월 25일 1판 1쇄 인쇄
2022년 5월 30일 1판 1쇄 발행

지은이 • 김선아
펴낸이 • 김진환
펴낸곳 • (주) 학지사
04031 서울특별시 마포구 양화로 15길 20 마인드월드빌딩
대표전화 • 02)330-5114 팩스 • 02)324-2345
등록번호 • 제313-2006-000265호

홈페이지 • http://www.hakjisa.co.kr
페이스북 • https://www.facebook.com/hakjisabook

ISBN 978-89-997-2642-2 93370

정가 19,000원